MIEUX S'ALIMENTER
pendant et après
un cancer

MIEUX S'ALIMENTER
pendant et après
un cancer

PLUS DE
150 RECETTES
SAINES ET DÉLICIEUSES

JEAN LAMANTIA R.D.
avec la collaboration
du Dr Neil Berinstein M.D.

Traduit de l'anglais (Canada) par Virginie Dansereau

TRÉCARRÉ
Une société de Québecor Média

Catalogage avant publication de Bibliothèque et Archives nationales du Québec et Bibliothèque et Archives Canada

LaMantia, Jean

    [Essential cancer treatment nutrition guide & cookbook. Français]
    Mieux s'alimenter pendant et après un cancer : plus de 150 recettes saines et délicieuses
    Traduction de : The essential cancer treatment nutrition guide & cookbook.
    Comprend des références bibliographiques et un index.

    ISBN 978-2-89568-639-2

    1. Cancer - Diétothérapie - Recettes. 2. Cancer - Aspect nutritionnel. 3. Livres de cuisine. I. Berinstein, Neil. II. Titre. III. Titre : Essential cancer treatment nutrition guide & cookbook. Français.

RC271.D52L3614 2015   641.5'631   C2014-942411-6

Traduction: Virginie Dansereau
Édition: Miléna Stojanac
Révision et correction: Céline Bouchard et Gervaise Delmas
Couverture et mise en pages: Chantal Boyer

Pour l'édition originale en langue anglaise
Direction artistique et production: Kevin Cockburn/PageWave Graphics Inc.
Éditeurs: Bob Hilderley, éditeur principal, santé; Jennifer McKenzie et Sue Sumeraj, recettes
Révision linguistique: Sheila Wawanash
Correction d'épreuves: Kelly Jones et Sheila Wawanash
Préparation de l'index: Gillian Watts

Remerciements
Nous reconnaissons l'aide financière du gouvernement du Canada par l'entremise du Fonds du livre du Canada pour nos activités d'édition. Gouvernement du Québec – Programme de crédit d'impôt pour l'édition de livres – gestion SODEC.

Titre original: The Essential Cancer Treatment Nutrition Guide & Cookbook. Includes 150 healthy & delicious recipes
Publié avec l'accord de Robert Rose Inc./Published under arrangement with Robert Rose Inc.
120, Eglinton Avenue East, bureau 800
Toronto (Ontario) M4P 1E2 Canada

Les Éditions du Trécarré
Groupe Librex inc.
Une société de Québecor Média
La Tourelle
1055, boul. René-Lévesque Est, bureau 300
Montréal (Québec) H2L 4S5
Tél.: 514 849-5259
Téléc.: 514 849-1388
www.edtrecarre.com

Dépôt légal – Bibliothèque et Archives nationales du Québec et Bibliothèque et Archives Canada, 2015
ISBN: 978-2-89568-639-2

Distribution au Canada
Messageries ADP inc.
2315, rue de la Province
Longueuil (Québec) J4G 1G4
Tél.: 450 640-1234
Sans frais: 1 800 771-3022
www.messageries-adp.com

Avertissement
Ce livre est un guide général; à ce titre, il ne pourra jamais se substituer à la compétence, aux connaissances et à l'expérience d'un professionnel de la santé qui, lui, aura à composer avec les faits, les circonstances et les symptômes d'un cas particulier.

    Exactes et complètes au meilleur de la connaissance de l'auteure, les informations nutritionnelles, médicales et de bien-être présentées dans ce livre sont tirées de la recherche, de la formation et de l'expérience professionnelle de celle-ci. Cet ouvrage n'est toutefois censé constituer qu'un guide informatif pour tous ceux qui désirent en connaître davantage sur la santé, la nutrition et la médecine; il ne doit aucunement remplacer ni contredire les conseils du médecin de famille du lecteur. Puisque chaque personne et chaque cas est unique, l'auteure et l'éditeur conseillent vivement au lecteur de consulter un professionnel de la santé qualifié avant d'utiliser une quelconque procédure dont l'adéquation avec sa situation n'est pas établie. Un médecin devrait également être consulté avant de commencer tout programme d'exercice physique. L'auteure et l'éditeur ne sauront être tenus responsables de conséquences ou d'effets négatifs qui résulteraient de l'utilisation de ce livre. Il en va de la responsabilité du lecteur de consulter un médecin ou autre professionnel de la santé en ce qui concerne son bien-être personnel.

    Ce livre renferme des références à des produits qui ne seront pas nécessairement offerts partout. Les informations présentées dans ce livre se veulent utiles; cependant, aucune garantie de résultat ne leur est associée. L'emploi de noms de marques commerciales se fait à titre informatif seulement et n'entraîne aucune recommandation.

    Les recettes présentées dans ce livre ont été rigoureusement éprouvées dans nos cuisines et par nos collaborateurs. À notre connaissance, elles conviennent aux critères de santé et de nutrition des utilisateurs ordinaires et à un usage ordinaire. Tous ceux qui souffrent d'allergies alimentaires ou autres intolérances, ou qui ont des exigences particulières en matière d'alimentation devront prendre connaissance des ingrédients de chaque recette puis déterminer si ces derniers pourraient leur poser problème. Toutes les recettes seront réalisées et utilisées aux risques du lecteur. L'auteure et l'éditeur ne sauront être tenus responsables des risques, préjudices ou dommages qui pourraient survenir à la suite de la réalisation de toute recette. En cas de doute, il incombe à tous ceux qui ont des besoins particuliers, des allergies, des exigences médicales ou autres problèmes de santé de consulter leur médecin avant d'utiliser toute recette.

Sommaire

Avant-propos

J'aimerais féliciter Jean LaMantia pour la réalisation de ce livre. Quand elle m'a présenté sa vision pour la première fois, j'ai immédiatement été intéressé à contribuer au projet. La nutrition et la diète sont essentielles à la santé de tous les patients atteints de cancer et les aident à avoir la qualité de vie à laquelle ils aspirent, en plus de leur permettre de mieux supporter les traitements et leurs effets secondaires. Jusqu'à maintenant, les sources d'information basées sur des données probantes quant aux besoins nutritionnels des patients atteints de cancer étaient dispersées. Mais ce livre, fruit d'une recherche exhaustive, rassemble les renseignements les plus sûrs en un même endroit et prodigue de judicieux conseils pour ceux qui sont touchés par le cancer. Jean LaMantia est une diététiste diplômée et se base sur son expérience personnelle; son propre combat contre le cancer et celui de son père.

Ce livre répond à vos questions principales sur votre cancer. Il examine méthodiquement toutes les étapes que les patients traversent au cours de leur traitement, que ce soit l'opération, la radiothérapie ou la chimiothérapie, et cerne les éléments importants dont il faut tenir compte sur le plan nutritif. Jean explique les mécanismes derrière les symptômes associés au cancer et formule des stratégies pour les minimiser. En outre, elle donne des conseils pratiques pour maintenir un bon apport nutritionnel les jours de traitement et d'évaluation et pour savoir comment bénéficier de l'aide de votre famille et de vos amis qui veulent aider. Elle répond à des questions de base comme: qu'est-ce que je peux manger? Qu'est-ce que je ne peux pas manger? Et plus important encore: comment puis-je optimiser mon alimentation pour réduire le risque de récidive de la maladie?

Vous trouverez également des réponses à des questions sur les approches complémentaires et alternatives, y compris comment les produits nutraceutiques, les prébiotiques et les probiotiques fonctionnent, comment les acides gras oméga-3, les antioxydants, les vitamines et autres nutriments peuvent réduire l'inflammation, stimuler le système immunitaire et même tuer les cellules cancéreuses.

Les oncologues savent malheureusement trop bien qu'il peut arriver que le cancer soit à un stade trop avancé pour les traitements actifs. Mais de nouvelles questions se posent. Il peut arriver que le patient ne puisse manger ou qu'il ne soit pas assez éveillé. Quelles sont les possibilités? Que peut-on faire pour optimiser le confort du patient?

De nombreux patients atteints de cancer ont des limitations ou des maladies préexistantes qui doivent également être gérées. Certaines d'entre elles, y compris le diabète, les maladies du cœur et l'obésité, ont une incidence sur le cancer et vice-versa. En outre, certains traitements peuvent avoir un impact sur ces maladies. Les patients doivent donc être sensibilisés à ce qui peut arriver.

Jean fournit les données les plus récentes sur les façons de modifier favorablement votre diète, et une fois les traitements complétés, d'optimiser la capacité de votre corps à supprimer ou prévenir le développement et la récidive du cancer. Il faut toutefois être prudent. Lorsqu'il est question de remèdes parallèles dont l'efficacité n'est pas prouvée par des données probantes issues d'essais cliniques, il faut faire preuve de prudence afin de ne pas compromettre les thérapies traditionnelles qui ont fait l'objet de recherches approfondies. Il n'en reste pas moins que les approches complémentaires peuvent jouer un rôle dans certaines situations. Il est toujours préférable de discuter des thérapies parallèles avec votre oncologue avant d'aller plus loin.

Ce livre est également un festin vivant. Les recettes sont des créations succulentes conçues pour optimiser l'alimentation dont vous avez besoin soit pendant, soit après les traitements contre le cancer. Chaque recette comprend une rubrique «recommandé pour» qui facilite le choix de recettes selon vos symptômes. Les personnes cancéreuses, les survivants du cancer, la famille, les amis et tous ceux qui souhaitent optimiser leur diète afin de réduire le risque de cancer verront ce livre comme une ressource de prédilection.

Je suis ravi d'avoir contribué à ce livre. J'ai apporté mes connaissances sur des questions cliniques courantes, validé les recherches de Jean et aidé à formuler des interprétations de la littérature médicale qu'elle cite. Elle a recueilli, analysé et synthétisé de vastes connaissances, non seulement issues de ses méticuleuses recherches, mais également de sa pratique et, plus émouvant, de son combat personnel et de celui de son père. Ces expériences l'ont aidée à écrire un livre exceptionnel utile à tous ceux qui luttent contre le cancer.

En tant que médecin spécialiste et chercheur en oncologie, je me réjouis qu'un livre d'une telle qualité soit à la disposition du public et des fournisseurs de soins de santé, y compris les oncologues. Ce livre m'aidera à donner des conseils plus exacts à mes patients et à leurs familles. Je le recommanderai fortement aux patients que j'accompagne, aux patients atteints de cancer partout dans le monde et à mes collègues oncologues.

Neil L. Berinstein, MD, FRCPC

Introduction

Ce livre vous est dédié à vous, les patients souffrant du cancer, pour vous épauler et pour aider les soignants à suivre votre plan de traitement tout en maximisant votre santé nutritionnelle. Le cancer et son traitement peuvent avoir un impact direct sur votre alimentation, et ce, de plusieurs façons. Il peut vous être difficile d'avaler à cause d'ulcères buccaux ou d'une sécheresse de la bouche, ce qui peut entraîner une réduction de votre appétit, des changements dans vos goûts alimentaires ou des perturbations dans le processus de digestion, causant ainsi des reflux gastriques, de la constipation ou de la diarrhée. Ce livre contient un guide alimentaire détaillé pour la gestion de ces symptômes, des effets secondaires et d'autres pathologies comme le diabète ou les maladies du cœur.

Je commence ce livre en vous aidant à comprendre les principes de base du cancer, puis je vous présente des stratégies spécifiques pour vous aider à gérer les effets secondaires et autres problèmes de santé. Parmi ces stratégies, la plus importante est de préparer vos repas avec votre maladie en tête. Pour ce faire, je vous offre des recettes riches en nutriments non seulement délicieuses, mais qui prennent en considération les défis nutritionnels que pose le cancer. Le maintien d'une bonne alimentation devrait vous aider à poursuivre votre plan de traitement en plus d'accélérer votre retour à la maison et votre rétablissement.

Preuves à l'appui

Ce livre est exceptionnellement digne de confiance. J'ai travaillé avec le Dr Neil Berinstein, chercheur scientifique et oncologue au Centre des sciences de la santé Sunnybrook à Toronto, afin d'interpréter les dernières recherches sur le cancer et la nutrition et d'en rendre le contenu plus accessible. La section Références, à la fin du livre, illustre cet effort. Ces citations sont insérées à l'intention des professionnels, qui pourront ainsi recommander ce livre en toute confiance à leurs patients et aux membres de leurs familles qui voudraient partager ces renseignements avec l'équipe soignante. En outre, je fournis une liste de ressources que vous pouvez utiliser pour poursuivre l'examen de questions spécifiques à votre cas.

J'apporte également un point de vue personnel sur le cancer et la nutrition. Je suis une survivante du cancer, une diététiste diplômée spécialiste en traitement du cancer et une proche d'un patient atteint de la maladie. À l'âge de vingt-sept ans, j'ai appris que je souffrais de la maladie de Hodgkin. Il s'agit d'un cancer qui apparaît dans les globules blancs (les leucocytes) et qui se propage dans les ganglions lymphatiques. Mon traitement était composé de six mois de chimiothérapie suivis de six autres mois de radiothérapie. J'ai vécu bien des effets secondaires sur le plan nutritionnel, dont la perte d'appétit, la perte de poids, de la nausée et des vomissements.

Je suis aussi une diététiste diplômée. Comme professionnelle, j'ai conseillé de nombreux clients atteints de cancer. Mon premier emploi en tant que diététiste était dans un grand hôpital où je travaillais avec des patients qui en étaient à divers stades dans leur traitement contre le cancer et qui avaient besoin d'aide pour gérer leur alimentation pendant leur séjour à l'hôpital. Quelques années plus tard, après mon propre combat contre le cancer, j'ai travaillé plusieurs années avec une agence de soins à domicile, ce qui m'a permis de connaître un bon nombre de patients vivant dans différents environnements et avec un soutien variable.

Puis, on a diagnostiqué chez mon père une forme rare de cancer qui était apparu dans sa vésicule biliaire. Bien qu'il se fût écoulé quatorze ans depuis que ma famille avait eu à composer avec mon cancer, nous nous retrouvions encore une fois face à cette menace. Nous avons fait des pieds et des mains pour aider mon père à maintenir le poids et la force nécessaires pour survivre non seulement au cancer, mais également aux traitements éprouvants qui visaient à prolonger sa vie. Malheureusement, seulement cinq mois après le diagnostic, il a succombé à la maladie. Le traitement a détruit son corps, mais il avait pris le risque. Bien des patients acceptent le traitement en espérant triompher de la maladie et sortir du combat avec une bonne qualité de vie. J'ai appris de son expérience, et ce savoir est retransmis dans ce livre.

J'ai également eu le privilège de rencontrer un groupe de survivantes du cancer qui a été mon groupe de rétroaction. Leur sagesse et leurs expériences sont présentées dans ce livre dans les rubriques «Parole de survivante». Si vous êtes atteint du cancer, vous retrouverez sûrement vos préoccupations et vos craintes dans ces histoires.

En plus de fournir des stratégies pour composer avec les effets secondaires, la thérapie alimentaire peut renforcer votre système immunitaire pendant que vous combattez le cancer et aider à prévenir la récidive de la maladie ou l'apparition d'un nouveau cancer après la guérison ou la rémission. Votre alimentation peut influencer le comportement des cellules cancéreuses; celles-ci peuvent se développer et se multiplier, ou simplement rester en état de dormance. Les informations relatives au régime alimentaire peuvent vous encourager à améliorer votre diète. Ainsi, vous jouez un rôle actif et positif dans le maintien de votre santé.

Le programme de nutrition

Mon approche diététique est basée sur une branche plus ou moins nouvelle de la discipline, soit l'immunonutrition. Bien que je ne prétende pas avoir découvert la diète contre le cancer, la recherche démontre que les aliments aux propriétés anti-inflammatoires, riches en grains entiers, qui ont un indice glycémique faible et riches en nutraceutiques, en phytonutriments, en antioxydants, en probiotiques et en prébiotiques peuvent être thérapeutiques pour les patients atteints de cancer. Ces aliments soutiennent le système immunitaire.

Il a aussi été prouvé, par des recherches en laboratoire, qu'ils peuvent arrêter la croissance des cellules cancéreuses. Je fournis dans le livre des listes d'aliments riches en nutriments ainsi qu'un bon nombre de recettes pour la réduction des risques.

Je commenterai ces preuves, mais d'abord, laissez-moi vous présenter les deux recommandations clés pour soutenir votre traitement et réduire les risques que le cancer revienne.

1. Basez votre alimentation sur les végétaux: les fruits, les légumes, les herbes, les épices, les légumineuses (légumineuses à grains), les grains entiers et les poissons d'eaux froides. Cette diète vous fournira tous les nutriments dont vous avez besoin pour maintenir une bonne santé générale et aidera à éliminer les facteurs qui mènent au développement et à la progression du cancer.

2. Limitez votre consommation de viandes rouges, de grains raffinés et d'alcool. Évitez les viandes transformées et les boissons gazeuses. Vous réduirez ainsi les sources alimentaires d'inflammation et l'augmentation du taux d'insuline, qui peuvent favoriser le cancer. Les aliments bénéfiques et les nutriments pourront ainsi faire leur travail thérapeutique.

Les recettes et les plans de repas

Bien que j'adore cuisiner et essayer de nouvelles recettes, je n'en ai créé que quelques-unes. Heureusement, mon éditeur connaissait des conseillers et des auteurs de livres de recettes prêts à m'aider. J'ai épluché leur vaste catalogue de recettes afin de choisir les plus appropriées à ce livre. La sélection a été faite selon plusieurs critères.

Tout d'abord, j'ai choisi les recettes qui peuvent aider à la gestion des symptômes, y compris la perte d'appétit, la perte ou le gain de poids, la nausée, les vomissements, l'altération des goûts, la diarrhée, la constipation et les lésions buccales. Portez attention à la mention «recommandé pour», en haut de chaque recette. Choisissez celles qui s'appliquent à votre situation et qui vous mettent l'eau à la bouche. En prime, de nombreuses recettes contiennent des suggestions sur la façon de les ajuster pour les adapter à vos effets secondaires.

Le deuxième critère était de proposer des recettes simples à préparer, et cela avec des ingrédients faciles à trouver, pas seulement pour votre usage personnel, mais aussi pour les personnes soignantes qui préparent vos repas. Ces recettes devraient rendre la préparation et l'alimentation plus faciles. Certains repas et collations sont faciles à transporter; vous pouvez donc les apporter avec vous à votre rendez-vous médical. Un bon nombre peut d'ailleurs être préparé à l'avance. Ces avantages sont soulignés dans la rubrique «recommandé pour» qui accompagne plusieurs recettes.

En troisième lieu, une partie de ces recettes devait avoir le potentiel de réduire le risque de récidive ou de développement de cellules cancéreuses. Les études ont démontré que certains aliments peuvent réduire l'inflammation et renforcer le système immunitaire, tandis que d'autres sont cancérogènes, favorisant le cancer en provoquant une division incontrôlée des cellules. Les recettes aux propriétés potentiellement anticancérigènes sont identifiées dans la rubrique «avantages supplémentaires».

Pour que vous puissiez trouver facilement les recettes appropriées selon vos priorités, l'index placé à la fin du livre contient une liste des recettes et des symptômes qu'elles aident à contrôler. Par exemple, si vous avez un faible appétit, cherchez sous la lettre A pour l'entrée «appétit faible, recettes pour» pour voir toutes les recettes suggérées pour cet effet secondaire. Les particularités des recettes sont également classées de cette façon.

J'ai rassemblé quelques grilles de menus quotidiens. Il n'existe pas de plan de repas unique qui fonctionne pour tous les patients. J'ai donc conçu trois plans de repas pour inclure les problèmes nutritionnels les plus courants. Dans cette section, vous trouverez des exemples de menus pour une diète antidiarrhéique, une diète à base d'aliments liquides et mous, ainsi qu'une diète énergétique riche en protéines.

De plus, pour vous assurer d'avoir des aliments anticancéreux à portée de main, j'ai dressé une liste d'épicerie. Comme ce n'est pas tout le monde qui voudra préparer des repas ou des collations, j'ai également inclus une liste d'aliments prêts-à-manger que vous pouvez avoir sous la main. Vous trouverez également des renseignements sur la sécurité alimentaire et la conservation, ce qui est particulièrement pertinent, étant donné l'état du système immunitaire des patients atteints de cancer.

L'espoir

J'espère que ce livre vous sera utile, que vous trouverez dans ces pages quelque chose qui soulagera vos symptômes, vous encouragera à mieux vous alimenter. J'espère qu'il vous fera sentir plus fort et que vous en tirerez profit de quelque magnifique façon.

Malgré tout ce qui m'est arrivé pendant mon cancer – la peur, la douleur, l'inquiétude, les innombrables effets secondaires –, je vois cette épreuve comme un cadeau. Je ne tiendrai plus jamais ma santé pour acquise. Je vis ma vie autrement; mieux, je pense. Même avec le cancer de mon père et son décès, il y avait là un cadeau. J'ai pu communiquer avec lui d'une manière qui n'avait pas été possible auparavant. J'espère que vous et votre entourage trouverez un cadeau dans cette expérience également. Je ne doute pas qu'il y a quelque chose dans ces pages qui rendra votre expérience un peu plus facile.

Première partie

Les traitements contre le cancer et leurs effets secondaires

Chapitre 1
Les traitements traditionnels

Le cancer, notions de base

La plupart d'entre nous avons été touchés par le cancer, comme patients, comme proches ou amis d'un patient. Selon les estimations de l'Organisation mondiale de la Santé, 12,7 millions de cancers ont été diagnostiqués en 2008. Même si la durée de survie s'est améliorée de 4,5 % pour tous les cancers dans les dix années comprises entre 1992 et 1994 et entre 2002 et 2004, la route entre le diagnostic et la guérison, ou l'atteinte de la période de rémission, peut être pour le moins ardue. Les statistiques offrent un peu de réconfort, mais comprendre comment l'alimentation influence le développement du cancer peut soulager vos inquiétudes et vous offrir une occasion de participer à votre guérison.

> **Parole de survivante**
>
> *Avec le cancer viennent la peur et l'anxiété, et vos amis voudront aider à «régler le problème» en vous donnant des conseils. Remerciez-les de leur intérêt et rappelez-vous qu'ils sont bien intentionnés.*

Les cellules cancéreuses

Notre corps est constitué de milliards de cellules. Au cours de notre vie, ces cellules se remplacent par un processus de division. Parfois, le renouvellement cellulaire se dérègle. Les cellules se divisent rapidement, de manière chaotique, et ne sont plus sous le contrôle des facteurs de croissance normaux. Par définition, le cancer est la croissance anarchique d'un groupe de cellules.

Pour qu'une cellule normale se transforme en cellule cancéreuse, son acide désoxyribonucléique (ADN) doit être endommagé. L'ADN est le code génétique de la cellule. Les facteurs qui endommagent l'ADN des cellules sont appelés des agents cancérogènes. Ces agents peuvent inclure la radiation, le smog, les matières polluantes, la fumée de cigarette ou d'autres facteurs de notre environnement, y compris l'inflammation chronique.

Une fois que le changement à l'ADN s'est produit, la cellule modifiée peut vivre longtemps en latence. Si notre corps offre un environnement qui favorise la survie et la croissance de cette cellule, elle peut devenir une tumeur. Si nous faisons en sorte que la cellule cancéreuse ne se sente pas la bienvenue, elle peut rester dans notre organisme sans nous ennuyer. Garder un système immunitaire en santé est un facteur clé dans la prévention et la neutralisation des cellules cancéreuses. Les traitements contre le cancer peuvent quant à eux tuer les cellules cancéreuses directement ou créer dans le corps un environnement défavorable qui empêchera la multiplication de ces cellules.

Les procédures de diagnostic

Si on soupçonne qu'on a un cancer, il peut s'écouler un certain temps avant que le diagnostic soit confirmé et qu'un plan de traitement soit mis en œuvre. Pendant ce temps, la pathologie de la tumeur sera examinée afin de savoir si elle est bénigne ou maligne. Si la tumeur est maligne, on déterminera alors le type de cancer et le stade de développement. La stadification décrit la gravité du cancer au site tumoral ainsi que sa propagation, ou les métastases du cancer parvenues dans d'autres parties du corps.

Au cours des procédures de diagnostic, on a recours à l'imagerie médicale – par exemple les rayons X, la tomographie par ordinateur, l'imagerie par résonance magnétique (IRM) – et à la biopsie. Une biopsie consiste à utiliser une aiguille pour extraire chirurgicalement un échantillon de cellules tumorales ou encore à pratiquer une chirurgie pour prélever des cellules de la tumeur et les étudier. Pour pratiquer une biopsie des tissus gastro-intestinaux, vous pourriez avoir à subir une endoscopie ou une coloscopie. Lors de ces interventions, on insère une sonde par la bouche ou par l'anus. Les cellules sont ensuite envoyées au laboratoire de l'hôpital. À cet endroit, un technicien de laboratoire préparera les cellules pour l'analyse et un pathologiste déterminera de quel type de cellules cancéreuses il s'agit. Par exemple, il existe deux grands types de lymphomes : le lymphome de Hodgkin et le non hodgkinien. Les cellules cancéreuses de ces deux types de lymphomes ont une apparence différente au microscope. Les cellules se comportent aussi de façons différentes et n'ont pas les mêmes caractéristiques immunitaires. L'analyse de vos cellules pendant le diagnostic est primordiale afin de permettre à votre oncologue de déterminer quel est le meilleur traitement pour combattre spécifiquement les cellules cancéreuses présentes dans votre corps.

Les traitements classiques

La plupart des gens qui reçoivent un diagnostic de cancer reçoivent au moins un des traitements classiques : la chimiothérapie (qui comprend la chimiothérapie cytotoxique, l'hormonothérapie, la biothérapie ou l'immunothérapie), la radiothérapie, la chirurgie ou la greffe de cellules souches. Ces traitements sont reconnus comme normaux, habituels, traditionnels. Le mot « traditionnel » est défini dans ce cas comme médicalement accepté ou reconnu. Les thérapies traditionnelles reposent sur des recherches scientifiques approfondies et affinées qui sont testées en permanence.

Ces thérapies sont devenues la norme pour le traitement du cancer parce qu'il existe des preuves scientifiques et cliniques qu'elles sont efficaces et sûres. Elles ont démontré une activité antitumorale contre les types de cancers. Cependant, ces thérapies sont souvent accompagnées d'effets secondaires qui, dans certains cas, peuvent être très intenses.

Parole de survivante

Après chaque séance de chimio, je me sentais comme si j'avais été frappée par un camion et complètement écrasée. Il me fallait trois semaines pour me remettre.

Parole de survivante

J'avais un lymphome, un cancer des ganglions lymphatiques du cou, et quand je buvais de l'alcool, je ressentais une douleur qui commençait dans mon cou et qui descendait dans mon bras. Je ne pouvais tolérer l'alcool.

Parlons cancer

Comme la plupart des maladies, le cancer a son vocabulaire spécialisé. Voici un petit glossaire contenant des termes clés qui vous aidera à comprendre le traitement du cancer.

Acides biliaires: Acides sécrétés par le foie et emmagasinés dans la vésicule biliaire. Après un repas, ces acides sont sécrétés dans les intestins où leur travail est d'aider le corps à transformer la graisse alimentaire et à éliminer le cholestérol.

Adénocarcinome: Tumeur située dans une glande et qui est devenue une tumeur maligne. Par exemple, 95 % des cancers de l'estomac sont des adénocarcinomes.

Adénomes: Tumeurs bénignes situées dans les glandes et qui prennent leur origine dans les cellules qui tapissent la face interne de certains organes. Parmi ces glandes, celles de l'estomac, les glandes salivaires, les glandes parotides (sur les côtés du visage), les glandes intestinales, l'hypophyse, les glandes surrénales, la glande thyroïde et la glande prostatique. Ces tumeurs sont bénignes, mais elles peuvent progresser et devenir malignes. On les appellera alors des adénocarcinomes.

Adjuvant: Traitement utilisé en plus du traitement principal. Par exemple, la chimiothérapie ou la radiothérapie après une intervention chirurgicale sont des adjuvants.

ADN: Acide nucléique (acide désoxyribonucléique) qui contient l'information génétique.

Angiogenèse: Processus par lequel les cellules cancéreuses créent leur propre réserve de sang pour survivre.

Anorexie: Perte du désir de se nourrir.

Apoptose: Mort cellulaire préprogrammée normale qui fait partie de la vie de la cellule.

Bénin (bénigne): Se dit d'une tumeur non cancéreuse qui ne se répand pas à d'autres parties du corps. Ces tumeurs ne mettent pas la vie en danger.

Biopsie à l'aiguille: Intervention effectuée à l'aide d'une aiguille et visant à prélever un échantillon de tissu tumoral pour analyse en laboratoire.

Biopsie chirurgicale: Intervention chirurgicale visant à enlever une tumeur ou une partie d'une tumeur pour analyse en laboratoire.

Cachexie: Perte progressive de tissus adipeux et musculaires souvent mais pas toujours accompagnée d'une perte d'appétit.

Cancérogène: Substance ou agent pouvant causer le cancer.

Champ de rayonnement en mantelet: Radiation du cou, de la poitrine et des aisselles.

Chimiothérapie: Médication utilisée pour le traitement du cancer.

Coloscopie: Intervention pendant laquelle un médecin utilisera un endoscope muni d'une lumière, d'une caméra et d'une lentille de grossissement pour observer le revêtement du côlon et du rectum.

Contour: Tissu sain autour d'une tumeur qui est envoyé avec celle-ci pour analyse après une intervention chirurgicale.

Endoscope: Mince tube flexible ou rigide muni d'une lumière, de lentilles et d'un outil pour prélever des échantillons de tissu.

Endoscopie: Intervention qui permet au médecin d'observer l'intérieur du corps à l'aide d'un endoscope.

Glande: Organe qui peut sécréter une substance comme des hormones ou de l'acide gastrique.

Gray (Gy): Unité de mesure qui indique la radiation absorbée pendant un traitement.

Malin (maligne): Se dit d'une tumeur cancéreuse ou d'un groupe de cellules anormales.

Métastase: Propagation de la tumeur à d'autres parties du corps.

Mucosite: Inflammation et ulcération des muqueuses de la paroi du tube digestif.

Mucosite buccale: Inflammation et ulcération de la bouche.

Nausée: Malaise à l'estomac accompagné d'une envie de vomir.

Néoadjuvant: Traitement préliminaire. Par exemple, les traitements de chimiothérapie et de radiothérapie reçus avant une intervention chirurgicale sont des néoadjuvants.

Oncologie: Branche de la médecine qui s'intéresse au cancer et aux tumeurs.

Oncologue: Médecin spécialisé en chimiothérapie (oncologue médical), en radiothérapie (radio-oncologue) ou en chirurgie (chirurgien-oncologue).

Ostéoradionécrose: Dommage à l'os de la mâchoire, complication de la radiothérapie.

Pathologie: Étude médicale des cellules.

Pathologiste: Médecin spécialement formé pour analyser les cellules.

Radiation: Rayons ou particules à haute énergie utilisés pour détruire les cellules cancéreuses.

Rechute: Réapparition d'une maladie qui avait été soignée et avait disparu.

Récidive: Maladie qui est toujours présente après le traitement, sans causer de problème, mais qui connaît une poussée active par la suite.

Rémission: Absence de maladie chez les patients atteints d'une affection chronique.

Satiété: Sensation d'être rassasié après avoir mangé.

Satiété précoce: Sensation d'être rassasié après avoir consommé une petite quantité de nourriture.

Stadification: Méthode de classement des cancers selon la dimension et le site de la tumeur, la propagation à d'autres parties du corps ainsi que l'étendue du cancer dans le corps.

Système immunitaire: Réseau de cellules et de barrières qui visent à protéger l'organisme des forces destructrices provenant de l'intérieur et de l'extérieur du corps.

Taux de survie relatif: Taux calculé en divisant le taux de survie global après le diagnostic d'une maladie par le taux de survie observé chez une population similaire qui n'a pas reçu de diagnostic. La population similaire est composée d'individus qui ont des similarités avec les individus ayant reçu un diagnostic quant à l'âge et au sexe.

Thérapie complémentaire: Traitement qui soutient ou améliore les traitements traditionnels contre le cancer.

Thérapie traditionnelle: Chimiothérapie, radiothérapie et chirurgie.

Trismus: Incapacité d'ouvrir la bouche à la suite d'un traitement de radiothérapie.

Tumeur: Kyste solide ou empli de fluide pouvant être bénin, précancéreux ou malin.

Xérostomie: Sécheresse de la bouche due à une réduction de la quantité de la salive.

Guide de préparation au traitement

Si vous n'avez pas encore commencé votre traitement, ou même si votre plan de traitement est en cours, vous pouvez vous préparer pour le traitement ou améliorer votre situation en suivant les 11 recommandations suivantes.

1. Préparez votre maison. Vous pourriez être surpris du temps que prendra votre traitement. Il peut vous rester très peu de temps pour les soins personnels. Si vous le pouvez, faites vos emplettes, achetez les produits et aliments dont vous aurez besoin afin d'avoir les articles nécessaires sous la main. Vous voudrez peut-être commencer à préparer et à congeler des repas. C'est pour cette raison qu'un bon nombre des recettes présentes dans ce livre contiennent des instructions pour la congélation et la décongélation. En outre, vous pouvez consulter la liste de suggestions d'achats pour avoir des idées sur les aliments santé que vous devez avoir dans le garde-manger pour les jours où vous n'aurez pas envie de cuisiner. N'oubliez pas de faire le plein d'autres articles que vous utilisez régulièrement, comme des mouchoirs, du papier hygiénique, des fournitures pour votre animal de compagnie et autres produits de toilette ou de maison.

2. Élaborez des plans de secours au cas où vous seriez incapable de maintenir votre routine. Vous pourriez trouver des conducteurs secondaires qui pourraient conduire vos enfants à l'école ou à différentes activités, un promeneur de chien ou quelqu'un pour nettoyer la cage de votre oiseau ou la litière de votre chat. Vous n'aurez peut-être pas besoin de ces personnes, mais si vous leur en parlez à l'avance, vous trouverez plus facile de leur demander de l'aide quand vous en aurez besoin.

3. Pensez à la logistique de vos déplacements. Dans le cadre d'un bon nombre de traitements, il n'est pas recommandé de conduire un véhicule.

4. Gardez à l'esprit que ces rendez-vous peuvent être longs. Dans le cas d'un traitement de chimiothérapie, vous devrez habituellement rencontrer votre oncologue en premier, puis subir une prise de sang. Il déterminera si vous êtes en état de recevoir le traitement et la pharmacie commencera à préparer votre chimiothérapie. Certains traitements de chimiothérapie par voie intraveineuse peuvent mettre des heures à se diffuser. Il est donc important de discuter avec l'équipe médicale à propos de l'engagement en matière de temps. Les traitements de radiothérapie sont beaucoup plus rapides, mais vous devez prendre le temps d'enlever vos vêtements et de bien vous installer. Bien que le traitement prenne moins de temps que la chimiothérapie, la radiothérapie est habituellement planifiée en séances quotidiennes pour une certaine période, alors que la chimiothérapie est hebdomadaire, bimensuelle ou autre, selon un programme personnalisé.

5. Planifiez la communication de vos progrès avec votre groupe de soutien. La technologie vous sera probablement d'une grande aide. Vos amis et les membres de votre famille voudront probablement vous appeler pour savoir comment vous allez. Mais parler au téléphone, surtout si vous répétez la même chose à plusieurs reprises, peut être épuisant. Vous pourriez désigner un porte-parole. Cette idée a bien fonctionné pour un bon nombre de personnes quand il y avait beaucoup d'amis et de parents inquiets qui voulaient être au courant des dernières nouvelles. Votre porte-parole peut prendre de vos nouvelles de façon régulière et les envoyer par courrier électronique, par Facebook ou par Twitter aux personnes que vous voulez tenir au courant. Vous serez récompensé en encouragements et en soutien. C'est une bonne façon de garder le contact sans dépenser toute votre énergie à parler au téléphone. Si votre entourage n'est pas très enclin à utiliser l'ordinateur, vous pouvez toujours avoir un porte-parole, et celui-ci peut répandre les nouvelles par téléphone à certaines personnes qui vont ensuite

faire passer le message à d'autres. Il est cependant plus difficile d'être certain de la précision des renseignements parce qu'on se fie à la mémoire des gens et à leur compréhension de ce qui a été dit.

6. Mettez en place ou maintenez un programme d'exercice. Dans une étude sur l'activité physique avant le traitement du cancer et la qualité de vie, il a été démontré que l'activité physique avant le traitement réduit l'anxiété et la dépression et est associée à une meilleure qualité de vie physique et mentale. La marche est probablement le meilleur exercice, mais trouvez quelque chose qui fonctionne pour vous.

7. Établissez ou renforcez votre routine de réduction du stress et de relaxation. Plusieurs ressources communautaires peuvent vous aider en ce sens (voir la section Ressources à la fin de l'ouvrage). La pratique de la méditation, de la visualisation, des affirmations positives et de la prière, ainsi que d'autres pratiques basées sur la pleine conscience peuvent vous être d'une grande aide à l'approche de l'épreuve qui vous attend.

8. Préparez-vous aux réactions de vos amis et des membres de votre famille. Planifiez comment vous allez parler de vos progrès à vos amis, à vos parents et à vos collègues. À qui allez-vous en parler ? Quand ? Quelles sont les questions pour lesquelles vous devez vous préparer ? Les gens vont réagir de façons différentes et souvent imprévisibles. Il est préférable d'être le plus renseigné possible sur votre situation, de manière à pouvoir répondre à leurs questions. Vous verrez que certains amis et membres de la famille vont relever le défi et vous apporter plus de soutien que vous n'auriez imaginé, tandis que d'autres vont prendre une distance. Rappelez-vous que ce n'est pas personnel, mais plutôt une indication de leur crainte et de leur incapacité à faire face à la situation.

9. Soyez explicite quand vous demandez de l'aide. Quand vous annoncez votre diagnostic, il peut s'avérer utile d'être le plus précis possible quant à l'aide dont vous avez besoin. Par exemple, vous pourriez demander à un ami de préparer une recette que vous avez choisie dans ce livre. Il s'agit d'un moyen pratique pour lui de vous soutenir. Demander à quelqu'un de vous accompagner à vos rendez-vous ou de vous rendre visite quand vous avez envie d'avoir de la compagnie sont d'autres idées.

10. Mettez de l'ordre dans vos finances. Vous devrez peut-être réduire certaines dépenses. Si vous devez arrêter de travailler, les indemnités ne seront probablement pas à la hauteur de votre salaire. En outre, certains médicaments peuvent ne pas être couverts à 100 % par votre régime de soins de santé.

11. Améliorez votre alimentation. Il s'agit d'un bon moment pour commencer à vous concentrer sur votre diète. Le fait de manger des aliments sains et nourrissants vous fera sentir que vous contribuez à combattre le cancer. Abordez votre alimentation comme une thérapie complémentaire au traitement que vous vous apprêtez à subir. Voici quelques recommandations pour améliorer votre alimentation et que nous explorerons plus en profondeur dans ce livre :
    - réduisez votre consommation de sucres simples et de glucides raffinés ;
    - optez pour les grains entiers le plus souvent possible ;
    - augmentez votre consommation de fruits, de légumes, d'herbes, d'épices, de légumineuses (fèves, pois, lentilles) ;
    - limitez votre consommation de viandes rouges ;
    - évitez les viandes transformées et les boissons alcoolisées ;
    - prenez de petits repas et des collations fréquemment au cours de la journée.

Effets secondaires

Un bon nombre d'effets secondaires ont un impact direct sur votre état nutritionnel et sur votre état de santé général. Ces effets secondaires varient et seront passés en revue au chapitre 2. Votre équipe de soutien vous aura très probablement donné des précisions sur les effets secondaires possibles de votre traitement et sur les complications médicales éventuelles avant de commencer. Vous n'êtes pas seul dans votre combat contre le cancer. Votre équipe de soins sera sans doute composée d'un oncologue, d'une infirmière spécialisée dans le traitement du cancer ainsi que de pharmaciens, de physiothérapeutes, de psychothérapeutes, d'un phoniatre et d'un diététiste.

Le saviez-vous ?

Croissance cellulaire rapide

Tout comme les follicules pileux normaux et les cellules de la langue et de la bouche, les cellules cancéreuses se multiplient rapidement. Ces cellules sont directement visées par les traitements chimiothérapeutiques. C'est pourquoi un si grand nombre de personnes qui reçoivent de la chimiothérapie perdent leurs cheveux ou souffrent d'ulcères buccaux, de sécheresse de la bouche ou d'une modification du goût. Les cellules de la moelle osseuse, responsables de la production des globules rouges, se multiplient également rapidement. Les globules rouges ont pour fonction de transporter l'oxygène à toutes les cellules du corps. Mais la chimiothérapie peut détruire ces cellules. Un nombre restreint de globules rouges signifie que vous n'aurez pas assez d'énergie pour répondre à vos besoins. On appelle cet état l'anémie.

Parole de survivante

Quand j'ai commencé à prendre du tamoxifène, mes sueurs nocturnes sont revenues.

La chimiothérapie

L a chimiothérapie, souvent appelée tout simplement chimio, est le traitement médical ou médicamenteux du cancer. Il existe trois sortes de chimiothérapie : le traitement cytotoxique, l'hormonothérapie et la thérapie biologique ou immunothérapie.

Le traitement cytotoxique

Le traitement cytotoxique est l'utilisation de médicaments conçus pour inhiber la croissance, la multiplication et la propagation des cellules cancéreuses à d'autres parties du corps. Il existe des médicaments spécifiques pour les différents cancers. Ces médicaments ont un effet toxique sur les cellules cancéreuses, mais aussi sur des cellules normales du corps comme celles de la moelle osseuse, qui ont une vitesse de régénération élevée.

Médicaments cytotoxiques courants

Il existe plusieurs médicaments cytotoxiques. Dans certains plans de traitement chimiothérapeutiques, ou programmes, on n'utilise qu'un seul médicament. Dans le cadre d'autres programmes, l'oncologue prescrira un « cocktail » de médicaments ou une série de médicaments. Apprenez à connaître votre médication en en discutant avec votre oncologue et votre pharmacien. Ils peuvent vous aider à vous préparer aux effets secondaires sur les plans médical et nutritionnel.

L'effet double tranchant

L'un des avantages de la chimiothérapie est qu'elle peut atteindre toutes les cellules de votre corps. Vous ingérez la médication soit sous forme de pilules, soit sous forme liquide, ou encore vous la recevez sous forme d'injections ou par voie intraveineuse. La médication se retrouve donc dans votre sang et peut voyager partout dans votre corps. D'une part, cela signifie qu'elle peut atteindre les petites tumeurs ou les cellules qui ont proliféré. D'autre part, les effets secondaires peuvent être variés et parfois imprévisibles. Ils peuvent par exemple causer un fourmillement dans les pieds et les mains et une sécheresse de la bouche. Malheureusement, la chimiothérapie n'a pas encore évolué au point de pouvoir viser seulement les cellules cancéreuses sans affecter les cellules normales.

L'hormonothérapie

On dit que l'hormonothérapie est chimiopréventive parce qu'elle inhibe la progression du cancer, bien qu'elle n'élimine pas les cellules cancéreuses. Les hormones sont produites naturellement par des glandes et des organes de notre corps, mais peuvent aussi être fabriquées de façon synthétique en laboratoire. Les hormones voyagent dans notre corps, dans notre sang, et transportent des messages importants sur le métabolisme, la croissance et la reproduction. Les tumeurs cancéreuses se développent souvent sur certaines glandes et certains organes, comme les seins, la prostate, l'endomètre, les testicules, le pancréas, les glandes surrénales, la glande thyroïde et l'hypophyse. Le tamoxifène et le raloxifène, par exemple, sont deux médicaments courants dans le traitement chimiothérapeutique du cancer du sein. Ils bloquent l'effet de l'œstrogène sur la croissance des cellules malignes du cancer du sein sans toutefois arrêter la production d'œstrogène.

Effets secondaires

Les effets secondaires possibles incluent l'ostéoporose, les bouffées de chaleur, une diminution de la libido, l'impuissance, la constipation, une augmentation de l'appétit, le gain de poids et des irrégularités menstruelles. Quand les glandes qui produisent ces hormones sont retirées, il peut y avoir des effets secondaires dus à l'intervention chirurgicale. Parfois, les effets secondaires sont chroniques et nécessitent la prise d'hormones à vie.

L'immunothérapie

L'immunothérapie, aussi connue comme traitement modificateur de la réponse biologique, est conçue pour stimuler le système immunitaire, lui permettant ainsi de combattre l'invasion du cancer.

Les agents de renforcement immunitaire et le traitement modificateur de la réponse biologique incluent des traitements comme l'interféron alpha, l'époétine alfa, le filgrastime, les inhibiteurs de l'angiogenèse, les cykotines, les facteurs de croissance stimulant la formation de colonies, le bévacizumab, le rituximab et le trastuzumab. L'immunothérapie comprend aussi des vaccins contre le cancer et certaines formes de thérapies géniques, des techniques relativement nouvelles en oncologie.

Ces agents ralentissent la croissance et la propagation des cellules cancéreuses et empêchent le retour de certains cancers après le traitement, ou gèrent les effets secondaires créés par d'autres traitements contre le cancer.

Effets secondaires

Les effets secondaires de l'immunothérapie incluent de la fatigue, une perte de poids, des symptômes ressemblant à ceux du rhume, de l'hypotension, des frissons, de la fièvre, des douleurs osseuses, une mauvaise cicatrisation, de la rétention d'eau, des éruptions cutanées et de la neuropathie périphérique.

Le saviez-vous ?

Certains cancers, comme certains types de cancers du sein et de la prostate, sont considérés comme hormonodépendants, c'est-à-dire que les hormones favorisent la croissance du cancer. On traite ces cancers en ajustant les taux d'hormones, ce qui peut nécessiter une médication ou une intervention chirurgicale pour retirer la glande qui produit l'hormone, comme la glande thyroïde, les ovaires (qui produisent l'œstrogène) ou les testicules (qui produisent la testostérone).

Parole de survivante

Le cancer affecte les gens de façons différentes. Certaines personnes qui n'étaient que des connaissances m'ont été d'un grand soutien, alors que certains sur qui je croyais pouvoir compter se sont évaporés. J'ai dû admettre que trois excellents nouveaux amis sont mieux que dix associés.

Effets secondaires alimentaires des médicaments chimiothérapeutiques courants

Si le médicament qui vous a été prescrit ne figure pas sur cette liste, renseignez-vous auprès de votre oncologue. Le fait de savoir à quoi vous attendre peut vous aider à mieux vous préparer.

Médicament (marque)	Cible thérapeutique	Site d'administration
Carboplatine (Paraplatine)	Cancer de l'ovaire	Intraveineux (i.v.)
Cisplatine (Platinol) (Platinol-AQ)	Cancers de la vessie, de l'ovaire, des testicules	Intraveineux (i.v.)
Cyclophosphamide (Cytoxan) (Neosar) (Procytox)	Lymphomes, cancers du sein, carcinome ovarien, leucémies	Intraveineux (i.v.) ou oral
Daunorubicine (Cerubidine)	Leucémies, lymphomes	Intraveineux (i.v.)
Docétaxel (Taxotere)	Cancers du sein, lymphomes, myélomes multiples, cancer du poumon, cancer de la prostate	Intraveineux (i.v.)
Doxorubicine (Adriamycin)	Cancers du sein, de la vessie, de l'endomètre, de l'utérus, ainsi que les myélomes	Intraveineux (i.v.)

Effets secondaires alimentaires	Notes sur l'alimentation
Nausées et vomissements Déséquilibre en sel Augmentation du calcium dans le sang Constipation Diarrhée	Un supplément de magnésium pourrait être nécessaire.
Nausées et vomissements qui durent habituellement 24 heures ou plus Perte d'appétit (anorexie) Diarrhée Goût métallique Variation du taux d'électrolytes dans le sang	Buvez beaucoup de liquides (au moins 8 tasses ou 2 litres par jour). Videz souvent votre vessie.
Nausées et vomissements Douleurs abdominales Diminution de l'appétit Inflammation des muqueuses de la bouche et de l'œsophage Sécheresse de la bouche (xérostomie)	Ne consommez pas de pamplemousses, de caramboles, d'oranges de Séville ou leurs jus, puisqu'ils peuvent nuire à l'effet du médicament ou causer des effets secondaires. Buvez beaucoup de liquides.
Nausées et vomissements Manque d'appétit Ulcères de la bouche et de l'œsophage Diarrhée Sécheresse de la bouche Changement dans l'acuité gustative	
Nausées et vomissements Douleurs abdominales Diarrhée Fatigue Diminution de l'appétit Engourdissement ou fourmillement des mains et des pieds Effets sur le foie	Ne consommez pas de pamplemousses, de caramboles, d'oranges de Séville ou leurs jus, puisqu'ils peuvent nuire à l'effet du médicament ou causer des effets secondaires.
Diarrhée Nausées et vomissements Plaies à la bouche	

Médicament (marque)	Cible thérapeutique	Site d'administration
Étoposide (Vepesid) (VP-16) (Etopophos) (Eposin)	Cancer du poumon, cancer des testicules, leucémies, lymphomes	Intraveineux (i.v.)
5-fluorouracile (5-FU) (Adrucil)	Cancers du côlon, du sein, de l'estomac, de la tête et du cou	Intraveineux (i.v.)
Irinotécan (Camptosar) (Campto)	Cancers du côlon et du rectum	Intraveineux (i.v.)
Méthotrexate (Folex) (Mexate) (Améthoptérine) (Méthotrexate sodique)	Cancers du sein, du poumon, du sang, des os, du système lymphatique	Intraveineux (i.v.), intrathécal (dans la colonne vertébrale) ou oral
Paclitaxel (Taxol) (Abraxane)	Sarcome de Kaposi et cancers du sein, de l'ovaire, du poumon	Intraveineux (i.v.)
Vincristine (Oncovin) (Vincasar PFS)	Leucémies, lymphomes et sarcomes	Intraveineux (i.v.)

Effets secondaires alimentaires	Notes sur l'alimentation
Nausées et vomissements Ulcères buccaux Hypotension (lors de l'administration) Diminution de l'appétit Symptômes ressemblant à ceux de la grippe Hypertension	Ne consommez pas de pamplemousses, de caramboles, d'oranges de Séville ou leurs jus, puisqu'ils peuvent nuire à l'effet du médicament ou causer des effets secondaires.
Baisse de la numération globulaire Diarrhée Ulcères buccaux	
Diarrhée	Ne consommez pas de pamplemousses, de caramboles, d'oranges de Séville ou leurs jus, puisqu'ils peuvent nuire à l'effet du médicament ou causer des effets secondaires.
Nausées et vomissements Ulcères buccaux Manque d'appétit Diarrhée Absorption réduite de la vitamine B_{12}, du folate et du D-xylose Changement dans l'acuité gustative	Restez bien hydraté – buvez au moins 8 verres de liquide par jour. Urinez fréquemment.
Nausées et vomissements Perte d'appétit Changement dans l'acuité gustative Ulcères de la bouche et de l'œsophage Diarrhée Fatigue	Discutez avec votre médecin à propos de la consommation de pamplemousses ou de jus de pamplemousse.
Nausées et vomissements (modérés) Manque d'appétit Ulcères de la bouche et de l'œsophage Douleurs à la mâchoire Alternance de diarrhée et de constipation, ou crampes abdominales	Ne consommez pas de pamplemousses, de caramboles, d'oranges de Séville ou leurs jus, puisqu'ils peuvent nuire à l'effet du médicament ou causer des effets secondaires.

Adapté de www.caring4cancer.com ; P.D. McCallum et B. Grant, *The Clinical Guide to Oncology Nutrition*, deuxième édition, New York, American Dietetic Association, 2006 ; Cancer Care Ontario, www.cancercare.on.ca.

La radiothérapie

La radiothérapie utilise l'énergie des rayons X, des rayons gamma et des électrons pour tuer ou léser les cellules cancéreuses. Le traitement est donné de façon externe ou interne. Avant que vous receviez le traitement, votre radio-oncologue et les techniciens qui font partie de l'équipe vont prendre le temps de localiser l'endroit exact de votre cancer. De cette façon, ils peuvent diriger le faisceau de rayonnement directement vers les cellules cancéreuses. Contrairement à la chimiothérapie, qui touche le corps en entier, la radiothérapie est dirigée aussi précisément que possible vers la source du cancer.

Effets secondaires

Malgré les efforts pour diriger les radiations vers les cellules cancéreuses, certaines cellules normales sont présentes dans le champ de radiation. Il s'agit là de la source des effets secondaires de la radiothérapie. De même que la surface de la peau au-dessus et en dessous de l'endroit visé, toutes les autres cellules qui se trouvent dans le champ de radiation subiront certains changements. Souvent, ces changements sont temporaires et les cellules retourneront à leur état normal une fois le traitement terminé. Mais il y a tout de même certains effets secondaires qui peuvent perdurer même après le traitement.

Le National Cancer Institute et le National Health Institute, aux États-Unis, ont créé un tableau qui détaille les effets secondaires de la radiothérapie. Ceux-ci dépendent de la partie du corps qui est affectée et du type de cancer. Certaines personnes subiront un traitement de radiothérapie plus long que d'autres, et les effets secondaires peuvent être plus sévères. Vous trouverez un tableau qui résume ces renseignements aux pages 31-33.

L'intervention chirurgicale

La chirurgie est utilisée couramment pour prélever un échantillon d'une tumeur afin de déterminer le type de cellules présentes dans la masse; c'est ce qu'on appelle une biopsie. Cette intervention aide aussi votre équipe médicale à planifier un traitement approprié qui peut comprendre une autre intervention afin d'effectuer une résection ou d'enlever la tumeur solide.

Si elles sont détectées tôt et qu'elles sont localisées, la plupart des tumeurs solides peuvent être traitées par intervention chirurgicale. Par exemple, la chirurgie est un protocole de traitement courant contre le cancer du côlon de stades 1 et 2, sans chimiothérapie adjuvante. C'est également le cas pour le cancer du poumon de stade précoce et le cancer du rein localisé. Une résection complète élimine entièrement la tumeur ainsi qu'une petite partie des tissus

---

Le saviez-vous ?

La peur de la radiothérapie

Certaines personnes ont peur de la radiothérapie ou anticipent la douleur. Cependant, vous ne sentirez aucun inconfort pendant votre traitement. En fait, il se peut même que vous vous demandiez s'il se passe quelque chose. Après quelques séances, vous remarquerez un effet secondaire qui ressemble à un coup de soleil.

FAQ

Q : Mon amie a reçu un traitement de radiothérapie et est très fatiguée. Est-ce courant ?

R : Oui, la fatigue est un effet secondaire courant de la radiothérapie, peu importe quelle partie du corps est traitée. Une diminution de l'énergie va probablement durer tout le traitement et peut perdurer plusieurs semaines. Cela dit, il existe plusieurs stratégies pour gérer le manque d'énergie, y compris la thérapie alimentaire. Ces stratégies énergisantes sont abordées à partir de la page 67.

sains avoisinants. Dans un contexte d'onco-logie, ce tissu sain est appelé le contour. La dimension du contour dépend du type de cancer et de sa localisation.

Parfois, il est impossible de retirer une tumeur en entier parce qu'elle est trop grosse ou qu'elle est trop près de certains organes vitaux. Lorsqu'il est impossible de l'enlever en entier, une chirurgie de réduc-tion tumorale peut être effectuée. Cette intervention peut réduire votre inconfort. La réduction tumorale peut également rendre la chimiothérapie et la radiothérapie plus efficaces, puisque la masse à traiter est plus petite. Dans certains plans de traite-ment, l'intervention chirurgicale peut être combinée à la radiothérapie ou à la chimio-thérapie, ou encore aux deux.

Adjuvants et néoadjuvants

Lorsque la chirurgie est pratiquée en pre-mier et qu'elle est suivie de radiothérapie ou de chimiothérapie, la chimio et la radio-thérapie sont alors appelées des traitements adjuvants. Votre traitement peut se dérouler dans cet ordre afin de s'assurer de tuer les cellules cancéreuses qui pourraient s'être propagées à d'autres parties de votre corps et de réduire le risque de récidive ou d'un retour du cancer.

Dans certains cas, cet ordre de traite-ment est inversé. On administre d'abord la chimiothérapie et la radiothérapie, puis on pratique la chirurgie. Dans ce cas, la chimio-thérapie et la radiothérapie sont appelées des néoadjuvants, c'est-à-dire qu'il s'agit du premier, mais pas du seul traitement. Effec-tuer le processus de traitement dans cet ordre peut faire diminuer la tumeur avant l'opération. En outre, cette manière de pro-céder peut aider les médecins à mieux voir les tissus environnants qui ont été infiltrés par le cancer et à les distinguer de la marge qui n'est pas affectée par le cancer, mais qui est enflammée.

Parole de survivante

Au moins six mois après l'anesthésie, j'étais toujours faible.

Le saviez-vous ?

La chirurgie reconstructive peut aussi être utilisée pour réparer ou reconstruire certaines parties du corps, comme dans les cas de cancer du sein, par exemple. Peu importe la raison de l'intervention chirurgi-cale, il y aura comme effet secondaire une plaie chirurgicale. Sa guérison est une partie essentielle du rétablissement.

La greffe de cellules souches

Pour certains cancers, la chimiothérapie à dose élevée et la radiothérapie sont nécessaires pour tuer les cellules cancé-reuses. L'un des effets secondaires de ce traitement est la destruction des cellules de la moelle osseuse, le site de production des cellules souches.

Devenues matures, les cellules souches se transforment en globules blancs (qui combattent les infections), en globules rouges (qui transportent l'oxygène) ou en plaquettes (qui contribuent à la coagulation du sang). Après des traitements de chimio-thérapie à dose élevée et la radiothérapie, le patient ne peut plus fabriquer de globules rouges et blancs pour transporter l'oxy-gène, combattre les infections et prévenir les hémorragies.

Les cellules souches hématopoïétiques sont nécessaires pour fabriquer ces cel-lules. Elles se trouvent principalement dans la moelle, mais certaines, comme les cellules souches du sang périphérique, circulent dans le sang. Les cellules souches sont éga-lement présentes dans le sang du cordon ombilical, après la naissance.

Les procédures de greffe

La greffe de moelle osseuse est une intervention chirurgicale complexe qui nécessite une hospitalisation et un suivi attentif.

La greffe de moelle osseuse

La greffe peut être autologue (la moelle du patient lui-même est prélevée et conservée avant ses traitements de chimio ou de radiothérapie), syngénique (la moelle est donnée par un vrai jumeau) ou homologue (la moelle est donnée par une personne ayant un profil sanguin compatible). Une fois que le patient est placé sous anesthésie, les cellules souches sont prélevées à l'aide d'une aiguille insérée dans l'os iliaque. La procédure pour prélever des cellules souches prend environ une heure. Ces cellules peuvent être congelées ou mises en banque.

Le sang périphérique

Si la source des cellules souches est le sang périphérique, le sang est prélevé d'une veine et dirigé dans un appareil qui sépare les cellules souches des autres. Les cellules récoltées sont alors congelées pour une transplantation ultérieure. Cette intervention s'appelle une aphérèse.

Le sang de cordon ombilical

Les cellules souches de cordon ombilical peuvent être stockées après la naissance ou acquises auprès d'une banque de sang de cordon. Un bon nombre de mères choisissent maintenant de donner le sang du cordon ombilical de leur bébé pour qu'il puisse être stocké pour servir à des personnes qui en auraient besoin.

Effets secondaires

Après les traitements de chimiothérapie ou de radiothérapie, les cellules souches peuvent être transplantées par voie intraveineuse. Après deux ou trois semaines, les patients peuvent à nouveau produire leurs propres cellules sanguines saines. Pendant ce temps, le patient est immunocompromis et a donc une faible résistance aux infections. Les problèmes courants à la suite d'une greffe de moelle osseuse sont une inflammation de la bouche ou de l'œsophage (mucosite), une sécheresse de la bouche (xérostomie), l'épaississement de la salive, un changement dans l'acuité gustative, un manque d'appétit (anorexie), de la nausée, des vomissements et de la constipation.

Régime spécial

Afin de prévenir les infections, un régime spécial sera recommandé à la suite d'une greffe. Le risque d'infections peut en effet être diminué en évitant certains aliments.

Votre diététiste vous fournira une liste complète des règles à suivre sur le plan alimentaire. La liste qui suit en est un exemple.

Aliments à éviter pendant le rétablissement, à la suite d'une greffe de moelle osseuse :

- les viandes crues ou insuffisamment cuites ;
- les viandes froides ;
- les produits laitiers non pasteurisés ;
- les fromages à pâte molle ou à moisissures internes (fromages bleus);
- les œufs crus ;
- les fruits et légumes non lavés ;
- le miso ;
- les aliments moisis ou périmés.

Les protocoles de traitement

Certaines des personnes qui lisent ce livre ont peut-être reçu récemment un diagnostic de cancer et sont inquiètes de savoir comment leur traitement se passera. D'autres sont peut-être en plein milieu de leur traitement, mais sont toujours inquiètes quant à ce qui va suivre. Même si tous les cas sont différents et doivent être traités individuellement, le tableau qui suit résume les principaux protocoles que votre oncologiste peut suivre, avec l'aide de votre équipe de soins, pour les trois grandes catégories de traitements.

Parole de survivante

Quand les gens disent que le temps de rétablissement est de X, il ne s'agit pas d'une règle immuable.

Oncologie médicale	Chirurgie	Radio-oncologie
Diagnostic par biopsie	Consultation d'un chirurgien pour biopsie et/ou résection	Consultation d'un radio-oncologue, habituellement demandée par l'oncologue médical ou le chirurgien
Examen pathologique	Biopsie	Examen radiologique
Stadification	Examen pathologique	Planification, s'il y a recours à la radiothérapie Prise de décision quant au champ de traitement et au nombre de traitements
Sélection du traitement	Bilan d'extension	Discussion avec le radio-oncologue sur les effets secondaires possibles

Oncologie médicale	Chirurgie	Radio-oncologie
Protocole de chimiothérapie, d'hormonothérapie ou d'immunothérapie ciblée	Évaluation, par un oncologue médical ou un radio-oncologue, des thérapies supplémentaires qui pourraient être nécessaires après l'opération (à l'occasion, la chimiothérapie est recommandée avant l'intervention chirurgicale)	Consultation externe avec exposition quotidienne au dispositif d'émission de rayonnement
Discussion sur les effets secondaires possibles	Hospitalisation pour la résection Analyse sanguine Évaluation du niveau de risque anesthésique	Évaluation périodique du radio-oncologue pendant le traitement
Réservation d'un lit de chimiothérapie	Examen chirurgical et pathologique après l'intervention	Tomographies (scans) post-traitement pour évaluer la réponse
Évaluation de l'accès intraveineux par l'infirmière et éducation sur la chimiothérapie	Évaluation continue de la guérison de la plaie par le chirurgien	Suivi régulier du médecin, une fois le traitement de radiothérapie complété
Évaluation psychosociale (au besoin)	Traitements supplémentaires par l'oncologue médical ou le radio-oncologue (au besoin)	
Bilan sanguin avant la séance de chimio		
Séance de chimio		
Évaluation de l'oncologue avant chaque séance de chimio Discussion sur les effets secondaires Optimisation des soins de soutien		

Chapitre 2
Gérer les effets secondaires et les troubles concomitants

Si vous faites présentement face à un diagnostic de cancer, votre priorité est de traverser votre traitement en minimisant les effets secondaires. Ajuster votre diète est une façon de vous aider à gérer les effets secondaires qui concernent l'alimentation. Si vous êtes une personne soignante auprès d'un malade, vous avez maintenant un double rôle: vous occuper de vous mais aussi de votre ami ou parent.

Les effets secondaires que vous ressentirez pendant votre traitement dépendront de la localisation et des dimensions de la tumeur ainsi que du protocole de traitement. La nature, le nombre et l'intensité des effets secondaires varient d'une personne à l'autre.

Le tableau qui suit donne un aperçu des effets secondaires possibles des différents cancers et traitements sur les facteurs qui peuvent avoir une incidence sur votre alimentation. Ces effets secondaires sur l'alimentation peuvent causer ou aggraver certains troubles médicaux graves comme l'anorexie, l'anémie et le diabète.

> **Parole de survivante**
>
> *Vos cheveux peuvent devenir plus fins et cassants pendant la radiothérapie. Mes ongles étaient cassants également. J'ai appliqué du jus de citron et de l'huile d'olive sur mes ongles pour contrer la décoloration.*

Site tumoral	Effets de la tumeur	Effets secondaires sur l'alimentation		
		Chimiothérapie	**Radiothérapie**	**Chirurgie**
Vessie et urètre		Nausées Vomissements	Inflammation de l'intestin grêle	
Sein	Gain de poids	Gain de poids (traitement hormonal) Inflammation	Inflammation de l'œsophage Nausées	
Système nerveux central	Difficulté à avaler Céphalées (migraines) Symptômes neurologiques	Rétention d'eau Hyperglycémie Augmentation de l'appétit Gain de poids	Nausées Altération du goût	
Côlon et rectum	Occlusion intestinale Malabsorption de certains nutriments	Nausées Inflammation Diarrhée	Inflammation Rétrécissement du côlon Malabsorption de certains nutriments	Gaz Diarrhée Débalancement du taux de sodium Débalancement des fluides

Site tumoral	Effets de la tumeur	Effets secondaires sur l'alimentation		
		Chimiothérapie	**Radiothérapie**	**Chirurgie**
Œsophage	Difficulté à avaler Régurgitation après les repas	Nausées	Dérangements d'estomac Inflammation de l'œsophage Reflux acides (brûlures d'estomac) Rétrécissement de l'œsophage Fistule Nausées Gonflement	Mouvement réduit des aliments dans l'estomac Diminution de l'acidit stomacale Fistule Rétrécissement de l'œsophage Régurgitations Diarrhée grasse
Poumon	Difficulté à avaler Difficulté à manger Essoufflement Toux Douleurs thoraciques	Nausées Vomissements Inflammation Altération du goût	Inflammation de l'œsophage Reflux acides (brûlures d'estomac)	
Ganglions lymphatiques	Dépend de la localisation Difficulté à avaler Malabsorption de certains nutriments	Nausées Vomissements Inflammation de la bouche	Dépend de la localisation Inflammation de l'œsophage ou de l'intestin grêle Nausées	
Cou, bouche, gorge	Difficulté à mâcher et/ou à avaler	Nausées Vomissements Diarrhée Inflammation de la bouche	Inflammation Altération du goût Sécheresse de la bouche Difficulté à mâcher et/ou à avaler Épaississement de la salive Ulcères dans la bouche ou la gorge Mort osseuse	Difficulté à mâcher e ou à avaler Sécheresse de la bouche

Site tumoral	Effets de la tumeur	Effets secondaires sur l'alimentation		
		Chimiothérapie	**Radiothérapie**	**Chirurgie**
Pancréas et arbre biliaire	Malabsorption de certains nutriments Diabète Altération du goût Nausées	Nausées Vomissements Inflammation Diarrhée	Nausées Vomissements	Diabète Malabsorption des matières grasses, des protéines, des vitamines liposolubles, des minéraux
Intestin grêle	Occlusion intestinale ou crampes abdominales douloureuses Malabsorption de certains nutriments	Nausées Inflammation Diarrhée	Ulcères Malabsorption de certains nutriments Fistule Rétrécissement Occlusion Saignements	Augmentation de l'acidité du sang Calculs rénaux
Estomac	Sensation de satiété précoce Vomissements après les repas Brûlures d'estomac ou douleurs associées aux repas Vomissements Selles noires	Nausées Vomissements Inflammation Diarrhée	Nausées Vomissements	Malabsorption des matières grasses Diarrhée Vidange gastrique lente Purge du contenu de l'estomac dans les intestins Hypoglycémie Malabsorption des protéines Carences en calcium, en vitamines liposolubles, en vitamine B_{12} Gonflement de l'œsophage
Utérus, ovaires et col utérin	Occlusion intestinale Rétention d'eau Sensation de satiété précoce Gain de poids	Nausées Vomissements Gain de poids (avec médicaments hormonaux)	Inflammation de l'intestin grêle Fistule Rétrécissement Gaz	Malabsorption de certains nutriments en cas de résection intestinale

dapté avec la permission de S. Fisher, A. Bowman, T. Mushins et coll., *British Columbia Dieticians' and Nutritionists' Association Manual of utritional Care,* Vancouver, British Columbia Dieticians' and Nutritionists' Association, 1992, p. 151-61.

L'anémie

Le mot anémie signifie «manque de sang» et vient du grec ancien. Lorsque vous souffrez d'anémie, les globules rouges ne peuvent plus acheminer l'oxygène aux autres cellules aussi efficacement. Les symptômes comprennent la fatigue, la faiblesse, des étourdissements, la perte d'appétit, l'essoufflement, la perte d'énergie, la pâleur, des céphalées ou migraines, une difficulté à se concentrer et une vulnérabilité accrue aux infections. Si elle n'est pas traitée, l'anémie peut causer un retard dans le plan de traitement de chimiothérapie ou de radiothérapie.

L'anémie ferriprive

L'anémie ferriprive, aussi connue sous le nom d'anémie microcytique, est la forme la plus courante d'anémie. Le fer est nécessaire pour fabriquer l'hémoglobine, qui est le principal composant des globules rouges. Presque les deux tiers du fer dans le corps se trouvent dans l'hémoglobine, qui achemine l'oxygène aux autres cellules du corps.

Il peut arriver que l'anémie réponde à une thérapie à base de fer à cause d'une perte de sang, d'un apport alimentaire insuffisant ou d'une mauvaise absorption du fer. Le cancer peut également stopper la production de globules rouges. Une anémie à la suite d'un traitement de chimiothérapie ne peut être traitée avec un supplément de fer.

Dans la plupart des cas, l'anémie par carence en fer évolue graduellement. Le corps maintient une réserve de fer, et c'est elle qui sera utilisée en premier. Une fois la réserve vidée, le taux d'hémoglobine commencera à chuter.

Apport nutritionnel recommandé en fer

L'apport nutritionnel recommandé (ANR), parfois appelé apport quotidien recommandé, est défini comme l'apport alimentaire quotidien moyen suffisant pour répondre aux besoins nutritionnels de presque tous les individus en santé (environ 98 %).

Âge	Non-végétariens	Végétariens
ANR pour les femmes		
19-50 ans	18 mg	33 mg
51 ans et plus	8 mg	14 mg
ANR pour les hommes		
19 ans et plus	8 mg	14 mg

Source : National Academy of Sciences (É.-U.).

Aliments contenant du fer hémique

Toutes les valeurs ou quantités de fer sont données pour les viandes cuites, le poisson, les mollusques et crustacés ainsi que la volaille. Il convient de noter que le foie est riche en cholestérol. Les personnes qui ont un cholestérol sanguin élevé ne devraient pas en consommer souvent. En outre, les femmes enceintes ne devraient pas manger de foie. Il est riche en vitamine A, ce qui peut être nocif pour le bébé.

Aliment	Portion	Fer
Foie de porc	2 ½ oz (75 g)	13,4 mg
Foie de poulet	2 ½ oz (75 g)	9,2 mg
Huîtres	2 ½ oz (75 g)	6,4 mg
Moules	2 ½ oz (75 g)	5 mg
Foie de bœuf	2 ½ oz (75 g)	4,8 mg
Bœuf	2 ½ oz (75 g)	2,4 mg
Crevette	2 ½ oz (75 g)	2,2 mg
Myes	2 ½ oz (75 g)	2 mg
Sardines	2 ½ oz (75 g)	2 mg
Agneau	2 ½ oz (75 g)	1,7 mg
Dinde	2 ½ oz (75 g)	1,2 mg
Thon, hareng, truite, maquereau	2 ½ oz (75 g)	1,2 mg
Poulet	2 ½ oz (75 g)	0,9 mg
Porc	2 ½ oz (75 g)	0,8 mg
Saumon (en conserve, frais)	2 ½ oz (75 g)	0,5 mg
Poisson plat (flet, sole, plie)	2 ½ oz (75 g)	0,3 mg

Source : HealthLink BC (Colombie-Britannique).

Perte sanguine

L'anémie ferriprive à la suite de pertes sanguines est plus probable chez les patients qui ont eu un cancer situé dans l'appareil digestif. Certains traitements chimiothérapeutiques, comme les corticostéroïdes oraux, peuvent favoriser les pertes sanguines. Bien sûr, les interventions chirurgicales causent aussi des pertes sanguines qui peuvent varier selon le site de l'intervention. Vous ne remarquerez pas nécessairement les pertes sanguines causées par le cancer, parce que le sang peut être évacué graduellement et en petites quantités dans les selles, et cela, pendant une longue période. Les selles noirâtres et poisseuses, appelées mélénas, sont un signe que du sang est évacué dans les selles.

Aliments contenant du fer non hémique

Les aliments présentés ci-dessous et suivis d'un astérisque (*) sont enrichis de fer. La quantité de fer dans les aliments enrichis étant variable, vérifiez le tableau de la valeur nutritive, sur l'étiquette des produits, pour avoir les renseignements exacts. Si la quantité de fer est donnée en pourcentage de l'apport quotidien recommandé, vous pouvez en connaître la quantité absolue en vous référant au standard utilisé, qui est de 14 milligrammes. Par exemple, si une portion de céréales contient 25 % de la valeur quotidienne en fer, elle contient donc 3,5 milligrammes de fer (0,25 x 14 mg).

Aliment	Portion	Fer
Graines de citrouille, déglumées, rôties	¼ de tasse (60 ml)	8,6 mg
Tofu, moyen-ferme ou ferme	5 oz (150 g)	2,4 à 8 mg*
Graines de soya, séchées, cuites	¾ de tasse (175 ml)	6,5 mg
Gruau instantané enrichi	1 enveloppe (35 g)	2,8 à 5,6 mg*
Lentilles, cuites	¾ de tasse (175 ml)	4,9 mg*
Hoummos	¾ de tasse (175 ml)	2,9 à 4,5 mg
Céréales froides enrichies	1 oz (30 g)	4 mg*
Haricots rouges, cuits	¾ de tasse (175 ml)	3,9 mg
Mélasse, mélasse épuisée	1 c. à s. (15 ml)	3,6 mg
Épinards, cuits	½ tasse (125 mg)	3,4 mg
Haricots sautés	¾ de tasse (175 ml)	3,1 mg
Crème de blé, instantanée, préparée	¾ de tasse (175 ml)	3,1 mg*
Boisson au soya	1 tasse (250 ml)	2,9 mg
Germe de blé, prêt-à-manger, grillé, nature	3 c. à s. (30 ml)	2,7 mg
Pois chiches, en conserve	¾ de tasse (175 ml)	2,4 mg
Graines de soya, vertes (edamame), cuites et décortiquées	½ tasse (125 mg)	2,4 mg
Tahini (beurre de graines de sésame)	2 c. à s. (30 ml)	2,3 mg
Haricots de Lima, cuits	½ tasse (125 mg)	2,2 mg
Bette à carde, cuite	½ tasse (125 mg)	2,1 mg
Céréales Shredded Wheat	1 oz (30 g)	1,8 mg*
Quinoa, cuit	½ tasse (125 mg)	1,7 mg
Jus de pruneau, en conserve	½ tasse (125 mg)	1,6 mg
Crème de blé, ordinaire, préparée	¾ de tasse (175 ml)	1,5 mg
Pois verts, cuits	½ tasse (125 mg)	1,3 mg
Sauce tomate, en conserve	½ tasse (125 mg)	1,3 mg

Aliment	Portion	Fer
Graines de tournesol, décortiquées, rôties	¼ de tasse (60 ml)	1,2 mg
Pain de blé entier	1 tranche	1,2 mg
Œufs	2	1,2 mg
Pomme de terre, cuite, avec la peau	1 moyenne	1,1 mg
Avoine, préparée	¾ de tasse (175 ml)	1,1 mg
Mélasse de fantaisie, légère	1 c. à s. (15 ml)	1,0 mg

Source : HealthLink BC (Colombie-Britannique).

Mauvaise alimentation

Dans certains cas, l'anémie se développe à cause d'une alimentation inadéquate. Si le taux de fer dans votre sang est bas, il peut être bon d'ajuster votre alimentation pour y inclure davantage d'aliments riches en fer. Vous aurez probablement besoin de suppléments de fer, mais la forme de fer ajoutée dans les aliments enrichis peut vous aider à ramener votre taux à la normale plus rapidement et à le maintenir après avoir terminé la prise de suppléments.

Il existe deux formes de fer alimentaire : hémique et non hémique. Le fer hémique se retrouve dans les produits d'origine animale qui contenaient initialement de l'hémoglobine, comme les viandes rouges, le poisson et la volaille. Le fer contenu dans les aliments végétaux est appelé fer non hémique. Le fer hémique est mieux absorbé que le fer non hémique. C'est pourquoi les besoins en fer des végétariens sont 1,8 fois plus élevés que ceux des non-végétariens, selon la National Academy of Sciences des États-Unis.

Les suppléments de fer

Votre médecin vous recommandera probablement des suppléments de fer si votre taux est trop bas pour être corrigé seulement par l'alimentation ou si vous avez des symptômes de carence en fer. Les suppléments de fer fournissent des doses beaucoup plus élevées que l'alimentation. Il existe plusieurs types de suppléments de fer, avec des taux différents de fer élémentaire.

Afin de savoir quelle quantité de fer peut être utilisée par le corps, repérez sur l'étiquette des suppléments la quantité de fer élémentaire. Les suppléments de fer se vendent sous forme de comprimés, de comprimés entérosolubles, de comprimés à libération lente, de gélules, de liquide et de gouttes. Sous forme liquide, le produit peut tacher vos dents. Les comprimés entérosolubles auront moins d'effets secondaires gastro-intestinaux, mais ne sont pas aussi bien absorbés. Pour une meilleure absorption, prenez-les entre les repas, à jeun. Vous pourriez cependant ressentir plus d'effets secondaires. Vous pouvez donc ajuster votre routine au besoin.

Le saviez-vous ?

Connaissez vos limites

Les réserves en fer peuvent être mesurées grâce à un test de ferritine. Afin de rehausser votre taux de fer, vous devrez consommer des aliments riches en fer et des suppléments de fer. Mais attention, un niveau trop élevé de fer dans le sang est également néfaste. Il ne faut donc pas augmenter votre consommation de fer sans connaître votre taux. Vous pourriez vous sentir mieux avant que votre taux de fer soit revenu à la normale, mais n'arrêtez pas de prendre les suppléments avant d'en avoir la confirmation. L'apport maximal tolérable (AMT) est le taux maximal que vous devriez retirer des aliments et des suppléments. L'AMT pour les adultes de 19 ans et plus est de 45 milligrammes.

Types de suppléments de fer

Le tableau suivant présente quelques-uns des suppléments de fer les plus courants.

Type de supplément	Exemple de marque	Pourcentage de fer élémentaire	Commentaires
Fer carbonyle (États-Unis seulement)	Ferralet 90	100 %	Microparticules de fer élémentaire hautement purifié
Citrate d'ammonium et de fer	Citrate de fer	18 %	Moins biodisponible que la forme ferreuse
Bisglycinate ferreux (États-Unis seulement)	Ferrochel	20 %	Biodisponibilité relativement élevée
Fumarate ferreux	Nephro-Fer Palafer (Canada)	33 %	Tolérance et efficacité similaires au sulfate de fer
Gluconate de fer	Fergon Floradix	12 %	Tolérance et efficacité similaires au sulfate de fer
Sulfate de fer	Fer-In-Sol	20 %	Généralement recommandé, compte tenu de la tolérance, de l'efficacité et du faible coût
Sulfate de fer (séché)	Slow-FE	30 %	Généralement recommandé, compte tenu de la tolérance, de l'efficacité et du faible coût
Polypeptide de fer hémique	Proferrin	100 %	Fabriqué à partir de globules rouges de porc Bien toléré
Complexe polysaccharide-fer	Niferex Triferexx (Canada)	100 %	Biodisponibilité semblable à celle du sulfate de fer

Source : *Pharmacist's Letter/Prescriber's Letter*, août 2008, 24(240811).

Mauvaise absorption

La quantité de fer que vous absorbez dépend de la quantité que vous avez en réserve dans votre corps. Les personnes ayant un faible taux de fer en absorbent plus. La quantité que vous absorbez dépend également du type de fer que vous consommez. Le fer hémique est bien absorbé, alors que le fer non hémique ne l'est pas autant. Des effets secondaires sont associés à la prise de suppléments de fer, dont des nausées, des vomissements, de la constipation, de la diarrhée, des selles foncées et/ou des douleurs abdominales. Pour plus de renseignements sur les différents types de suppléments de fer, sur le choix à faire et pour

Recommandations pour améliorer l'absorption du fer

1. Répartissez votre prise de fer en deux ou trois doses. La quantité de fer qui peut être absorbée des suppléments diminue avec les doses plus élevées.
2. Ne prenez pas vos suppléments de fer en buvant du café ou du thé, parce que l'acide oxalique contenu dans ces boissons en réduit l'absorption. Les produits laitiers et les suppléments de calcium réduisent également l'absorption du fer.
3. Avec chaque repas, mangez des aliments riches en vitamine C afin d'en retirer le plus de fer non hémique possible. Les aliments riches en vitamine C comprennent le poivron d'Amérique, les oranges, le brocoli, les choux de Bruxelles, les fraises, les pamplemousses, les pois mange-tout, les jus d'orange et de pamplemousse et les jus de fruits avec vitamine C ajoutée.
4. Mangez des aliments contenant du fer hémique pour vous aider à absorber le fer non hémique. Voici des combinaisons d'aliments qui vous aideront à retirer le plus de fer : le chili con carne (les haricots fournissent du fer non hémique et le bœuf haché fournit du fer hémique) ; les céréales pour déjeuner enrichies en fer (fer non hémique) avec du jus d'orange (vitamine C) ; le hoummos (fer non hémique) et les piments de Cayenne rôtis (vitamine C).
5. Cuisinez avec des ustensiles de cuisine en fonte ou en acier inoxydable.
6. Voir la partie 4 de ce livre pour des recettes riches en fer.

des conseils pour favoriser l'absorption, consultez votre pharmacien.

L'anémie mégaloblastique

Ce type d'anémie est dû à une carence en acide folique ou en vitamine B_{12}.

La carence en folate

Le folate est une vitamine du groupe B (B_9). À l'état naturel, on l'appelle folate, tandis que sous forme synthétique, dans un aliment enrichi ou un supplément, on l'appelle acide folique.

Dans ce type d'anémie, la moelle osseuse produit de gros globules rouges anormalement immatures plutôt que des globules normaux. Ces globules anormaux ne peuvent transporter suffisamment d'oxygène aux cellules du corps. Les symptômes peuvent comprendre de la fatigue, des étourdissements, une pâleur de la peau, des douleurs à la langue, de la diarrhée, de l'anorexie, des maux d'estomac, des céphalées et des pertes de mémoire. Si elle n'est pas traitée, vos symptômes vont empirer et entraîner des problèmes cardiaques.

L'apport nutritionnel recommandé en folate

L'ANR pour les hommes et les femmes âgés de 19 à 70 ans est de 400 microgrammes (mcg) de folate par jour. L'apport maximal de folate pour les adultes âgés de 19 ans et plus est de 1 000 microgrammes par jour. La plupart des étiquettes des aliments n'indiquent toutefois pas la quantité de folate.

Parole de survivante

Une amie avait le cancer du sein et prenait plus de suppléments que de nourriture. La modération et le bon sens devraient pourtant prévaloir.

*Le programme d'enrichissement
en acide folique*
La Food and Drug Administration (FDA), aux États-Unis, et Santé Canada ont établi des règlements obligeant l'ajout d'acide folique aux pains, aux céréales, aux farines, aux semoules de maïs, aux pâtes, au riz et autres produits céréaliers. Ces aliments enrichis en acide folique aident à lutter contre le faible taux de folate dans l'alimentation occidentale.

Sources alimentaires de folate et d'acide folique

Les aliments suivis d'un astérisque sont enrichis dans le cadre du programme d'enrichissement en acide folique.

Aliment	Portion	Folate ou acide folique
Céréales pour déjeuner enrichies avec 100 % de la VQ*	¾ de tasse (175 ml)	400 mcg
Foie de bœuf, braisé	3 oz (90 g)	185 mcg
Haricots à œil noir, immatures, cuits	½ tasse (125 ml)	105 mcg
Céréales pour déjeuner enrichies avec 25 % de la VQ*	¾ de tasse (175 ml)	100 mcg
Épinards, surgelés, cuits	½ tasse (125 ml)	100 mcg
Haricots Great Northern, cuits	½ tasse (125 ml)	90 mcg
Asperges, cuites	4 tiges	85 mcg
Riz, blanc à grains longs, étuvé, cuit *	½ tasse (125 ml)	65 mcg
Fèves au lard, végétariennes, en conserve	1 tasse (250 ml)	60 mcg
Épinards, crus	1 tasse (250 ml)	60 mcg
Pois verts, surgelés, cuits	½ tasse (125 ml)	50 mcg
Brocoli, coupé, surgelé, cuit	½ tasse (125 ml)	50 mcg
Nouilles aux œufs, enrichies, cuites *	½ tasse (125 ml)	50 mcg
Brocoli, cru	2 tiges de 5 pouces de longueur (12,5 cm)	45 mcg
Avocat, cru, en tranches	½ tasse (125 ml)	45 mcg
Arachides, grillées à sec	1 oz (30 g)	40 mcg
Laitue romaine, déchiquetée	½ tasse (125 ml)	40 mcg
Germe de blé	2 c. à s. (30 ml)	40 mcg
Jus de tomate, en conserve	6 oz (175 ml)	35 mcg
Jus d'orange, frais ou à base de concentré	¾ de tasse (175 ml)	35 mcg

Aliment	Portion	Folate ou acide folique
Orange	1 petite	35 mcg
Pain, blanc ou de blé entier*	1 tranche	25 mcg
Œuf	1 gros	25 mcg
Cantaloup	¼ moyen	25 mcg
Papaye, en cubes	½ tasse (125 ml)	25 mcg

Source : National Institutes of Health (É.-U.).

L'anémie par carence en vitamine B_{12}

Une autre cause de l'anémie mégaloblastique est un faible taux de vitamine B_{12}. Cette vitamine ne se retrouve que dans les produits d'origine animale : viande, mollusques et crustacés, lait, fromage et œufs. La carence en vitamine B_{12} peut être déterminée par une analyse sanguine. Votre médecin peut recommander un supplément de vitamine B_{12} sous forme de comprimés ou par injection. Il est également recommandé d'augmenter votre consommation d'aliments contenant de la vitamine B_{12}. Les végétaliens (végétariens stricts) sont plus souvent touchés par cette forme d'anémie que les non-végétaliens.

La vitamine B_{12} a besoin d'une protéine appelée facteur intrinsèque pour être absorbée. Puisque le facteur intrinsèque est produit par l'estomac, les patients souffrant de cancer qui ont subi une opération pour enlever une partie ou la totalité de l'estomac (gastrectomie totale ou partielle) peuvent être susceptibles de connaître une carence en vitamine B_{12}. Cette carence n'apparaît pas nécessairement immédiatement, parce que le corps peut emmagasiner la vitamine B_{12} pendant deux ans. La B_{12} est également absorbée par une partie de l'intestin grêle appelée l'iléon. Une intervention chirurgicale ou une maladie dans cette partie de l'intestin peut causer une carence en B_{12}, comme d'ailleurs certains médicaments.

> **Parole de survivante**
>
> *Le seul traitement que j'ai dû subir a été une chirurgie. Depuis, j'ai un faible appétit. Je peux faire ma journée de travail, et à 16 heures, je me demande : «Pourquoi suis-je si fatiguée?» Puis je me rends compte que je n'ai pas mangé de la journée. Lorsque je mange, il faut que ce soit facile, nutritif et savoureux.*

Apport nutritionnel recommandé en vitamine B_{12}

La quantité de vitamine B_{12} dont nous avons besoin dépend de notre âge et de l'étape du cycle de vie à laquelle nous nous trouvons.

Patient	ANR (apport nutritionnel recommandé) en B_{12}	AM (apport maximal)
Hommes et femmes, 19 ans et plus	2,4 mcg	Inconnu. La vitamine B_{12} n'est pas toxique en grande quantité parce que le corps élimine ce dont il n'a pas besoin.
Femmes enceintes, 19 ans et plus	2,6 mcg	
Femmes allaitantes, 19 ans et plus	2,8 mcg	

Source : EatRight Ontario.

Sources de vitamine B_{12}

Puisque la vitamine B_{12} se trouve seulement dans des produits d'origine animale, les meilleurs choix alimentaires sont les fruits de mer, les viandes, les œufs et les produits laitiers. Les produits végétariens peuvent être enrichis de B_{12}, et la levure nutritionnelle est utilisée par certains végétariens comme source de vitamines essentielles. Il ne s'agit pas de la levure qui est utilisée pour faire du pain ou dans le brassage. La levure nutritionnelle est une forme inactive de la même espèce de champignons, appelée *Saccharomyces cerevisiæ*. Certaines marques de levure nutritionnelle contiennent de l'acide folique et du fer, en plus de la B_{12}.

Aliment	Portion	Vitamine B_{12}
Myes, en conserve	2½ oz (75 g)	74,2 mcg
Foie de bœuf, cuit	2½ oz (75 g)	53 mcg
Moules, cuites	2½ oz (75 g)	18 mcg
Levure Red Star T6635+ Nutritional Yeast	2 c. à s. (30 ml) gros flocons ou 1½ c. à s. (22 ml) petits flocons	8 mcg
Sardines, conservées dans l'huile, égouttées	2½ oz (75 g)	6,7 mcg
Produits de charcuterie sans viande, tranchés	5 oz (150 g)	6 mcg
Truite, cuite	2½ oz (75 g)	5,6 mcg
Saumon, rose, en conserve, avec les arêtes	2½ oz (75 g)	3,7 mcg
Burger de soya	5 oz (150 g)	3,6 mcg
Haut de surlonge de bœuf, cuit	2½ oz (75 g)	2,3 mcg
Bœuf haché, ordinaire, frit à la poêle	2½ oz (75 g)	2,3 mcg
Thon, pâle, en conserve dans l'eau, égoutté	2½ oz (75 g)	2,2 mcg
Saumon de l'Atlantique, cuit	2½ oz (75 g)	2,1 mcg
Fromage cottage (2 %)	1 tasse (250 ml)	1,7 mcg
Œufs à la coque	2 gros	1,1 mcg
Lait (1 %)	1 tasse (250 ml)	1,1 mcg
Boisson au soya ou au riz	1 tasse (250 ml)	1 mcg
Côtelette de longe de porc, rôtie	2½ oz (75 g)	0,9 mcg
Yogourt (aromatisé ou nature)	¾ de tasse (175 ml)	0,8 à 1 mcg
Fromage (16 % à 30 % de matières grasses du lait)	1½ oz (50 g)	0,4 mcg
Poitrine de poulet, sans la peau, rôtie	2½ oz (75 g)	0,3 mcg
Poulet, cuisse entière, avec la peau, rôtie	2½ oz (75 g)	0,2 mcg

Source : HealthLink BC (Colombie-Britannique).

La perte d'appétit, l'anorexie et la cachexie

Quand je travaillais dans les soins à domicile, il m'arrivait souvent d'arriver chez un patient et d'être attendue à la porte par la personne soignante. Cette personne était bouleversée parce que le malade ne mangeait plus. Elle disait par exemple: «Dites-lui qu'il faut manger.»

À première vue, une perte d'appétit ne serait pas considérée comme une maladie grave, mais une perte d'appétit pendant un traitement contre le cancer est un phénomène très inquiétant et malheureusement très fréquent. Bien qu'un ou plusieurs de vos traitements puissent l'aggraver, le cancer peut aussi causer une perte d'appétit.

Anorexie, satiété précoce et aversion

Le terme médical pour désigner la perte d'appétit est «anorexie». La sensation d'être rasassié rapidement, même après n'avoir mangé qu'une petite quantité de nourriture, accompagne habituellement la perte d'appétit. On appelle ce phénomène la satiété précoce. L'aversion alimentaire est un autre problème. Il s'agit d'un phénomène qui se produit chez 30 à 55 % des patients qui reçoivent un traitement de chimiothérapie ou de radiothérapie. Les aliments «repoussants» sont habituellement les viandes rouges, les légumes, les boissons contenant de la caféine, le chocolat et les aliments riches en matières grasses. L'anorexie, la satiété précoce et les aversions alimentaires posent un sérieux problème aux patients et à leurs soignants.

Un faible appétit aboutit généralement à un mauvais apport alimentaire et à une perte de poids, ce qui rend le patient vulnérable aux infections et aux complications. Si vous êtes trop faible, vous pourriez devoir manquer des séances de traitement ou en réduire la dose.

Carences alimentaires et perte de poids

Des troubles de l'appétit pendant vos traitements contre le cancer et par la suite, pendant votre rétablissement, peuvent entraîner une malnutrition sérieuse et une perte de poids dangereuse. Ces complications doivent être traitées avec sérieux.

La malnutrition

On parle de malnutrition quand le corps ne reçoit pas suffisamment de calories ou de protéines (malnutrition protéino-calorique). Votre corps commencera par utiliser sa réserve de calories et de protéines, et vous remarquerez à la fois une perte adipeuse et une perte musculaire. La production de corps cétoniques par votre corps est une conséquence dangereuse de la décomposition des graisses.

Si vous êtes dénutri, votre degré de malnutrition peut être évalué par le diététiste de votre centre de santé. Cette évaluation contiendra un historique détaillé de votre alimentation et de votre poids, certaines mesures de votre corps et un bilan sanguin. Un plan de traitement personnalisé sera établi.

Le saviez-vous ?

Alerte à la cachexie

Une perte de poids extrême est appelée cachexie. Elle est caractérisée par une perte de tissus graisseux et musculaires, un faible appétit, une détérioration de la qualité de vie et, à la limite, un temps de survie plus court. Des rapports de recherches révèlent que jusqu'à 50 % des patients atteints de cancer pourraient souffrir de cachexie à divers degrés.

Parole de survivante

Lorsque les membres de ma famille ne gardaient pas la cuisine propre, cela m'affectait beaucoup. J'y entrais pour voir les dégâts, et je n'avais plus envie de manger.

Signaux d'alarme

Votre perte de poids est considérée comme grave si vous avez perdu plus de 10 % de votre poids initial. Par exemple, si vous pesez 200 livres (90 kg), 10 % de ce poids équivaut à 20 livres (9 kg). Si votre poids initial est 125 livres (56 kg), 10 % de ce poids équivaut à 12,5 livres (5,6 kg).

Les patients souffrant de cancer du pancréas et de l'estomac risquent davantage une perte de poids grave. Les patients atteints de lymphome non hodgkinien, de cancer du sein, de leucémie aiguë non lymphoblastique et de sarcome souffrent habituellement d'une perte de poids moins importante.

Une grande perte de poids peut mettre de la pression sur vos poumons, parce qu'ils perdent le tonus musculaire dont ils ont besoin pour bien fonctionner.

Le saviez-vous ?

Consultez un spécialiste

Si vous avez des questions sur votre alimentation, votre digestion ou votre état nutritionnel, demandez une recommandation pour consulter un ou une diététiste. Si ce service n'est pas offert à votre clinique ou dans votre région, vous pourriez envisager de consulter en privé. Soyez prudent dans votre choix. Au Canada comme aux États-Unis et en Grande-Bretagne, les diététistes travaillent dans un domaine de la santé réglementé. Le terme « nutritionniste » n'étant pas protégé ou réservé, recherchez donc plutôt le terme « diététiste ». Pour trouver un ou une spécialiste, visitez le site Les Diététistes du Canada, au www.dieticians.ca.

Parole de survivante

Je grignotais pendant la journée, mais parfois seulement quatre ou cinq bouchées.

Perte de poids dangereuse

Une perte de poids est considérée comme dangereuse si vous avez involontairement perdu :
- 5 % de votre poids en 1 mois ou
- 10 % de votre poids en 6 mois

Pour calculer le pourcentage de perte de poids, utilisez la formule suivante :

$$\frac{\% \text{ de perte}}{\text{de poids}} = \frac{\text{poids habituel} - \text{poids actuel}}{\text{poids habituel}} \times 100$$

Par exemple, si vous pesez normalement 175 livres (80 kg) et que vous pesez maintenant 163 livres (74 kg) :

175 − 163 = 12
12 ÷ 175 = 0,068
0,068 x 100 = 6,8 %

Si vous avez perdu ce poids en un mois ou moins, la perte est qualifiée de grave ou sévère parce qu'elle dépasse la limite de 5 %. Si vous avez perdu ce poids en six mois ou moins, elle n'est pas qualifiée de grave.

Horaire des repas

Pour lutter contre la mauvaise alimentation et la perte de poids, les patients et les personnes soignantes doivent s'engager fermement à bien s'alimenter tous les jours. Le fait de prendre du poids vous donnera de meilleures chances d'améliorer votre état nutritionnel et vice versa. Quand il s'agit de prendre du poids, atteindre votre objectif nutritionnel chaque jour est indispensable. Cela comprend aussi les jours où vous êtes à l'extérieur de la maison pour des rendez-vous médicaux ou des traitements. Même si vous vous alimentez bien cinq jours par semaine et ne manquez que quelques jours, le gain de poids est en péril.

Pour vous aider à gérer votre poids, suivez un horaire. Vous pouvez également suivre le programme d'aliments mous et liquides présenté à la page 138. La plupart des gens trouvent les aliments liquides plus attirants et moins intimidants que les aliments solides, quand ils ont un faible appétit. Votre diététiste peut vous aider à planifier votre horaire de repas.

Recommandations pour établir un horaire de repas

Manger de façon sporadique ne vous aidera pas à retrouver l'appétit, mais un horaire régulier peut vous donner un coup de main. Il vaut mieux manger un plus petit repas ou une collation que de ne pas manger du tout, quitte à ne consommer qu'une maigre portion. Pour des idées de déjeuners, de dîners, de soupers et de collations, consultez la partie 4 de ce livre.

1. Déjeuner. Mangez tout au plus une heure après votre réveil. Cela peut être un problème parce qu'un bon nombre de patients commencent leur journée en devant avaler une poignée de médicaments qui peut remplir leur estomac. En outre, la prise de certains médicaments peut commander que vous attendiez avant de manger ; mais n'attendez pas plus que le médicament le requiert, sinon vous prenez votre déjeuner si tard qu'il devient une collation du matin. Étant donné que votre appétit est faible, votre déjeuner peut être assez petit, ce qui est convenable, mais ne sautez pas ce repas.

2. Collation du matin. Entre le déjeuner et le dîner, mangez quelque chose, même s'il s'agit d'une petite portion. Souvenez-vous d'apporter une collation si vous planifiez de sortir de la maison.

3. Dîner. Comme pour tous les repas, essayez de trouver une heure de repas qui sera la même la plupart du temps. Idéalement, mangez un repas équilibré qui inclut des aliments de trois des quatre groupes alimentaires : légumes et fruits, produits céréaliers, viandes et substituts ainsi que produits laitiers. Les éléments d'un repas équilibré peuvent être combinés en soupe, en smoothie ou autres. Si vous avez une aversion pour la viande rouge, essayez d'autres sources de protéines comme le poisson, le poulet, les œufs et le fromage.

4. Collation de l'après-midi. Essayez de consommer des glucides (fruits, produits du lait ou céréaliers) et des protéines (viandes ou substituts, produits laitiers) – par exemple, une pomme et une poignée de noix, la moitié d'un sandwich aux œufs ou un smoothie au yogourt.

5. Souper. Optez pour un repas équilibré. Comme pour le dîner, les éléments des groupes alimentaires peuvent être séparés, comme du poulet accompagné de riz et de légumes, ou combinés dans un ragoût ou une soupe.

6. Collation du soir. Si vous souffrez de brûlures d'estomac (reflux acides) ou avez de la difficulté à dormir, planifiez attentivement cette collation. Ne mangez pas votre collation tout juste avant d'aller au lit. Si vous pouvez attendre deux ou trois heures après le souper et une heure avant d'aller au lit, vous aurez le temps de digérer votre souper avant de manger votre collation. De cette manière, vous aurez digéré votre collation avant d'aller au lit.

Q : Comment puis-je savoir si je mange assez pour gagner du poids et prévenir les carences nutritives ?

R : Pour vous assurer de consommer suffisamment de calories et de nutriments, suivez l'un des guides de l'alimentation comme le *Guide alimentaire canadien* de Santé Canada, *MyPlate* du département américain de l'Agriculture (USDA), ou le *Eatwell Plate* du Service national de la santé de la Grande-Bretagne.

Q : Comment puis-je reconstruire les muscles perdus à la suite de mon traitement ?

R : La reconstruction des muscles se fait en deux étapes. Premièrement, vous devez faire travailler vos muscles en faisant des exercices de résistance. Il peut s'agir d'exercices isotoniques (la partie du corps qu'on travaille est celle qui bouge) ou isométriques (la partie du corps qu'on travaille est immobile). Les exercices faits avec des poids (l'entraînement aux poids) sont une forme répandue d'exercice isotonique. Consultez un physiothérapeute, un kinésiologue ou un entraîneur personnel certifié afin d'établir un programme de musculation. Ne le faites pas seul. Vous devez également fournir l'énergie nécessaire à votre corps au bon moment. Un ou une diététiste qui connaît bien la nutrition sportive peut construire un plan de nutrition efficace pour vous.

Recommandations alimentaires pour développer les muscles

1. Ne vous entraînez pas l'estomac vide. Vous devriez manger quelque chose dans les quatre heures avant votre entraînement. Visez à consommer environ 35 grammes de glucides et environ 6 grammes de protéines avant une séance d'entraînement.

2. Restez bien hydraté pendant votre séance d'entraînement.

3. Dans les deux heures après votre entraînement (le plus tôt sera le mieux), consommez davantage de glucides et de protéines afin de remplacer votre réserve de glycogène (les glucides emmagasinés). Les protéines sont particulièrement importantes après l'entraînement, puisqu'elles vont fournir l'élément de base pour réparer le muscle sur lequel vous avez travaillé pendant votre entraînement.

Nutrition clinique : suppléments et procédés

Si votre alimentation devient un problème et que votre perte de poids est sérieuse, il existe des suppléments alimentaires que vous pouvez utiliser.

Les substituts de repas

Les suppléments de repas liquides et les substituts de repas sont offerts dans les hôpitaux depuis des décennies. Depuis une dizaine d'années, ils s'achètent facilement dans les pharmacies et les épiceries. Les marques que vous connaissez probablement sont Ensure et Boost, mais il en existe des centaines de types différents. Plusieurs sont « complets sur le plan nutritionnel », ce qui veut dire que vous combleriez vos besoins nutritionnels en cinq portions par jour. Proposés dans une multitude de saveurs, ils sont faciles à trouver et à transporter, et peuvent être bus avec de la glace, ce qui est attirant pour la plupart des gens qui souffrent de cancer.

Ces suppléments peuvent être utiles pour combattre la malnutrition, pour regagner du poids et de la force, surtout dans les cas plus sévères. Dans les cas de malnutrition légère, l'effet n'est pas aussi spectaculaire, mais les suppléments vous fournissent une source pratique de calories, de protéines et de nutriments. Si vous ne savez pas si vous devriez en consommer ou si vous ne savez pas quelle formule vous convient, vous pouvez en discuter avec votre diététiste. Pour terminer, une petite mise en garde : vous pourriez développer une fatigue gustative à force de consommer ces produits. Vous voudrez donc probablement les garder pour les jours où vous n'êtes pas en mesure de manger normalement.

La nutrition entérale

La nutrition entérale, ou l'alimentation par sonde, est une autre stratégie pour prendre du poids et prévenir la malnutrition. L'alimentation par sonde peut être utilisée comme méthode de soutien à la nutrition à court terme pour vous fournir les aliments dont vous avez besoin lorsque vous vous rétablissez, après une phase de votre traitement. Par exemple, après une opération pour un cancer à la tête ou au cou, vous

Le saviez-vous ?

La présentation visuelle

Dans une étude récente sur l'appétit et la présentation des aliments, on a donné à manger à des patients un brownie soit sur une serviette de table, soit dans une assiette en carton, soit dans une assiette de porcelaine Wedgwood. On leur a ensuite demandé comment ils avaient trouvé le brownie. Ceux qui l'avaient mangé sur une serviette de table ont dit : « *Wow*, c'est très bon. » Ceux qui l'avaient mangé dans l'assiette en carton ont dit : « C'est très, très bon. » Et ceux qui l'avaient mangé dans une assiette de porcelaine Wedgwood ont répondu : « C'est le meilleur brownie que j'ai mangé de ma vie. »

Il est temps de sortir vos plus belles porcelaines et vos plus beaux couverts. Rendez vos repas et vos collations aussi visuellement attrayants que possible.

Source : *Nutrition Action Health Letter*, mai 2011.

pourriez être temporairement incapable de mâcher. On pourrait vous nourrir par sonde jusqu'à ce qu'il soit sûr pour vous de manger et de boire.

Lorsque l'alimentation par sonde est temporaire, elle se fait par un petit tube flexible qui est inséré dans le nez et qui passe par l'œsophage pour aller jusque dans l'estomac. Il s'agit d'une sonde nasogastrique (du nez à l'estomac). Quand la sonde est en place, vous pouvez tout de même manger et boire des aliments que vous aimez et tolérez, mais la sonde fournit les éléments nutritifs dont vous avez besoin. Lorsque votre alimentation s'améliore, la sonde peut être facilement retirée.

Dans le cas d'une situation à long terme, une sonde gastrique peut être insérée par une petite ouverture dans l'estomac. Lors de la procédure permettant d'insérer la sonde, on vous placera probablement sous anesthésie locale pour atténuer la douleur. L'extrémité de la sonde peut être insérée dans l'estomac ou dirigée plus bas dans votre appareil digestif, dans une partie de l'intestin grêle appelée le jéjunum. Lorsque l'extrémité de la sonde est insérée dans votre estomac, on parle de gastrostomie. Lorsqu'elle est introduite dans votre intestin grêle, on parle de jéjunostomie.

Il se peut que vous puissiez encore manger et boire même si vous avez subi une gastrostomie ou une jéjunostomie. Portez attention à votre tolérance à l'alimentation par sonde afin de pouvoir discuter avec votre diététiste en cas de problèmes intestinaux ou d'autres effets secondaires. Votre diététiste peut vous conseiller sur votre régime pour améliorer votre tolérance.

Le saviez-vous ?

La nutrition parentérale totale

Cette méthode d'alimentation contourne le tube digestif et place les nutriments directement dans le sang par voie intraveineuse. La nutrition parentérale totale (NPT) est utilisée lorsque le tube digestif a besoin de repos. Plusieurs hôpitaux proposent des programmes de NPT à la maison. Il est donc possible de sortir de l'hôpital en étant toujours sous NPT. Votre équipe de soins évaluera vos besoins et votre tolérance au traitement.

FAQ

Q : Que sont les acides aminés à chaîne ramifiée et comment peuvent-ils m'aider ?

R : Les acides aminés sont les éléments bâtisseurs des protéines. L'expression « à chaîne ramifiée » fait référence à la composition chimique de certains acides aminés, qui ont une branche reliée à un atome de carbone. Les trois acides aminés à chaîne ramifiée sont la leucine, l'isoleucine et la valine. Ils font partie de la famille des acides aminés essentiels — neuf acides aminés que les humains ne peuvent produire et qu'ils doivent donc retirer de leur alimentation. Lorsque l'utilisation de suppléments d'acides aminés à chaîne ramifiée a été étudiée chez les patients souffrant d'un cancer du foie, les chercheurs ont noté une réduction du temps d'hospitalisation, un rétablissement plus rapide de la fonction hépatique, une réduction des maladies et une amélioration de la qualité de vie, mais aucune différence sur le plan du taux de mortalité.

Médicaments pour stimuler l'appétit

Il existe un certain nombre de médicaments conçus pour stimuler l'appétit et favoriser le gain de poids, mais ils ne sont pas tous efficaces et provoquent leurs propres effets secondaires. Parlez-en avec votre médecin ou votre diététiste.

Médicament ou composé chimique	Qu'est-ce que c'est?	Résultats de tests sur les patients cancéreux
ß-hydroxy ß-méthylbutyrate (HMB)	Fait à partir de leucine (un acide aminé). Réduit la perte de masse musculaire. Pas encore prescrit régulièrement.	Combiné à certains acides aminés, augmente la masse musculaire chez les patients souffrant de cancer. D'autres tests seront probablement effectués, étant donné les résultats positifs jusqu'ici.
Stéroïdes anabolisants (corticostéroïdes)	Utilisés pour traiter l'anorexie et la cachexie chez les patients atteints du sida. Imitent l'hormone sexuelle mâle, la testostérone.	Contre-indiqués pour les patients souffrant de cancer parce qu'ils favorisent la croissance et peuvent interagir avec la chimiothérapie.
Cyproheptadine	Antihistaminique utilisé pour traiter les symptômes d'allergie. Utilisée pour stimuler l'appétit chez les patients dont le poids est insuffisant.	N'a produit qu'une légère amélioration de l'appétit et n'a pas prévenu la perte de poids de façon significative chez les patients cancéreux souffrant d'anorexie.
Dronabinol Marinol	Cannabis artificiel (THC synthétique) utilisé pour traiter la perte d'appétit ainsi que les nausées et les vomissements quand les autres médicaments n'ont pas été efficaces pour enrayer ces effets secondaires.	N'empêche pas la perte de poids chez les patients cancéreux souffrant de cachexie. N'a pas été testé sur des patients en cours de traitement, mais semble approprié pour améliorer l'appétit des patients recevant des soins palliatifs.
Acide eicosapentaénoïque (AEP)	Huile de poisson, en vente libre, sans ordonnance.	Effets antitumoraux et anticachectiques. Résultats des essais cliniques mitigés lorsque l'AEP a été amorcé trop tardivement.
Ghréline	Neuropeptide produit par l'estomac et stimulant l'appétit pour inciter à manger. N'est présentement pas prescrite comme médicament stimulant l'appétit.	Des essais préliminaires sur les animaux ont démontré des résultats positifs. Augmente l'apport calorique chez les patients cancéreux, mais l'étude n'a pas été assez longue pour observer des changements de poids.

Médicament ou composé chimique	Qu'est-ce que c'est ?	Résultats de tests sur les patients cancéreux
Acétate de mégestrol Megace et Megace ES Apo-Megestrol et Megace OS (au Canada)	Stimulant de l'appétit le plus courant pour contrer la cachexie. Progestine synthétique qui agit de la même manière que la progestérone, une hormone naturelle.	Gain de poids dû à une augmentation de la masse adipeuse, et non des muscles, sans amélioration de la qualité de vie ou des capacités physiques. Les patients ont démontré une réponse inférieure à la chimiothérapie et une survie écourtée.
Mirtazapine	Antidépresseur utilisé contre la perte de poids liée au cancer, avec un succès modeste.	Efficacité non confirmée dans les cas de cancer. Effets secondaires : vertiges, vision trouble, effet sédatif, malaise, sécheresse de la bouche, constipation.
Thalidomide	Bannie dans les années 1960 à cause de la forte incidence de malformations congénitales qui en découlaient, elle est maintenant testée comme stimulant de l'appétit. Pas encore prescrite comme stimulant de l'appétit.	A permis aux patients d'une étude de maintenir leur masse musculaire et à ceux d'une autre recherche de connaître un gain de poids et de muscle par rapport aux patients qui avaient reçu un placebo. D'autres études sont requises.

Source : N.B. Kumar, A. Kazi, T. Smith et coll., « Cancer cachexia: Traditional therapies and novel molecular mechanism-based approaches to treatment », *Curr Treat Options Oncol*, décembre 2010, 11(3-4) : 107-17 ; M.J. Tisdale, « Mechanisms of cancer cachexia », *Physiol Rev*, avril 2009, 89(2) : 381-410.

Le saviez-vous ?

Consommation de calories sous forme liquide

Pour vous aider à regagner du poids, buvez des boissons riches en calories. Plutôt que de boire de l'eau, du thé ou du café, essayez les jus de fruits, les boissons pour sportifs, les smoothies à base de lait, le lait de soya, les boissons d'amande ou de riz, les lattés et les chocolats chauds. Contrairement aux aliments solides, les liquides ne réduisent pas votre appétit après un repas. Vous pouvez donc ajouter des calories pendant la journée tout en restant bien hydraté.

L'AEP, l'exception

Parmi les stimulants de l'appétit mentionnés dans le tableau qui précède, celui que vous voudrez probablement essayer en premier est l'acide gras oméga-3 AEP (acide eicosapentaénoïque). Les effets secondaires sont peu nombreux et les résultats semblent plus concrets. Non seulement l'AEP réduit l'inflammation, mais il augmente l'appétit et favorise la prise de poids. La plupart des études ont démontré que l'AEP permet aux patients souffrant de cancer de stabiliser leur poids et de stimuler leur appétit. Un projet pilote a été effectué avec 36 patients cancéreux qui avaient subi une perte de poids non planifiée de 5 % de leur masse corporelle dans les trois mois précédents. Les patients ont reçu une forme de gras oméga-3 appelée Lovaza. Ils ont été en mesure d'augmenter leur apport en glucides et en matières grasses et de maintenir leur apport en protéines. Leur taux de protéines (albumine et transferrine) dans le sang a été rehaussé et leur niveau d'activité s'est amélioré.

Il a également été démontré que l'AEP peut prévenir la perte de masse musculaire dans les cas de cachexie associée au cancer. La clé, pour rompre la progression de la cachexie en utilisant les suppléments d'oméga-3, est de commencer tôt et de ne pas attendre que la cachexie soit trop avancée.

La clé du succès est d'utiliser de l'huile de poisson avec une diète riche en calories et en protéines, en plus de faire de l'activité physique.

On trouve l'AEP dans les poissons gras et il se vend sous forme de suppléments d'huile de poisson dans la plupart des pharmacies et des magasins d'aliments naturels. Il n'existe pas présentement d'apport nutritionnel recommandé (ANR) pour l'huile de poisson, mais il existe un apport moyen recommandé qui est de 1 600 milligrammes par jour pour les hommes et de 1 100 milligrammes par jour pour les femmes. En cas de cachexie, vous avez besoin de l'huile de poisson contenant la plus grande quantité d'AEP. Il faut donc lire les étiquettes des produits. Comme pour tous les suppléments, parlez-en d'abord avec votre équipe soignante.

La constipation

La constipation peut être un effet secondaire des médicaments chimiothérapeutiques, de la réduction de l'activité physique et de la déshydratation. La constipation peut également se produire s'il y a dans votre côlon une tumeur qui bloque le passage des selles. On parle alors d'un rétrécissement ou d'une occlusion intestinale partielle. Une occlusion intestinale complète est une urgence médicale pour laquelle vous devez consulter immédiatement. Les recommandations pour traiter ces deux types de constipation sont des actions contraires. Vous devez donc faire attention de ne pas aggraver le problème.

La constipation sans occlusion
Le corps de chaque personne fonctionne à un rythme différent de celui des autres. On considère que vous souffrez de constipation si vos selles sont moins fréquentes que ce qui est normal pour vous, si leur expulsion est difficile ou si vous avez l'impression de ne pas expulser toute la matière fécale quand vous allez aux toilettes. Pour prévenir la constipation, le but est d'avoir des selles plus grosses et plus molles. Les fibres, les liquides et l'exercice physique peuvent vous aider à atteindre ce but.

Le fonctionnement des fibres
Les fibres peuvent soulager la constipation de trois manières. Premièrement, les fibres ajoutent du poids aux selles. Deuxièmement, elles retiennent l'eau, ce qui ajoute aussi du poids aux selles et les ramollit. Troisièmement, les fibres sont fermentées par les bactéries coliques, ce qui augmente la masse bactérienne des selles. Les fibres solubles aident à retenir l'eau et rendent ainsi les selles plus molles, donc plus faciles à expulser, et les fibres insolubles ajoutent de la masse à vos selles, celles-ci se déplacent donc plus facilement dans votre

> **Parole de survivante**
>
> *Votre appétit sera aussi diminué par d'autres facteurs que les effets physiques de votre traitement. Même la météo, par exemple, peut diminuer votre appétit. S'il fait trop chaud, vous n'aurez même pas envie de mâcher.*

Le saviez-vous ?

Pas d'effort

Pendant la chimiothérapie, il est particulièrement important d'éviter la constipation et l'effort à la défécation, car cet effort peut être un facteur prédisposant aux hémorroïdes, et celles-ci pourraient s'infecter, particulièrement lorsque votre taux de globules blancs est à la baisse à cause de la chimiothérapie.

appareil digestif. Le son de blé est le meilleur élément pour ajouter de la masse à vos selles. Un horaire de repas et d'élimination régulier peut aussi vous aider.

La plupart des étiquettes apposées sur les aliments vous donneront la quantité de fibres par portion, mais ne préciseront pas quelle quantité est soluble et quelle quantité est insoluble. Puisque les deux sortes de fibres sont importantes, essayez d'avoir dans votre diète des sources qui les fournissent toutes les deux. Pour plus de renseignements sur les deux types de fibres, consultez les pages 108-109.

Notez non seulement la quantité de fibres que vous prenez, mais aussi la quantité de liquide que vous buvez, l'exercice physique que vous faites et la fréquence de vos selles. Cette stratégie vous aidera à établir la quantité de fibres, de fluides et d'activité physique dont vous avez besoin chaque jour. Manger de la soupe est une excellente façon de prendre à la fois du liquide et des fibres.

Vous trouverez plusieurs recettes de soupes intéressantes à la partie 4.

Les aliments laxatifs naturels et les médicaments laxatifs

Augmenter l'apport en fibres et en fluides et faire de l'activité physique sont les principales recommandations pour le soulagement de la constipation, mais un bon nombre d'aliments végétaux – comme les dattes, les figues, les prunes et la rhubarbe – ont également la réputation d'être particulièrement utiles. Recherchez les recettes qui portent la mention « Recommandé pour constipation », dans la partie 4.

Apport nutritionnel recommandé en fibres

Âge	ANR en fibres par jour
Femmes	
19-50 ans	25 g
50 ans et plus	21 g
Hommes	
19-50 ans	38 g
50 ans et plus	30 g

Source : Saine Alimentation Ontario.

Paroles de survivantes

Lorsque je souffrais de diarrhée ou de constipation, je passais en revue tout ce que j'avais mangé dans les deux jours précédents.

J'ajoutais des dattes et des raisins à mon Jell-O pour le rendre plus nutritif.

Recommandations pour traiter la constipation sans occlusion

1. Augmentez votre apport en fibres, et cela graduellement jusqu'à ce que vos selles soient régulières.

2. Augmentez votre consommation de liquides. Essayez de consommer 54 oz (2 litres) de liquides chaque jour. Si cette quantité est beaucoup plus que ce que vous consommez présentement, augmentez graduellement, selon votre tolérance. Notez que le fait d'ajouter des fibres à votre alimentation sans boire plus de liquides peut empirer la constipation.

3. Augmentez votre niveau d'activité physique.

Sources alimentaires de fibres

Pour les aliments suivis d'un astérisque, lisez le tableau des valeurs nutritives des étiquettes des produits pour connaître les quantités exactes de fibres qu'ils contiennent.

Aliment	Portion	Fibres
Noix de soya, rôties	¾ de tasse (175 ml)	15 g
Céréales All-Bran	⅓-½ tasse (75-125 ml)	10-13 g*
Haricots noirs, cuits, fèves au lard, en conserve	¾ de tasse (175 ml)	9-10 g*
Haricots ordinaires, rouge foncé, cuits	¾ de tasse (175 ml)	9 g
Pois chiches ou lentilles, cuits	¾ de tasse (175 ml)	6 g
Edamame, cuit et décortiqué	¾ de tasse (175 ml)	6 g
Pois verts, cuits	½ tasse (125 ml)	6 g
Poire, avec la peau	1 moyenne	5 g
Amandes, rôties	¼ de tasse (60 ml)	4 g
Petits fruits	½ tasse (125 ml)	4 g
Mangue	1 moyenne	4 g
Pois cassés, cuits	¾ de tasse (175 ml)	4 g
Graines de tournesol, décortiquées	½ tasse (125 ml)	4 g
Pain, grains germés	1 tranche	3-5 g*
Son de blé 100 % naturel	2 c. à s. (30 ml)	3 g
Pomme, avec la peau	1 moyenne	3 g
Choux de Bruxelles	4	3 g
Graine de lin moulue	1 c. à s. (15 ml)	3 g
Kiwi	1 gros	3 g
Mélange de légumes, cuits	½ tasse (125 ml)	3 g
Arachides, grillées à sec	¼ de tasse (60 ml)	3 g
Rhubarbe étuvée	½ tasse (125 ml)	3 g
Gruau (gros flocons), préparé	¾ de tasse (175 ml)	2-3 g*
Banane	1 moyenne	2 g
Maïs, carottes ou brocoli, cuits	½ tasse (125 ml)	2 g
Dattes, séchées	3	2 g
Maïs soufflé, éclaté	2 tasses (500 ml)	2 g

Source : HealthLink BC (Colombie-Britannique).

Il existe différentes classes de médicaments pour traiter la constipation. Les laxatifs incluent les agents gonflants, les fibres fermentées, les laxatifs émollients, les stimulants, les lubrifiants, les agents osmotiques et les lavements.

Les agents gonflants

Ces laxatifs contiennent des fibres solubles, habituellement du psyllium ou du son. Metamucil en est un exemple. Ils doivent être pris avec de l'eau ou un autre liquide. Ils donnent des selles plus grosses et plus molles en formant un gel avec la fibre soluble et l'eau. Les selles plus molles sont plus faciles à expulser. Leur action se fera sentir en douze à soixante-douze heures.

Les fibres fermentées

Les suppléments de fibres peuvent être faits à partir d'insuline (racine de chicorée) et d'oligofructose. Ils sont fermentés par les bactéries du côlon et ajoutent du poids aux selles en augmentant la masse microbienne.

Les laxatifs émollients

Ces médicaments permettent d'incorporer plus d'eau et de matières grasses aux selles, ce qui les amollit et les rend plus faciles à expulser. Le docusate (Colace) en est un exemple. Leur action se fait sentir en douze à soixante-douze heures.

Les stimulants

Ces médicaments stimulent le système nerveux pour augmenter l'activité intestinale (la motilité) et les sécrétions, favorisant ainsi le passage des selles. Cette classe de médicaments inclut le senné, l'aloès et le cascara.

Les lubrifiants

Des huiles minérales sont utilisées pour rendre les selles glissantes afin qu'elles cheminent plus facilement dans les intestins. L'action des lubrifiants se fait sentir en six à huit heures. Ils peuvent entraîner une dépendance, vous ne voudrez donc pas les utiliser sur une longue période.

Les agents osmotiques

Ces agents augmentent la quantité de liquide dans les selles en apportant de l'eau dans les intestins par osmose. Le lactulose, le polyéthylène, le glycol et le citrate de magnésium sont des exemples d'agents osmotiques. Ils mettent de trente minutes à six heures pour faire effet.

Les lavements

Des fluides sont injectés dans l'intestin pour favoriser la selle. Ils fonctionnent très rapidement et sont habituellement réservés à des cas de constipation plus avancés.

La constipation due à une occlusion intestinale

Si votre constipation est due à une masse tumorale, vous devez suivre un régime faible en fibres ou un régime sans résidus. Vous ne devriez pas suivre un régime à haute teneur en fibres. La restriction en fibres varie selon la taille et la localisation de la tumeur.

Mangez de façon détendue. Le fait d'être tendu en mangeant peut causer de la tension dans les intestins, ce qui restreint le passage de la nourriture. Mangez des aliments solides en début de journée et des aliments mous et liquides pour votre repas du soir. Évitez le café, l'alcool, le jus de pruneau et les laxatifs qui augmentent le volume des selles.

Les restrictions en fibres

- Régime faible en fibres : évitez les aliments qui contiennent plus de 2 grammes de fibres par portion.
- Régime sans fibres : évitez les grains entiers, les fruits, les légumes, les noix, les graines et les légumineuses. Vous pouvez boire des jus, à l'exception du jus de pruneau.
- Régime liquide : seuls les liquides sont autorisés, aucun aliment solide.
- NPO : en cas d'occlusion intestinale complète, vous devez être nourri par sonde ou par voie intraveineuse. On appelle ce régime NPO, une abréviation dérivée de l'expression latine *nil per os* : rien par voie orale.

Sources : American Dietetic Association et Les diététistes du Canada.

La dépression

La dépression n'est pas tant un effet secondaire du traitement contre le cancer qu'un état qui peut apparaître à n'importe quel moment, avant, pendant ou après votre diagnostic, votre traitement ou votre rétablissement. La dépression peut toucher le proche aidant tout autant que la personne souffrant du cancer. Il ne s'agit pas d'un signe de faiblesse ou d'un défaut.

L'American Institute for Cancer Research décrit le lien entre le cancer et la dépression de la façon suivante : « Lorsque vous

ou un proche commencez le traitement, vous pouvez vivre un tourbillon d'émotions. L'espoir de trouver une cure, la joie accompagnant chaque succès, la détermination à reprendre une vie normale alternent avec la crainte que le traitement soit un échec, la frustration à cause des limitations physiques ainsi que la tristesse lorsque le traitement entraîne des changements dans l'apparence physique. Les médicaments anticancéreux puissants, la radiothérapie, les interventions chirurgicales, la thérapie biologique et l'hormonothérapie peuvent causer des effets secondaires désagréables qui peuvent occasionner de l'irritabilité et la dépression. »

Recommandations pour gérer la dépression

L'American Institute for Cancer Research émet les recommandations suivantes.

1. Soyez indulgent envers vous-même. Ne vous en voulez pas de ressentir ces émotions. Il s'agit d'une réaction naturelle.

2. Parlez-en. Parfois, parler de ses peurs à un membre de sa famille ou à un ami en qui l'on a confiance peut aider à apaiser l'anxiété.

3. Apprenez à exprimer vos besoins. La famille, les amis et les médecins sont souvent influencés par la réaction des patients. Posez des questions sur le cancer et sur son traitement. Demandez de l'aide lorsque vous en avez besoin.

4. N'hésitez pas à demander du soutien. La plupart des patients souffrant de cancer ont besoin de soutien affectif d'une personne autre que les membres de leur famille et leurs amis. Les infirmières, les travailleurs sociaux et les diététistes font partie des professionnels qui peuvent vous aider par l'intermédiaire de groupes de soutien, d'hôpitaux, d'organismes de services de santé et de centres de santé mentale.

5. Prenez soin de vous. Remplissez vos journées avec des activités qui sont importantes pour vous, mais qui ne dépassent pas vos capacités physiques. Il est plus facile de garder espoir lorsque la vie est équilibrée : repos, repas nutritifs, loisirs et un travail enrichissant.

6. Renseignez-vous. Souvent, ce qu'on imagine crée plus de peur que les faits. Procurez-vous de la documentation venant de sources fiables comme l'American Institute for Cancer Research ou celles qui sont répertoriées dans la section Ressources, en page 309.

7. Adoptez une attitude positive et proactive. Prenez votre santé et vos soins médicaux en main.

Source : American Institute for Cancer Research.

Parole de survivante

J'ai sans aucun doute fait une dépression. Je ne pouvais pas prendre mes pilules à cause de mon ulcère qui saignait, alors j'ai cherché des aliments qui aideraient ma santé mentale.

Les aliments et l'humeur

Comme vous vous en doutez, il y a un lien entre votre humeur et votre alimentation. Quelques ajustements spécifiques à votre diète peuvent aider à stabiliser votre humeur.

L'équilibre de la glycémie

Limiter les variations dans la glycémie aidera à équilibrer le taux d'insuline et de glucagon, ce qui se traduit par des niveaux plus stables de sérotonine, un neurotransmetteur. Il existe plusieurs stratégies pour limiter les variations de la glycémie.

- Optez pour les glucides à faible indice glycémique et combinez un glucide à une protéine à chaque repas et chaque collation.
- Réduisez votre consommation de sucreries, comme les boissons gazeuses (sodas), les bonbons et autres gâteries sucrées. Lorsque vous en consommez, faites-le après un repas et non avec l'estomac vide. De cette façon, leur effet sur votre glycémie sera plus lent.
- Mangez de plus petits repas plus souvent, pendant la journée, et essayez de ne pas dépasser quatre heures entre les repas ou les collations.

Les acides gras oméga-3

Il est prouvé que l'acide docosahexaénoïque (ADH) et l'acide eicosapentaénoïque (AEP) des gras oméga-3 peuvent avoir un effet positif sur l'humeur. L'ADH et l'AEP sont présents dans plusieurs sources alimentaires, y compris les poissons d'eau froide comme le saumon, le maquereau, le hareng, les anchois et les sardines. L'oméga-3 est également ajouté à certains produits enrichis comme les œufs oméga-3. Il existe aussi des sources végétales d'oméga-3 qui se présentent sous différentes formes et qui peuvent être utiles. Ce type d'oméga-3 se trouve dans la graine de lin moulue, dans les noix de Grenoble, dans le canola et dans l'huile de soya. Pour plus de renseignements sur les acides gras oméga-3, allez à la page 105.

Les vitamines B

Des études scientifiques suggèrent que certaines vitamines B – à savoir le folate (ou acide folique), la vitamine B_{12} et la vitamine B_6 – peuvent aider à améliorer l'humeur. L'acide folique est présent dans les céréales de grains entiers enrichies et le folate, dans les lentilles, les haricots à œil noir, le soya, le gruau, les feuilles de moutarde, les betteraves, le brocoli, la graine de tournesol, le germe de blé et les oranges. Les sources de vitamine B_{12} comprennent les mollusques et crustacés, le saumon sauvage (frais ou en conserve), les céréales de grains entiers enrichies, le bœuf maigre, les produits laitiers à faible teneur en matières grasses et les œufs. Les sources de vitamine B_6 comprennent le poisson, le foie de bœuf, les viandes, la volaille, les grains entiers, les noix, les pois, les haricots secs et les lentilles.

La vitamine D

La vitamine D peut améliorer l'humeur, particulièrement si vous souffrez d'humeur dépressive pendant les mois d'hiver, lorsque vous ne recevez pas suffisamment de rayons ultraviolets de soleil pour que votre corps produise lui-même assez de vitamine D. Puisque les aliments riches en vitamine D sont rares, il peut être bénéfique de prendre des suppléments quotidiens. On estime que les Américains tirent 200 IU de

vitamine D par jour de leur alimentation et que les Canadiens en absorbent 300 IU par jour. Les nouvelles recommandations de santé publique pour les Nord-Américains, dévoilées à l'automne 2010, suggèrent que les enfants et les adultes de 9 à 70 ans ont besoin de 600 IU (15 mcg) par jour de vitamine D, et les adultes de plus de 70 ans, de 800 IU (20 mcg). L'apport maximal tolérable est de 4 000 IU (100 mcg) par jour. Vous ne devriez pas dépasser cette quantité en combinant les sources alimentaires et les suppléments. Il a été prouvé qu'un apport de 10 000 IU par jour ou plus peut causer des dommages.

Traiter le corps et l'esprit

L'exercice physique est un outil qui a fait ses preuves et qui favorise la sécrétion d'endorphine, qui est le rehausseur de l'humeur naturel du corps. Le sommeil est également essentiel. Si vous ne dormez pas bien, vous devez en parler avec votre équipe soignante et demander de l'aide. Sortir dans la nature, passer du temps avec un animal de compagnie ou trouver une personne à qui vous pouvez vous confier sont des éléments qui font partie du plan de rétablissement.

Mais la solution, pour un bon nombre de personnes souffrant de dépression, est de combiner l'alimentation, l'exercice, la thérapie par la parole et la médication.

Le saviez-vous ?

Le soleil, source de vitamine D

Le soleil, par l'intermédiaire de ses rayons ultraviolets (UV), est une source de vitamine D. L'exposition aux rayons UV est diminuée par les couvertures nuageuses, par une pigmentation de peau plus foncée, par l'ombre, par la pollution atmosphérique et par l'utilisation d'un écran solaire à FPS (facteur de protection solaire) de plus de 8. On estime que vous pouvez recevoir assez de lumière pour que votre corps produise de la vitamine D en exposant votre visage, vos bras, vos jambes ou votre dos au soleil de cinq à dix minutes entre 10 et 15 heures au moins deux fois par semaine sans protection solaire. Cependant, il est important d'équilibrer votre exposition au soleil à cause du risque de cancer de la peau.

Il existe beaucoup de médicaments sur ordonnance pour aider à guérir la dépression. Il existe également de nombreux traitements complémentaires. Pour plus de renseignements sur les traitements complémentaires, allez à la page 90.

Le diabète

Un grand nombre de personnes ayant récemment reçu un diagnostic de cancer ont déjà un diabète. Le diabète et le cancer ont une relation réciproque. Un diabète préexistant augmente légèrement le risque de développer certains cancers, y compris le cancer du foie, le cancer du pancréas, le cancer colorectal, le cancer des reins, le cancer de la vessie, le cancer de l'endomètre et celui du sein, ainsi que les lymphomes non hodgkiniens. Les traitements contre le cancer peuvent affecter le traitement contre le diabète de façon négative, particulièrement lors de soins par corticostéroïdes ou d'une chirurgie au pancréas. Certains cas de diabète peuvent être causés par un cancer du pancréas.

Le lien entre le diabète et le cancer n'est toujours pas clair, mais un taux élevé de sucre (hyperglycémie) ou d'insuline (hyperinsulinémie) pourrait être le coupable. Une intolérance au glucose, parfois appelée prédiabète, est également associée à un risque plus élevé de cancer.

Deux types de diabète

Il existe deux types distincts de diabète : le diabète de type 1 et le diabète de type 2. Le diabète de type 1 est plus rare et touche habituellement les personnes plus jeunes lorsque le pancréas ne produit plus d'insuline. Pour ce type de diabète, le traitement est l'utilisation à vie d'insuline par injections. Le diabète de type 1 est plus précisément lié au cancer de l'estomac, au cancer de l'endomètre et à celui du col de l'utérus.

Le diabète de type 2 est plus répandu et est lié au mode de vie, l'obésité et l'inactivité étant des facteurs de risque importants. Ce type de diabète est traité par des changements dans les habitudes de vie ou la prise de médicaments par voie orale, mais certaines personnes auront besoin d'insuline.

Ce type de diabète est plus particulièrement associé aux cancers du sein et du pancréas, au cancer colorectal et à celui des reins.

Les ajustements à apporter au traitement

Le but de la gestion du diabète est d'atteindre et de maintenir un contrôle optimal de la glycémie. Pendant votre traitement contre le cancer, la glycémie cible et d'autres aspects de la gestion de votre diabète peuvent changer. Cela peut se traduire par la prise d'insuline en remplacement de la médication par voie orale, ou encore par des changements dans la quantité et dans l'horaire de votre prise de médication ou d'insuline. Vraisemblablement, vous devrez mesurer votre glycémie plus souvent afin d'évaluer l'impact du cancer et de son traitement sur le contrôle de votre glycémie.

Les tests par glucomètre

Même si un grand nombre de personnes pensent connaître leur niveau de glycémie juste par la façon dont elles se sentent, il se peut que vous soyez incapable de procéder de cette manière quand vous êtes malade. Il est donc préférable d'en avoir la certitude en faisant un test à l'aide d'un glucomètre. Une glycémie supérieure à 288 mg/ dl (16 mmole/L) est trop élevée et devrait être traitée par votre médecin. Si vous avez un diabète de type 2, prenez votre glycémie dix minutes plus tard pour voir si votre taux de sucre monte ou descend. S'il commence à descendre, vous pouvez l'aider à descendre davantage en marchant ou en buvant de l'eau. S'il monte, ne faites pas d'exercice physique, reposez-vous. Si vous avez un diabète de type 1, vous devriez analyser votre urine pour vérifier le taux de corps cétoniques. Selon les instructions que vous avez reçues de votre équipe de traitement du diabète, vous pourriez devoir prendre une dose supplémentaire d'insuline à action rapide.

Les effets secondaires

L'un des défis, avec la gestion du diabète pendant le traitement contre le cancer, sera les effets secondaires, particulièrement les changements sur le plan de l'appétit et dans la consommation alimentaire.

L'hyperglycémie

Vous pouvez présumer que, puisque vous ne mangez pas beaucoup, vous devriez réduire votre insuline ou votre médication, mais le cancer ou le traitement peuvent causer une hausse de la glycémie. Pour faire baisser votre glycémie, vous devrez peut-être ajuster votre alimentation : consommer moins de glucides et boire plus d'eau. Assurez-vous de mesurer votre taux de sucre plus souvent afin de vérifier s'il monte ou s'il descend. Si vous avez de la difficulté à ramener votre taux de sucre dans les valeurs normales, consultez votre équipe de traitement pour le diabète. Une pression sanguine élevée peut être causée par une infection. Parlez-en avec votre médecin.

Le saviez-vous ?

Les taux normaux

Les Américains mesurent leur glycémie en milligrammes par décilitre (mg/dl) tandis que les Canadiens et les Britanniques la mesurent en millimoles par litre (mmole/L). Une glycémie normale se situe entre 72 et 108 mg/dl (4-5 mmole/L) à jeun et avant les repas, et entre 90 et 144 mg/dl (5-8 mmole/L) deux heures après un repas.

Les signaux d'alarme

Consultez votre médecin ou un membre de votre équipe soignante si vous êtes diabétique et que vous êtes malade pendant plus de vingt-quatre heures, si votre glycémie est élevée et que le taux de corps cétoniques dans votre urine est modéré ou élevé, si vous avez de la fièvre pendant plus d'une journée, si vous vomissez plus de deux fois en quatre heures, ou si votre glycémie est plus basse que la normale (moins de 72 mg/dl ou 4 mmole/L) et que vous ne pouvez vous alimenter ou boire suffisamment pour qu'elle revienne à la normale.

L'hypoglycémie

Si votre test sanguin révèle que votre glycémie est trop basse – moins de 72 mg/dl (4 mmole/L) –, vous devez manger une forme de sucre à absorption rapide et à indice glycémique élevé. Assurez-vous toutefois de ne pas trop en consommer. Habituellement, il suffit d'environ 15 grammes de sucre. Il s'agit de l'équivalent d'une cuillère à soupe (15 ml) de sucre, de ¾ de tasse (175 ml) de jus, d'une boisson gazeuse (non diète), de six bonbons, d'une cuillère à soupe (15 ml) de miel ou, l'option privilégiée, de comprimés de glucose (lisez l'étiquette pour savoir de combien de comprimés vous aurez besoin pour obtenir 15 grammes de glucose). Puis, relaxez-vous de dix à quinze minutes et vérifiez votre taux de sucre. S'il est toujours inférieur à 72 mg/dl (4 mmole/L), vous devez prendre à nouveau 15 grammes de sucre à absorption rapide, attendre un peu, puis répéter le test.

La diète liquide pour les jours de maladie

Si vous vous sentez trop malade pour suivre votre diète habituelle, changez votre plan de repas pour des liquides qui contiennent des glucides. Consommez 15 grammes de glucides par heure, par exemple ¾ de tasse (175 ml) de jus de fruits, 1 tasse (250 ml) de lait, ½ tasse (125 ml) de Jell-O ordinaire (pas sans sucre), ½ tasse (125 ml) de crème glacée, ½ tasse (125 ml) de boisson gazeuse ordinaire (non diète), 1 tasse (250 ml) de soupe (pas seulement du bouillon), 1 Popsicle (pas sans sucre) ou 7 biscuits soda. Il se peut que vous vous sentiez nerveux à l'idée de consommer les aliments sucrés contenus dans cette liste, mais ce n'est qu'un menu temporaire jusqu'à ce que vous soyez capable de consommer vos aliments habituels.

Parole de survivante

Quand je me sentais anxieuse, j'avais l'impression d'avoir mal à la gorge depuis six mois. Les aliments glacés et froids aidaient à atténuer cette impression. Je me suis également parlé pour en venir à bout.

Coordonner les soins

Vous travaillerez probablement avec deux équipes de soins différentes, une spécialisée en oncologie et une autre pour le diabète. Assurez-vous de prendre des notes pendant vos rendez-vous avec les membres de vos équipes soignantes pour les garder informés des changements à votre plan de traitement. Il serait sans doute préférable d'avoir quelqu'un avec vous lors de vos rendez-vous pour prendre ces notes et vous les rappeler si vous aviez des questions par la suite. N'ayez pas peur de demander aux membres de vos équipes soignantes de communiquer entre eux. Ils n'ont besoin que de votre consentement pour partager les renseignements. Une fois qu'ils ont votre accord, les spécialistes peuvent discuter de vos soins. Voici certaines questions que vous aimerez peut-être poser avant le début de votre traitement.

Pour votre équipe d'oncologie
- Quel effet ce traitement devrait-il avoir sur ma glycémie?
- Ce traitement est-il compatible avec ma médication actuelle pour le diabète?
- Comme vous le savez, les personnes diabétiques doivent faire particulièrement attention à leurs yeux, à leurs reins, à leurs vaisseaux sanguins et à leurs nerfs. Comment le traitement affectera-t-il ces organes? Que puis-je faire pour les protéger pendant le traitement?

Pour votre équipe de soins du diabète
- Quelle est la valeur cible pour ma glycémie, pendant le traitement contre le cancer?
- À quelle fréquence et quand devrais-je vérifier ma glycémie, pendant le traitement?
- De quelle manière dois-je prendre des notes sur ma glycémie, mon alimentation et mes symptômes?
- Puis-je vous appeler si j'ai des questions à propos de la régulation de ma glycémie ou au sujet de ma médication? Si c'est le cas, comment puis-je vous contacter et à quel moment?

La diarrhée

La diarrhée peut survenir pendant les traitements contre le cancer comme effet secondaire des médicaments chimiothérapeutiques, de la radiothérapie dans la région abdominale, de certaines interventions chirurgicales, de médicaments, d'une infection, d'une surcharge ou d'intolérances alimentaires. Environ 20 % des patients qui prennent un antibiotique pendant leur traitement ont une diarrhée. La radiothérapie dans la région abdominale peut induire une entérite ou une colite chez 80 % des patients.

Les causes de la diarrhée

Tentez de déterminer la cause de votre diarrhée afin de trouver le traitement approprié.

* Système immunitaire compromis : pendant le traitement contre le cancer, votre système immunitaire peut être compromis, ce qui peut augmenter le risque d'infection parasitaire ou d'infection bactérienne causée par des aliments ou de l'eau contaminés. C'est pourquoi l'hygiène et la salubrité des aliments sont si importantes (voir page 141).
* Allergies ou intolérances alimentaires : elles peuvent également causer la diarrhée, mais sont habituellement préexistantes et ne sont pas causées par le cancer, malgré le fait que le stress induit par le cancer peut exacerber les intolérances préexistantes.
* L'anxiété : elle peut se manifester de différentes façons, et l'un de ses symptômes peut être la diarrhée.

Les traitements contre la diarrhée

Peu importe la cause, la gestion diététique de la diarrhée pour les patients cancéreux est la même que pour toute personne.

Les « bonnes » bactéries dans les aliments

Même si tous les probiotiques ne semblent pas aider à contrer la diarrhée, les bactéries de produits alimentaires qui ont montré leur efficacité sont les suivantes :

* *L. casei* DN-114001, qu'on trouve dans le lait fermenté DanActive ;
* *L. acidophilus* CL1285, qu'on trouve dans le Bio-K+, avec un supplément de *L. casei* Lbc80r.

Le saviez-vous ?

Les fuites

Une surcharge ou une constipation opiniâtre peuvent causer des fuites liquides autour des selles dures. Elles se manifestent par des fuites faibles mais continuelles de matières fécales.

Difficile à contrôler

Le *Clostridium difficile* est une bactérie sporulée à Gram positif qui fait partie de la flore intestinale normale et qui est présente chez 3 % des adultes en bonne santé et 15 % à 30 % des patients hospitalisés. Le *C. difficile* est également une bactérie qui, si elle n'est pas contrôlée, peut causer une diarrhée sévère. Vous pouvez être infecté par cette bactérie si vous prenez des antibiotiques, ou elle peut vous être transmise par une autre personne. Elle peut causer une colite – une inflammation du côlon et une sécrétion de toxines. Le *C. difficile* peut causer une diarrhée qui peut contenir du sang ou du pus, des crampes abdominales, de la fièvre et de la déshydratation. Dans de rares cas, l'estomac peut être perforé.

Les bactéries issues de suppléments

Vous pourriez également envisager les suppléments probiotiques – en capsules ou en poudre – que vous pouvez acheter à la pharmacie ou dans les magasins d'aliments naturels. Des études ont révélé que les suppléments probiotiques peuvent traiter trois types de diarrhée : la diarrhée associée aux antibiotiques, la diarrhée du voyageur et la diarrhée infectieuse.

Des études menées sur des bactéries probiotiques spécifiques ont donné des résultats positifs pour contrer la diarrhée causée par les infections et l'utilisation d'antibiotiques.

Réduction de la durée de la diarrhée

* *Lactobacillus rhamnosus GG* (ATCC 53103)

Réduction des complications dues aux antibiotiques
* *Saccharomyces cerevisiæ boulardii*
* *Lactobacillus casei* DN114001
* *Lactobacillus acidophilus* CL1285 et *Lactobacillus casei* Lbc80r
* *Lactobacillus rhamnosus GG*, lorsque testé avec les antibiotiques érythromycine, pénicilline et ampicilline.

Des études ont aussi examiné l'utilisation de suppléments probiotiques afin de minimiser ou de prévenir la diarrhée causée par les traitements de radiothérapie. Le produit utilisé, VSL#3, a réduit le nombre de cas de diarrhée due à la radiothérapie et a permis d'en diminuer la gravité comparativement à un placebo. Consultez votre équipe de soins pour savoir si ce produit est approprié dans votre cas.

Le saviez-vous?

L'entérite radique

C'est le nom qu'on donne à l'inflammation du tube digestif après un traitement de radiothérapie. Elle apparaît généralement cinq à huit jours après le premier traitement de 8 Gy ou plus. Cette inflammation peut survenir à n'importe quel endroit dans le tube digestif. C'est le résultat d'une inflammation de la muqueuse. Cette inflammation cause dans les intestins des changements qui s'apparentent aux symptômes de la maladie de Crohn et qui provoquent une diarrhée liée à la malabsorption.

Recommandations pour la gestion diététique de la diarrhée

1. Assurez-vous de remplacer les fluides et les électrolytes que vous avez perdus à cause de la diarrhée. Il devrait s'agir de 64 à 80 oz (de 2 à 2,5 L) par jour. Sirotez des liquides tout au cours de la journée, ne les buvez pas d'un trait. Les meilleurs liquides sont l'eau, le thé faible, les bouillons, les jus dilués, les boissons pour sportifs, les boissons de remplacement électrolytique commerciales ou faites maison, comme celle qui est proposée à la page 302.

2. Optez pour des aliments qui aident à rendre les selles plus solides. Il peut s'agir de beurre d'arachide crémeux, de riz blanc à grains courts, de gruau ou de pain au son d'avoine. Assurez-vous également de ne pas choisir d'aliments qui vont aggraver la diarrhée. Les aliments riches en protéines mais à faible teneur en gras — comme les œufs, le poulet sans la peau et le poisson maigre — sont recommandés.

3. Remplacez les aliments à haute teneur en fibres par des aliments à faible teneur en fibres, comme le pain blanc, le riz blanc, les biscuits soda et les pommes de terre pelées et bouillies.

4. Évitez les fruits et légumes crus, à l'exception des bananes mûres. Les fruits qui ont été cuits, tels que les pommes en compote, sont permis.

5. Ajoutez des aliments probiotiques à votre alimentation. Par exemple, choisissez un yogourt probiotique, particulièrement un yogourt qui n'a pas une teneur trop élevée en sucre, puisqu'il pourrait aggraver la diarrhée. Il est préférable d'opter pour un yogourt nature plutôt que pour un yogourt sucré ou sans sucre (qui est sucré artificiellement).

L'intolérance au lactose

Le lactose est un sucre présent naturellement dans le lait et les produits laitiers. Pour être digéré dans l'intestin grêle et absorbé dans la circulation sanguine, le lactose a besoin d'une enzyme appelée lactase. Cette enzyme peut être balayée par les épisodes répétés de diarrhée, ce qui laisse les intestins temporairement intolérants au lactose. Lorsque le lactose ne peut être digéré par l'intestin grêle, il passe dans le gros intestin (le côlon), et les bactéries qui vivent dans le côlon commencent à fermenter le lactose. La fermentation du lactose cause des gaz. En outre, le taux de sucre élevé dans le côlon redirige l'eau à cet endroit pour aider à diluer le sucre. Les fluides et le gaz causent des ballonnements et un inconfort et peuvent rajouter à la diarrhée. Chez certains patients qui ont la diarrhée, le lactose peut passer à travers l'appareil digestif avant que la valeur nutritive du lait puisse être absorbée.

Les symptômes peuvent apparaître peu de temps après la consommation du lactose ou en quelques heures. Ils varient de légers à sévères, selon la quantité d'enzyme lactase que vous avez et la quantité de lactose que vous avez consommée.

Le saviez-vous ?

Antirayonnement

Plusieurs études ont évalué l'utilisation de suppléments probiotiques pour minimiser ou prévenir la diarrhée causée par la radiothérapie. Les résultats ont été modestes mais encourageants pour réduire cet effet secondaire de certaines radiothérapies.

Recommandations pour gérer l'intolérance au lactose

1. Si vous pensez avoir développé une intolérance temporaire au lactose à cause de la prise d'un médicament ou d'une diarrhée, vous devriez éviter de consommer du lait ou des produits laitiers à haute teneur en lactose. Plusieurs personnes intolérantes au lactose vont tolérer une petite quantité de lactose dans leur alimentation. Les diètes sévères ne sont habituellement pas nécessaires.

2. Visez à limiter votre consommation de lactose pour qu'elle soit en deçà de la quantité à laquelle vous ressentez des symptômes. Pour les personnes très intolérantes au lactose, il s'agirait d'environ 3 grammes de lactose par jour, et pour les personnes légèrement intolérantes au lactose, de 12 grammes par jour. Cette quantité devrait être répartie dans la journée et non consommée d'un seul trait.

3. En plus de limiter la quantité de lactose dans votre alimentation, envisagez de prendre un comprimé d'enzyme lactase. Ces comprimés sont en vente libre dans la plupart des pharmacies. Vous pouvez également vous les procurer sous forme de gouttes et les ajouter à votre lait vingt-quatre heures avant de le boire. Du lait à teneur réduite en lactose est également en vente dans la plupart des épiceries. Ce lait traité avec l'enzyme lactase ne contient pas de lactose, mais du glucose et du galactose. Le goût peut être plus sucré que le lait normal, mais il ne contient pas davantage de sucre, seulement une version différente.

Teneur en lactose des aliments courants

Aliment ou boisson	Portion	Lactose
Lait (entier, faible en gras ou écrémé) ou babeurre	1 tasse (250 ml)	12 g
Poudre de lait écrémé	⅓ de tasse (75 ml)	12 g
Lait de chèvre	1 tasse (250 ml)	11 g
Yogourt nature (faible en gras)	1 tasse (250 ml)	8 g
Crème glacée	½ tasse (125 ml)	5 g
Yogourt aux fruits (faible en gras)	1 tasse (250 ml)	4-5 g
Lait entier condensé	2 c. à s. (30 ml)	4 g
Lait concentré	1 oz (30 g)	3-4 g
Fromage cottage	½ tasse (125 ml)	3 g
Pouding (prêt à manger)	½ tasse (125 ml)	2 g
Fromage à la crème	2 c. à s. (30 ml)	1-2 g
Fromage cheddar fondu	1 oz (30 g)	1 g
Crème sure	2 c. à s. (30 ml)	1 g
Beurre ou margarine	1 c. à s. (15 ml)	Traces
Crème (5 %, 10 %, 18 %, 35 %)	2 c. à s. (30 ml)	Traces
Fromage suisse, cheddar, parmesan, bleu ou mozzarella	1 oz (30 g)	Traces
Garniture à la crème fouettée (pressurisée)	2 c. à s. (30 ml)	Traces

Source : www.lactaid.com.

Le saviez-vous ?

L'âge compte

En règle générale, plus les fromages ont été vieillis, moins ils contiennent de lactose. Les fromages vieillis, comme le cheddar, ont une faible teneur en lactose tandis que les fromages non vieillis, comme les fromages en grains, le cottage et le fromage frais, ont une plus haute teneur en lactose. Le yogourt est généralement bien toléré par les personnes intolérantes au lactose, puisqu'il contient des bactéries probiotiques.

Les aliments à éviter en cas de diarrhée

Afin de mieux gérer votre diarrhée, vous devriez éviter plusieurs aliments :
- les aliments gras et épicés ;
- le café, le thé, les boissons gazeuses (sodas), les jus faits de concentrés ;
- les édulcorants comme les sucres d'alcool (sorbitol et mannitol) dans les aliments sans sucre ;
- les dattes, les figues et les pruneaux ;
- les produits laitiers à haute teneur en gras (beurre, fromage, crème glacée) ;
- les aliments à haute teneur en fibres insolubles (pains à grains entiers, céréales, fruits et légumes frais).

Il s'agit d'une diète temporaire seulement, et une fois que les intestins sont revenus à la normale, toutes les formes de fibres, y compris celles des grains entiers, des fruits et des légumes frais, devraient être graduellement réintégrées à la diète, selon votre tolérance.

La sécheresse de la bouche

La sécheresse de la bouche (xérostomie) est courante après la radiothérapie ou une intervention chirurgicale à la bouche pour les cancers de la bouche. La chimiothérapie de même que certains médicaments peuvent également causer une sécheresse de la bouche. Celle-ci est provoquée par un endommagement des glandes salivaires. Il y a dans la région buccale trois glandes principales et des centaines de glandes mineures qui produisent de la salive. La radiothérapie endommage surtout les glandes salivaires. Après la radiothérapie, la sécrétion salivaire peut être réduite de 95 % et s'arrêter presque entièrement en cinq semaines.

Symptômes

Il peut vous être difficile de manger à cause de la sécheresse de la bouche parce que vous pouvez sentir que les aliments sont trop secs pour être avalés. À cause du manque de salive, vos dents risquent davan-

Le saviez-vous ?

La salive artificielle

Vous pouvez vous procurer de la salive artificielle sous plusieurs formes à votre pharmacie : des bouteilles sous pression que vous vaporisez dans votre bouche, de la pâte dentifrice, du gel, du rince-bouche et même de la gomme à mâcher. N'utilisez pas de rince-bouche ordinaires – ils contiennent de l'alcool et sont donc trop forts pour vous en ce moment.

tage d'être la cible de caries et de se déminéraliser. Parler peut aussi devenir difficile. Les autres symptômes de la sécheresse de la bouche sont la mauvaise haleine, une bouche collante ou douloureuse, des fissures aux coins de la bouche, une rougeur de la bouche, des ampoules, des ulcères, une langue à l'aspect granuleux, une difficulté à manger des aliments secs ou épicés, un réveil avec une sensation de sécheresse de la bouche pendant la nuit, une sensation de goût diminuée, une difficulté à avaler et une sécheresse des lèvres.

L'American Cancer Society recommande le rince-bouche suivant pour soulager la sécheresse de la bouche et les douleurs buccales :

Recommandations pour la gestion diététique de la sécheresse de la bouche

1. Consommez des aliments humides et mouillés.
2. Ajoutez du beurre, de la margarine, du bouillon, du yogourt, du lait ou de l'eau aux aliments pour garder le taux d'humidité élevé.
3. Trempez les aliments secs dans des liquides.
4. Sirotez fréquemment de l'eau.
5. Rincez votre bouche avec de l'eau avant de manger.
6. Limitez votre consommation de boissons à base de caféine, comme le café, le thé ou les boissons gazeuses.
7. Sirotez de l'eau gazéifiée pour éclaircir la salive épaisse.
8. Limitez votre consommation d'aliments salés ou épicés.
9. Évitez l'alcool et le tabac.

Source : Société canadienne du cancer.

1 cuillère à thé (5 ml) de bicarbonate de sodium et 1 cuillère à thé (5 ml) de sel dans 1 litre d'eau.

La médication

Plusieurs médicaments ont été élaborés pour traiter la sécheresse de la bouche pendant les traitements contre le cancer.

L'amifostine

Dans la langue médicale, la sécheresse de la bouche est appelée la xérostomie. Vous pouvez vous renseigner auprès de votre oncologue à propos d'un médicament appelé amifostine. Il s'agit d'un médicament utilisé pour protéger la bouche de la xérostomie pendant les traitements de radiothérapie.

Le saviez-vous ?

Soigner la candidose

Les gens qui subissent des traitements dans les régions de la tête et du cou sont susceptibles de développer une infection fongique appelée candidose ou muguet, qui peut se manifester sous forme de plaques blanches sur la langue, dans la bouche ou dans la gorge. L'utilisation quotidienne d'un brosse-langue peut aider. Avant le traitement, demandez à votre hygiéniste dentaire de vous recommander un programme de soins à domicile qui comprend le brossage, la soie dentaire, un brosse-langue ainsi que d'autres outils, selon vos besoins et vos capacités. La candidose orale nécessite habituellement une médication que vous pouvez obtenir de votre oncologue.

Parole de survivante

J'avais de la difficulté avec ma soif, et l'eau ne réglait pas le problème. Manger des raisins verts, congelés ou non, fonctionnait bien pour alléger la sécheresse de ma bouche et ma soif.

Le xylitol

Vous pouvez vous procurer de la gomme ou des menthes qui contiennent du xylitol pour alléger la sécheresse de la bouche et prévenir les cavités. Le xylitol est un édulcorant qui est souvent appelé «alcool de sucre» à cause de sa composition chimique. Il est dérivé des fibres végétales des baies, des feuilles de maïs et du bouleau. Vous le verrez souvent dans la liste des ingrédients d'aliments, de gommes et de liquides affichant une étiquette «sans sucre». Une étude menée en Finlande en 1970 a démontré que le xylitol peut aider à réduire l'incidence des caries. Plusieurs sociétés vendent des produits à base de xylitol (gomme, gel, pâte dentifrice, liquide et rince-bouche), et vous pouvez les utiliser lorsque vous sentez que vous avez la bouche sèche. Certains dentistes ont des échantillons que vous pouvez essayer. Faites preuve de prudence lorsque vous utilisez ces produits si vous souffrez de diarrhée.

La dentisterie préventive

Protégez vos dents avant, pendant et après le traitement.

Avant le traitement

Si possible, rencontrez votre dentiste un mois avant le début de vos traitements, particulièrement si vous commencez un traitement de radiothérapie ou de chimiothérapie dans la région de la tête ou du cou. Votre dentiste peut déceler les infections dentaires qui pourraient retarder ou compromettre votre traitement.

Si votre dentiste doit extraire des dents, faites-le faire avant que le moule pour votre radiothérapie ne soit fait, pour éviter tout changement à la forme de votre dentition par rapport à celle du moule. L'extraction de dents infectées avant la radiothérapie prévient la résorption des os due au rayonnement, aussi appelée ostéoradionécrose. Comptez environ deux semaines de rétablissement avant le début de votre traitement contre le cancer.

Afin de protéger vos dents contre la carie, vous devriez recevoir une application de fluorure avant le traitement. Un détartrage rigoureux et un polissage avant le traitement, pour éliminer la gingivite (maladie des gencives), aideront à garder votre bouche en santé avant le traitement.

Pendant le traitement

Les soins dentaires devraient être évités, pendant la chimiothérapie, à moins qu'ils ne soient absolument nécessaires, car vous pourriez être prédisposé aux infections buccales autour des gencives, lorsque le nombre de globules blancs est diminué.

Après le traitement

Le traitement contre le cancer augmente le risque de développer des caries dans l'avenir. Fixez un rendez-vous avec votre dentiste après avoir complété vos traitements afin de vous renseigner sur un plan de prévention rigoureux. Après des traitements de radiothérapie à la tête ou au cou, il vous sera peut-être conseillé de voir votre hygiéniste dentaire toutes les quatre à six semaines pendant les six premiers mois pour un détartrage et une évaluation de votre hygiène dentaire. En plus d'utiliser un dentifrice fluoré, un vernis ou un gel fluoré pourrait être recommandé. Si vous avez des saignements aux gencives, utilisez une brosse à dents à soies souples que vous ramollissez davantage dans de l'eau chaude, et évitez de passer la soie dentaire aux endroits qui saignent.

La fatigue

Le sentiment de fatigue est courant chez les patients qui souffrent de cancer. Elle peut être causée par le cancer ou par une intervention chirurgicale, par la chimiothérapie et particulièrement par la radiothérapie. En général, plus le champ de rayonnement est grand, plus le patient se sentira fatigué. Les traitements de radiothérapie quotidiens sur une période de temps significative peuvent

Le saviez-vous ?

Libérés de la faim

Dans une étude menée auprès de 31 patients atteints de cancer en phase terminale, la soif et la sécheresse de la bouche, et non la faim, étaient les plaintes les plus fréquentes. Ces problèmes étaient gérés avec des glaçons, de petites quantités de nourriture, de l'eau et une lubrification des lèvres. En outre, la déshydratation entraîne une concentration du sang, ce qui a un effet sédatif sur le cerveau.

Recommandations pour la gestion diététique de la fatigue

1. Ne sautez pas de repas. Garder un horaire de repas et de collations régulier est important afin de conserver votre niveau d'énergie. Même si votre traitement de radiothérapie ne dure que trente secondes, le temps que vous arriviez au centre de traitement et que vous retourniez à la maison, une bonne partie de la journée se sera écoulée. Il y a des risques que cette routine interfère avec un repas ou une collation. Il en va de même pour la chimiothérapie, mais dans ce cas, les traitements sont habituellement beaucoup plus longs.

2. Soyez préparé et apportez des collations santé avec vous. Même si vous ne vous sentez pas à l'aise de manger à l'extérieur de la maison, si vous attendez d'être revenu avant de manger, vous compromettez votre alimentation. Puisque plusieurs plans de traitement contre le cancer peuvent durer des mois, si votre alimentation n'est pas optimale, vous ajouterez à votre fatigue.

3. Pour chaque repas et collation, équilibrez votre apport en glucides et en protéines. De cette manière, vous régulez les fluctuations de votre glycémie, ce qui améliore votre niveau d'énergie. Choisissez des glucides santé comme les noix, les graines, les œufs, le fromage, la viande, le poisson, la volaille, le lait, le yogourt, le tofu, les boissons de soya et les protéines en poudre. Manger un fruit (glucides) avec des noix (protéines) comme collation serait un bon exemple. Vous pouvez manger un yogourt seul, car il contient à la fois des glucides et des protéines.

Source : Les diététistes du Canada.

être éreintants pour les patients et leurs familles, selon la distance que vous avez à parcourir pour atteindre votre centre de traitement.

La combinaison d'une bonne alimentation qui comprend un apport équilibré de glucides et de protéines (voir le point 3, page 67), d'un programme d'exercice régulier et d'un bon sommeil peut aider à maintenir votre niveau d'énergie pendant vos traitements contre le cancer.

Équilibrer l'apport en glucides et en protéines

Voici quelques exemples de combinaisons de glucides et de protéines.

Glucides	Protéines
Craquelins de grains entiers	Fromage cottage
Gruau	Protéines en poudre
Fruit	Fromage
Pain de grains entiers	Thon
Tortilla de grains entiers	Beurre d'arachide ou beurre d'amande

Parole de survivante

La fatigue due à la radiothérapie et à la chimio est différente de la fatigue qu'une personne en bonne santé peut ressentir. À moins de l'avoir vécue auparavant, vous ne savez pas que vous devez vous asseoir tout de suite. C'est comme frapper un mur.

Parole de survivante

Après avoir mangé souvent les mêmes aliments, pendant mes traitements, j'ai développé une aversion alimentaire.

Les aversions alimentaires

Les recherches démontrent que 30 à 55 % des patients qui reçoivent des traitements de radiothérapie ou de chimiothérapie développent une aversion alimentaire. Les aversions courantes concernent la viande (particulièrement les viandes rouges), les légumes, les boissons à base de caféine et le chocolat. Les aversions sont habituellement limitées à deux ou trois aliments et peuvent durer de quelques semaines à quelques mois.

Les aversions alimentaires acquises

Si vous êtes victime de nausées ou avez des vomissements à la suite de vos traitements, évitez de manger vos aliments favoris avant le moment où vous allez probablement vous sentir malade. Un aliment que vous avez mangé juste avant l'apparition des nausées peut devenir une aversion alimentaire acquise. Vous perdrez le goût de manger cet aliment parce que vous allez vous souvenir de l'avoir mangé avant d'être malade. Réservez les aliments que vous aimez pour des moments où la nausée et les vomissements sont bien gérés.

Le bouc émissaire

Il existe une technique, que l'on appelle la technique du bouc émissaire, qui peut être utilisée avant les traitements de chimiothérapie ou de radiothérapie. Il s'agit de manger un aliment malsain au goût prononcé avant le traitement, par exemple des bonbons. Optez pour quelque chose de nouveau pour vous. Mangez le nouveau bonbon juste avant votre traitement ou quand vous anticipez que vous allez être malade. Si vous développez une aversion pour ce nouvel aliment, votre diète habituelle n'en souffrira pas – vous n'aurez à éliminer de votre alimentation que cet aliment malsain, qui ne faisait déjà pas partie de votre routine alimentaire.

Les brûlures gastriques

Les brûlures gastriques se produisent lorsque l'œsophage est endommagé par les traitements de radiothérapie dans la région du cou ou de la poitrine pour les cancers de l'œsophage, des seins, des ganglions lymphatiques, de l'estomac et des os.

Les reflux

L'œsophage est le tube qui permet le passage de la nourriture depuis la bouche jusqu'à l'estomac. À la base de l'œsophage se trouve une « passerelle » appelée le sphincter inférieur de l'œsophage. Ce dispositif musculaire permet aux aliments de passer de l'œsophage à l'estomac avant d'en sceller l'ouverture afin que l'acide gastrique et le contenu de l'estomac ne remontent pas dans l'œsophage. Quand cela survient, ces reflux, souvent appelés brûlures gastriques à cause de la sensation de brûlure à la paroi de l'œsophage, sont ressentis près du cœur. Les brûlures gastriques sont appelées plus précisément reflux gastrœsophagiens pathologiques, ou GERD. Pendant les traitements de radiothérapie, le sphincter inférieur de l'œsophage peut être endommagé, ce qui cause des reflux acides.

Les maladies du cœur

Les maladies du cœur et le cancer sont relativement fréquents. Il n'est donc pas inhabituel que les personnes chez qui on a récemment diagnostiqué un cancer aient une maladie cardiaque préexistante. Lorsque c'est le cas, le patient doit jongler avec des recommandations alimentaires parfois contraires pour les deux maladies. Le terme « maladies du cœur » ne désigne pas une seule et même maladie, mais plusieurs états distincts qui affectent la structure ou le fonctionnement du cœur.

Le saviez-vous ?

L'élévation

Si vous avez de la difficulté, la nuit, le fait d'élever la tête de votre lit peut vous aider à mieux contrôler les brûlures gastriques. Pour ce faire, vous pouvez vous procurer dans un magasin de fournitures médicales des morceaux de bois de 6 à 8 pouces (15 à 20 cm) qui sont fabriqués à cet effet.

Recommandations pour l'hygiène de vie et la gestion diététique du GERD

1. Mangez fréquemment des petits repas. Quand votre estomac est plein, après un gros repas, il exerce une pression supplémentaire sur le sphincter inférieur de l'œsophage.

2. Réduisez votre consommation d'aliments qui pourraient déclencher ces symptômes, comme les épices, la menthe poivrée, le chocolat, les jus d'agrumes, les oignons, l'ail, les produits à base de tomates, l'alcool et la caféine.

3. Gardez en note les aliments que vous avez consommés et les symptômes ressentis pour déterminer les aliments qui aggravent votre inconfort. Il n'est pas nécessaire d'éviter certains aliments, à moins qu'ils n'aggravent vos symptômes.

4. Tenez-vous droit pendant que vous mangez et pendant quarante-cinq à soixante minutes après le repas. Si vous avez une mauvaise posture quand vous mangez, il est plus facile pour l'acide gastrique de remonter.

5. Évitez de manger juste avant de faire une sieste ou d'aller au lit.

6. Si vous n'avez pas déjà cessé de fumer, envisagez cette possibilité puisque le fait de fumer empire les brûlures gastriques.

7. Évitez les vêtements serrés autour de la taille.

Source : Les diététistes du Canada.

Parmi les maladies du cœur, il y a entre autres l'angine de poitrine, l'arythmie, l'athérosclérose, la coronaropathie, l'infarctus, l'insuffisance cardiaque et l'hypertension artérielle. Puisque les maladies du cœur sont fortement liées au style de vie, il existe un bon nombre de diètes, d'exercices et de recommandations concernant le comportement à adopter afin de prévenir ou de faire reculer la maladie cardiaque.

Avec un nouveau diagnostic de cancer et une maladie du cœur, vous pouvez être pris de peur et motivé plus que jamais à suivre toutes les recommandations sur la santé cardiaque. Mais tout comme dans la fable du lièvre et de la tortue, rien ne sert de courir, il faut partir à point. Structurez votre vie de façon systématique pour être en mesure de vivre une vie sans fumée qui comprend des exercices physiques réguliers, une bonne gestion du stress et une alimentation saine. Une alimentation favorisant la santé du cœur correspond à une diète qui réduit les risques de cancer.

Le régime méditerranéen

Si votre taux de cholestérol est élevé, vous devez peut-être déjà suivre le régime méditerranéen. On sait maintenant que ce régime, en plus de minimiser la possibilité de maladies du cœur, réduit les risques de cancer. Le régime méditerranéen exige :

- un apport élevé en fruits, en légumes, en grains entiers, en légumineuses, en noix, en herbes et en épices ;
- le remplacement du beurre par l'huile d'olive ;
- une limitation de la consommation de viandes rouges à quelques fois par semaine ;
- la consommation de poisson et de volaille au moins deux fois par semaine ;
- la consommation, avec modération, de vin rouge, qui est un antioxydant. Demandez à votre oncologue si le vin rouge est permis pendant votre traitement.

Le régime DASH

L'acronyme DASH vient de l'anglais, *Dietary Approaches to Stop Hypertension* (soit approches diététiques pour stopper l'hypertension). Ce régime exige un apport élevé en aliments contenant des fibres, du calcium, du potassium et du magnésium, mais un faible apport en sodium (sel). Plus spécifiquement, le régime DASH comprend, pour une journée :

- de 4 à 5 portions de fruits ;
- de 4 à 5 portions de légumes ;
- de 7 à 8 portions de grains (surtout des grains entiers) ;
- de 2 à 3 portions de produits laitiers faibles en gras ou sans gras ;

Recommandations pour gérer les maladies du cœur pendant les traitements

1. Cessez de fumer.
2. Faites de l'activité physique.
3. Sachez quelle est votre pression artérielle et apprenez à la contrôler.
4. Adoptez une alimentation saine, comme le régime méditerranéen ou le régime DASH, qui est faible en gras, particulièrement en graisses saturées et en gras trans.
5. Atteignez et maintenez un poids santé.
6. Gérez votre diabète.
7. Limitez votre consommation d'alcool.
8. Réduisez le stress.
9. Voyez votre médecin régulièrement et suivez ses conseils.

Source : Fondation des maladies du cœur et de l'AVC.

- 2 portions ou moins de viandes maigres, de volaille ou de poisson (ainsi que de 4 à 5 portions de noix, de graines et de haricots séchés par semaine);
- de 2 à 3 portions de graisses et d'huiles;
- 2 300 milligrammes de sodium (dans certains cas, un apport moindre est recommandé).

Hypotension: précautions

Vous pouvez continuer le régime DASH pendant votre traitement contre le cancer, mais le traitement peut affecter votre tension artérielle; des changements à votre médication pourraient donc être nécessaires. Si vous perdez du poids à cause du cancer ou de son traitement, il pourrait être recommandé de réduire la dose.

Votre tension artérielle peut être trop basse si vous éprouvez une sensation d'étourdissement ou des vertiges lorsque vous passez d'une position couchée à une position assise. Si vous prenez votre pression artérielle et que votre pression systolique est de moins de 90 mm Hg (millimètres de mercure) ou que votre pression diastolique est de moins de 60 mm Hg, c'est que votre pression sanguine est trop basse. Si votre pression est trop basse et que vous ne prenez pas de médicament pour la pression sanguine, il serait recommandé d'ajouter du sel à votre alimentation. Pour certaines personnes, cette recommandation peut sembler contradictoire par rapport à celle de votre médecin spécialiste, mais il s'agit de deux maladies différentes et vous devez faire les changements diététiques appropriés à votre situation. Dans ce cas, ajouter du sel à votre alimentation pour corriger votre tension artérielle est la priorité.

La perte de poids

Si vous perdez du poids pendant votre traitement contre le cancer ou pendant votre rétablissement et que votre poids devient insuffisant, vous devrez peut-être apporter quelques changements à votre diète pour la santé du cœur.

- Ajoutez des protéines à votre alimentation en mangeant de plus grosses portions de viande ou en mangeant de la viande plus souvent.

Le saviez-vous?

Le potassium

Le potassium est un minéral qui aide le corps à maintenir une tension artérielle normale. Il s'agit également d'un électrolyte important qui aide le corps à retenir les fluides lorsqu'il est déshydraté. Les adultes ont besoin de 4 700 mg (4,7 g) de potassium par jour. Les bonnes sources de potassium incluent les haricots secs et les lentilles, le lait, le yogourt et le poisson. Les sources de potassium dans les fruits et légumes incluent les bananes, le melon miel, les oranges, les papayes, les pruneaux, les avocats, les betteraves, les pommes de terre cuites, les épinards, les courges et la pâte de tomate.

Le saviez-vous?

Les étourdissements

La sensation d'être étourdi que vous ressentez lorsque vous passez d'une position couchée à une position assise est due à l'hypotension artérielle causée par la déshydratation. Si vous prenez des médicaments pour faire baisser votre tension artérielle, la posologie devrait être réduite ou vous devriez arrêter de prendre le médicament et consulter aussitôt votre équipe de soins.

- Ajoutez des matières grasses à votre alimentation en mangeant de l'huile d'olive, des avocats, des noix, du fromage, de la crème glacée et des yogourts à teneur plus élevée en gras.

Même si vous êtes nerveux à l'idée de faire ces changements, vous devez déterminer quel problème est prioritaire. Par exemple, si vous connaissez une perte de poids inexpliquée pendant vos traitements et que vous avez des antécédents de cholestérol élevé,

votre priorité sera de reprendre ce poids en premier, particulièrement si celui-ci est sous la normale. Si vous souffrez d'anémie à cause de votre traitement contre le cancer, vous devriez peut-être consommer plus d'aliments riches en fer, comme les viandes rouges et des abats rouges, même s'ils ne sont pas recommandés dans le cadre d'un régime alimentaire visant à favoriser la santé cardiaque.

L'insomnie

L'insomnie est un problème courant pour les personnes souffrant de cancer. Elle est définie comme une difficulté à s'endormir, à rester endormi ou à avoir un sommeil réparateur. Il s'agit d'un effet

Recommandations pour l'hygiène de vie et la gestion diététique de l'insomnie

1. Essayez de respecter une routine habituelle, à l'heure du coucher, ainsi que des heures de lever et de coucher régulières.

2. Évitez les longues siestes ou les siestes en fin d'après-midi.

3. N'utilisez la chambre à coucher que pour le sommeil et les activités sexuelles.

4. Si possible, tentez de rester actif ou de faire un peu d'exercice physique chaque jour.

5. Évitez les boissons à base de caféine en fin de journée et buvez une boisson chaude sans caféine avant d'aller dormir – comme du lait chaud ou une tisane.

6. Évitez de boire de l'alcool lorsque l'heure du coucher approche.

7. Dormez dans un endroit tranquille.

8. Essayez de faire des exercices de relaxation, d'écouter de la musique apaisante, d'assombrir la pièce ou de vous faire faire un massage avant de vous coucher.

9. Gardez vos draps propres, repliez-les soigneusement sous le matelas et enlevez le plus de plis possible.

10. Gardez des couvertures à portée de la main au cas où il ferait froid.

11. Parlez de vos peurs et de vos préoccupations dans la journée afin d'atténuer votre inquiétude et d'avoir l'esprit libéré, le soir venu, ce qui peut vous aider à dormir plus paisiblement.

12. Signalez tout symptôme, comme la douleur, qui pourrait causer des troubles du sommeil.

13. Demandez à l'équipe soignante quels médicaments pourraient vous aider à dormir.

14. Prenez vos médicaments pour dormir, pour soulager votre douleur ou d'autres symptômes selon la posologie prescrite, avant d'essayer de dormir.

15. Essayez les thérapies complémentaires, comme une thérapie cognitive du comportement, le toucher thérapeutique ou le massage.

Source : Société canadienne du cancer.

secondaire fréquent de la chimiothérapie et qui est souvent accompagné d'une miction fréquente, de nausées et de vomissements, de douleurs et de sueurs nocturnes. Pour les patients dans les hôpitaux ou d'autres établissements de soins, la lumière et le changement d'environnement peuvent également affecter le sommeil.

Les ulcères buccaux

Les ulcères buccaux sont courants et sont dus à la radiation dans la région de la bouche et aux médicaments utilisés pour la chimiothérapie. Cet effet secondaire de la radiothérapie est appelé mucosite, ce qui réfère à l'inflammation des muqueuses de la paroi de la bouche, de la gorge, de l'œsophage et des intestins. La stomatite est l'inflammation de la bouche, des gencives, de la langue, des joues et des lèvres.

Ces ulcères rendent la mastication et la déglutition douloureuses. Ils peuvent nuire à votre capacité de consommer des aliments nourrissants et, s'ils sont sévères, peuvent mener à une déficience nutritionnelle qui affectera le résultat de votre traitement.

Le traitement diététique
Les aliments mous sont préférables lorsque vous avez des ulcères buccaux. Évitez les aliments extrêmement chauds ou extrêmement froids et limitez votre consommation d'aliments salés, acides ou épicés pour prévenir l'irritation de votre bouche, qui est déjà sensible.

Les rince-bouche
On pourrait vous prescrire un rince-bouche spécial ou vous dire de vous rincer la bouche avec du bicarbonate de sodium ajouté à de l'eau pour prévenir les ulcères buccaux. N'utilisez pas les rince-bouche commerciaux, parce qu'ils contiennent de l'alcool, un irritant. Si vous remarquez des taches blanches sur votre langue ou dans votre gorge, vous pourriez avoir une infection à levures appelée muguet ou candidose. Cette infection peut être traitée avec un médicament antifongique. Pour alléger la douleur, un « rince-bouche magique » contenant un anesthésique pourrait vous être prescrit.

Le traitement à la glutamine
La glutamine est un acide aminé (un constituant des protéines) qui a fait ses preuves dans le traitement des ulcères buccaux. Dans le cadre de certaines études, on l'a administrée par voie orale, alors que dans d'autres, on l'a utilisée en rinçant la bouche, puis en l'avalant. Discutez avec votre équipe soignante pour savoir si la glutamine serait appropriée dans votre cas.

La cryothérapie orale
Il s'agit de placer des morceaux de glace dans la bouche avant le traitement de chimiothérapie et toutes les trente minutes après le traitement. On pense que cette pratique aide parce qu'elle provoque la constriction des vaisseaux sanguins, ce qui réduit leur exposition aux médicaments chimiothérapeutiques.

La nausée

La nausée est un effet secondaire bien connu de la chimiothérapie, mais elle peut également être causée par la radiothérapie ou par le cancer lui-même.

La nausée est également associée aux occlusions gastro-intestinales, aux métastases au foie, aux chirurgies gastriques, aux cancers du cerveau et à l'anxiété. Elle a un impact direct sur votre alimentation. Si vous avez une nausée sévère, il sera difficile de vous alimenter. Si vous évitez de manger pendant trop longtemps, vous pourriez perdre du poids, ce qui peut affaiblir votre système immunitaire. D'autre part, certaines personnes ayant une nausée légère grignotent toute la journée, ce qui peut mener à un gain de poids involontaire. Il s'agit de trouver un équilibre.

Les types de nausées

Il existe différents types de nausées, et elles sont classées selon le moment de leur apparition. La nausée d'anticipation est un type de nausée que vous ressentez avant de recevoir votre traitement de chimiothérapie. Il s'agit d'une réponse apprise qui survient dans 30 % des cas chez les patients qui en sont à leur quatrième cycle de chimiothérapie. Il n'existe pas de médicament pour traiter la nausée d'anticipation, mais plutôt des stratégies comportementales comme la relaxation. Il y a également la nausée aiguë. Elle se manifeste habituellement dans les vingt-quatre heures qui suivent le traitement. La nausée tardive, ou la nausée post-chimiothérapie, se manifeste vingt-quatre heures ou plus après le traitement.

Paroles de survivantes

J'étais en chemin vers l'hôpital pour recevoir mes traitements de chimiothérapie. Je pouvais sentir l'anxiété monter, et la nausée faisait son apparition.

Lorsque j'avais la nausée, je mangeais des biscuits secs et j'évitais les aliments gras ou épicés. J'aimais bien manger des sucreries et des bonbons.

Pour traiter ma nausée, je mangeais des bonbons sans sucre.

Les stratégies de traitement

Le traitement varie selon le type de nausée.

La nausée aiguë

Il existe un grand nombre de médicaments efficaces pour traiter la nausée. Votre équipe d'oncologie travaillera avec vous pour déterminer le meilleur médicament pour contrôler votre nausée. Selon votre traitement de chimiothérapie, vous pourriez recevoir un antinauséeux avant votre premier traitement. Assurez-vous de communiquer avec votre équipe soignante si votre nausée n'est pas bien contrôlée.

La nausée d'anticipation et la nausée tardive

Les traitements suivants peuvent procurer des bienfaits pour le traitement de la nausée d'anticipation et de la nausée tardive :
* l'acupuncture ou l'acupression ;
* la détente musculaire progressive et la méditation ou la visualisation ;
* les interventions comportementales (hypnose, rétroaction biologique, relaxation) ;
* l'exposition au grand air, la musique de détente, une chambre obscurcie, une débarbouillette froide sur le visage, des vêtements amples, du citron frais ;
* les médicaments contre l'anxiété comme alprazolam (Xanax) et lorazépam à faible dose ;
* la gestion diététique (voir l'encadré, à la page 75).

La nourriture et les odeurs de cuisson

Puisque les odeurs de cuisson peuvent causer des nausées, essayez de les minimiser. Dans certaines maisons, les odeurs peuvent être difficiles à limiter à la cuisine. La famille pourrait devoir procéder à des changements pour aider la personne en traitement.

Lorsque vous cuisinez, allumez la hotte et ouvrez les fenêtres pour ventiler la cuisine. Cuisinez à l'extérieur, sur le barbecue, mais assurez-vous que les odeurs n'entrent pas dans la maison. Vous pouvez également limiter le temps de préparation des repas au moment où le patient dort ou est à l'extérieur de la maison. Dans cette situation, le soutien de la famille et des amis est le bienvenu. Ils peuvent préparer des repas dans leur cuisine pour le patient et sa famille.

Recommandations pour la gestion diététique de la nausée

1. Restez bien hydraté. Si vous êtes en état de déshydratation, la nausée peut empirer et causer d'autres problèmes, comme la constipation. En outre, la déshydratation rend la pose d'un cathéter intraveineux difficile pour les infirmières.

2. Mangez de petits repas et des collations pendant la journée. Un estomac vide peut rendre la nausée encore plus désagréable.

3. Tentez de consommer des aliments secs comme des craquelins, des rôties, des céréales sèches et des bretzels. Alternez avec des liquides.

4. Évitez les aliments huileux ou gras qui mettront plus de temps à quitter votre estomac. Évitez également les aliments épicés ou qui ont une odeur prononcée.

5. Mangez des aliments froids ou à la température ambiante, avec un arôme moins prononcé.

6. Buvez à l'aide d'une paille ou en utilisant une tasse munie d'un couvercle afin d'aider à limiter les odeurs.

Si vous n'avez pas du tout envie de cuisiner, vous trouverez en page 140 une liste d'aliments utiles à avoir sous la main. Ils vous aideront à garder une bonne alimentation sans déclencher de nausée à cause des odeurs de cuisson.

Les parfums peuvent également déclencher des nausées. Vous pourriez avoir à faire certains changements pour enlever toute odeur de votre maison.

Le gingembre
Depuis les années 1500, le gingembre est utilisé dans la médecine indienne (la médecine ayurvédique) et chinoise pour traiter la nausée et les flatulences. Dans le folklore nord-américain, on dit que le gingembre soulage la nausée, les vomissements et le mal des transports.

Le saviez-vous ?

À point
Le point d'acupression pour la nausée est situé sur l'intérieur de votre poignet. Dans une étude sur des patientes souffrant de cancer du sein, on a constaté que l'acupression réduisait les vomissements et l'intensité des nausées chez les malades qui souffraient de nausées tardives et de vomissements après leur traitement de chimiothérapie. L'acupression est un traitement sûr et efficace qui peut être utilisé avec la médication. Vous pouvez vous procurer des bracelets de la marque Sea-Band, qui font pression sur le point situé sur l'intérieur de votre poignet.

Les gélules de gingembre

Dans un rapport de synthèse, les auteurs ont rapporté que le gingembre en poudre pris sous forme de gélules aide à contrôler les nausées et les vomissements pendant la grossesse et chez les patients ayant subi une intervention chirurgicale, mais les bienfaits étaient moins importants dans le cadre du traitement des nausées et des vomissements causés par la chimiothérapie. Dans une autre étude, les patients qui avaient reçu des gélules de gingembre de 0,5 gramme et de 1 gramme ont montré une amélioration par rapport aux patients qui avaient reçu un placebo.

Avant de prendre des gélules de gingembre, assurez-vous d'en discuter avec votre oncologue. Elles ne sont pas recommandées pour tous les patients et peuvent causer des problèmes si vous avez une maladie intestinale ou prenez des médicaments anticoagulants.

La pensée positive

Soyez conscient de vos attentes par rapport à la nausée et à votre chimiothérapie. Penser positivement peut être un moyen d'aller à l'encontre de la gravité de vos effets secondaires. Observez vos pensées et corrigez-les. Si vous vous prenez à penser « Ça va être l'enfer », corrigez ce discours intérieur négatif en utilisant des stratégies comme « Mon corps répondra bien à ce traitement et les effets secondaires seront minimes ». L'esprit est un outil puissant, et vous devriez utiliser tous les outils à votre disposition.

L'acuité gustative

La distorsion de la perception du goût (la dysgueusie) peut survenir à la suite de la chimiothérapie, de la prise de médicaments et de la radiation dans la région buccale. Certaines personnes perdent complètement le goût, tandis que d'autres vont souffrir de distorsions. Le goût sucré et la salinité peuvent être amplifiés, et vous pourriez aussi avoir un fort goût de métal. Les aliments courants perdent alors le goût qu'ils avaient habituellement.

Il existe cinq goûts perceptibles : le sucré, l'acide, le salé, l'amer et l'umami. *Umami* est un mot japonais qui signifie « savoureux » ou « au goût de viande ». Les aliments qui entrent dans cette catégorie sont les viandes, les fromages vieillis, la betterave, le brocoli, le chou, le thé vert, la sauce soya, les truffes et les noix de Grenoble, entre autres.

Afin de ramener le goût à la normale, ou au moins de le rendre agréable, utilisez un ou deux assaisonnements. Par exemple, si les aliments ont un goût trop amer, essayez d'ajouter du sucre et du gras. Pour les légumes qui ont un goût amer, vous pouvez essayer d'ajouter une sauce au fromage, une sauce aux arachides ou quelque chose de sucré, comme une sauce barbecue sucrée ou une sauce au yogourt. Utiliser une saveur acide comme le jus de citron avec des saveurs plus sucrées peut bien fonctionner pour contrer le goût amer ou métallique. La

---

Le saviez-vous ?

La prophétie autoréalisatrice de la nausée

Des études ont démontré que si vous vous attendez à une nausée difficile à gérer, elle le sera. Lors d'une étude, des chercheurs ont demandé à 194 patientes atteintes de cancer du sein, avant leur premier traitement de chimiothérapie : « Avant de parler à votre médecin des effets secondaires possibles, comment évaluiez-vous les risques d'avoir une nausée sévère à cause de votre traitement ? » Les résultats ont démontré que les femmes qui croyaient avoir une nausée sévère étaient cinq fois plus susceptibles d'avoir des nausées que les patientes qui croyaient qu'il était peu probable qu'elles aient la nausée.

Parole de survivante

Lorsque j'avais un goût métallique dans la bouche, je ne voulais consommer que des liquides avec de la glace et des aliments froids. Je ne pouvais pas manger des aliments solides courants comme le riz.

partie 4 de cet ouvrage présente des conseils afin d'ajuster un bon nombre des recettes selon vos goûts.

Les suppléments de glutamine, de zinc et de vitamine D

Ces suppléments ont été testés pour leur efficacité à réduire les distorsions de la perception du goût pendant les traitements contre le cancer. Dans une étude, 21 adultes ont reçu de la glutamine alors que 20 autres ont reçu un placebo avant un traitement de chimiothérapie à base de taxane. Il n'y a eu aucun bienfait pour les patients ayant reçu la glutamine. Les résultats ont été mitigés pour les patients qui avaient reçu du sulfate de zinc. Les suppléments de vitamine D peuvent réduire les distorsions pour les patients qui ont une carence en vitamine D. Discutez avec votre équipe soignante pour savoir si les suppléments de glutamine, de zinc ou de vitamine D pourraient vous aider à diminuer vos distorsions de la perception du goût et aider votre goût à revenir à la normale plus rapidement.

Les vomissements

Des vomissements peuvent survenir avec ou sans nausée. Si vous avez des vomissements pendant plus de vingt-quatre heures ou remarquez du sang ou de la bile dans votre vomissure, vous devriez consulter votre équipe soignante. La bile est produite par le foie et a pour fonction d'aider le corps à digérer le gras. Si vous vomissez de la bile, elle peut être verte, vert-jaune ou jaune foncé. Si vous voyez de la bile, c'est que vous avez vomi tous les aliments qui étaient dans votre système et que le contenu de l'intestin grêle est expulsé de votre corps. Il pourrait en résulter un état de déshydratation ou de malnutrition.

Recommandations pour la gestion diététique de la distorsion de la perception du goût

1. Rincez votre bouche avant et après les repas afin de dégager vos papilles gustatives. De l'eau gazeuse ou une solution de ½ cuillère à thé (2 ml) de sel dans 1 tasse (250 ml) d'eau peut aider. Votre centre de traitement peut également vous suggérer des recettes à suivre.

2. Gardez votre bouche et vos dents propres. Si votre bouche est endolorie, votre dentiste ou votre hygiéniste dentaire peut vous suggérer des moyens plus doux pour nettoyer vos dents.

3. Essayez des aliments et des boissons différents de ce à quoi vous êtes habitué.

4. Servez les aliments froids ou à température ambiante pour réduire les goûts et les odeurs prononcés.

5. Utilisez des ustensiles en plastique et des casseroles en verre, si les aliments ont un goût métallique.

6. Si vous les appréciez, essayez de faire des expériences avec les épices et les assaisonnements. Ils peuvent améliorer le goût des aliments.

7. Sucez des bonbons au citron ou à la menthe, ou mâchez de la gomme pour aider à éliminer les goûts désagréables après avoir mangé. Si vous souffrez de sécheresse de la bouche, optez pour les gommes contenant du xylitol.

8. Buvez beaucoup de liquide en mangeant.

9. Mastiquez lentement.

La déshydratation

Les vomissements peuvent mener à la déshydratation, particulièrement si vous avez également la diarrhée. La déshydratation peut rendre difficile l'élimination des sous-produits toxiques dus à la chimiothérapie ou à d'autres médicaments. Elle peut également causer de la constipation, ce qui peut empirer la nausée et les vomissements.

Le saviez-vous ?

Le signe du pli cutané

Vous pourriez avoir une perte de turgor ou d'élasticité de la peau. Vous pouvez faire le test en utilisant le pouce et l'index pour soulever la peau de votre avant-bras. Lorsque vous relâchez, la peau devrait retrouver son aspect normal rapidement. Si vous êtes déshydraté, elle retrouvera lentement son aspect normal. Ce test est moins fiable dans le cas des personnes âgées, puisque leur peau a naturellement perdu de son élasticité.

Vous vous engagez donc dans un cycle de nausée, de vomissements et de constipation, chaque symptôme empirant l'autre, et ainsi de suite. Maintenir vos niveaux de fluides corporels devient donc une priorité.

Les signes de déshydratation

Déshydratation légère
- Augmentation de la soif
- Miction peu fréquente
- Urine foncée

Déshydratation modérée
- Sécheresse de la bouche
- Salive collante
- Yeux secs, enfoncés
- Étourdissements lorsque vous vous levez

Déshydratation sévère
- Sécheresse extrême de la bouche et des yeux
- Peu ou pas de miction pendant douze heures ou plus
- Perte de vivacité intellectuelle, incapacité de penser clairement
- Faiblesse, étourdissements, incapacité de se tenir debout et syncope
- Perte d'élasticité de la peau

Une déshydratation sévère est une urgence médicale. Consultez votre médecin ou les services d'urgence immédiatement.

Recommandations pour la gestion diététique des vomissements et de la déshydratation

1. Sirotez des liquides pendant la journée. Commencez par 1 cuillère à thé (5 ml) toutes les dix minutes et augmentez la quantité graduellement. Il peut s'agir de morceaux de glace, de soda au gingembre éventé, de boissons pour sportifs, de friandises glacées comme les Popsicles ou d'autres sucettes glacées et de boissons contenant des électrolytes. On les appelle également « liquides clairs ».

2. Si les liquides clairs sont tolérés pendant une journée, vous pouvez consommer des « liquides pleins », faibles en gras. Ceux-ci comprennent le lait écrémé, la gélatine, les yogourts glacés et les sorbets.

3. Lorsque vous pensez en être capable, essayez de manger des féculents, comme des craquelins ou des rôties.

4. Faites attention aux boissons gazéifiées, puisqu'elles pourraient vous donner un sentiment de satiété, causer des ballonnements et des rots, ce qui peut provoquer des vomissements.

5. Introduisez graduellement dans votre alimentation les aliments riches en matières grasses et en fibres.

L'érosion dentaire

Lorsque vous vomissez, des acides gastriques très puissants remontent dans l'œsophage et entrent en contact avec la bouche et les dents, avant d'être expulsés du corps. Cette exposition des dents aux acides gastriques peut causer une érosion des dents. Après un épisode de vomissements, vous aurez un goût fort et déplaisant dans la bouche, mais il est préférable de ne pas brosser vos dents tout de suite. Le fait de brosser les dents immédiatement après un épisode de vomissements fait pénétrer les acides dans les dents. Rincez-vous plutôt la bouche avec de l'eau chaude ou de l'eau chaude additionnée de bicarbonate de sodium. Vous pouvez brosser votre langue tout de suite, mais attendez une heure avant de brosser vos dents. Prenez note que vous devrez voir votre dentiste une fois les traitements contre le cancer terminés, pour évaluer l'état de vos dents.

Gain de poids et obésité

Le lien entre le cancer et le surplus de poids ou l'obésité a plusieurs dimensions. Premièrement, le fait d'être en surpoids ou obèse augmente les risques de développer certains types de cancers. Deuxièmement, le fait d'être en surpoids ou obèse est associé à un pronostic moins favorable. Et finalement, certains traitements contre le cancer ont comme effet secondaire un gain de poids. Certaines personnes qui prennent du poids après leur traitement risquent davantage de connaître des récidives et ont un taux de survie réduit.

Le saviez-vous?

Les électrolytes

La déshydratation ne peut être traitée en ne buvant que de l'eau. Lorsque vous vous déshydratez, vous perdez des sels importants. La déshydratation est mieux traitée en buvant des liquides qui contiennent du sel, comme des sodas, des bouillons et des solutions électrolytiques. Vous trouverez une recette pour une boisson électrolytique maison à la page 302.

Le saviez-vous?

Une limite de 2 livres (1 kg)

Si vous aviez un surplus de poids avant votre diagnostic de cancer, la perte de poids devrait devenir l'un de vos objectifs. L'enjeu est de perdre un maximum de 2 livres (1 kg) par semaine. Si vous perdez du poids plus rapidement, vous pourriez perdre de la masse musculaire.

Erreur de calcul

La plupart des patients croient que leur traitement va entraîner une perte de poids. Cependant, pour certains traitements, la prise de poids est la norme. Et une prise de poids excessive peut mener à un pronostic moins favorable en situation clinique.

FAQ

Q : Devrais-je manger avant mon traitement de chimiothérapie?

R : Manger avant son traitement de chimiothérapie est une bonne idée. Puisque la chimio cause souvent une nausée qui peut être intense pendant quelques jours après le traitement, manger avant peut être une occasion de s'alimenter sainement. Avoir de la nourriture dans l'estomac peut également aider à diminuer les nausées. Pendant et après votre chimio, attachez-vous à augmenter votre consommation de liquides. Votre corps en aura besoin pour éliminer les sous-produits des puissants médicaments chimiothérapeutiques.

La recherche a démontré qu'un gain de poids de 4,5 à 9 livres (de 2 à 4 kg) est courant dans le cadre de certains protocoles de chimiothérapie, y compris les protocoles CMF (cyclophosphamide, méthotrexate et fluorouracile) et CEF (cyclophosphamide, épirubicine et fluorouracile). Dans le cas des cancers du sein peu évolués réséqués, le gain de poids après le diagnostic peut augmenter le risque de récidive et diminuer les chances de survie.

Les graisses corporelles et le cancer : de cause à effet

Lorsque vous consommez plus de calories que n'en utilise votre corps, le surplus est emmagasiné dans les cellules adipeuses déjà existantes, et elles grossissent. Lorsqu'elles ne peuvent plus croître, votre corps crée de nouvelles cellules adipeuses. Tous les corps sont différents : certains peuvent continuer à créer des cellules adipeuses alors que d'autres ne peuvent pas. Ils vont alors emmagasiner le gras dans d'autres endroits. L'excès de graisse peut être emmagasiné dans les muscles, dans le cœur, dans le foie ou dans les cavités abdominales autour de l'estomac, du foie, des intestins, des reins et du pancréas. Cet excès de graisse est responsable d'un état appelé l'insulinorésistance, ce qui mène au diabète. L'excès de graisse abdominale peut également entraîner un état inflammatoire chronique de faible intensité, le point de départ du développement des cellules cancéreuses.

Les graisses toxiques

Les personnes qui ont un excès de graisses corporelles ont des taux élevés de certaines hormones et de facteurs pro-inflammatoires qui encouragent la croissance des cellules cancéreuses. Les graisses corporelles sont également associées aux cancers de l'œsophage, du pancréas, du sein (chez les femmes post-ménopausées), de l'endomètre et de la vésicule biliaire, ainsi qu'au cancer colorectal.

Pas tous égaux

Le gras corporel est distribué différemment selon les personnes. Il se trouve sous la peau (sous-cutané) au niveau du bras, des fesses, du ventre, des hanches et de la taille. Il se trouve également dans la cavité abdominale. La distribution du gras est largement tributaire de la génétique.

La graisse viscérale
La graisse viscérale est située dans la cavité abdominale, autour de l'estomac, du foie, des intestins, des reins et du pancréas. Ce type de graisse est associé au diabète de type 2, aux maladies du cœur, à l'insulino-résistance et aux maladies inflammatoires. La graisse viscérale entraîne également un risque de cancer plus élevé.

La graisse du tissu sous-cutané
Ce type de graisse se trouve sous la peau. Typiquement, les femmes emmagasinent ces graisses dans les hanches, les cuisses et les fesses grâce à un taux plus élevé d'hor-

---

Parole de survivante

J'ai eu des traitements de chimio et j'ai pris 10 livres. J'avais toujours un goût horrible dans la bouche. Les gens m'apportaient des sucreries, et je les mangeais pour effacer ce goût.

Quel gras ?

Les deux types de gras ont plusieurs noms.

La graisse viscérale :
- graisse abdominale ;
- graisse ectopique ;
- graisse intra-abdominale ;
- obésité abdominale ;
- graisse des organes internes ;
- obésité viscérale ;
- obésité androïde ;
- forme de pomme.

Tissu adipeux sous-cutané :
- graisse sous-cutanée périphérique ;
- obésité gynoïde ;
- forme de poire.

mones féminines. Après la ménopause, avec les changements hormonaux, les femmes ont tendance à emmagasiner davantage de gras abdominal. Fait intéressant, avant la ménopause, une adiposité élevée est associée à un risque plus faible de cancer du sein.

Après la ménopause, l'excès de graisse est lié à un risque plus élevé de cancer. Cela peut être dû au fait qu'avant la ménopause, l'excès de graisse est situé dans les hanches et les cuisses, alors qu'après la ménopause, il est situé dans la région abdominale, qui est plus à risque. En outre, les femmes préménopausées qui souffrent d'obésité peuvent ne pas ovuler régulièrement, ce qui entraîne des taux d'œstrogène plus bas.

Le cancer du sein et l'excès de poids

La plupart des données sur l'excès de poids et le cancer portent sur les patientes atteintes de cancer du sein, mais de plus en plus de renseignements sont disponibles sur les cancers du côlon et de la prostate. De cette population, nous savons que le gain de poids après le diagnostic est courant. La recherche a démontré que c'est particulièrement vrai pour les patientes qui reçoivent un traitement de chimiothérapie ou d'hormonothérapie après une intervention chirurgicale ou de la radiothérapie. Voici un résumé des renseignements sur l'obésité et le cancer du sein.

- La plupart des études ont démontré un risque plus élevé de récidive de la maladie et un taux de survie plus faible chez les femmes qui ont un excès de poids ou qui souffrent d'obésité (certaines études ne montrent toutefois pas ce lien).
- Les patientes souffrant d'obésité et atteintes d'un cancer du sein sans envahissement ganglionnaire ou d'un cancer du sein à récepteurs d'œstrogènes positifs profitent autant du traitement au tamoxifène que les femmes ayant un poids moindre.
- Les femmes qui ont un indice de masse corporelle (IMC) entre 20 et 25 ont le risque le moins élevé de récidive et de décès; celles qui ont un IMC de moins de 20 ou de plus de 25 ont un risque plus élevé de récidive et de décès.

- Les femmes souffrant d'obésité abdominale ont un taux de mortalité plus élevé.
- Le gain de poids après le diagnostic augmente le risque de récidive et réduit le taux de survie.

Mesurer les risques

Il existe plusieurs façons d'estimer le risque de maladies liées au poids (maladies du cœur, diabète, cancer, problèmes articulaires) et elles sont basées sur votre poids et votre graisse corporelle. Pour déterminer votre poids santé, vous pouvez utiliser l'indice de masse corporelle ou la méthode du tour de taille.

L'indice de masse corporelle

L'IMC est la mesure la plus populaire du poids santé. Vous pouvez faire le calcul à l'aide d'une calculatrice ou en consultant un site internet sur l'IMC.

1. Premièrement, calculez votre taille au carré, en mètres. Si vous ne connaissez pas votre taille en mètres, mais que vous la connaissez en pouces, prenez

le nombre de pouces et multipliez-le par 0,0254. Par exemple, si vous avez une taille de 66 pouces, multipliez ce nombre par 0,0254 (66 x 0,0254 = 1,676 mètre). Calculez le carré de votre taille en multipliant ce nombre par lui-même : 1,676 x 1,676 = 2,81.

2. Deuxièmement, déterminez votre poids en kilogrammes. Si vous ne connaissez pas votre poids en kilogrammes, mais que vous le connaissez en livres, divisez votre poids en livres par 2,2. Par exemple, si vous pesez 200 livres, divisez ce nombre par 2,2 (200 ÷ 2,2 = 91 kilogrammes).

3. Troisièmement, divisez votre poids en kilogrammes par votre taille, en mètres, au carré : 91 ÷ 2,81 = 32.

4. Quatrièmement, interprétez vos résultats.
- Un IMC de moins de 18,5 correspond à un poids insuffisant.
- Un IMC entre 18,8 et 24,9 correspond à un poids normal.

- Un IMC entre 25 et 29,9 correspond à un surpoids.
- Un IMC entre 30 et 39 correspond à une obésité.
- Un IMC de plus de 40 correspond à une obésité morbide.

L'IMC a ses limites. Si votre corps contient beaucoup de fluides, le surplus de poids pourrait vous placer dans la catégorie correspondant au surpoids ou à l'obésité, alors que votre corps pourrait ne pas correspondre à cette catégorie. Si vous avez peu de masse musculaire, vous pourriez être classé dans la catégorie correspondant à un poids normal, mais vous pourriez tout de même avoir un surplus de graisse corporelle.

Le tour de taille

Afin de mesurer votre tour de taille, utilisez soit les pouces, soit les centimètres. Utilisez un ruban mou comme un ruban de couturier ou de tailleur. Repérez votre os iliaque et placez le ruban entre l'os de la hanche et le bas de la cage thoracique. Assurez-vous que le ruban est bien horizontal et qu'il n'est pas tordu ou ne passe pas par-dessus des vêtements épais ou une ceinture. Il devrait être bien ajusté, mais pas serré.

La gestion du poids

L'American Institute for Cancer Research recommande d'atteindre et de maintenir un poids santé afin de réduire le risque de développer un cancer ou de connaître une récidive du cancer. Votre programme de perte de poids et de nutrition devrait être en adéquation avec les recommandations pour la diminution du risque de cancer. Un régime à faible teneur en glucides, par exemple,

Risque pour la santé	Tour de taille	
	Hommes	Femmes
Risque faible	≤37 pouces (93 cm)	≤31½ pouces (79 cm)
Risque considérablement élevé	≥40 pouces (102 cm)	≥35 pouces (88 cm)

Source : Organisation mondiale de la Santé, 2007.

Note : L'Organisation mondiale de la Santé suggère de réduire ces seuils pour les gens d'ascendance mexicaine ou asiatique en comparaison avec les gens d'ascendance européenne, à cause d'un risque plus élevé de maladie avec une augmentation modeste de la graisse intra-abdominale.

ne serait pas recommandé, puisqu'il vous faudrait augmenter votre consommation de viandes et éviter les grains entiers, les fruits et un bon nombre de légumes. Un succès à long terme est plus probable lorsque vous vous engagez dans un programme centré sur les résultats à long terme – au moins un an. Une combinaison de la nutrition, de l'exercice et des changements de comportement est meilleure qu'un simple programme.

Le saviez-vous ?

La liposuccion

La liposuccion réduira votre tour de taille, mais pas les risques pour votre santé, puisqu'elle enlève la graisse sous-cutanée et non la graisse viscérale, qui est plus active sur le plan métabolique.

Recommandations pour la gestion diététique, les activités physiques et les changements comportementaux liés au traitement du gain de poids et de l'obésité

Régime alimentaire

1. Faites-vous aider. Retenez les services d'un professionnel de la nutrition, comme un diététiste, et d'un spécialiste de l'activité physique, comme un entraîneur privé professionnel. Essayez d'inclure des personnes de confiance, comme des membres de votre famille ou des amis.

2. Fixez-vous des objectifs à court et à long termes et assurez-vous qu'ils sont « SMART » (spécifiques, mesurables, atteignables, réalistes et temporellement définis). Écrivez-les.

3. Choisissez le meilleur moment pour commencer votre programme de perte de poids. Vous voudrez probablement attendre d'avoir terminé le premier traitement contre le cancer avant de le commencer.

4. Assurez-vous de déjeuner tous les jours.

5. Mangez à des heures régulières et ne laissez pas s'écouler plus de quatre heures entre les repas et les collations.

6. Équilibrez vos collations avec des glucides et des protéines.

7. Équilibrez vos repas : au moins un tiers de l'assiette doit être fait de légumes, de un tiers à un quart de l'assiette, de grains entiers, et de un tiers à un quart, de protéines maigres.

8. Buvez beaucoup d'eau pendant la journée. Faites-en votre liquide principal. Évitez les boissons gazeuses.

9. Faites de l'exercice tous les jours. La marche peut faire l'affaire.

10. Mangez de façon consciente : mangez lentement en portant attention à tous vos sens – le goût, l'odeur, l'apparence, la température et la texture.

11. Ne regardez pas la télévision, un écran d'ordinateur ou une autre source de distraction en mangeant.

12. Cessez de manger dès que vous avez un sentiment de satiété.

13. Optez pour de petites assiettes à dîner : 9 pouces (23 cm) en diagonale est une bonne taille.

14. Réorganisez vos gros contenants de nourriture en de plus petits contenants.

15. Mastiquez bien les aliments.

16. Évitez de rapporter des aliments malsains à la maison en faisant vos courses attentivement. Demandez à vos amis de ne vous apporter que des collations santé avec des ingrédients aux propriétés anticancéreuses.

17. Voyez la nourriture comme un médicament. Demandez-vous : « Est-ce que cet aliment me sera bénéfique ? »

Activités physiques

1. Mettez en place ou continuez un programme d'exercice physique. Même si vous devrez sûrement changer le type de programme et son intensité, vous devriez continuer d'être actif chaque jour ou presque.

2. Fixez-vous des objectifs raisonnables, par exemple, de maintenir votre poids tout au long de votre traitement. Si vous aviez un excès de poids au moment de votre diagnostic, votre objectif à long terme devrait être de perdre une partie de ce poids.

3. Ne le faites pas seul. Bâtissez-vous un réseau de soutien.

Changements comportementaux

1. Réduisez votre dépendance à la nourriture pour réduire le stress.

2. Faites face à vos peurs et à vos inquiétudes par rapport au cancer en demandant de l'aide à un groupe de soutien, en pratiquant la méditation, la relaxation, la visualisation, les massages et en vous tournant vers les nombreuses approches complémentaires.

3. Dites-vous tous les jours « Je peux le faire », « Mon corps répond bien », « J'apprécie les aliments nourrissants et sains », « J'aime faire de l'exercice et exploiter mon plein potentiel », ainsi que d'autres affirmations positives.

4. Si vous manquez une séance d'entraînement ou mangez d'une façon qui ne favorise pas la perte de poids, n'y pensez plus et continuez d'avancer.

La guérison des plaies

Plusieurs facteurs peuvent influencer la guérison des plaies. Votre âge, par exemple, est un indicateur de l'évolution de la guérison. En général, plus le patient est âgé, moins les plaies guérissent rapidement. Même si l'âge retarde la guérison, la qualité de celle-ci demeure la même. Il a été prouvé que l'exercice physique améliore la capacité de guérison chez les adultes plus âgés. En raison des effets bénéfiques de l'œstrogène, une hormone féminine, les femmes ont tendance à mieux guérir que les hommes. À cause des dommages infligés à plusieurs systèmes en cause dans la guérison des plaies, les personnes souffrant de diabète ont tendance à guérir plus lentement et sont plus sujettes aux troubles de la cicatrisation des plaies.

L'usage de glucocorticostéroides, d'anti-inflammatoires non stéroïdiens et de médicaments chimiothérapeutiques comme l'adriamycine et le bévacizumad peut ralentir la guérison des plaies, tout comme la consommation d'alcool, le tabagisme, une mauvaise nutrition, un excès de poids ou l'obésité.

L'aide nutritionnelle à la guérison

Chez les patients souffrant de cancer, des plaies sont susceptibles d'être causées par les incisions chirurgicales. La nutrition joue un rôle important dans la guérison des plaies. Les principaux nutriments en jeu dans la guérison sont le zinc, la vitamine C et les protéines. Les déficiences nutritionnelles sont associées à un ralentissement de

Le saviez-vous ?

Raviver la plaie

Les bons aliments et une nutrition saine jouent un rôle important dans la guérison des plaies. Selon la Société canadienne du cancer, les traitements de radiothérapie reçus avant une intervention chirurgicale peuvent nuire à la guérison de la plaie et augmenter les risques de complications et d'infections. Manifestement, il est important d'atteindre et de maintenir un bon apport nutritionnel le plus tôt possible.

la cicatrisation des plaies. Optimiser votre nutrition avant l'intervention chirurgicale vous aidera à éviter les complications et les longs séjours à l'hôpital.

Le zinc

Votre corps a besoin de zinc en petite quantité chaque jour. Des études ont démontré que le zinc aide à la cicatrisation et contribue à garder le système immunitaire fort. Les sources alimentaires sont très variées. Le zinc est présent en grande quantité dans les viandes rouges, dans certains poissons et fruits de mer, dans les grains entiers, les haricots, les pois et les lentilles (les légumineuses).

La carence en zinc

Les personnes qui risquent de développer une carence en zinc sont les patients souffrant de sprue (maladie cœliaque), de la maladie de Crohn, du syndrome du grêle court, d'anémie falciforme de même que les végétariens et les personnes souffrant d'alcoolisme.

Le zinc est présent dans beaucoup d'aliments (voir page 86), mais vous pourriez avoir besoin de suppléments. Discutez avec votre diététiste pour savoir si vous pourriez tirer profit d'un supplément de zinc. Si vous prenez des suppléments de fer, vous devriez les prendre entre les repas. Lorsque le fer est consommé avec un repas, l'absorption du zinc est compromise. Si on vous a conseillé de prendre des suppléments de zinc afin d'aider la cicatrisation, ne les prenez pas pendant plus de trois mois.

La vitamine C

La vitamine C, ou acide ascorbique, est un nutriment essentiel, ce qui signifie que, comme notre corps ne peut en produire, nous devons la tirer de notre alimentation. Fort heureusement, il est facile d'obtenir de la vitamine C en mangeant des fruits et des légumes (voir page 87). Les carences en vitamine C ne sont pas courantes.

La vitamine C joue un rôle significatif dans la formation du collagène, un composant important de la peau et d'autres tissus. C'est pourquoi la vitamine C est nécessaire à la cicatrisation des plaies. Elle est aussi un antioxydant et joue donc un rôle dans la réduction des risques de cancer et d'autres maladies graves. La vitamine C contribue également au renforcement du système immunitaire.

Des patients seront peut-être tentés de prendre de fortes doses de vitamine C pendant les traitements contre le cancer à cause de ses propriétés antioxydantes et cicatrisantes. Mais on soupçonne la vitamine C d'avoir un effet non désiré, c'est-à-dire qu'elle protégerait les cellules tumorales contre le traitement. Cela dit, consommer des aliments contenant de la vitamine C après votre intervention chirurgicale devrait aider la cicatrisation.

Signes d'infection de la plaie chirurgicale

- Une fièvre de 100,4 °F (38 °C)
- Une rougeur ou un gonflement autour de la plaie qui s'aggrave
- Un écoulement de liquide jaune ou verdâtre
- Une odeur nauséabonde

Le saviez-vous?

Diminution transformée

Le zinc se trouve dans une grande variété d'aliments, y compris le germe et le son des grains. Mais jusqu'à 80 % du total de zinc contenu dans ces parties du grain peut être perdu dans le processus de fabrication de la farine blanche. Un bon nombre de céréales pour le déjeuner sont enrichies en zinc. Optez pour les grains entiers ou pour les produits céréaliers enrichis. Si vous en avez besoin pour atteindre l'apport quotidien recommandé, vous pouvez utiliser des suppléments de zinc, mais pour un maximum de trois mois seulement.

Sources alimentaires de zinc

L'apport quotidien recommandé en zinc est de 8 milligrammes pour les femmes et de 11 milligrammes pour les hommes. L'apport maximal tolérable (AMT) pour les adultes est de 40 milligrammes par jour. Les besoins en zinc des végétariens stricts qui se limitent aux grains et aux légumes peuvent être supérieurs de 50 %. Les besoins en zinc des personnes souffrant d'alcoolisme sont également plus élevés, car de 30 à 50 % d'entre elles ont un faible apport en zinc. Actuellement, il n'est pas obligatoire d'afficher la teneur en zinc sur les étiquettes des aliments, sauf s'il s'agit d'un aliment enrichi de zinc. Les aliments qui fournissent 20 % ou plus de la valeur quotidienne sont considérés comme riches en nutriments.

Aliment	Portion	Zinc
Huîtres	6 moyennes	76,7 mg
Jarret de bœuf, cuit	3 oz (90 g)	8,9 mg
Crabe royal, cuit	3 oz (90 g)	6,5 mg
Épaule de porc, cuite	3 oz (90 g)	4,2 mg
Cuisse de poulet, rôtie	1 cuisse	2,7 mg
Homard, cuit	3 oz (90 g)	2,5 mg
Filet de porc, cuit	3 oz (90 g)	2,5 mg
Fèves au lard, en conserve	½ tasse (125 ml)	1,7 mg
Noix de cajou, grillées à sec	1 oz (30 g)	1,6 mg
Yogourt aromatisé aux fruits (faible en gras)	1 tasse (250 ml)	1,6 mg
Pois chiches, cuits	½ tasse (125 ml)	1,3 mg
Raisin Bran	¾ de tasse (175 ml)	1,3 mg
Fromage suisse	1 oz (30 g)	1,1 mg
Amandes, grillées à sec	1 oz (30 g)	1 mg
Cheddar ou mozzarella	1 oz (30 g)	0,9 mg
Poitrine de poulet, sans la peau, rôtie	½ poitrine	0,9 mg
Lait	1 tasse (250 ml)	0,9 mg
Haricots rouges, cuits	½ tasse (125 ml)	0,8 mg
Gruau instantané	1 sachet (35 g)	0,8 mg
Pois, cuits	½ tasse (125 ml)	0,8 mg
Plie ou sole, cuite	3 oz (90 g)	0,5 mg

Source : National Academy of Sciences (É.-U.).

Sources alimentaires de vitamine C

L'apport quotidien recommandé est de 75 milligrammes pour les femmes adultes et de 90 milligrammes pour les hommes adultes. Les fumeurs ont besoin de 35 milligrammes de plus par jour. L'apport maximal tolérable en vitamine C est de 2 000 milligrammes par jour. En consultant le tableau suivant, on peut voir qu'il est facile d'obtenir l'apport recommandé de 75 à 90 milligrammes par jour.

Aliment	Portion	Vitamine C
Poivron rouge, cru	½ tasse (125 ml)	95 mg
Jus d'orange	¾ de tasse (175 ml)	93 mg
Kiwi	1 moyen	71 mg
Jus de pamplemousse	¾ de tasse (175 ml)	70 mg
Orange	1 moyenne	70 mg
Poivron vert, cru	½ tasse (125 ml)	60 mg
Brocoli, cuit	½ tasse (125 ml)	51 mg
Fraises	½ tasse (125 ml)	49 mg
Choux de Bruxelles, cuits	½ tasse (125 ml)	48 mg
Pamplemousse	½ moyen	39 mg
Jus de tomate	¾ de tasse (175 ml)	33 mg
Cantaloup	½ tasse (125 ml)	29 mg
Chou, cuit	½ tasse (125 ml)	28 mg
Chou-fleur, cru	½ tasse (125 ml)	23 mg

Source : National Institutes of Health (É.-U.).

Les protéines

De même que les glucides et les lipides, les protéines sont des macronutriments. Les protéines aident à fabriquer des tissus sains et à faire guérir les plaies. Consommer suffisamment de protéines après une intervention chirurgicale aidera le corps à guérir.

La quantité de protéines dont vous avez besoin se calcule selon votre poids. Un individu moyen a besoin de 0,39 gramme de protéines par livre (0,86 g par kg). Cependant, après une intervention chirurgicale, vos besoins en protéines vont augmenter, et vous aurez probablement besoin de 0,54 gramme de protéines par livre (1,2 g par kg). Donc, si vous pesez 175 livres, par exemple, vous devez consommer 94,5 grammes de protéines par jour (175 x 0,54 = 94,5).

Le saviez-vous ?

Les plaies et l'hygiène

Il est essentiel de prévenir les infections. Vous devez donc utiliser la bonne technique pour panser votre plaie et ne pas y toucher directement. Un bon pansement est nécessaire pour permettre à la plaie de guérir de l'extérieur à l'intérieur, et une bonne alimentation est importante pour la faire guérir depuis l'intérieur vers l'extérieur.

Si vous avez un excès de poids ou souffrez d'obésité, ce calcul surestime vos besoins en protéines. Dans ce cas, vous devriez plutôt utiliser votre poids ajusté. Un diététiste peut vous aider à déterminer ce poids.

Vous pouvez effectuer un suivi de votre apport en protéines en tenant un registre des aliments que vous consommez, tout en accordant une attention particulière à la taille des portions. Vous pouvez vérifier la teneur en protéines d'un aliment en regardant sur le tableau de la valeur nutritive, sur les étiquettes, ou utiliser le tableau suivant pour vous aider à calculer votre apport en protéines.

Sources alimentaires de protéines

Aliment	Portion	Protéines
Viande, poisson ou volaille	2½ oz (75 g)	21 g
Tofu ferme	5 oz (150 g)	21 g
Œufs	2 gros	13 g
Fromage	1½ oz (50 g)	12 g
Haricots secs, pois ou lentilles, cuits	¾ de tasse (175 ml)	12 g
Lait	1 tasse (250 ml)	9 g
Beurre d'arachide ou autre beurre de noix	2 c. à s. (3 ml)	8 g
Yogourt	¾ de tasse (175 ml)	8 g
Noix ou graines	¼ de tasse (60 ml)	7 g
Boisson de soya enrichie	1 tasse (250 ml)	6 à 8,5 g
Pain	1 tranche	3 g
Céréales, chaudes	¾ de tasse (175 ml)	3 g
Pâtes ou riz, cuits	½ tasse (125 ml)	3 g

Source : HealthLink BC (Colombie-Britannique).

FAQ

Q : Je souffre d'atteintes nerveuses à cause de ma chimiothérapie. Avez-vous des recommandations ?

R : La neuropathie périphérique est un symptôme qui découle des dommages aux nerfs causés par la chimiothérapie, ce qui peut amener des douleurs dans les pieds et les jambes ainsi que de la faiblesse, des engourdissements, des fourmillements, une perte de la sensibilité, des crampes, des spasmes ou des mouvements convulsifs des muscles. Le traitement peut comprendre des suppléments de vitamine E et de glutamine, des infusions de calcium et de magnésium, de la nortriptyline (un antidépresseur), de la carbamazépine (un médicament anticonvulsivant) et du glutathion (un antioxydant), ainsi que de l'acupuncture. Cependant, aucun de ces traitements n'a fait l'objet de recherches assez minutieuses pour être approuvé. Vérifiez avec les membres de votre équipe de soins quelles sont leurs recommandations. En outre, vous voudrez probablement discuter avec un physiothérapeute afin de voir si vous pourriez tirer profit d'une canne, d'un appareil orthopédique ou d'une attelle pour améliorer l'alignement et l'équilibre, et ainsi prévenir les blessures.

Q : Quelle est la différence entre la profession de diététiste et celle de nutritionniste ?

R : L'une des différences les plus importantes entre ces deux professions est la formation requise. Au Canada, aux États-Unis et au Royaume-Uni, les diététistes ont complété un programme universitaire d'au moins quatre ans en diététique, en gestion des services alimentaires ou en nutrition et ont complété une formation pratique supervisée dans un programme universitaire, dans un hôpital ou en milieu communautaire. Ils doivent ensuite passer un examen certifiant leur statut professionnel. Les diététistes doivent faire partie d'un ordre professionnel et sont les seuls à pouvoir porter le titre de diététiste ou de diététicien, qui est protégé par la loi. Ils doivent rendre des comptes aux organismes de réglementation gouvernementaux quant à leur conduite et aux soins qu'ils offrent. Ils doivent également participer à des programmes de formation professionnelle continue.

Même si certains États et provinces réglementent l'utilisation du mot « nutritionniste » ou « diététiste-nutritionniste » en octroyant des licences, dans la plupart des régions, n'importe quelle personne qui se dit intéressée par la nutrition peut se donner elle-même le titre de nutritionniste. Il n'existe pas de programme d'éducation requis, de formation ou de certification spécifiques.

Chapitre 3
Les traitements complémentaires contre le cancer

Un certain nombre de traitements complémentaires ont été étudiés pour leur capacité à améliorer l'efficacité des traitements traditionnels et à réduire les effets secondaires indésirables. Cette pratique consistant à compléter les thérapies traditionnelles par d'autres formes de traitement est connue sous le nom d'oncologie intégrative.

L'étude de l'efficacité et de l'innocuité des traitements complémentaires est un domaine en expansion, mais des recherches cliniques bien conçues ont déjà démontré l'innocuité et l'efficacité de la nutrition clinique et de l'activité physique. De nouvelles recherches sont actuellement menées dans d'autres domaines.

Les thérapies parallèles sont différentes des traitements complémentaires, puisqu'elles sont destinées à remplacer les pratiques traditionnelles plutôt qu'à les complémenter. Ces thérapies impliquent un plus haut risque et peuvent retarder ou même écarter les traitements traditionnels. Même si plusieurs de ces pratiques sont ancestrales, leur potentiel de guérison n'a pas fait l'objet de la même rigueur scientifique que les thérapies traditionnelles.

Les catégories de traitements complémentaires

Selon les National Institutes of Health des États-Unis, la médecine complémentaire est divisée en cinq grandes catégories: les systèmes médicaux complets, les médecines énergétiques, les traitements de l'esprit et du corps, les pratiques de manipulation et les pratiques basées sur la biologie.

Ce ne sont pas toutes les pratiques complémentaires qui ont une application pour les traitements contre le cancer et leurs effets secondaires. En lisant le résumé des pratiques complémentaires, prêtez attention à celles qui vous attirent. Assurez-vous de discuter des approches qui vous intéressent avec votre oncologue. Bien que certaines soient inoffensives, d'autres peuvent freiner les traitements traditionnels ou être carrément dangereuses. Lorsque vous vous renseignez sur une approche en particulier, assurez-vous que la source que vous consultez ne vient pas seulement du fabricant ou du publicitaire du traitement. Les ressources fournies à la page 309 vous guideront vers des sources de renseignements fiables sur ces approches.

Le saviez-vous?

Les faits

Selon l'Institut national du cancer, les patients souffrant de cancer se tournent vers les approches complémentaires et parallèles (ACP) pour soutenir leurs traitements pour plusieurs raisons, dont les suivantes:

- pour aider à combattre leur cancer lorsque les traitements traditionnels ont failli;
- pour aider à gérer les effets secondaires causés par les traitements contre le cancer, comme la nausée, la douleur et la fatigue;
- pour se réconforter et apaiser les inquiétudes et le stress liés aux traitements contre le cancer;
- pour sentir qu'ils font quelque chose pour s'aider, pour contribuer à leurs soins.

FAQ

Q : Combien de patients souffrant de cancer ont recours aux traitements complémentaires ?

R : Dans une étude sur plus de 4 000 survivants du cancer effectuée aux États-Unis, 61,4 % des patients ont mentionné avoir eu recours à des pratiques spirituelles ou à la prière, 44,3 % ont révélé avoir utilisé la relaxation, 42,4 % ont fait appel à des pratiques énergétiques ou spirituelles, 40,1 % ont utilisé des suppléments alimentaires ou des vitamines, 15 % pratiquaient la méditation, 11,3 % ont eu recours à des services religieux, 11,2 % ont utilisé les massages et 9,7 % se sont joints à un groupe de soutien. Des 19 traitements complémentaires inclus dans le sondage, les 3 traitements les moins populaires ont été l'hypnose, la rétroaction biologique et l'acupuncture ou acupression.

Introduction aux approches complémentaires

Système médical	Pratiques	Qu'est-ce que c'est ?
Systèmes médicaux complets	Médecine ayurvédique (médecine traditionnelle indienne)	Il s'agit d'une forme traditionnelle de médecine qui vient de l'Inde et qui met l'accent sur l'équilibre entre le corps, la tête et l'esprit. Cette forme de médecine voit les gens comme une combinaison complexe d'éléments qui sont appelés des *doshas*, ou bioforces. L'interaction des bioforces est appelée *prakruti*. Les praticiens de la médecine ayurvédique analysent votre *prakruti* et recommandent un plan pour rééquilibrer vos bioforces.
	Médecine traditionnelle chinoise (MTC)	La médecine traditionnelle chinoise est basée sur le principe que la santé est l'équilibre de deux forces dans le corps : le yin et le yang. L'acupuncture est une pratique courante dans la médecine traditionnelle chinoise et consiste à stimuler des points spécifiques du corps pour promouvoir la santé, diminuer les symptômes d'une maladie et les effets secondaires d'un traitement.
	Homéopathie	Le principe de l'homéopathie est que le semblable guérit son semblable. Dans cette pratique, des doses très diluées de substances sont utilisées pour provoquer le déclenchement de l'habileté du corps à se guérir lui-même. Plus le produit est dilué, plus les homéopathes considèrent qu'il est puissant. Il peut être dilué au point où la substance originale n'est plus détectable par les instruments de laboratoire.
	Médecine naturopathique	Ce type de médecine est pratiqué par des médecins naturopathes qui sont les « médecins de famille » des soins de santé naturels. Ils traitent les mêmes problèmes que les médecins de famille et ne sont donc pas considérés comme des spécialistes dans un domaine en particulier. Les médecins naturopathes utilisent six formes de traitement différentes : la nutrition, l'acupuncture, la médecine physique, les conseils sur le mode de vie et l'homéopathie.

Système médical	Pratiques	Qu'est-ce que c'est ?
Médecines énergétiques	Tai-chi	Le tai-chi combine l'exécution de mouvements lents, le contrôle de la respiration et la méditation pour réduire le stress.
	Qi gong	Le qi gong utilise des techniques de respiration, des mouvements corporels lents et la concentration pour nettoyer, renforcer et améliorer le flux d'énergie naturel dans le corps, appelé *qi,* ou *chi.*
	Reiki	Le reiki est conçu pour rétablir le flux d'énergie naturel du corps, offrir une expérience relaxante et un sentiment accru de bien-être. Un praticien qualifié place ses mains sur ou près du patient pour restaurer les champs énergétiques mal alignés.
	Toucher thérapeutique	Comme pour le reiki, le praticien utilise ses mains pour évaluer et aligner les champs énergétiques en touchant légèrement le corps ou en travaillant près de lui sans le toucher.
	Thérapie de la polarité	Le thérapeute vise à équilibrer la circulation du courant énergétique entre les pôles positifs et négatifs de votre corps pour calmer les nerfs, relaxer les muscles et ouvrir les voies de guérison naturelles.
Traitements de l'esprit et du corps	Méditation	La méditation est basée sur le contrôle de la respiration ou sur la répétition de certains mots pour calmer un esprit anxieux.
	Rétroaction biologique	Un appareil informatisé est utilisé pour mesurer la tension musculaire, le pouls et la température corporelle pour déterminer le niveau de stress d'une personne. On utilise cette approche pour apprendre aux patients comment se relaxer et pratiquer des techniques de relaxation.
	Aromathérapie	Les arômes d'huiles essentielles sont inhalés ou utilisés pour faire un massage de la peau. Les récepteurs olfactifs du nez envoient au cerveau des messages qui exercent un effet sur l'humeur, la pression sanguine, la fréquence cardiaque ou la respiration, ou qui peuvent aider à gérer les effets secondaires de votre traitement contre le cancer.
	Hypnose	Pour favoriser la guérison, un psychologue ou un hypnothérapeute induit un état de transe chez le patient en se concentrant sur un sentiment ou une idée spécifique.
	Yoga	Le yoga est l'un des traitements complémentaires les plus utilisés pour gérer la maladie. Il consiste en une combinaison de techniques de respiration, de postures et de méditation. Le yoga est pratiqué depuis plus de cinq mille ans.
	Visualisation	La visualisation consiste à imaginer des scènes, des images ou des expériences positives pour aider le corps à guérir. Par exemple, les patients souffrant de cancer peuvent imaginer leur système immunitaire en train d'attaquer et de détruire le cancer. La visualisation est utilisée pour préparer à la chimiothérapie, pour contrôler le stress et pour surmonter une détresse émotionnelle.
	Affirmations positives	Il s'agit de l'utilisation de mots d'encouragement dont le but est de changer la perception d'une situation et d'amener des changements réels. Dans son livre à succès *Transformez votre vie*, Louise Hay recommande cette affirmation pour les cas de cancer : « Avec amour, je pardonne et dégage tout du passé. Je choisis de remplir de joie mon univers. Je m'aime et je m'approuve. »

Système médical	Pratiques	Qu'est-ce que c'est ?
Traitements de l'esprit et du corps	Thérapie créatrice	Les thérapies créatrices mettent à profit l'art, la musique, la danse, le tambour et l'écriture créative pour atteindre un niveau de stress moins élevé et améliorer le bien-être physique et émotionnel.
	Psychothérapie	La psychothérapie classique consiste à parler de la maladie avec un spécialiste qualifié.
	Thérapie de groupe	Les groupes sont animés par des professionnels ou des bénévoles qualifiés, habituellement des survivants du cancer, et peuvent être spécifiques à un type de cancer ou à un stade (par exemple, le stade métastatique) ou être basés sur des groupements sociaux comme les adolescents, les parents célibataires, les femmes ou les hommes homosexuels. Le but est de fournir un environnement sûr et confidentiel dans lequel les participants peuvent partager leurs défis, leurs craintes et leurs succès.
	Prière (croyance)	Il s'agit de pratiques basées sur les croyances pour apporter du soutien spirituel. La science examine les bienfaits de la prière sur la guérison.
Manipulations physiques	Massage	Les thérapeutes professionnels utilisent le malaxage et d'autres mouvements pour traiter les muscles superficiels.
	Réflexologie	La réflexologie est un type de massage utilisé pour stimuler des points de pression des mains ou des pieds pour éliminer les blocages du système nerveux.
	Chiropratique	Elle est pratiquée par un docteur en chiropratique. Ce dernier manipule les articulations et d'autres tissus, particulièrement ceux de la colonne vertébrale, dans le but d'éliminer les interférences avec le fonctionnement normal du système nerveux.
	Activité physique	Les données selon lesquelles l'activité physique peut retarder l'apparition du cancer et en améliorer le traitement sont plus probantes pour le cancer du côlon, suivi du cancer du sein postménopause, des cancers de l'endomètre, des poumons et du pancréas, puis du cancer du sein préménopause.
Pratiques basées sur la biologie	Vitamines, minéraux, herbes, aliments	Ces traitements utilisent les produits naturels, y compris les compléments alimentaires, les herbes et les aliments.
	Diètes	Il s'agit de l'utilisation de diètes spéciales pour réduire le risque de cancer ou en gérer les symptômes. Certaines diètes suivent des modes et sont peu documentées, tandis que d'autres sont bien étayées.
	Nutrition clinique	Il s'agit de stratégies diététiques recommandées par un diététiste après avoir procédé à une évaluation personnalisée de la nutrition.

Deux traitements complémentaires à envisager

Avec le nombre de traitements complémentaires qui existent, vous ne saurez peut-être pas par où commencer. Dans un premier temps, vous serez donc peut-être plus à l'aise avec ceux qui ont le plus de données scientifiques à l'appui. L'activité physique et la nutrition sont assurément à envisager.

L'activité physique

Autrefois, on recommandait aux patients souffrant de cancer de se relaxer et de « prendre les choses mollo ». L'activité physique ne faisait partie d'aucun plan de traitement ou de rétablissement. Cependant, il a été prouvé que l'exercice aide à tenir le cancer à distance. L'exercice n'est pas seulement lié directement à une meilleure gestion du poids, qui est un indicateur du risque de cancer, il aide également de plusieurs autres façons. L'exercice physique permet de diminuer la résistance à l'insuline, de réduire les graisses corporelles, de modifier les taux d'hormones et de réduire l'inflammation. De plus, il accélère le processus digestif, ce qui permet d'avoir des selles plus régulières.

Selon des chercheurs de l'Université de l'Alberta, l'activité physique réduit le risque de développer certains cancers, aide les survivants à gérer leurs traitements et à récupérer, améliore la santé à long terme des survivants, réduit possiblement le risque de récidive et prolonge le temps de survie dans certains cas.

Les niveaux d'activité physique
- Les activités physiques légères n'ont qu'un impact mineur sur la fréquence cardiaque et la respiration.
- Les activités physiques modérées font augmenter la fréquence cardiaque à 60-75 % de sa fréquence maximale.

Le saviez-vous ?

La physiothérapie

Selon la Société canadienne du cancer, faire de l'exercice physique après une intervention chirurgicale pour un cancer du sein peut aider à restaurer l'amplitude du mouvement des bras et des épaules, ce qui est particulièrement important si vous avez des traitements de radiothérapie après votre opération. Faire de l'exercice après votre opération peut également alléger les raideurs articulaires, améliorer le tonus musculaire et réduire les douleurs au cou et au dos. Un physiothérapeute peut vous suggérer des exercices à faire après votre opération, selon vos besoins et vos capacités.

FAQ

Q : En quoi consistent les traitements de l'esprit et du corps ?

R : Les traitements de l'esprit et du corps partent du postulat que l'esprit et le corps sont fortement liés et que l'esprit peut avoir un impact sur le corps. Certains indices permettent de soutenir que les traitements de l'esprit et du corps sont efficaces pour traiter les survivants du cancer. Dans une étude portant sur 181 survivantes du cancer du sein (de trois à onze mois après le diagnostic), les femmes ont participé soit à un groupe de soutien ordinaire, qui se voulait un endroit où parler de différents problèmes, où partager et où se soutenir mutuellement, soit à un groupe de soutien de thérapies complémentaires, qui comprenait la connaissance du corps, la méditation, les affirmations positives, la visualisation, la spiritualité et des interventions sur le plan de la nutrition et du mode de vie. À la fin de ce programme de douze semaines, les deux groupes ont montré des améliorations dans leur qualité de vie et leur bien-être spirituel. Les résultats de leurs tests ont démontré une diminution de l'anxiété, de la dépression et de l'utilisation de médicaments pour le traitement des troubles mentaux.

- L'activité physique intense augmente la fréquence cardiaque à 80 % ou plus de sa fréquence maximale.

L'activité physique modérée

Selon l'American Institute for Cancer Research (AICR), les patients souffrant de cancer devraient faire de l'activité physique modérée, comme de la marche rapide, au moins trente minutes chaque jour. À mesure que votre condition physique s'améliore, visez soixante minutes ou plus d'activité physique modérée ou trente minutes d'activité physique plus intense, chaque jour. Les activités plus longues ou d'une intensité plus élevée ont des avantages supplémentaires. Il s'agit donc du minimum.

Les activités physiques comprennent le travail domestique et les activités de loisir ainsi que les activités dans la communauté. En plus de faire de l'exercice physique, visez à limiter les activités sédentaires comme regarder la télévision.

La nutrition

Comme ce livre le démontre, l'alimentation est une partie importante du traitement contre le cancer, du rétablissement et de la survie. Le chapitre 4 fournit des renseignements détaillés sur l'alimentation et la réduction du risque de cancer. Assurez-

Le saviez-vous ?

Les produits naturels

La plupart des pays ne réglementent pas la production des produits naturels, bien que le département de l'Agriculture américain et la Direction des produits de santé naturels (DPSN) de Santé Canada travaillent d'arrache-pied pour certifier ces produits en normalisant leur puissance et les doses. Assurez-vous de divulguer à votre oncologue tous les suppléments nutritifs et les produits à base d'herbes médicinales que vous utilisez ou que vous voulez utiliser. Même les produits naturels peuvent interférer avec votre traitement contre le cancer.

vous de consulter votre équipe médicale avant de commencer un traitement basé sur la biologie, particulièrement s'il nécessite la prise de médicaments, de teintures, de thés, de suppléments, d'injections ou un changement à votre alimentation. En plus de votre oncologue, les pharmaciens, les infirmières et les diététistes sont des

FAQ

Q : Qu'est-ce que le régime alcalin et devrais-je le suivre pendant mes traitements ?

R : Les adeptes de ce régime croient que lorsqu'une personne mange de la viande, des produits laitiers et des graines, la quantité d'acide qui se forme dans le corps est trop élevée. Cet excès d'acide mènerait au cancer, à l'ostéoporose, à l'obésité, aux maladies du cœur, à la dépression et même à la mort.

Les aliments acides ne comptent que pour 20 % de ce régime et comprennent les bleuets, les canneberges, les pruneaux, l'amarante, l'orge, le pain, la farine de blé, le gruau, le riz, toutes les fèves et les légumineuses (pois chiches, haricots rouges, etc.), les viandes, les produits laitiers, les huiles végétales, l'alcool, le cacao, le café et un bon nombre d'autres aliments.

Les aliments alcalins devraient composer 80 % du régime et comprennent l'herbe d'orge, les feuilles de betterave, le brocoli, le chou, la dulse, les légumes fermentés, l'ail, les pommes, les mûres sauvages, la noix de coco fraîche, les amandes, les châtaignes, les protéines de lactosérum en poudre, l'eau alcaline antioxydante ainsi que bien d'autres aliments, dont les fruits et légumes.

Bien que ce régime vienne avec des listes détaillées des aliments qui peuvent être consommés et de ceux qu'il faut éviter, les données scientifiques, elles, se font attendre. Il n'est donc pas recommandé de suivre le régime alcalin pour réduire les risques de cancer ou comme cure.

ressources essentielles, et vous pouvez vous adresser à eux si vous avez des questions sur les interactions possibles entre les thérapies. Pour faire votre enquête sur les promesses qui semblent trop belles pour être vraies, visitez le site internet de la U.S. Federal Drug Agency (FDA), qui a recensé 187 fausses cures.

Lire les étiquettes des aliments

Un endroit où trouver des renseignements sur les aliments est l'étiquette qui est maintenant obligatoire sur les emballages. Les étiquettes énumèrent les ingrédients d'un produit et fournissent sa valeur nutritive. Au premier coup d'œil, le vocabulaire utilisé peut vous sembler un charabia, mais une fois que vous décodez le langage, ces étiquettes sont très utiles.

Les ingrédients

Les ingrédients sont présentés en ordre de poids, du plus élevé au plus bas. Recherchez les bons ingrédients, comme les grains entiers, et limitez les ingrédients qui posent

problème, comme les gras trans, le nitrite, les sucres (ou glucides) et le sodium.

Les ingrédients et les autres renseignements auxquels vous porterez davantage attention dépendent de vos problèmes nutritionnels spécifiques. Si vous essayez de prendre du poids, assurez-vous que l'article contient beaucoup de calories et de protéines. Si vous essayez de perdre du poids, recherchez les articles qui contiennent moins de calories et de matières grasses, mais beaucoup de fibres et de protéines. Si votre tension artérielle est élevée, recherchez des produits qui ont une haute teneur en potassium, mais une faible teneur en sodium. Si vous souffrez de constipation, les fibres peuvent aider.

Les ingrédients à limiter

Les gras trans

Cette graisse malsaine est habituellement désignée comme de l'huile partiellement hydrogénée ou du shortening.

Les nitrites

Cet ingrédient est utilisé pour conserver les viandes transformées et donne aux viandes fumées leur couleur et leur saveur caractéristiques. Les nitrites peuvent se transformer en composé N-nitroso dans la viande même ou dans notre estomac. Ce sont des cancérogènes notoires.

Parole de survivante

Le cancer affecte le physique, les émotions et la spiritualité d'une personne. Et chacune de ces facettes est liée aux aliments, car elles affectent votre appétit de façon à entrer dans un cycle positif.

FAQ

Q : Avant mon diagnostic de cancer, je suivais un régime alimentaire adapté à mon groupe sanguin. Devrais-je continuer de suivre ce régime pendant mes traitements ?

R : Ce régime est apparu pour la première fois dans le livre *4 groupes sanguins 4 régimes*, de Peter D'Adamo. On y spécifie les aliments qui doivent être évités ou ceux qui doivent être compris dans votre régime selon votre groupe sanguin : A, B, AB ou O. Sur le plan pratique, cette théorie signifie que les membres d'une même famille nécessitent des régimes distincts et parfois contraires si leurs groupes sanguins sont différents. À ce jour, il n'existe aucune preuve selon laquelle ce régime réduit le risque de cancer. En outre, il a le désavantage d'éliminer des aliments sains du régime alimentaire.

Les sucres

Selon Santé Canada, tous les termes suivants sont des synonymes de sucre : dextrose ; extrait de jus de canne ; fructose ; galactose ; glucose ; glucose-fructose ; jus de canne concentré ; lactose ; maltose ; mélasse ; miel ; sirop ; sirop de maïs ; sirop de maïs riche en fructose ; sucre brun ; sucre demerara ou turbinado ; sucre inverti ; sucre liquide ; sucrose.

Un truc : les mots qui finissent en « ose » sont habituellement des sucres.

Parole de survivante

Après mon intervention chirurgicale pour un cancer du poumon, je ressentais de la douleur et j'avais du tissu cicatriciel. J'ai eu recours à des massages pour m'aider à composer avec ces problèmes. Ma cicatrice est maintenant minime.

FAQ

Q : Est-ce que le sucre nourrit le cancer ?

R : Seul, le sucre ne favorise pas le cancer. Il est acceptable de consommer de petites quantités de sucre dans le cadre d'un régime sain, mais le fait de consommer de grandes quantités de sucre peut indirectement faire augmenter le risque de cancer, et cela, de deux manières.

Premièrement, un régime riche en sucre peut mener à un taux élevé de glucose dans le sang, ce qui peut faire monter la glycémie. Une glycémie systématiquement élevée peut faire augmenter le risque de cancer du côlon et d'autres cancers. Cet enchaînement d'effets indirects est plus courant chez les personnes qui ont un excès de poids et qui sont sédentaires et chez celles qui ont des cas de résistance à l'insuline ou de diabète dans leur famille.

Deuxièmement, une grande consommation de sucre peut mener à une prise de poids. Les aliments riches en sucre sont typiquement riches en calories et, avec le temps, un régime alimentaire riche en calories mène à un excès de poids. L'excès de poids est lié à un risque plus élevé de développer plusieurs types de cancers, comme ceux de l'œsophage, du pancréas, du côlon et du rectum, de l'endomètre, du rein et du sein (chez les femmes en postménopause).

Q : Quelle quantité de sucre puis-je consommer ?

R : Dans un communiqué de presse émis en 2009, l'American Institute of Cancer Research recommandait aux adultes de réduire leur consommation de sucres ajoutés (sucre ordinaire, miel, sirop de maïs, mélasse, sirop et autres sucres ajoutés aux aliments transformés) à 25 grammes (6 c. à t. ou 30 ml) par jour pour les femmes et à 28 grammes (6 ½ c. à t. ou 32 mg) pour les hommes.

Q : Est-ce qu'il existe un type de sucre moins nocif que les autres ?

R : Il existe en effet un barème pour classer les sucres. Il s'agit de l'indice glycémique, un outil élaboré en 1981 par le Dr David Jenkins, de l'Université de Toronto. L'indice glycémique classe les glucides dans deux catégories : les glucides à absorption rapide (à indice glycémique élevé) et les glucides à absorption lente (à faible indice glycémique). Pour plus de renseignements sur l'indice glycémique, consultez la page 113.

Le sodium

Selon Santé Canada, environ 77 % du sodium contenu dans un régime typiquement nord-américain provient des produits alimentaires transformés. Seulement 5 % proviennent du sel que nous ajoutons à notre nourriture. Le chlorure de sodium est le nom chimique du sel. Le sel est utilisé pour ajouter de la saveur et comme agent de conservation. Les termes suivants indiquent que vos aliments contiennent du sel : alginate de sodium ; benzoate de sodium ; bicarbonate de sodium ; bisulfate de sodium ; glutamate monosodique (GMS) ; phosphate disodique ; poudre à pâte ; propionate de sodium ; sauce soya ; saumure ; sel ; sel d'ail ; sel d'oignon ; sel de céleri.

Parole de survivante

La nourriture s'inscrit dans le social, c'est la famille, les amis, la communauté. C'est énorme. Dans bien des cultures, c'est primordial. Vous souhaitez la bienvenue à vos visiteurs en leur servant un repas. Lorsque vous ne vous alimentez pas bien, vous prenez conscience de la signification plus profonde de la nourriture et des repas.

Ce ne sont pas tous les patients souffrant de cancer qui doivent éviter le sodium. Si vous souffrez d'hypotension artérielle, que vous êtes déshydraté ou avez eu des épisodes de vomissements et/ou de diarrhée, vous avez en fait besoin de davantage de sodium dans votre alimentation.

La taille des portions

Prêtez attention aux portions indiquées sur les étiquettes des produits. Vérifiez si les renseignements fournis correspondent à une portion spécifique ou au produit emballé.

Le pourcentage de la valeur quotidienne

Le pourcentage de la valeur quotidienne est la quantité des nutriments spécifiques dans une portion par rapport à la valeur qui est nécessaire pour atteindre 100 % de l'apport quotidien recommandé. Une valeur quotidienne de 5 % est faible tandis qu'une valeur de 15 % est élevée. Dans le cas de certains nutriments comme le calcium, le fer, les fibres ainsi que les vitamines A et C, vous voudrez une valeur quotidienne élevée, mais pour d'autres, comme les gras saturés, les gras trans et le sodium, vous voudrez une valeur plus faible.

FAQ

Q : En quoi consistent les régimes de désintoxication, et devrais-je en suivre un ?

R : Il existe beaucoup de régimes purificateurs et de régimes de désintoxication diffusés sur Internet, dans les magasins d'aliments naturels et par les conseillers en nutrition. Ces régimes sont habituellement composés de deux volets : des préparations à base de plantes et un régime qui varie entre l'élimination de certains aliments « malsains » (comme le blé, les produits laitiers, la viande, le sucre, la caféine et l'alcool) et le jeûne presque total pour une période déterminée. Les préparations à base de plantes se prétendent détoxifiantes ou nettoyantes, mais sont en fait des laxatifs et des diurétiques naturels.

Les régimes de désintoxication prétendent nettoyer le corps des toxines indésirables, favoriser la perte de poids, débarrasser des graisses, éliminer la cellulite, les odeurs corporelles et la mauvaise haleine ainsi que soigner les maux de tête, la nausée et la fatigue. Néanmoins, les bienfaits de ces régimes n'ont pas été prouvés. En vérité, le jeûne peut mener à la production de cétone, une toxine. Notre corps se débarrasse naturellement des toxines, une fonction qui relève du foie et des reins. Faire le ménage dans votre alimentation, réduire votre consommation de sucres raffinés, d'aliments transformés et réduire les excès de gras saturés et d'alcool est une bonne idée. Mais rien ne prouve que vous allez retirer des bienfaits supplémentaires en allant à l'extrême, en jeûnant et en utilisant des laxatifs et des diurétiques.

Voici les valeurs de référence pour évaluer le pourcentage de la valeur quotidienne des nutriments courants.

- calcium: 1 100 mg;
- fer: 14 mg;
- gras: 65 mg;
- gras saturé et gras trans: 20 g;
- sodium: 2 400 mg;
- vitamine A: 1 000 IU;
- vitamine C: 60 mg.

Les valeurs quotidiennes ne tiennent pas compte des besoins supplémentaires pour les femmes enceintes ou qui allaitent. Dans ces cas, consultez votre médecin ou votre diététiste.

Parole de survivante

Au début, je priais tous les jours et je faisais de la visualisation. J'ai pratiqué le yoga et le tai chi. Je n'avais pas envie de rester à la maison et de me sentir seule. J'ai rejoint un groupe de soutien appelé La voie de la guérison.

L'excès d'information

À la suite de votre diagnostic, vous voudrez sûrement faire des recherches et lire sur le type de cancer dont vous êtes atteint et sur les différents traitements. Ces recherches vous donneront le sentiment de maîtriser le sujet et vous donneront la confiance nécessaire pour poser les bonnes questions à votre équipe soignante. Mais faites attention de ne pas abuser des bonnes choses. Vous pourriez vous sentir surchargé, bouleversé, anxieux et accablé par la quantité d'information que vous aurez trouvée. Vous pourriez ajouter de la pression à une situation déjà stressante.

Apprenez à connaître votre seuil de tolérance quant à la collecte de renseignements. Lorsque vos recherches ne sont plus constructives, prenez une pause et enlevez-vous la pression de trouver des réponses. En fin de compte, vous devez créer un environnement de traitement dans lequel vous vous sentez à l'aise avec le personnel soignant, vous devez établir un lien de confiance et être optimiste quant au fait que le traitement vous convient. Si ce n'est pas le cas, demandez un autre avis.

FAQ

Q : En quoi consiste l'irrigation du côlon ?

R : L'irrigation du côlon est présentée par les praticiens des approches complémentaires et parallèles comme un moyen de nettoyer le côlon, de débarrasser le corps des toxines et de traiter une variété de maladies. On procède à cette pratique dans des centres spécialisés parfois appelés centres ou cliniques d'hydrothérapie. On insère un tube de caoutchouc dans le rectum et l'on injecte de l'eau chaude dans le côlon. Certaines cliniques utilisent des préparations à base de plantes, du café, des enzymes, des extraits d'herbe de blé ou d'autres produits comme additifs à l'eau.

Plusieurs dangers sont associés à cette pratique, le plus sérieux étant la perforation du côlon. On note aussi des infections bactériennes à cause de matériel mal stérilisé, des crampes, de la douleur, de l'insuffisance cardiaque et un déséquilibre électrolytique. Il va sans dire que cette pratique n'est pas recommandée, et toute affirmation selon laquelle elle pourrait réduire les risques de cancer est non fondée.

Certains patients préfèrent ne lire que très peu sur le traitement traditionnel recommandé par leur oncologue alors que d'autres participent à un bon nombre de traitements parallèles. Chaque diagnostic de cancer est unique, tout comme les gens qui en sont affectés. Sachez qu'il n'y a pas de «bonne façon» de traverser la période de traitement. Fiez-vous à votre intuition, à votre guide intérieur et prenez les décisions qui vous conviennent.

FAQ

Q : Comment savoir si les renseignements nutritionnels sont fiables ?

R : Lorsque vous faites des recherches sur Internet, méfiez-vous si un site essaie de vendre un produit. Évitez les sites qui prétendent offrir une cure contre le cancer ou qui présentent une théorie de la conspiration selon laquelle les médecins connaissent une cure contre le cancer, mais ne vous laissent pas l'utiliser parce qu'ils perdraient leur emploi.

Les meilleurs endroits pour trouver des renseignements nutritionnels fiables sont les sources nationales et provinciales, par exemple, l'American Cancer Society (www.cancer.org) ou la Société canadienne du cancer (www.cancer.ca). Il existe également plusieurs organisations de recherche faisant autorité, comme le National Cancer Institute des National Institutes of Health (www.cancer.gov) et l'American Institute for Cancer Research (www.aicr.org).

Certaines organisations, comme la Société de leucémie et lymphome du Canada (www.sllcanada.org), se concentrent sur des types de cancer spécifiques. L'American Dietetic Association (www.eatright.org) et Les diététistes du Canada (www.dieticians.ca) fournissent également des renseignements nutritionnels fiables. Plusieurs organismes sans but lucratif fournissent de bons renseignements et des liens vers des sites fiables. Consultez les ressources (page 309) pour plus de sites dignes de confiance.

Les organismes de soutien

Il existe un grand nombre d'organismes de soutien qui peuvent vous guider pendant votre lutte contre le cancer. Ils peuvent également fournir du soutien à votre proche aidant et offrir des exercices et des cours de cuisine. Au Québec, la Société canadienne du cancer tient un répertoire de services à la communauté en plus de gérer la communauté en ligne ParlonsCancer.ca. Vous trouverez ses coordonnées ainsi que celles d'autres organismes à la page 309.

Deuxième partie
Tenir le cancer à distance

Chapitre 4
Votre boîte à outils

Pendant votre traitement, votre priorité devrait être de passer à travers cette étape le mieux possible. Suivez les recommandations fournies au chapitre 2 pour gérer les effets secondaires de votre traitement. Lorsque vous êtes prêt à passer à l'étape suivante de votre rétablissement et que vous mettez en place de bonnes pratiques sur le plan alimentaire, appliquez les recommandations que vous trouverez dans ce chapitre. Si vous avez un bon appétit pendant votre traitement et que vous êtes prêt à introduire de nouveaux aliments ou de nouvelles façons de vous nourrir, n'hésitez pas à le faire. Les stratégies décrites dans ce chapitre sont basées sur les dernières données disponibles sur les aliments et les composants alimentaires qui ont fait leurs preuves pour renforcer le système immunitaire et interférer avec le développement des cellules cancéreuses.

La nutrition et l'immunologie se sont unies, dans les années 1970, pour créer une nouvelle discipline, l'immunonutrition. La recherche dans cette discipline aide à comprendre le rôle que joue une saine alimentation dans le maintien des cellules du système immunitaire. Renforcer le système immunitaire et réduire l'inflammation sont deux objectifs qui devraient être prioritaires pour les patients souffrant de cancer.

En présence d'une inflammation aiguë dans le corps, le système immunitaire réagit rapidement et efficacement à la blessure pour la guérir et la réparer. Mais dans le cas d'une inflammation chronique – qui peut être causée par le stress, la fumée de cigarette, des contaminants environnementaux, un virus, une bactérie ou un excès de poids –, la réponse immunitaire est un processus long, laborieux et dégénératif qui modifie le type de cellules immunitaires présentes dans une région précise du corps.

Ce nouveau microenvironnement permet aux cellules cancéreuses de survivre, de

L'alimentation contre le cancer

Les recommandations contenues dans ce chapitre peuvent être résumées comme suit :

1. Suivez un régime à base de végétaux avec beaucoup de fruits, de légumes, de grains entiers, de noix, de graines, de légumineuses, d'herbes et d'épices.

2. Consommez des aliments qui sont de bonnes sources d'acide gras oméga-3 et réduisez votre consommation d'aliments contenant des oméga-6.

3. Limitez votre apport en sucres raffinés et en viandes rouges et évitez les viandes transformées et l'alcool.

FAQ

Q : Est-ce qu'il existe un aliment en particulier pour lutter contre le cancer ?

R : Même si certains aliments contiennent davantage de composants naturels pour lutter contre la maladie, il n'existe pas d'aliment miracle dont les résultats sont garantis. Mais le fait de manger des aliments anti-inflammatoires, riches en fibres et dont l'indice glycémique est faible peut vous aider à mener un bon combat. Recherchez également les aliments dont la valeur nutraceutique est élevée et qui contiennent des phytonutriments et des antioxydants. Ces nutriments sont présents dans un régime à base de végétaux qui comprend des fruits, des légumes, des grains entiers, des noix, des graines, des légumineuses séchées, des herbes et des épices.

grandir, de se multiplier et d'envahir l'organisme. À ce stade, un bon nombre de cellules cancéreuses sont capables de supprimer les cellules du système immunitaire, et ces dernières ne peuvent donc plus éliminer les cellules cancéreuses.

Les stratégies nutritionnelles présentées ici peuvent aider à réduire l'inflammation et le risque de cancer.

Les aliments bénéfiques

Les aliments aux propriétés anti-inflammatoires

On estime que l'inflammation contribue au développement d'environ 15 % de tous les cancers. Néanmoins, la composition chimique de certains aliments et nutriments peut réduire l'inflammation et, par le fait même, soutenir le système immunitaire.

Les cellules immunitaires

Le système immunitaire est grand, complexe et dispersé dans notre corps. De 25 à 75 % des substances immunitaires se trouvent dans notre intestin. Le rôle du système immunitaire est de protéger le corps des envahisseurs internes et externes. Il est très sensible aux changements alimentaires.

Le système immunitaire contient de nombreux types de cellules. Nous naissons avec certaines de ces cellules, comme les cellules macrophages, les neutrophiles et les cellules tueuses naturelles. Le mot macrophage signifie « gros mangeur ». Ces cellules engloutissent et digèrent les cellules étrangères dans notre corps. Les neutrophiles sont les globules blancs prédominants dans notre corps. Tout comme les macrophages, ils peuvent avaler les cellules envahissantes. Ils peuvent également émettre des pseudopodes pour attaquer les virus et les bactéries. Les cellules tueuses naturelles détruisent les cellules tumorales envahissantes et les cellules de virus en sécrétant de petites particules toxiques. Il existe également des cellules immunitaires que nous acquérons après la naissance, dont les cellules T, les cellules B et les cytokines.

Les tests pour détecter l'inflammation

La présence d'une inflammation chronique dans le corps peut être détectée par des analyses sanguines. Trois tests sont plus fréquemment utilisés: la protéine C-réactive (CRP), la protéine C-réactive de haute intensité (hsCRP) et le sérum amyloïde A (SAA). Ces tests sont effectués dans des laboratoires de recherche, mais ne le sont pas systématiquement dans les centres de traitement du cancer.

La CRP est utilisée depuis plusieurs années pour mesurer le risque de maladie du cœur et a été utilisée plus récemment pour mesurer le risque de cancer et déterminer le pronostic dans le cas de certains types de cancers. Même si on n'utilise pas couramment le SAA et la CRP pour déterminer le pronostic, ils ont démontré un potentiel.

Un régime riche en aliments aux propriétés anti-inflammatoires a été associé à un taux plus bas de CRP dans le sérum. La relation entre ce taux et le risque de cancer n'a pas clairement été établie, mais plusieurs voies moléculaires pouvant mener au cancer peuvent être affectées par un régime riche en aliments aux propriétés anti-inflammatoires.

Le saviez-vous ?

Lien chronique

Les maladies inflammatoires chroniques peuvent contribuer à l'apparition et au développement du cancer. Les patients souffrant d'une maladie intestinale inflammatoire, la maladie de Crohn ou la colite ulcéreuse, par exemple, sont plus susceptibles d'être atteints d'un cancer du côlon. Les gens qui souffrent d'ulcères gastriques causés par la bactérie *Helicobacter pylori* présente dans leur estomac risquent davantage de développer un cancer gastrique, alors que les personnes souffrant d'hépatite sont susceptibles d'avoir un cancer du foie.

Les vingt meilleurs aliments anti-inflammatoires

Des chercheurs ont répertorié et classé le potentiel anti-inflammatoire de plusieurs composants alimentaires. Le tableau suivant est une version simplifiée des vingt meilleurs, en ordre décroissant.

Aliment ou nutriment	Description	Source alimentaire
Acides gras oméga-3	Acide gras essentiel	Poissons d'eaux froides, noix de Grenoble, graines de lin
Safran des Indes ou curcuma	Polyphénol	Racines séchées utilisées comme épice dans le cari et la poudre de cari
Thé	Polyphénol (catéchines)	Thé vert, thé noir
Fibres	Glucides non digestibles	Grains entiers, légumineuses séchées, fruits, légumes, noix, graines
Ail (allicine)	Phytochimique	Racine crue ou cuite utilisée comme aliment ou comme épice
Gingembre	Phénol	Racine crue, cuite ou séchée utilisée comme épice
Safran	Glycoside	Épice séchée d'une espèce de crocus
Protéines	Acides aminés	Viande, volaille, produits laitiers, légumineuses séchées
Caféine	Alcaloïde	Café, thé, cacao
Magnésium	Minéraux	Flétan, amandes, noix de cajou, soya, épinards
Génistéine	Isoflavone	Soya et produits à base de soya
Quercétine	Flavonol	Agrumes, pommes, oignons, persil, thé, vin rouge
Lutéoline	Flavonol	Céleri, poivrons verts, thym, pérille, tisane à la camomille, carottes, huile d'olive, menthe poivrée, romarin, orange navel, origan
Vitamine E	Vitamine liposoluble	Germe de blé, huiles végétales, noix, graines
Vitamine C	Vitamine hydrosoluble	Agrumes, poivrons rouges, poivrons verts, kiwis, brocoli, fraises
Zinc	Minéraux	Huîtres, bœuf, poulet, céréales enrichies, haricots Great Northern, noix de cajou
Vitamine B_6	Vitamine hydrosoluble	Pois chiches, foie de bœuf, thon albacore, saumon, poulet, céréales enrichies
Niacine	Vitamine hydrosoluble (B_3)	Produits laitiers, œufs, céréales et pains enrichis, viandes maigres, légumineuses séchées, noix, volaille
Daidzéine	Isoflavone	Soya et produits à base de soya
Riboflavine	Vitamine hydrosoluble (B_2)	Lait, fromage, légumes verts feuillus, légumineuses

Adapté de Cavicchia P.P., Steck S.E., Hurley T.G. *et al.*, « A new dietary inflammatory index predicts interval changes in serum high-sensitivity C-Reactive protein », *J Nutr*, 2009 Déc ; 139(12) : 2365-72, avec la permission de l'Office of Dietary Supplements.

Les acides gras aux propriétés anti-inflammatoires et pro-inflammatoires

Deux acides gras essentiels jouent un rôle majeur dans l'inflammation et le cancer. Les acides gras oméga-3 ont des propriétés anti-inflammatoires tandis que certains chercheurs croient que les acides gras oméga-6 ont des propriétés pro-inflammatoires.

Les acides gras oméga-3

Les acides gras oméga-3 comprennent l'acide docosahexaénoïque (DHA), l'acide eicosapentaénoïque (AEP) et l'acide alpha-linolénique (ALA). Ils ont des propriétés anti-inflammatoires et il a été démontré qu'ils protègent contre l'inflammation chronique et le cancer.

L'AEP et le DHA sont naturellement présents dans les aliments, plus spécifiquement dans les poissons gras comme les sardines, le hareng, le maquereau, le saumon et la truite arc-en-ciel. L'ALA se trouve dans les sources végétales, plus spécifiquement dans les noix de Grenoble, la graine de lin, l'huile de noix, l'huile de canola, le soya et les légumes à feuilles vertes.

Si vous ne mangez pas de poisson gras quelques fois par semaine, vous devriez envisager de prendre des suppléments d'oméga-3 que vous pouvez acheter dans les pharmacies et les magasins d'aliments naturels. Lorsque vous achetez un supplément, assurez-vous qu'il contient à la fois de l'AEP et du DHA, car les recherches n'ont pas encore déterminé lequel est le plus important pour renforcer le système immunitaire. Ne prenez pas des gélules d'oméga-3-6-9, puisqu'elles contiennent des oméga-6 et -9, qui sont déjà présents dans l'alimentation.

Les suppléments d'oméga-3 semblent être non seulement sûrs, mais sont de fait bénéfiques pendant la chimiothérapie. Une étude sur des patientes souffrant de cancer du sein où le DHA était combiné aux médicaments chimiothérapeutiques épirubicine, cyclophosphamide et 5-fluorouracile a donné des résultats prometteurs. Le DHA permettait aux patientes de mieux absorber les médicaments chimiothérapeutiques, ce qui ralentissait la progression de la tumeur et prolongeait la survie. Plusieurs études se penchent présentement sur la combinaison du DHA avec la chimiothérapie. Assurez-vous de parler à votre oncologue de tous les suppléments que vous prenez ou que vous comptez prendre pendant votre traitement.

Les acides gras oméga-6

Les principaux acides gras oméga-6 dans l'alimentation occidentale sont l'acide linoléique et l'acide arachidonique. Certains chercheurs les qualifient de pro-inflammatoires parce que ces acides gras sont utilisés par le corps pour fabriquer des composants impliqués dans l'inflammation. L'acide linoléique se trouve dans les huiles végétales à base de carthame, de pépins de raisin, de graine de pavot, de chanvre et de maïs ; l'acide arachidonique est présent de façon naturelle dans la viande, les œufs et les aliments à base de produits laitiers

Le saviez-vous ?

Le régime semi-végétarien ou le pescétarisme

Si vous pensez adopter un régime végétarien, vous devriez, en raison de l'apport élevé en oméga-3 des poissons et de l'huile marine, envisager un régime semi-végétarien, ou le pescétarisme. Ce régime vous permettrait de consommer des poissons riches en DHA (acide docosahexaénoïque) et en AEP (acide eicosapentaénoïque) de deux à trois fois par semaine. Vous pourriez également consommer des oméga-3 sous forme d'acide alpha-linolénique (ALA) en ajoutant de la graine de lin, des noix de Grenoble, de l'huile de canola, du soya et du tofu à votre régime. De plus, la graine de lin est une source de lignanes, des phytoestrogènes. Ces composants peuvent réduire le risque de cancer du sein.

Parole de survivante

La nourriture a une signification plus profonde que son seul contexte nutritionnel.

Il n'est pas nécessaire d'éviter complètement les acides gras oméga-6. Il est préférable de réduire leur apport afin d'atteindre un meilleur ratio d'oméga-6 et d'oméga-3. Dans l'alimentation occidentale, on estime que le ratio varie entre 1:10 et 1:30. En d'autres termes, pour chaque gramme d'oméga-3 que nous consommons, nous prenons de 10 à 30 grammes d'oméga-6. On estime que le ratio idéal serait de 4:1, c'est-à-dire que pour chaque gramme d'oméga-6 nous devrions consommer 4 grammes d'oméga-3. Corriger ce ratio pourrait aider à rectifier la réponse inflammatoire chronique de notre corps et équilibrer notre système immunitaire.

Le saviez-vous ?

Les études sur les huiles de poisson

De même que pour les études sur l'utilisation des suppléments d'huile de poisson pendant la chimiothérapie, le nombre d'études portant sur l'huile de poisson et la réduction du risque de cancer augmente. Une étude a démontré que les femmes en postménopause entre cinquante et soixante-seize ans ont un risque moins élevé de cancer du sein lorsqu'elles prennent des suppléments d'huile de poisson pendant environ dix ans. Aucun autre supplément utilisé par les participantes n'a démontré une réduction de l'incidence du cancer.

Afin de réduire votre apport en acides gras oméga-6, consommez moins de viandes rouges. Lorsque vous mangez du bœuf, essayez d'acheter du bœuf d'embouche, dont le taux d'oméga-3 est plus élevé que le bœuf nourri au grain ou au maïs. Limitez votre consommation de produits laitiers à deux ou trois portions par jour, et utilisez l'huile d'olive et l'huile de canola en remplacement des autres huiles, qui sont plus riches en oméga-6.

Les herbes, les épices et le thé

Puisque l'inflammation chronique sur le plan cellulaire peut mener à l'apparition, à la croissance et à l'invasion des cellules cancéreuses, il semble raisonnable de consommer une variété d'aliments aux propriétés anti-inflammatoires. Parmi les meilleurs d'entre eux, on trouve les herbes et les épices, plus particulièrement le curcuma, l'ail, le gingembre et le safran. Utiliser ces herbes et épices vous apportera deux bienfaits : vous ajouterez des éléments anti-inflammatoires à votre alimentation et vous utiliserez moins de sel pour donner du goût à vos aliments. Le thé est un autre excellent anti-inflammatoire. Il gagne en popularité dans le monde grâce à ses bienfaits sur la santé.

Le curcuma

Le curcuma vient au premier rang sur la liste des aliments aux propriétés anti-inflammatoires. Les études ont démontré qu'en plus d'avoir ces propriétés, le curcuma – ou plus précisément son ingrédient actif, la curcumine – prévient la proliféra-

FAQ

Q : Quelle est la différence entre le bœuf d'embouche et le bœuf de céréales ?

R : Dans une étude publiée dans le *Journal of Animal Science*, on a fait suivre à des bovins à viande trois régimes de finition. Ils ont été nourris soit au maïs, soit à l'herbe, soit d'un mélange de 50 % de maïs et de 50 % d'herbe. On a comparé les viandes de ces animaux, et la viande des bovins nourris à l'herbe était plus riche en vitamine E et contenait un niveau considérablement plus élevé d'acides gras oméga-3.

D'autres études ont démontré que le bœuf d'embouche a un meilleur ratio d'oméga-3 et d'oméga-6 (davantage d'oméga-3 et moins d'oméga-6) et des niveaux plus élevés de vitamines A et E et autres antioxydants (glutathion et superoxyde dismutase). Le bœuf d'embouche a également une teneur réduite en gras, ce qui réduit le temps de cuisson. La viande a un goût d'herbe distinct, et sa plus haute teneur en vitamine A peut donner une apparence jaunâtre au gras.

tion des cellules cancéreuses, agit comme antioxydant, empêche la formation de nouvelles cellules par le cancer et améliore la réponse immunitaire de l'organisme.

De la famille du gingembre, le curcuma est un composant essentiel du cari jaune et donne à la préparation son aspect jaunâtre et son goût. Le mot «cari», souvent traduit par sauce, soupe ou ragoût, signifie tout simplement «mélange d'épices». Le curcuma n'est pas toujours présent dans les caris rouge et vert. Vous trouverez le curcuma et le cari jaune dans le rayon des épices de la plupart des épiceries. Ils ne sont pas chers. Lorsque vous achetez de la poudre ou de la pâte de cari, lisez l'étiquette. Sur la liste des ingrédients, on devrait trouver le curcuma. Sur certaines étiquettes, vous ne verrez que le mot «épices». Si vous aimez un certain mélange de cari et n'êtes pas certain qu'il contient du curcuma, vous pouvez toujours en ajouter vous-même. De cette façon, vous vous assurez de la présence d'une épice aux propriétés anti-inflammatoires dans votre repas. Vérifiez également si le mélange de cari contient du poivre noir, ou ajoutez le vôtre. La pipérine, un composant du poivre noir, augmente l'absorption de la curcumine. Pour des recettes incluant du cari jaune, allez à la partie 4 de cet ouvrage.

L'ail
L'ail fait partie de la famille de l'allium, qui inclut également les oignons, les poireaux, la ciboulette et les échalotes. L'ail est riche en alliine. Lorsqu'une gousse d'ail est écrasée ou hachée, les parois cellulaires sécrètent une enzyme appelée alliinase qui entre en contact avec l'alliine et se transforme en allicine. L'allicine est le composant responsable de la forte odeur de l'ail. Certains croient que l'alliine est la source des bienfaits de l'ail sur la santé. D'autres croient qu'il serait raisonnable de penser que, puisque l'allicine est instable et se change rapidement en plus de vingt composants différents, d'autres composants de l'ail possèdent aussi des propriétés anticancéreuses. Le sulfure de diallyle et le disulfure de diallyle sont deux de ces composants.

Même si on ne s'entend pas sur les composants de l'ail qui sont responsables de son potentiel anticancéreux, vous n'avez pas besoin d'attendre pour profiter de ses bienfaits sur la santé. Cela dit, vous devriez patienter un peu au moment de le préparer: les chercheurs ont démontré qu'après avoir haché l'ail, vous devriez le laisser reposer environ dix minutes avant de le consommer ou de le faire chauffer. Cette période de repos maximise son potentiel anticancéreux.

Le saviez-vous?

Le cari

Il n'existe pas de version standard du cari. En général, il contient de la coriandre, du cumin et du curcuma. Il peut également contenir du fenugrec, de la graine de céleri, du gingembre, du poivre noir et du piment rouge. Pour ceux qui n'ont pas envie de moudre et de mélanger leurs épices à la maison, un cari prêt à l'emploi est facilement accessible.

Numéro 2

Nous savons, d'après les recherches, que l'ail a des propriétés anti-inflammatoires et qu'il a la capacité de prévenir la croissance des cellules cancéreuses et d'aider le corps à éliminer les agents cancérogènes. L'ail vient au deuxième rang des épices sur la liste des aliments aux propriétés anti-inflammatoires.

Parole de survivante

Nous vivons dans une société où nous témoignons notre amour envers notre famille par la nourriture que nous mettons sur la table. Mais il est possible que vous ne puissiez tolérer d'être assis à table et de respirer les odeurs de la nourriture pendant plus de quinze minutes.

La gestion du poids

Atteindre et maintenir un poids idéal est une autre stratégie pour réduire l'inflammation dans le corps. L'obésité est associée à des marqueurs de l'inflammation, y compris la protéine C-réactive (CRP), le sérum amyloïde A (SAA), l'interleukine 6 (IL-6), l'interleukine 1 (IL-1) et le facteur de nécrose tumorale (TNF). Il a été démontré que ces marqueurs sont plus présents chez les patients ayant un cancer précoce ou un cancer métastatique que chez les personnes qui ne souffrent pas de cancer. Consultez la page 83 pour des recommandations sur la gestion du poids.

Le gingembre

Classé troisième parmi les épices de la liste des aliments aux propriétés anti-inflammatoires, le gingembre est une épice originaire de l'Asie du Sud, mais il est maintenant cultivé en Afrique de l'Est et dans les Caraïbes. Le rhizome, ou la racine, se mange frais ou séché. Pour l'utiliser frais, pelez la peau fibreuse avec un économe ou le bord d'une cuillère. Vous pouvez le couper en petits morceaux pour l'utiliser dans des sautés ou en gros morceaux ou en tranches pour faire du thé au gingembre. Le gingembre moulu que vous achetez au rayon des épices de votre épicerie est généralement utilisé pour la cuisson.

Les herbes et les épices séchées conservent les bienfaits des épices fraîches. Vous n'avez donc pas à vous borner à n'utiliser que les épices fraîches. Enfant, on vous a probablement offert du soda au gingembre lorsque vous étiez malade. Cette tradition tient de la longue histoire de l'utilisation du gingembre dans la médecine populaire pour soulager les problèmes gastriques et intestinaux.

Le safran

Le safran est une autre épice qui a un bon potentiel anti-inflammatoire. Le safran provient d'une variété de crocus. Le stigmate est la partie jaune vif, longue et plumeuse à l'intérieur de la fleur de crocus. Il y a quatre mille ans, le stigmate des fleurs de crocus de couleur pourpre était déjà examiné pour ses propriétés médicinales. Depuis ce temps, il est utilisé comme médicament, comme teinture, comme parfum, comme savon pour le corps et comme ingrédient en cuisine.

Il existe de plus en plus de données scientifiques selon lesquelles le safran interfère avec la vie des cellules cancéreuses. On a démontré en laboratoire que le safran, en plus de ses propriétés anti-inflammatoires, pouvait tuer les cellules malignes.

Le thé

Le thé a des propriétés anticancéreuses parce qu'il contient des catéchines (qui font partie de la famille des polyphénols appelés flavonols). Ces catéchines semblent limiter la création de nouveaux vaisseaux sanguins par les cellules cancéreuses. Le thé a également des propriétés anti-inflammatoires et constitue donc une double menace pour les cellules cancéreuses. Certaines sources sérieuses recommandent de boire trois tasses de thé vert japonais par jour.

Les aliments riches en fibres et en grains entiers

Les fibres sont un autre facteur nutritionnel qui semble prometteur pour réduire le taux de protéines C-réactives. Les fibres se trouvent principalement dans les aliments de grains entiers ainsi que dans les fruits, les légumes, les légumineuses, les noix et les graines. Les fibres passent à travers le système digestif et y répandent leurs bienfaits.

Premièrement, les fibres donnent le sentiment d'être rassasié, après un repas. Ce sentiment de satiété est important pour la perte de poids et le maintien du poids voulu. Deuxièmement, elles peuvent ralentir la hausse de la glycémie après le repas. L'indice glycémique, qui mesure les variations de la glycémie, est plus faible pour les aliments riches en fibres.

Les fibres solubles et non solubles

La plupart des aliments contiennent un mélange de fibres solubles et non solubles. Par exemple, le blé est plus riche en fibres non solubles. C'est pourquoi le son de blé est souvent recommandé pour soulager la constipation. Les fibres non solubles aident à réduire la taille des selles, ce qui leur permet de passer plus rapidement à travers le système digestif. Les muffins et les céréales au son sont utilisés depuis des années pour contrer la constipation et favoriser la régularité.

L'avoine et le son d'avoine sont plus riches en fibres solubles. Comme le nom l'indique, ces fibres sont solubles dans l'eau et forment un mélange gélatineux lorsqu'elles sont mélangées à de l'eau. Les fibres solubles aident à lier les acides biliaires qui retiennent le cholestérol et l'éliminent du corps. C'est pourquoi l'avoine et le son d'avoine sont recommandés pour les régimes hypocholestérolémiants. Quelques autres fibres solubles sont contenues dans le son d'orge, le psyllium et la pectine.

Les fibres et le cancer

La plupart des études sur le lien entre les fibres et le cancer se sont concentrées sur les cancers colorectal et du sein, mais d'autres cancers, comme ceux de la prostate, de l'estomac et de l'endomètre, sont également étudiés dans ce contexte.

Les fibres et le cancer colorectal

Les résultats des études sur le lien entre le cancer et les fibres sont mitigés. Des études d'observation ont démontré que le taux de cancer du côlon est plus faible dans les pays où l'apport en fibres est plus élevé. Des études de cas ont également démontré qu'un apport plus élevé en fibres est associé à un taux plus faible de cancer du côlon et de cancer colorectal. En revanche, des études d'intervention au cours desquelles on a soumis des personnes à un régime à faible apport en fibres ou à apport élevé en fibres n'ont montré aucune différence sur le plan des adénomes colorectaux.

Lorsque les fibres atteignent le gros intestin, elles ne sont pas digérées mais plutôt fermentées par les bonnes bactéries de notre tube digestif. Lorsque les fibres sont fermentées, elles sécrètent un produit appelé les acides gras à chaîne courte. Ces acides abaissent le pH et nourrissent les bonnes bactéries de l'intestin. L'un de ces acides gras à chaîne courte est appelé butyrate. Il a été démontré, dans une étude en laboratoire, que le butyrate arrête la croissance des cellules cancéreuses tout en fournissant de l'énergie aux cellules normales. En raison de la manière dont elles se comportent en laboratoire, il est raisonnable de penser que les fibres peuvent protéger le corps contre le cancer.

Le saviez-vous ?

L'apport en fibres

L'apport recommandé en fibres est de 25 grammes par jour pour les femmes adultes et de 38 grammes par jour pour les hommes. Les gens qui suivent un régime typiquement occidental en consomment moins – soit environ 14 grammes par jour. Pour augmenter votre apport en fibres, mangez davantage de fruits, de légumes, de grains entiers, de céréales à déjeuner riches en fibres, de légumineuses séchées, de noix et de graines.

Les fibres et le cancer colorectal

Des chercheurs du U.S. National Cancer Institute ont suivi 489 000 hommes et femmes âgés entre cinquante et soixante et onze ans pour déterminer le rôle des fibres dans le cancer colorectal. Lorsqu'ils se sont penchés sur les autres facteurs qui peuvent avoir un impact sur le risque de cancer colorectal (comme les viandes rouges, le folate alimentaire et l'apport en calcium), leur analyse a démontré qu'un apport plus élevé en fibres ne protégeait pas contre le cancer colorectal. Cependant, lorsqu'ils ont analysé les grains entiers en plus de l'apport en fibres, ils ont constaté que les patients qui avaient un apport plus élevé en grains entiers avaient un risque statistiquement réduit de cancer colorectal.

Les fibres et le cancer du sein

Dans une étude portant sur 698 survivantes du cancer du sein, les femmes ayant un apport plus élevé en fibres alimentaires avaient un taux moins élevé de CRP, un indicateur d'inflammation. L'apport en fibres non solubles était associé à un taux moins élevé de CRP.

Les grains entiers

Les grains entiers sont plus que des fibres. La graine de céréale, le grain ou la baie ont trois composants : le son, l'endosperme et le germe. Pour qu'un aliment soit considéré comme à grains entiers, il doit contenir ces trois parties dans la même proportion que celle qui existe à l'état naturel. Les grains entiers peuvent comprendre les grains traités dans lesquels les trois composants sont séparés puis réunis à nouveau.

Les grains entiers contiennent 75 % de nutriments en plus que les grains raffinés ainsi que des éléments phytochimiques, des antioxydants, des phytates, des phytoestrogènes, des stanols végétaux et des stérols, des vitamines, des minéraux et des composés phénoliques. Tous ces composants ont été associés à la prévention des maladies. L'indice glycémique faible des grains entiers est un autre de leurs avantages, car cela signifie une augmentation plus lente de la glycémie et une réponse insulinique modérée. Ces améliorations à l'environnement nutritionnel des intestins peuvent fournir une protection immunitaire au corps tout entier.

Les étiquettes des aliments

Lorsque vous achetez des grains, assurez-vous que ce sont des grains entiers. Pour ce faire, vous devrez lire les étiquettes attentivement.

Le département de l'Agriculture, aux États-Unis, utilise une estampille de gerbe sur fond doré. Si vous la voyez sur une étiquette, c'est que le produit contient 8 grammes de grains entiers par portion. Si l'étiquette indique « 100 % grains entiers », le produit contient 16 grammes de grains entiers par portion. L'estampille indique également qu'il faut consommer 48 grammes de grains entiers par jour ou plus. Depuis que le département de l'Agriculture a commencé à utiliser cette estampille, la consommation de grains entiers a augmenté aux États-Unis.

Au Canada, le pain, la farine et d'autres produits céréaliers peuvent porter l'étiquette « 100 % blé entier » mais contenir néanmoins des grains dont on a enlevé 5 % de la matière. Les parties qu'on retire sont habituellement le germe et une partie du son. Si vous voulez un produit 100 % grains entiers, recherchez la mention « grains entiers » et non « blé entier ». Le premier ingrédient devrait être « farine de blé à grains entiers » ou « farine de blé entier intégrale ».

Le livre *Céréales de grains entiers*, publié aux Éditions de l'Homme, est une excellente source d'information sur les grains entiers.

Différents types de grains entiers

Il existe un bon nombre de grains entiers que vous pouvez utiliser pour ajouter de la variété à votre alimentation. Consultez la partie 4 de ce livre pour des recettes à base de grains entiers et des conseils pour les apprêter.

Grain	Détails	Versions à grains entiers	Versions raffinées	Valeur nutritive
Amarante	Grains d'une plante ressemblant aux épinards	Graines d'amarante Farine d'amarante Flocons d'amarante		Bonne source de magnésium et de manganèse
Orge	Grain	Orge mondé Orge à grains entiers Gruau d'orge Farine d'orge Couscous d'orge	Orge perlé Orge mondé (moins raffiné que l'orge perlé, un meilleur choix)	Riche en fibres solubles, en manganèse et en sélénium
Sarrasin	Graines d'une plante ressemblant à la rhubarbe	Gruau de sarrasin (kacha) Farine de sarrasin		Sans gluten Contient tous les acides aminés essentiels, ce qui en fait une source de protéines de première qualité
Maïs	Maïs sucré ou maïs de grande culture	Maïs lessivé Gruau de maïs Semoule de maïs moulue sur pierre Gruau de maïs moulu sur pierre Maïs soufflé Semoule de maïs à grains entiers Masa harina	Farine de maïs Semoule de maïs	Sans gluten Contient des caroténoïdes, du bêta-carotène, de la lutéine et de la zéaxanthine
Larmes de Job	Grains d'une plante originaire de l'Asie	Hatomugi	Vendue dans les marchés asiatiques, la version raffinée est plus courante que la version à grains entiers	Sans gluten On peut se procurer des larmes de Job à grains entiers sur Internet et par correspondance
Millet	Possiblement la céréale la plus ancienne du monde	Grains de millet Farine de millet Grains de tef Farine de tef		Bonne source de magnésium

Grain	Détails	Versions à grains entiers	Versions raffinées	Valeur nutritive
Avoine	Céréale très répandue, utilisée pour faire du gruau et pour la cuisine	Gruau d'avoine Avoine épointée Flocons d'avoine Farine d'avoine		Riche en fibres solubles (bêta-glucane) Bonne source de manganèse
Quinoa	Grains d'une plante ressemblant aux épinards	Graines de quinoa (rouge, jaune ou noir) Farine de quinoa		Protéine complète (contient tous les acides aminés essentiels)
Riz	Céréale de base en Asie	Riz noir, rouge ou brun Riz brun étuvé (prétraité) Farine de riz brun Pâtes de riz brun	Riz blanc	Bonne source de manganèse, de magnésium et de sélénium
Seigle	Populaire en Amérique du Nord et en Europe	Grains de seigle Flocons de seigle Farine de seigle	Plusieurs pains de seigle contiennent surtout de la farine blanche raffinée	A tendance à avoir un indice glycémique plus faible que les produits à base de blé
Sorgho (milo)	Grain rond d'une plante d'origine tropicale populaire en Afrique et en Asie	Grains de sorgho Farine de sorgho		La farine de sorgho est utilisée pour faire le bhakri (un pain sans levain) en Inde
Tef	Variété de millet de couleur plus foncée et à la saveur plus prononcée	Grains de tef Farine de tef		Sans gluten Ingrédient essentiel pour faire le *injera*, un pain éthiopien
Triticale	Hybride du blé et du seigle	Grains Farine Flocons		Riche en protéines
Blé	Grain le plus répandu en Amérique du Nord, utilisé pour faire du pain, des pâtes et des céréales	Boulgour Couscous de blé entier Épeautre Blé amidonnier Kamut Grains de blé, ou fruit-graine Pâtes de blé entier	Couscous Épeautre perlé Épeautre semi-perlé Farine blanche Pâtes blanches	Bonne source de manganèse, de sélénium, de phosphore et de magnésium

Grain	Détails	Versions à grains entiers	Versions raffinées	Valeur nutritive
Riz sauvage	Grains d'une plante aquatique de l'Amérique du Nord	Riz sauvage		Plus riche en protéines que le riz ordinaire

Adapté de Judith Finlayson, *Céréales de grains entiers : 150 recettes pour tous les jours*, Éditions de l'Homme, 2008, avec la permission de l'auteure.

Les aliments à faible indice glycémique

L'indice glycémique est un outil qui sert à mesurer la rapidité avec laquelle le sucre des glucides va pénétrer dans le sang. Les glucides, aussi appelés saccharides, fournissent de l'énergie au corps sous forme de sucre. Les aliments sources de glucides sont par exemple les friandises (bonbons et pâtisseries), mais également les fruits, les légumes, les céréales, les légumineuses séchées et les produits laitiers.

Il existe plusieurs types de saccharides – par exemple, les monosaccharides ou sucres simples comme le glucose. Les disaccharides incluent le lactose, le sucre naturellement présent dans le lait et les produits laitiers. Le saccharose, aussi connu sous le nom de sucre de table, est un autre exemple de disaccharide. Les polysaccharides comprennent l'amidon, qu'on trouve dans le maïs, le riz, les pâtes, le pain, les céréales et autres grains. La plupart des glucides sont absorbés plus lentement que le glucose.

La circulation du glucose

Après qu'on a consommé des aliments contenant des glucides, le sucre des aliments est décomposé selon ses éléments constitutifs dont le plus petit est le glucose. Celui-ci est un petit sucre simple qui peut être absorbé par les parois des intestins et qui pénètre rapidement dans le système sanguin. Une fois dans le système sanguin, le glucose circule dans le corps et va là où il est nécessaire pour produire de l'énergie.

Afin que le glucose puisse quitter le système sanguin et entrer dans les cellules du corps, l'insuline doit «ouvrir la porte» de la cellule. L'augmentation graduelle de la glycémie permet au corps d'éliminer le glucose du système sanguin de façon efficace et de maintenir une glycémie normale, même après les repas. Une augmentation rapide de la glycémie impose un stress au pancréas, l'organe responsable de la fabrication et de la sécrétion de l'insuline.

Les bienfaits d'un indice glycémique faible

Les aliments dont l'indice glycémique est élevé pénètrent plus rapidement dans le système sanguin, alors que les aliments dont l'indice glycémique est faible mettent plus de temps à se décomposer dans le tube digestif et entrent donc plus lentement dans

Le saviez-vous?

Interpréter l'indice glycémique

Le glucose a reçu un indice glycémique de 100. Un indice glycémique élevé est de 70 ou plus, un indice glycémique moyen est de 56 à 69, et un indice glycémique faible est de 55 ou moins. Plus l'indice glycémique est élevé, plus l'aliment pénètre rapidement dans le sang. Selon la base de données sur l'indice glycémique de l'Université de Sydney, en Australie (www.glycemicindex.com), peu d'aliments se situent à un rang plus élevé que le glucose sur l'échelle de l'indice glycémique. Malheureusement, il n'y a pas moyen de connaître l'indice glycémique d'un aliment sans consulter la base de données. Il n'existe pas de système d'étiquetage pour vous aider (il existe un système d'étiquetage facultatif en Australie, mais pas dans les autres pays). En règle générale, il serait bon de consommer moins d'aliments raffinés.

le système sanguin. Les aliments dont l'indice glycémique est faible sont comme des sucres lents qui apportent un bon nombre de bienfaits. Parmi ces bienfaits, on note le maintien de la perte de poids, une sensibilité augmentée à l'insuline, une meilleure gestion du diabète, une réduction du risque de maladies du cœur, une amélioration du taux de cholestérol, une meilleure gestion du syndrome des ovaires polykystiques, une sensation de faim diminuée, un sentiment de satiété prolongé et une meilleure endurance physique.

La charge glycémique

Certains chercheurs croient que la charge glycémique est plus utile pour mesurer la valeur d'un aliment que l'indice glycémique utilisé seul.

Formule de calcul de la charge glycémique

On calcule la charge glycémique en multipliant l'indice glycémique d'un aliment par la quantité de glucides en grammes et en divisant le résultat par 100.

Par exemple, l'indice glycémique d'une banane mûre est de 51, et elle contient 25 grammes de glucides.

$$51 \times 25 \div 100 = 12,75$$

Ce nombre peut être arrondi à 13. Une banane a donc une charge glycémique de 13.

Une orange a un indice glycémique moyen de 43 et contient 11 grammes de glucides.

$$43 \times 11 \div 100 = 4,73 \text{ (arrondi à 5)}$$

Il est donc évident qu'une orange aura un impact moindre sur les systèmes du corps qui maintiennent la glycémie. Cela ne signifie pas que les bananes sont mauvaises pour vous. Il existe plusieurs façons de mesurer les bienfaits d'un aliment, dont les vitamines, les minéraux et les autres phytonutriments qu'il contient. La charge glycémique n'est qu'une partie du casse-tête.

La plupart des légumes ont un indice glycémique faible. Vous pouvez donc en consommer sans vous limiter et profiter des bienfaits des antioxydants, des nutraceutiques et des autres composants végétaux sans imposer de stress indu à votre système pour gérer la glycémie. La seule exception est la pomme de terre, qui a un indice glycémique plus élevé.

Ces recommandations pour un régime à faible indice glycémique sont conformes à celles de l'American Institute for Cancer Research pour réduire le risque de cancer.

Parole de survivante

Je pensais que je me sentais vraiment bien et je devenais ambitieuse. Puis je m'écroulais et tout le monde me demandait si tout allait bien.

FAQ

Q : Est-ce que le fait de manger des aliments à faible indice glycémique peut avoir un effet sur le cancer, sur sa progression et sur les effets secondaires des traitements ?

R : Une méta-analyse comprenant 37 études distinctes a permis de conclure que les régimes à indice glycémique élevé et à charge glycémique élevée augmentent le risque de cancer du sein, de diabète de type 2, de maladie du cœur, de trouble de la vésicule biliaire et de toute autre maladie.

L'indice glycémique des glucides courants

Ces aliments sont classés selon leur indice glycémique. La charge glycémique correspondante a également été calculée. Comme il ne s'agit pas d'une liste exhaustive, si vous voulez connaître l'indice glycémique des aliments que vous consommez, consultez la base de données en ligne, au www.glycemicindex.com.

Indice glycémique élevé = 70 et plus
Moyen = 56-69
Faible = 55 et moins

Source de glucides	Indice glycémique	Charge glycémique
Grains		
Pain de blé entier	69-78	8-10
Pâtes et nouilles	45-58	20-26
Pain pumpernickel	46-55	5-7
Boulgour (blé concassé)	48-53	11-12
Céréales All-Bran	38-51	8-12
Pain de son d'avoine à 50 %	44	8
Orge	27-29	9-11
Riz étuvé (prétraité)	38	14
Légumineuses		
Lentilles (vertes)	30-37	4-5
Pois chiches	31-36	9-11
Pois cassés	25-32	3-6
Édulcorants		
Glucose (dextrose)	100	10
Sucrose (sucre de table)	60-65	6-7
Sirop d'érable	54	10
Miel	44-52	8-11
Sirop d'agave	10-19	1-2

Source : www.glycemicindex.com. Pour calculer les intervalles, les valeurs les plus élevées et les plus basses de chaque catégorie ont été enlevées. Les aliments fabriqués au Canada, aux États-Unis et au Royaume-Uni étaient inclus ; les autres ont été exclus.

Les éléments nutritifs thérapeutiques

Les aliments contiennent des macronutriments (glucides, protéines et lipides) et des micronutriments (vitamines et minéraux). Pendant des années, ces éléments nutritifs étaient les composants sur lesquels on se basait pour déterminer si un régime était sain. Cependant, la science moderne se penche sur des pratiques de guérison traditionnelles d'un grand nombre de civilisations pour découvrir les pouvoirs de guérison des phytonutriments, des antioxydants, des probiotiques et des prébiotiques. Même s'il n'y a que peu d'essais cliniques sur les bienfaits de ces éléments nutritifs sur le cancer, un certain nombre d'études en laboratoire ont démontré qu'ils peuvent détruire les cellules cancéreuses dans une boîte de Pétri et chez les animaux souffrant de cancer. Le potentiel de ces éléments est passionnant et donne aux patients souffrant de cancer l'espoir que leurs choix nutritionnels ont un impact probable sur leur avenir.

Les nutraceutiques

« Nutraceutique » est un terme qui combine « nutrition » et « pharmaceutique ». Les nutraceutiques sont des nutriments qui ont des bienfaits médicaux autres que strictement nutritionnels. Dans les cas de cancer, certains nutraceutiques peuvent perturber le développement et la propagation des cellules cancéreuses, et d'autres peuvent réduire l'inflammation. Les composés nutraceutiques comprennent les vitamines, les minéraux, les herbes, les phytonutriments, les probiotiques et les prébiotiques. Ils peuvent être d'origine végétale, animale, marine et mircobienne.

Les aliments fonctionnels

La définition rapide et évidente est que les aliments fonctionnels ont plus d'une fonction. Le Food and Nutrition Board de

---

Éléments anticancéreux

- Les vitamines
- Les minéraux
- Les herbes
- Les phytonutriments
- Les antioxydants
- Les probiotiques
- Les prébiotiques

Recommandations pour consommer des aliments à faible indice glycémique

Régime alimentaire

Une bonne connaissance de l'indice glycémique vous permet de bénéficier d'une alimentation saine et équilibrée tout en faisant des choix sains et sans exclure des aliments importants.

1. Choisissez un aliment à faible indice glycémique par repas.
2. Réduisez vos portions de riz, de pâtes et de pommes de terre.
3. Combinez des aliments riches en protéines et des glucides à chaque repas et chaque collation.
4. Assurez-vous que vos pâtes sont *al dente* (ne les faites pas trop cuire).
5. N'évitez pas de consommer des glucides et ne suivez pas un régime faible en glucides – ils restreignent sans raison la consommation d'aliments sains comme les grains entiers et les fruits.
6. Mangez au moins cinq portions de légumes et de fruits non féculents par jour.
7. Mangez des grains entiers non transformés et limitez votre consommation d'aliments raffinés riches en amidon.

l'Institute of Medicine les définit comme « tout aliment ou ingrédient qui peut procurer des bienfaits sur la santé autres que ceux qui sont fournis par les nutriments traditionnels ». Ils comprennent donc les phytochimiques, les antioxydants, les probiotiques et les prébiotiques. On les appelle parfois des composés bioactifs. Par exemple, le yogourt probiotique, l'avoine, le chou et les œufs oméga-3 sont des aliments fonctionnels.

Action thérapeutique

Des scientifiques du University of Texas Cancer Center ont étudié comment les nutraceutiques interfèrent avec le développement des cellules cancéreuses. La formation d'un cancer met plusieurs années et implique une réaction en chaîne dans laquelle une cellule endommagée ne parvient pas à la mort cellulaire programmée et continue de grandir, construit sa propre réserve de sang et s'étend. Ce processus est favorisé par l'inflammation chronique. Il a été démontré en laboratoire que les nutraceutiques dérivés des épices, des légumineuses, des fruits, des noix et des légumes arrêtent les cellules cancéreuses à différentes étapes de leur cycle de vie.

Les aliments frais et transformés

Selon l'American Institute for Cancer Research, les fruits et légumes frais au sommet de leur maturité contiennent le plus haut taux de vitamines, de minéraux et de phytonutriments. Après la récolte, ces composants nutritionnels commencent à se détériorer à cause de l'exposition à la chaleur et à la lumière, du temps et de divers processus naturels. La fraîcheur est idéale, et acheter des produits locaux est une manière d'atteindre ce but. Les fruits et légumes surgelés le sont peu après la récolte ; leurs nutriments sont donc conservés. Dans certains cas, ils peuvent contenir plus de nutriments par rapport aux aliments frais, si ces derniers sont consommés plusieurs jours après leur récolte.

Le saviez-vous ?

Régime alimentaire de haute qualité

Trois ans après leurs traitements contre le cancer du sein, des femmes ont démontré une qualité de vie supérieure lorsque leur régime alimentaire était de meilleure qualité. Leur qualité de vie émotive était également meilleure, elles se sentaient sereines, heureuses et calmes. Sur le plan de la qualité de vie physique, elles n'avaient pas de douleurs, regorgeaient d'énergie et n'avaient pas de limitations dans leur vie sociale et professionnelle. Lorsque vous améliorez votre alimentation, vous ne montez pas seulement une défense contre les cellules cancéreuses dans votre corps, vous vous sentez bien par rapport à ce que vous mangez, ce qui vous fait vous sentir bien physiquement.

FAQ

Q : Qu'est-ce que la glutamine et comment peut-elle m'aider ?

R : La glutamine est un acide aminé (une composante de base des protéines). Elle est fabriquée par le corps et n'est donc pas un nutriment essentiel, mais elle peut le devenir lorsque le corps est envahi par la maladie – la glutamine est utilisée par les cellules cancéreuses, ce qui peut mener à une carence. Plusieurs études ont examiné l'utilisation de suppléments de glutamine sous forme de suppléments oraux ou de formules d'alimentation entérale ou parentérale pendant les traitements contre le cancer. Il a été démontré que ces suppléments améliorent le métabolisme et l'état général du patient sans favoriser la croissance du cancer. Discutez des glutamines avec votre équipe soignante. Elles sont bien tolérées et les effets secondaires sont minimes.

Lorsque les fruits et légumes sont mis en conserve, ils sont chauffés pour détruire les organismes nuisibles qui pourraient entraîner une détérioration. Ce procédé réduit la quantité de vitamine C, mais augmente la disponibilité du nutriment lyco-pène (dans les tomates en conserve, par exemple). Aussi, qu'ils soient frais, surgelés ou en conserve, visez à consommer au moins cinq portions de fruits et/ou de légumes chaque jour.

Les phytonutriments

«Phyto» est un préfixe d'origine grecque qui signifie «végétal». Un phytonutriment, ou phytochimique, est un élément nutritif pour les végétaux dont l'activité biologique favorise la santé humaine. Les phytonutriments font partie d'un groupe plus large de nutriments qu'on appelle nutraceutiques. Toutefois, les phytonutriments ne sont que d'origine végétale alors que les nutraceutiques peuvent être d'origine végétale, animale, marine ou microbienne. Les principales familles de phytochimiques sont les polyphénols, les terpènes, les composés sulfurés et la saponine. Ces familles sont divisées en classes et en sous-classes. Il existe environ 4 000 phytonutriments.

La plupart des cultures ont une histoire de médecine folklorique, et ces traditions forment la base de l'étude moderne des phytonutriments. Des milliers de

Le saviez-vous ?

De petits changements

Si vous êtes préoccupé à l'idée de manger cinq portions ou plus de fruits et légumes par jour, vous serez réconforté de savoir que de petits changements font toute la différence. Dans une étude sur la consommation de fruits et de légumes et le cancer du côlon, la plus grande amélioration, sur le plan de la réduction des risques, a été constatée lorsque les chercheurs ont comparé ceux qui consommaient une portion de fruits ou de légumes par jour par rapport à ceux qui n'en consommaient pas.

FAQ

Q : Les légumes cuits conservent-ils leurs bienfaits ?

R : La différence entre les légumes cuits et les légumes crus a été étudiée en lien avec le risque de cancer. Les études ont prouvé que les légumes cuits et crus sont associés à un risque moins élevé de cancer, mais que ce lien est plus puissant avec les légumes crus. Dans une étude portant plus spécifiquement sur les légumes crucifères et le cancer de la vessie, les chercheurs ont découvert qu'après avoir fait des ajustements quant aux comportements qui peuvent avoir une influence sur le risque de cancer de la vessie, comme le tabagisme, seule la consommation de légumes crucifères (brocoli, chou-fleur, chou, choux de Bruxelles, chou vert, feuilles de navet, feuilles de chou vert, feuilles de moutarde) était associée à une réduction du risque de cancer de la vessie. L'étude a également examiné les fumeurs de ce groupe, puisque le tabagisme est fortement associé au cancer de la vessie. Les gros fumeurs sont ceux qui ont bénéficié le plus de la consommation de légumes crucifères crus.

Dans une autre étude, les chercheurs ont mesuré la quantité de métaux toxiques et de polluants dans les légumes crus par rapport aux légumes cuits. Les résultats ont été mitigés : certains aliments en contenaient des quantités plus faibles lorsqu'ils n'étaient pas cuits, mais en général, la cuisson qui relâchait ou enlevait le gras des aliments réduisait la quantité de contaminants dans les aliments cuits.

phytonutriments ont été isolés et classés. Ils proviennent d'une variété de végétaux, dont les fruits, les légumes, les céréales, les légumineuses, les noix, les grains, les herbes et les épices.

Les phytonutriments ont de puissantes propriétés médicinales, et plusieurs d'entre eux sont à la base de l'industrie pharmaceutique moderne. L'écorce du saule blanc et l'if du Pacifique (*Taxus brevifolia*), par exemple, sont respectivement les précurseurs de l'aspirine et du taxol.

Mettez de la couleur dans votre assiette

Le tableau des pages 120 à 122 fournit d'excellents exemples de la manière dont les végétaux peuvent aider à lutter contre le cancer, mais vous n'avez pas besoin de connaître les noms des phytonutriments pour faire de bons choix. Une manière simple de combattre le cancer par l'alimentation est de mettre de la couleur dans votre assiette.

- **Vert** : pommes, avocats, raisins verts, melons miel, kiwis, limes, artichauts, asperges, brocoli, haricots verts, poivrons verts, légumes à feuilles alimentaires (comme les épinards).
- **Orange et jaune foncé** : abricots, cantaloups, pamplemousses, mangues, papayes, pêches, ananas, carottes, patates douces, poivrons jaunes ou oranges, maïs jaune.
- **Pourpre et bleu** : mûres sauvages, bleuets, pruneaux, raisins, aubergines, choux rouges, pommes de terre à chair violette.
- **Rouge** : cerises, canneberges, grenades, pamplemousses rouges ou roses, raisins rouges, melons d'eau, betteraves, poivrons rouges, oignons rouges, rhubarbe, tomates.
- **Blanc, jaune clair et brun** : bananes, poires brunes, dattes, pêches blanches, chou-fleur, champignons, oignons, panais, navets, maïs blanc.

Source : American Dietetic Association, *Eat Right with Color During Nutrition Month*, www.eatright.org.

Recommandations pour consommer des aliments riches en phytonutriments

1. Consommez de bonnes portions d'une variété d'aliments d'origine végétale chaque jour. La plupart des guides alimentaires recommandent une consommation généreuse de fruits et de légumes. Le guide *ChooseMyPlate,* publié par le département de l'Agriculture des États-Unis, suggère que la moitié de votre assiette devrait contenir des fruits et des légumes. Le *Guide alimentaire canadien* recommande aux adultes de consommer de 7 à 10 portions de fruits et de légumes par jour (de 7 à 8 pour les femmes et de 8 à 10 pour les hommes). Il suggère également qu'au moins la moitié de votre consommation de 6 à 8 produits céréaliers par jour soit des grains entiers. Au Royaume-Uni, le National Health Service suggère de manger au moins cinq portions de fruits et de légumes chaque jour et d'opter pour les grains entiers lorsque vous le pouvez.

2. Visez à atteindre au moins ce dernier nombre de portions par jour.

3. Puisque les phytonutriments sont responsables de la couleur des fruits et des légumes, choisir des aliments d'origine végétale colorés est une manière de vous assurer de consommer des phytonutriments.

Q : Qu'est-ce que le régime cru, et devrais-je le suivre pour m'aider à lutter contre le cancer?

R : Ce régime est également appelé régime crudiste et est basé sur la croyance voulant que les aliments devraient être de culture biologique, crus et non transformés. Le raisonnement qui sous-tend ce régime veut que les enzymes et les bactéries qui vivent sur la surface des aliments soient détruites lorsque ceux-ci sont cuits. Pour suivre ce régime alimentaire, vous devriez éviter les aliments cuits à plus de 104 °F (40 °C). Certains crudistes préconisent également un régime végétalien, alors que d'autres incluent le lait cru (non pasteurisé) et les produits laitiers à base de lait cru ainsi que la viande crue. Puisque les aliments ne peuvent être cuits, le riz et les grains sont mangés après qu'on les a fait tremper dans l'eau et germer. Certains partisans de ce régime permettent les aliments surgelés alors que d'autres sont contre.

Même si aucune étude n'a examiné le régime à base d'aliments crus par rapport à un régime traditionnel ou mixte, il existe des données selon lesquelles un régime qui comprend des légumes crus, particulièrement des légumes crucifères, peut avoir des bienfaits pour certaines populations. Présentement, il n'est pas prouvé qu'un régime entièrement à base d'aliments crus soit supérieur à un régime mixte dans le cadre de la réduction du risque de cancer.

Guide des substances nutritives des végétaux (phytonutriments)

Le tableau suivant illustre les bienfaits d'une variété d'aliments d'origine végétale dans le cadre de la lutte contre le cancer.

Phytonutriment	Source alimentaire	Effet anticancéreux en laboratoire
6-gingérol	Gingembre	Antioxydant Anti-inflammatoire Antiprolifératif Empêche la formation de nouvelles cellules sanguines
Allicine Sulfure de diallyle S-allylcystéine	Ail, oignons	Anti-inflammatoire Antiprolifératif Inhibe la formation de nouvelles cellules sanguines Augmente l'immunité
Apigénine	Céleri, persil	Antiprolifératif Restreint la croissance du cancer Restreint l'apport sanguin Favorise l'autodestruction des cellules cancéreuses
Bêta-carotène	Carottes, légumes aux feuilles vertes, citrouilles, huile de palme rouge	Antioxydant Anti-inflammatoire Antiprolifératif Favorise l'autodestruction des cellules cancéreuses
Acide caféique	Artichauts, poires, basilic, origan, thym	Anti-inflammatoire Antiprolifératif Restreint l'apport sanguin

Phytonutriment	Source alimentaire	Effet anticancéreux en laboratoire
Capsaïcine	Piments forts	Antiprolifératif Restreint l'apport sanguin Favorise l'autodestruction des cellules cancéreuses
Curcumine	Curcuma	Antioxydant Anti-inflammatoire Antiprolifératif Inhibe la formation de nouvelles cellules sanguines Favorise l'autodestruction des cellules cancéreuses Augmente l'immunité
Delphinidine	Grenades, fraises	Antioxydant Inhibe la formation de nouvelles cellules sanguines Favorise l'autodestruction des cellules cancéreuses
Épigallocatéchine gallate (EGCG)	Thé (davantage dans le thé vert que dans le thé noir)	Antioxydant Anti-inflammatoire Antiprolifératif Antimutagénique Restreint l'apport sanguin Favorise l'autodestruction des cellules cancéreuses
Génistéine	Germes de luzerne, pois chiches, arachides, soya	Antioxydant Anti-inflammatoire Antiprolifératif Inhibe la formation de nouvelles cellules sanguines Favorise l'autodestruction des cellules cancéreuses
Géraniol Limonène	Cerises, agrumes, raisins	Anti-inflammatoire Inhibe la croissance du cancer Inhibe la formation de nouvelles cellules sanguines Favorise l'autodestruction des cellules cancéreuses
Indole-3-carbinol	Légumes crucifères	Antiprolifératif Inhibe la formation de nouvelles cellules sanguines
Lutéine	Épinards	Antioxydant Inhibe la formation de nouvelles cellules sanguines Favorise l'autodestruction des cellules cancéreuses

Phytonutriment	Source alimentaire	Effet anticancéreux en laboratoire
Lutéoline	Carottes, céleri, poivrons verts, huile d'olive, origan, menthe poivrée, romarin, thym	Restreint l'apport sanguin
Lycopène	Oranges, papayes, tomates	Antioxydant Anti-inflammatoire Antiprolifératif Inhibe la formation de nouvelles cellules sanguines Augmente l'immunité
Proanthocyanidines A2, B1, C1	Fèves, baies, cacao, noix	Antioxydant Anti-inflammatoire
Quercétine	Pommes, baies, brocoli, oignons, persil	Anti-inflammatoire Antiprolifératif Restreint l'apport sanguin Favorise l'autodestruction des cellules cancéreuses
Resvératrol	Raisins	Antioxydant Anti-inflammatoire Antiprolifératif Inhibe la formation de nouvelles cellules sanguines Favorise l'autodestruction des cellules cancéreuses
Acide rosmarinique	Mélisse-citronnelle, origan, menthe poivrée, romarin, sauge, thym	Restreint l'apport sanguin
Sulforaphane	Brocoli, choux de Bruxelles, chou, chou vert, feuilles de moutarde, navet, cresson	Anti-inflammatoire Antiprolifératif Inhibe la formation de nouvelles cellules sanguines
Tangéritine	Zeste d'agrumes	Anti-inflammatoire Inhibe la croissance du cancer
Acide ursolique	Pelure de pomme, canneberges, pruneaux, basilic, origan, romarin, thym	Antiprolifératif Restreint l'apport sanguin
Vanilline	Café, gousses de vanille	Restreint l'apport sanguin
Zéaxanthine	Chou, oranges, pois	Antioxydant Anti-inflammatoire Favorise l'autodestruction des cellules cancéreuses

Sources : Aravindaram, K. et N.S. Yang, « Anti-inflammatory plant natural products for cancer therapy », *Planta Med*, 2010 ; 76(11) : 1103-17 ; et Gupta, S.C., J.H. Kim, S. Prasad et B.B. Aggarwal, « Regulation of survival proliferation, invasion, angiogenesis, and metastasis of tumor cells through modulation of inflammatory pathways by neutraceuticals », *Cancer Metastasis Rev*, 2010 ; 29(3) : 405-34.

Les antioxydants

Même si les résultats des études récentes sur les suppléments d'antioxydants ont été décevants, les données démontrent que les gens qui ont une alimentation contenant davantage d'antioxydants risquent moins de développer un cancer, et qu'une alimentation à base de végétaux est une bonne défense. Des études récentes ont indiqué que les antioxydants présents dans les aliments sont plus efficaces pour prévenir et traiter le cancer que les suppléments d'antioxydants.

L'oxydation

L'oxygène est une molécule qui participe à un grand nombre de réactions chimiques complexes, y compris le processus d'oxydation actif dans notre corps. Les substances chimiques contiennent des électrons et, dans la mesure du possible, ces substances luttent pour préserver un équilibre. Puisque l'oxygène (O_2) a deux électrons qu'elle peut donner, les substances chimiques naturelles du corps qui contiennent de l'oxygène sont souvent en cause dans une réaction appelée l'oxydation.

Les radicaux libres

Lorsqu'un électron passe d'une substance chimique à une autre, un produit qu'on appelle un radical libre peut en résulter. Les radicaux libres peuvent endommager le code génétique d'une cellule (ADN) ou la tuer. Certains nutriments présents dans notre alimentation, les antioxydants, neutralisent les radicaux libres qui peuvent endommager nos cellules. C'est la raison pour laquelle on croit que les antioxydants protègent notre santé.

Le saviez-vous ?

Avertissement sur les antioxydants

Dans un récent résumé analytique de toutes les recherches portant sur les antioxydants, les auteurs ont rapporté qu'aucun essai n'a produit de résultats qui justifieraient de recommander la prise de suppléments d'antioxydants aux gens qui tentent d'éviter le cancer. Cela dit, des suppléments d'antioxydants sont néanmoins offerts en vente libre dans un grand nombre de pharmacies et de magasins de produits naturels, et peuvent être achetés sur Internet. Mais ces suppléments ne sont pas recommandés par les professionnels en cancérologie, y compris l'American Institute for Cancer Research. Consommez plutôt des aliments riches en antioxydants.

FAQ

Q : Les produits de soya contiennent des phytonutriments, mais est-il sécuritaire d'en consommer pendant mon traitement contre le cancer du sein et pendant mon rétablissement ?

R : Le soya contient des isoflavones, un élément qui a des propriétés potentiellement anticancéreuses. En effet, l'une des raisons pour lesquelles le soya a attiré l'attention des chercheurs est le large écart entre les taux de cancer du sein et de cancer de la prostate en Amérique du Nord et ceux de la Chine et du Japon, où l'on consomme beaucoup de soya.

Malgré cela, un bon nombre de femmes qui ont reçu un diagnostic de cancer du sein à récepteurs d'œstrogène positifs et de femmes traitées par tamoxifène sont inquiètes de leur consommation de produits de soya parce qu'elles ont peur que le soya, en raison des phytoestrogènes qu'il contient, favorise la croissance de leur cancer. Cependant, quatre études récentes ont démontré que la consommation de soya n'a aucun effet négatif pour les femmes atteintes de cancer du sein à récepteurs d'œstrogène positifs, y compris celles qu'on traite par tamoxifène. En réalité, la consommation de soya entraîne des bienfaits. Toutes ces études sont énumérées dans la section des références de ce livre (page 310). Si la consommation de soya vous préoccupe, vous devriez en discuter avec votre équipe soignante.

Les sources alimentaires d'antioxydants

- Le bêta-carotène se trouve dans beaucoup d'aliments de couleur orange, dont les patates douces, les carottes, le cantaloup, les courges, les abricots, les citrouilles et les mangues. Certains légumes feuillus verts, dont les feuilles de chou vert, les épinards et le chou vert (kale), sont également riches en bêta-carotène.
- La lutéine, mieux connue pour ses bienfaits sur la santé des yeux, est abondante dans les légumes feuillus verts, comme les feuilles de chou vert, les épinards et le chou vert.

Principaux antioxydants

- Vitamine C
- Vitamine E
- Sélénium
- Lycopène
- Bêta-carotène

- Le lycopène est un antioxydant puissant qu'on trouve dans les tomates, les melons d'eau, les goyaves, les papayes, les abricots, les pamplemousses roses, les oranges sanguines et d'autres aliments. En Amérique, jusqu'à 85 % de l'apport quotidien en lycopène proviennent des tomates et des produits à base de tomate.
- Le sélénium est un composant minéral des enzymes antioxydantes. Les aliments d'origine végétale comme le riz et le blé sont les principales sources de sélénium dans la plupart des pays. Le taux de sélénium présent dans le sol, qui varie selon les régions, détermine celui qu'on trouvera dans les aliments cultivés dans ce sol. Les animaux qui mangent des grains ou des végétaux cultivés dans un sol riche en sélénium ont un taux de sélénium plus élevé dans leurs muscles. Aux États-Unis, les viandes et le pain sont des sources courantes de sélénium. Les noix du Brésil contiennent également une grande quantité de sélénium.

FAQ

Q : Puisque les antioxydants aident à lutter contre le cancer, ne serait-il pas utile de prendre une forte dose de suppléments d'antioxydants pendant mon traitement ?

R : La plupart des suppléments en vente dans les pharmacies et les magasins de produits naturels ont un taux élevé d'antioxydants. Un bon nombre d'oncologues déconseillent la prise de fortes doses d'antioxydants pendant la chimiothérapie ou la radiothérapie de peur qu'ils ne réparent les dommages oxydatifs des cellules cancéreuses, ce qui rendrait le traitement moins efficace. D'autres croient cependant que les antioxydants aident à protéger les cellules normales des dommages causés par le traitement.

En somme, on ne sait pas exactement si la prise de fortes doses d'antioxydants pendant le traitement amène plus de bienfaits qu'elle ne cause de dommages. Tant que nous n'en saurons pas davantage sur la prise d'antioxydants pendant le traitement contre le cancer, respectez l'apport quotidien recommandé. Si vous n'êtes pas sûr de la dose à prendre, consultez votre diététiste ou votre pharmacien.

FAQ

Q : La vitamine D peut-elle prévenir ou traiter le cancer ?

R : Un bon nombre d'études sont en cours pour examiner de plus près le rôle de la vitamine D dans la prévention et le traitement du cancer, mais il n'y a présentement pas de consensus sur l'apport recommandé en vitamine D pour les populations à haut risque de cancer. Il y a un potentiel à la fois de bienfaits et de dommages qui dépendent de la dose, du moment choisi, de la durée de l'exposition, du type de cancer, du style de vie et de la génétique. Jusqu'à ce que les études soient conclues, suivez les recommandations actuelles visant le grand public (voir page 57).

- Les aliments riches en vitamine A comprennent le foie, les patates douces, les carottes, le lait, les jaunes d'œuf et le fromage mozzarella.
- La vitamine C (acide ascorbique) se trouve en grande quantité dans de nombreux fruits et légumes, ainsi que dans les céréales, le bœuf, la volaille et le poisson.
- La vitamine E (alpha-tocophérol) est présente dans les amandes, dans un bon nombre d'huiles (huile de germe de blé, huile de carthame, huile de maïs, huile de soya) et dans les mangues, les noix, le brocoli, entre autres aliments.

Les probiotiques

Les probiotiques sont définis par l'Organisation des Nations unies pour l'alimentation et l'agriculture et l'Organisation mondiale de la Santé comme des « micro-organismes vivants qui, lorsqu'ils sont administrés en quantités adéquates, produisent un bénéfice pour la santé de l'hôte ». Le scientifique ukrainien Elie Metchnikoff (1845-1916) est reconnu pour avoir fait le lien entre la consommation d'aliments contenant des bactéries vivantes de type acidophilus et une augmentation de la longévité – résultat de son observation des paysans bulgares, qui consommaient du lait fermenté avec des bactéries lactobacilles et qui vivaient particulièrement longtemps. Dans un exposé de synthèse publié en 2004, des chercheurs ont noté qu'un certain nombre de probiotiques différents amélioraient le système immunitaire. Ces probiotiques étaient tous des bactéries lactobacilles, à savoir *L. casei*, *L. acidophilus*, *L. rhamnosus GG* et *Bifidobacterium bifidus*.

Le saviez-vous ?

Nommer et numéroter les probiotiques

Les noms des bactéries, souvent donnés en latin, comportent trois parties. Le premier mot est le genre, par exemple *Lactobacillus*, qui est parfois abrégé à une lettre, soit *L*. Il est suivi du nom de l'espèce, comme *rhamnosus*. Le dernier mot décrit la souche, par exemple *GG*. Différentes souches ont différents effets sur le corps.

FAQ

Q : J'ai entendu dire que l'huile de coco est bonne pour la santé. Est-ce vrai ?

R : La noix de coco est une source de nourriture importante pour les gens qui vivent dans les pays tropicaux et qui fournit de la « chair », de l'huile, du lait et du jus. Elle a été utilisée en médecine traditionnelle pour soigner divers maux. L'huile de coco est de plus en plus populaire et est vendue dans beaucoup de magasins de produits naturels. Son profil d'acides gras est unique parce qu'il contient de l'acide laurique, un acide gras naturellement présent dans le lait maternel humain.

Il n'existe pas de preuve selon laquelle l'huile de coco protège contre le cancer. D'ailleurs, elle est riche en gras saturés, ce qui peut favoriser les maladies du cœur. Même si elle peut faire partie d'une alimentation saine, elle ne mérite pas plus qu'un usage occasionnel. L'American Dietetic Association et Les diététistes du Canada recommandent aux consommateurs de réduire leur apport en graisses saturées et en gras trans, puis d'augmenter leur apport en gras oméga-3.

Les aliments probiotiques

- Yogourt et yogourt à boire
- Kéfir
- Babeurre
- Cornichons (cornichons à l'aneth ou aigre-doux)
- Kimchi
- Tempeh

La choucroute, le vin, la bière, le vinaigre, les cornichons achetés à l'épicerie, le pain au levain et les viandes fermentées sont faits avec des bactéries vivantes, mais il n'y a habituellement pas de culture active dans le produit au moment où vous le consommez en raison de la façon dont les aliments sont faits.

Les probiotiques sont mesurés en utilisant leurs UFC, ou unités formant colonies. Ce ne sont pas toutes les bactéries qui doivent être considérées comme des probiotiques. Premièrement, la bactérie probiotique doit être d'une souche qui peut survivre à l'acide gastrique et à la bile. Deuxièmement, elle doit être présente en assez grande quantité pour coloniser les intestins. Par exemple, même si tous les yogourts sont faits de cultures bactériennes vivantes, ils ne sont pas tous conformes à la définition des probiotiques de l'OMS.

Le lien avec le cancer

Des chercheurs ont étudié les probiotiques pour savoir comment ils pourraient réduire le risque de cancer. Premièrement, ils améliorent le système immunitaire. Deuxièmement, les probiotiques décomposent les agents cancérigènes et produisent des composés chimiques qui empêchent la mutation des cellules cancéreuses. Troisièmement, ils réduisent le pH du côlon et des selles, ce qui

FAQ

Q : Qu'est-ce qu'un régime macrobiotique ?

R : Dans le cadre d'un régime macrobiotique, on recommande de manger des aliments locaux consommés en saison. On recommande également de restreindre la consommation d'aliments transformés, d'aliments de la famille des solanacées (tomates, poivrons, pommes de terre, aubergines, épinards, betteraves et avocats), de noix tropicales (noix du Brésil, noix de cajou, noisettes, noix macadamia et pistaches), de tous les fruits tropicaux (bananes, noix de coco, dattes, figues, mangues, papayes, ananas et agrumes), de viandes rouges, de volailles, de produits laitiers, d'édulcorants, de café, de thé, de boissons froides et d'eau du robinet. Le régime macrobiotique aborde également la manière de manger et recommande d'éviter les excès alimentaires et de mastiquer minutieusement les aliments avant de les avaler.

Même s'il y a eu des allégations selon lesquelles un régime macrobiotique peut réduire le risque de cancer, aucun essai clinique sur des échantillons aléatoires et contrôlés ne le prouve. En revanche, les restrictions alimentaires touchant un bon nombre de fruits et de légumes sont en contradiction avec les données scientifiques selon lesquelles les aliments d'origine végétale sont bénéfiques pour réduire le risque de cancer. Le respect scrupuleux d'un régime macrobiotique n'est pas recommandé pendant le traitement contre le cancer et la période de rétablissement.

aide à prévenir le développement du cancer. (L'échelle des pH est utilisée pour mesurer les niveaux d'acide et l'alcalinité. Lorsque le pH du côlon est faible, il peut prévenir la croissance et le développement de bactéries de putréfaction.) Les cancers qui ont jusqu'ici été étudiés et qui ont montré des résultats positifs à la suite d'un traitement aux probiotiques sont le cancer du côlon et celui de la vessie.

Les prébiotiques

Les prébiotiques sont les « aliments » dont se nourrissent les probiotiques, particulièrement les espèces *Lactobacillus* et *Bifidobacterium*. Les prébiotiques sont des fibres que les bonnes bactéries fermentent comme source de nourriture. Ils ont également des avantages pour le système digestif, puisqu'ils augmentent le poids des selles, réduisent le pH du côlon, améliorent l'absorption des minéraux et, surtout, favorisent le système immunitaire.

Aussi connus sous le nom de fructosanes, ils sont un groupe de sucres naturels que l'on trouve dans les oignons, les bananes, le blé, les artichauts et l'ail. Ils sont également extraits de la racine de chicorée (qui produit une substance appelée inuline) ou manufacturés à partir de la sucrose pour l'industrie alimentaire. Ils sont à la base des suppléments de fibres et sont ajoutés aux aliments enrichis en fibres.

Les prébiotiques et le cancer

Il a été démontré que les prébiotiques stimulent la croissance et l'activité de la bactérie bifidus et des lactobacilles tout en réduisant l'activité des bactéries nuisibles.

Dans des études expérimentales sur les animaux, les rats nourris de prébiotiques (inuline enrichie en oligofructose) avaient moins de lésions précancéreuses. C'était également le cas lorsque les prébiotiques et les probiotiques étaient combinés et administrés ensemble. Ce traitement a également amélioré leur système immunitaire.

Dans le cadre d'études sur des sujets humains, on a donné à 80 patients ayant des antécédents de cancer du côlon ou de polypes un prébiotique (inuline enrichie en oligofructose) et un probiotique (*Bifidobacterium lactis Bb 12* et *Lactobacillus rhamnosus GG*) pendant douze semaines. Les sujets ont vu une augmentation du nombre de bactéries bénéfiques dans le côlon et une diminution du nombre de bactéries nuisibles. Il y avait donc moins de dommages causés à l'ADN du côlon et moins de polypes.

Pour obtenir un effet prébiotique par votre alimentation, visez à consommer de 2,5 à 5 grammes de fibres prébiotiques comme l'inuline chaque jour. Mangez davantage d'oignons, de bananes, de blé, d'artichauts, d'ail, de yogourt et de kéfir.

Les aliments à éviter ou à limiter

Il a été prouvé que certains aliments favorisent la croissance des cellules cancéreuses. Ces aliments - qui comprennent les boissons sucrées, les aliments riches en énergie, les viandes rouges, les viandes transformées, les boissons alcooliques et le sel - doivent être évités ou limités.

Éviter les boissons sucrées

Ces boissons incluent les boissons gazeuses et les boissons fruitées. Les jus non sucrés sont permis, mais vous devriez limiter votre consommation à 1 tasse (250 ml) par jour. Lisez les étiquettes pour vous assurer que vous achetez un jus non sucré et non une boisson, un punch ou un cocktail aux fruits. On utilise ces formulations pour indiquer qu'on a ajouté du sucre.

Éviter les aliments riches en énergie

Ce sont habituellement des aliments transformés – la restauration rapide, les beignets, les petits gâteaux, les gâteaux, les friandises, les croustilles et autres grignotines salées – qui contiennent du sucre et des gras ajoutés et très peu de fibres. La meilleure façon d'éviter ces aliments est de les bannir de la maison. Gardez votre maison, votre voiture et votre espace de travail à l'abri de la tentation.

Limiter la consommation de viandes rouges

Ne mangez pas plus de 18 oz (510 g) de viande rouge par semaine. Les viandes rouges comprennent le bœuf, le porc, l'agneau et la viande de chèvre, et cette quantité correspond au poids de la viande lorsqu'elle est cuite.

Déterminez combien de fois par semaine vous prévoyez manger des viandes rouges. Si vous en consommez chaque jour, vous devriez restreindre votre portion à 2 ½ oz (70 g) par jour. Si vous en mangez quatre jours par semaine, vous devriez restreindre votre portion à 4 ½ oz (125 g) par jour. N'oubliez pas d'inclure les viandes rouges que vous pourriez consommer au dîner et au souper.

FAQ

Q : Devrais-je éviter le sirop de maïs à haute teneur en fructose ?

R : Il y a différents types de sucres dans nos aliments. Les noms des sucres se terminent avec le suffixe « ose ». Le saccharose est une combinaison de deux sucres simples appelés glucose et fructose. Le sirop de maïs à haute teneur en fructose est fait à partir de sirop de maïs, qui est normalement du glucose, mais une enzyme est ajoutée au sirop de maïs et convertit une partie du glucose en fructose. Il existe deux types de sirop de maïs à haute teneur en fructose (appelé glucose-fructose au Canada et au Royaume-Uni) : le sirop de maïs à haute teneur en fructose de catégorie 42 (42 % de fructose et 53 % de glucose) et celui de catégorie 55 (55 % de fructose et 42 % de glucose).

Aucune preuve ne lie le sirop de maïs à haute teneur en fructose au cancer, mais des études ont démontré qu'une alimentation composée d'aliments riches en fructose peut causer un gain de gras viscéral, augmenter l'insulinorésistance et causer un niveau élevé de triglycérides dans le sang et le foie. L'American Cancer Society note que « le sucre fait augmenter l'apport calorique, sans toutefois fournir de nutriment qui réduit le risque de cancer. En favorisant l'obésité et en élevant la glycémie, un apport élevé en sucre peut indirectement faire augmenter le risque de cancer... Limiter la consommation d'aliments riches en sucre comme les gâteaux, les bonbons, les biscuits, les céréales sucrées et les boissons riches en sucre telles que les boissons gazeuses peut aider à réduire l'apport en sucre ».

La viande crue perd habituellement 25 % de son poids pendant la cuisson. Lorsque vous mangez au restaurant et que le menu affiche un steak de 8 oz (225 g), il s'agit du poids de la viande crue. C'est également le cas lorsque vous achetez de la viande crue à l'épicerie. Pour déterminer si la quantité que vous achetez respecte la limite de 18 oz (510 g) par semaine, vous pouvez estimer le poids de la viande cuite. Par exemple, 6 oz (170 g) de viande crue donnerait environ 4½ oz (125 g), une fois la viande cuite.

Prenez également en considération le nombre de personnes qui vont manger de la viande. Si vous êtes trois personnes à la maison et que vous achetez 2 lb (900 g) de viande hachée, divisez ce nombre par trois pour avoir une idée de votre portion. Une fois la viande cuite, elle perdra 25 % de son poids et donnera donc des portions de 7½ oz (215 g).

FAQ

Q : Vous recommandez de manger du poisson, mais devrais-je m'inquiéter des toxines présentes dans le poisson, comme le mercure et les BPC ?

R : Le poisson est une excellente source de protéines, mais comme de nombreux aliments, de nos jours, il peut avoir été exposé à des contaminants. Les deux principaux contaminants qu'on associe au poisson sont le méthylmercure et les BPC (biphényles polychlorés). Même si les BPC sont interdits depuis la fin des années 1970, il en reste toujours dans l'environnement.

Le méthylmercure et les BPC remontent la chaîne alimentaire, depuis les bactéries jusqu'au plancton, puis dans les petits poissons et finalement dans les gros. Les BPC causent des perturbations hormonales et ils sont liés au cancer, et le méthylmercure est une neurotoxine.

Vous pouvez réduire votre exposition à ces contaminants en mangeant des aliments qui se situent plus bas dans la chaîne alimentaire et en choisissant la bonne méthode de cuisson. Limitez votre consommation de grands poissons prédateurs comme le requin, l'espadon, le thon frais ou congelé, les macaires, l'hoplostète orange et l'escolar à environ 5 oz (150 g) par semaine. Lorsque vous achetez du thon en conserve, limitez votre consommation de miettes de thon blanc et achetez plutôt du thon à nageoires jaunes, du thon listao ou du tongol, qui portent souvent l'étiquette « thon pâle ».

Optez pour une méthode de cuisson qui permet d'évacuer le gras des aliments. Dans le cas du poisson, vous pouvez le faire griller, le cuire au four, le pocher, mais évitez de le frire. Jetez les organes internes, la peau et le gras visible.

Les poissons, les mollusques et les crustacés sont riches en acides gras oméga-3, qui ont des propriétés anti-inflammatoires. Les sardines, le maquereau, le hareng, les anchois, le capelan, l'ombre, la merluche, le mulet, la goberge, la truite arc-en-ciel, le grand corégone, le crabe bleu, les crevettes, la mye, les moules, les huîtres et le saumon ont une faible teneur en méthylmercure.

Les autres poissons, mollusques et crustacés qui sont sûrs, selon Santé Canada, sont la morue, l'aiglefin, le flétan, la sole, les pétoncles, le calmar, le vivaneau, la perche, le bar et le tilapia.

Pour des renseignements sur les poissons que vous pouvez pêcher vous-même, communiquez avec l'autorité provinciale compétente en matière de santé.

Éviter les viandes transformées

Il n'existe pas de limite pour la consommation de viandes transformées, mais plutôt une recommandation nette de les éviter, parce que les agents de conservation utilisés dans les viandes transformées peuvent mener au développement de cellules cancéreuses. Les viandes transformées incluent les viandes froides, le bacon, les saucisses à hot-dogs et autres saucisses.

Limiter la consommation de boissons alcooliques

Limitez votre consommation à deux verres par jour si vous êtes un homme et à un verre par jour si vous êtes une femme. Le fait de boire de l'alcool augmente le risque de cancer de la bouche, de la gorge, du larynx, de l'œsophage, du foie et du sein. La combinaison de l'alcool et du tabagisme semble particulièrement dommageable. Si vous choisissez de consommer de l'alcool, la teneur en nutraceutiques du vin rouge en fait un meilleur choix, mais la quantité doit tout de même rester limitée.

Limiter la consommation de sel

Le sodium (sel) est lié à un risque plus élevé de cancer de l'estomac. Essayez de maintenir votre consommation de sodium en dessous de 2 400 milligrammes par jour. Lisez les étiquettes des aliments et respectez cette limite. Un bon nombre de repas offerts

Le saviez-vous ?

Magasiner en périphérie

Pour éviter d'acheter des aliments nuisibles pour la santé, privilégiez des aliments provenant du pourtour de votre épicerie. Ce faisant, vous achetez des aliments des sections des fruits et légumes, de la boulangerie, des viandes fraîches, des poissons et fruits de mer et des produits laitiers. Les allées des épiceries tendent à contenir davantage d'aliments transformés, qui sont plus riches en sodium.

FAQ

Q : Lorsque je cuisine avec de l'huile végétale, est-ce que je crée des « mauvais » gras, des gras trans ?

R : Non. Pour faire du gras trans, l'huile doit être chauffée à très haute température et en présence d'hydrogène gazeux. Vous risquez toutefois d'accélérer le processus d'oxydation lorsque vous chauffez l'huile végétale. Pour limiter cet effet, évitez de faire brûler les huiles ou de les faire chauffer à leur point de fumée (le point auquel elles commencent à faire de la fumée). Ce point de fumée est différent selon le type d'huile, ajustez donc la chaleur en conséquence. Voici quelques recommandations pour cuisiner avec de l'huile.

1. Pour la friture à haute température, jusqu'à 500 °F (260 °C), optez pour l'huile de canola, d'amandes, de noyaux d'abricot, d'arachide ou de soya.

2. Pour les sautés et la cuisson à moins de 375 °F (190 °C), optez pour l'huile de canola, de noix ou de sésame.

3. Pour les sautés légers et la cuisson à moins de 320 °F (160 °C), optez pour l'huile d'olive ou pour les huiles utilisées pour la cuisson à plus haute température.

4. Pour les sauces et les vinaigrettes à salade, lorsque la cuisson n'est pas requise, optez pour l'huile de graine de lin, de chanvre ou de germe de blé.

Source : O. Izakson, « Oil right: Choose wisely for heart-healthy cooking (Eating Right) », *E: The Environmental Magazine*, 2003 Mar-Apr.

dans les restaurants contiennent plus de sodium que les repas que vous préparez à la maison. Vous devriez limiter vos sorties au restaurant.

Les aliments génétiquement modifiés

Les aliments provenant d'organismes génétiquement modifiés (OGM), ou transgéniques, issus de la biotechnologie sont des végétaux ou des animaux dont on a modifié le patrimoine génétique en greffant un brin d'ADN d'une autre plante, d'un autre animal ou d'une autre bactérie pour leur attribuer des caractéristiques spécifiques.

Les défenseurs des aliments transgéniques voient les cultures résistantes aux organismes nuisibles comme un avantage pour les agriculteurs. Le maïs transgénique, par exemple, a été développé pour résister aux insectes – dans ce cas, la pyrale du maïs et la chrysomèle des racines du maïs. Le résultat est une diminution de la population de pyrales du maïs. Les modifications génétiques ne semblent pas avoir d'effet négatif sur l'alimentation ou sur les allergies pour les humains. Ni l'American Cancer Society ni la Société canadienne du cancer n'affichent d'avertissement sur leur site Web.

FAQ

Q : Est-ce que je peux toujours manger des viandes cuites sur le barbecue ou grillées, pendant mon traitement contre le cancer ?

R : Le développement des cancers du sein, du pancréas et de la prostate est associé à la consommation de viandes bien cuites ou carbonisées. Lorsque vous faites cuire ou griller votre viande sur le barbecue en utilisant du charbon de bois, la chaleur forte fait fondre le gras de la viande qui coule ensuite sur le charbon. Lorsque le gras touche le charbon ardent, il forme un composé appelé hydrocarbure aromatique polycyclique (HAP), un cancérigène. La fumée contenant du HAP s'élève et s'attache à la viande. Vous pouvez réduire votre exposition à ces cancérigènes en faisant mariner votre viande avant de la faire griller. Les marinades qui contiennent des phytonutriments (des composés végétaux sains) sont préférables. Ces phytonutriments comprennent l'ail, l'huile d'olive, le jus de citron, les herbes et les épices. Voici quelques recommandations pour faire griller la viande.

1. Si la viande est maigre, moins de gras fondra et coulera sur le charbon. Optez donc pour les viandes maigres.

2. Optez pour les pièces de viande plus petites et plus fines, puisqu'elles cuisent plus rapidement. Vous pouvez également faire cuire la viande partiellement au four, puis la faire griller pour terminer la cuisson.

3. Retournez souvent la viande.

4. Si des bouts sont carbonisés, enlevez-les.

5. Étendez une feuille d'aluminium sur la grille et percez-y quelques trous. De cette manière, la fumée qui s'élève ne peut s'attacher à la viande.

6. Faites griller votre viande à feu moyen ou moins. Lorsque la viande est cuite ou bien cuite, elle contient davantage de composés cancérigènes. Ce n'est cependant pas le cas pour les légumes – même lorsqu'ils sont noircis, ils sont sûrs.

- Cultures transgéniques approuvées (Canada): maïs, pomme de terre, soya, canola, lin, betterave à sucre, luzerne, coton, blé, riz, papaye, tomate et courge (Yellow Crookneck).
- Autres cultures transgéniques approuvées (États-Unis): chicorée, tabac et produits laitiers (certaines vaches, aux États-Unis, reçoivent des injections d'hormones de croissance recombinantes bovines).

Les risques environnementaux

Les cultures génétiquement modifiées peuvent se reproduire avec différentes espèces du patrimoine naturel sauvage, ce qui réduit la biodiversité. Les «mauvaises herbes» peuvent aussi devenir résistantes aux herbicides, ce qui donne des «super mauvaises herbes». Il y a davantage de résidus de produits chimiques de synthèse dans les aliments génétiquement modifiés. D'ailleurs, à cause des inquiétudes sur le plan de la santé et de l'environnement, l'Union européenne a interdit les produits génétiquement modifiés jusqu'en 2010, année où une variété de pomme de terre génétiquement modifiée a été approuvée. Les aliments génétiquement modifiés ne sont pas étiquetés comme tels, ils sont donc difficiles à éviter. Cependant, les produits étiquetés «certifié biologique» ne peuvent contenir d'ingrédients génétiquement modifiés. Donc, pour éviter les aliments génétiquement modifiés, optez pour les versions biologiques de cultures dont la version transgénique est approuvée. L'un des principaux avantages d'éviter de manger des aliments OGM serait de moins s'exposer à des résidus chimiques de synthèse.

Parole de survivante

Je mange bio le plus possible, mais quand on est fatiguée, on n'a pas toujours l'énergie d'aller chercher des aliments biologiques.

Les besoins nutritionnels des patients recevant des soins palliatifs

Les patients qui reçoivent des soins palliatifs et qui ont une maladie métastatique ont des besoins nutritionnels variés. Dans le cas de ceux qui ont tout de même une bonne qualité de vie, il serait prudent de se concentrer sur les aliments et leurs nutriments bénéfiques pour continuer à lutter contre le cancer et renforcer le système immunitaire à l'échelle cellulaire.

Chez les patients parvenus au stade avancé de la maladie et dont la santé globale est en déclin, c'est-à-dire qui perdent l'appétit, qui ne se sentent pas bien la plupart du temps et qui ne répondent plus au traitement, le traitement sera moins radical. La chimiothérapie, la radiothérapie et les autres formes de traitement seront arrêtées, particulièrement si les effets secondaires sont importants. Les soins médicaux ne viseront plus à guérir la maladie, mais à alléger les symptômes et l'inconfort.

Sur le plan nutritionnel, pour les patients qui souffrent de diabète, les cibles glycémiques pourraient ne pas être aussi serrées, et pour les patients qui souffrent d'une maladie du cœur, le régime alimentaire visant à favoriser la santé du cœur ne sera pas nécessaire. Les restrictions en sodium pourraient continuer d'être respectées, puisqu'une accumulation de fluide pourrait compromettre le confort, mais les patients peuvent manger ce qu'ils veulent et se régaler de friandises et d'aliments plus riches en gras s'ils le souhaitent.

FAQ

Q : Est-il sûr de consommer de la graine de lin, si j'ai le cancer du sein ?

R : La graine de lin est riche en acide alpha-linolénique (ALA), un acide gras oméga-3, et en lignanes végétaux, qui sont transformés par les bactéries du côlon en composés faibles en œstrogènes et en anti-œstrogènes. Dans ses travaux, la chercheure Lilian Thompson, de l'Université de Toronto, a établi que la graine de lin et l'huile de graine de lin n'interfèrent pas avec le tamoxifène, mais augmentent plutôt son efficacité chez les souris atteintes du cancer du sein humain. Les études les plus récentes suggèrent que les aliments à base de lin n'ont pas d'effets négatifs sur le pronostic du cancer du sein. Des études sur les animaux ont prouvé que la combinaison de la graine de lin (pour les lignanes) et du soya (pour l'isoflavone) est plus efficace que le soya utilisé seul pour ralentir la croissance des tumeurs du sein.

Troisième partie
Menus pour la gestion des effets secondaires

Exemples de menus quotidiens

Il n'existe pas de régime unique pour les patients souffrant de cancer. L'approche nutritionnelle a plutôt pour but de minimiser les effets secondaires. Les plans de menus qui ont été sélectionnés pour ce livre sont basés sur les commentaires les plus courants des patients à ce propos. Ces menus sont des exemples, vous n'avez donc pas besoin de les suivre à la lettre. Vous pouvez leur apporter des changements, du moment qu'ils ne contredisent pas les recommandations qui concernent vos symptômes. Des recettes pour certaines propositions de repas et de collations sont incluses dans ce livre. Vous les trouverez en utilisant la section des références.

Parole de survivante

Demandez à un parent de communiquer avec les autres membres de votre famille et vos amis à propos des aliments qu'il est préférable de vous apporter. De cette façon, vous ne recevrez pas tout le même jour, et ce ne sera pas toujours les mêmes aliments.

Parole de survivante

Je conseillerais aux gens qui subissent des traitements de radiothérapie de veiller à rester bien hydratés.

Menu 1

Plan de repas pour contrer la diarrhée

Quelle que soit la cause de la diarrhée, les recommandations pour aider à la gérer sont les mêmes. Puisque ce plan de repas met de côté plusieurs aliments bénéfiques pour la santé (les grains entiers ainsi qu'un bon nombre de fruits et de légumes), suivez-le de façon temporaire, jusqu'à ce que vos selles reviennent à la normale. Il n'est pas recommandé de suivre ce plan une fois la situation rétablie. Si vous avez perdu du poids, votre priorité sera de maîtriser la situation, puis d'opter pour des aliments qui vous aideront à retrouver votre poids.

Directives générales
- Consommez des fibres solubles.
- Évitez les fibres insolubles.
- Évitez les fruits et les légumes crus (sauf les bananes).
- Évitez les aliments gras ou épicés.
- Consommez des aliments qui aideront à solidifier l'excès de fluides et à donner des selles formées.
- Évitez de consommer du lait ou des aliments contenant du lactose si vous pensez souffrir d'une intolérance temporaire au lactose.
- Optez pour des aliments riches en sodium et en potassium pour favoriser le remplacement électrolytique.
- Essayez de boire assez de liquides pour rester hydraté.
- Évitez le café, les sucreries et le sorbitol (présent dans les aliments sans sucre).

Repas	Aliment	Substitution	Pourquoi cette recette?
Déjeuner	Riz du déjeuner (page 159)	Utilisez du riz blanc à grains courts en remplacement du riz brun. Servez avec une compote de pommes plutôt qu'un fruit séché.	Le riz blanc à grains courts et la compote de pommes font partie du régime BRAT (bananes, riz, compote de pommes, pain grillé).
Collation du matin	Pain au son d'avoine avec beurre d'arachide crémeux	Utilisez du pain blanc si vous ne trouvez pas de pain au son d'avoine.	Le son d'avoine contient des fibres solubles. Le beurre d'arachide crémeux aide à former les selles.
Dîner	Pain doré	Utilisez du pain blanc ou du pain au son d'avoine plutôt que du pain de grains entiers.	Les protéines faibles en gras, comme les œufs, sont généralement bien tolérées. La farine blanche est bien tolérée et le son d'avoine fournit des fibres solubles.
Collation de l'après-midi	Yogourt probiotique et banane	Si possible, optez pour du yogourt sans sucre.	Les bactéries probiotiques peuvent aider à contrer la diarrhée. Les bananes contiennent des fibres prébiotiques.
Souper	Poisson pané au four (page 200) Purée de pommes de terre en casserole (page 246)	Saupoudrez le poisson de sel, pour plus d'électrolytes. Optez pour du lait sans lactose si vous êtes plus sensible au lactose.	Les protéines faibles en gras, comme le poisson, sont généralement bien tolérées. Les pommes de terre pelées sont généralement bien tolérées. Le fromage peut causer la constipation, ce qui peut aider à contrer la diarrhée.
Collation du soir	Biscuits soda salés et cheddar fort	Choisissez un autre fromage affiné, si désiré.	Le sel des biscuits soda et le fromage fournissent des électrolytes. La farine blanche des biscuits soda est bien tolérée. Le fromage peut causer la constipation, ce qui peut aider à contrer la diarrhée.

Menu 2

Plan de repas liquides et mous

Ce plan de repas est recommandé si vous souffrez de nausées, de douleurs à la bouche ou à la gorge, de déshydratation, ou si vous avez peu d'appétit. Il est conseillé pour plusieurs raisons. La plupart des patients trouvent les aliments liquides plus attirants que les aliments solides, et les aidants naturels n'ont pas à s'inquiéter du fait que le patient n'ait pas mangé assez de pommes de terre et de viande, puisqu'on peut consommer suffisamment de protéines et de calories en mangeant des aliments mous ou liquides. Ce plan propose à la fois des aliments nutritifs et liquides. Il est approprié pour ceux qui ont des douleurs à la bouche ou à la gorge, puisqu'il n'est pas nécessaire de mastiquer et que les liquides restent moins longtemps dans la bouche que les aliments solides. Les patients qui souffrent d'altérations du goût n'auront donc aucun problème.

Paroles de survivantes

Après votre traitement de chimiothérapie, buvez beaucoup de liquides pour aider votre organisme à éliminer les toxines. Continuez pendant une bonne période, jusqu'à trois mois après les traitements.

J'aimais toujours les mêmes aliments, mon goût n'avait pas changé. Mais pendant les traitements de chimiothérapie, quand j'avais la nausée, mes aliments favoris étaient les boissons nutritives.

Directives générales

1. Évitez la déshydratation. Si vous êtes déshydraté :
* la nausée empirera ;
* vous souffrirez de constipation ;
* votre corps ne pourra pas évacuer les sous-produits des médicaments que vous prenez aussi rapidement qu'il le devrait ;
* l'insertion de l'intraveineuse sera plus difficile ;
* votre tension artérielle chutera.

2. Servez les aliments froids ou à la température de la pièce. Ainsi, ils seront mieux tolérés si vous souffrez de nausées.

Repas	Aliment	Calories	Protéines
Déjeuner	Millet crémeux aux pommes (page 158) Verre de lait de 8 oz (250 ml)	441 130	20 g 9 g
Collation du matin	Pouding au chocolat maison (page 279)	242*	6 g
Dîner	Yogourt fouetté vert (page 297)	316**	32 g
Collation de l'après-midi	Lait frappé à l'orange (page 294)	199**	10 g
Souper	Soupe au cheddar et au brocoli (page 171) Pouding à la vanille facile (page 278)	339 165*	19 g 7 g
Collation du soir	Yogourt fouetté tropical (page 299)	274**	5 g
TOTAL		**2106**	**108 g**

* La quantité de calories sera plus élevée si vous utilisez les recommandations suggérées sous la recette.
** Optez pour le yogourt à teneur élevée en gras pour obtenir ce nombre de calories.

Menu 3

Plan de repas riches en énergie et en protéines

Ce régime est utilisé pour favoriser le gain de poids et la guérison des plaies. Même si le corps peut utiliser les protéines, les glucides et les matières grasses comme calories, le but d'un régime riche en énergie et en protéines est de fournir assez de calories des glucides et des matières grasses pour que le corps puisse utiliser les protéines que vous consommez pour développer des muscles et réparer les cellules. Ce régime peut paraître nocif pour la santé parce qu'on ajoute des matières grasses aux aliments, mais il a le but spécifique de fournir des calories à votre corps.

Directives générales

- Mangez trois repas par jour ainsi que de deux à trois collations.
- Gardez un horaire de repas régulier.
- Consommez des protéines à tous vos repas et toutes vos collations.
- Prenez note de votre consommation de protéines en vous référant aux étiquettes et au tableau de la page 88.
- Visez un minimum de 0,45 gramme de protéines par livre de votre poids (1 gramme de protéines pour chaque kilogramme) chaque jour. Au besoin, demandez l'aide d'un diététiste.

Parole de survivante

Un journal alimentaire peut être un outil de motivation. Optez pour l'outil qui vous convient. Il pourrait s'agir d'un projet pour les aidants naturels, puisqu'ils cherchent toujours à faire quelque chose pour aider. Ils peuvent vous demander: «As-tu mangé des protéines aujourd'hui? Un légume?»

Repas	Aliment	Calories	Protéines
Déjeuner	Pain doré au four (page 163)	522	20 g
Collation du matin	Pain aux pommes et aux canneberges (page 258)	310	6 g
Dîner	Fondue au thon et au cheddar (page 195)	572	42 g
Collation de l'après-midi	Purée de haricots blancs (page 263) avec de 4 à 6 craquelins (pas faibles en gras)	175 180*	8 g 4 g*
Souper	Pain de viande au poulet (page 210) Gratin de navets (page 225)	424 301	28 g 18 g
Collation du soir	Pouding au pain aux raisins (page 288)	291	11 g
Pendant la journée	Yogourt fouetté vert (page 297)	316	32 g
TOTAL		**3 091**	**108 g**

* Ces chiffres sont des estimations; pour des renseignements plus précis, vérifiez le tableau de la valeur nutritive.

Liste d'épicerie

Pendant votre traitement contre le cancer, vous n'aurez probablement pas envie de cuisiner. Certains jours, vous serez tellement occupé par les rendez-vous médicaux que vous n'aurez même pas le temps de préparer des repas simples. La liste suivante a pour but de vous donner des idées de repas rapides, simples et nourrissants à avoir sous la main lorsque vous n'aurez pas le temps, l'énergie ou tout simplement l'envie de cuisiner. Vous voudrez probablement emporter certains de ces articles avec vous lors de vos rendez-vous, qui auront invariablement lieu à l'heure d'un de vos repas ou collations.

Conseils

- Pour favoriser le gain de poids, optez pour des produits à plus haute teneur en matières grasses et ajoutez du beurre ou de la margarine à vos aliments.
- Recherchez la mention « probiotique » sur les étiquettes.
- Utilisez des tranches de gingembre pour faire du thé au gingembre.
- Coupez un citron frais et placez-le sous votre nez : l'odeur peut aider à soulager la nausée.
- Utilisez du bouillon pour rendre les viandes plus juteuses ou pour ajouter un côté moelleux si vous souffrez de sécheresse de la bouche. Vous pouvez aussi l'utiliser pour réduire les aliments en purée si vous avez de la difficulté à mastiquer, comme liquide hydratant ou comme liquide de cuisson pour le riz.
- Optez pour des céréales riches en fer si votre taux de fer est bas, pour des céréales riches en fibres si vous souffrez de constipation et pour des céréales contenant du psyllium si vous souffrez de diarrhée.
- Optez pour du pain blanc ou du pain à l'avoine si vous avez la diarrhée. Si vous souffrez de constipation, ou si vous voulez augmenter votre apport en éléments nutritifs, optez pour du pain de grains entiers.

Produits laitiers
- Yogourt, yogourt à boire
- Fromage, fromage cottage
- Œufs oméga-3
- Margarine non hydrogénée ou beurre

Fruits et légumes frais
- Gingembre frais
- Agrumes
- Fruits frais coupés
- Jus frais

Dans les allées de l'épicerie
- Bouillons, soupes et ragoûts instantannés
- Saumon et thon (à chair pâle, et non blanc) en conserve
- Beurre d'arachide et autres beurres de noix
- Barres protéinées, boissons nutritives
- Fruits séchés, noix, mélange de fruits séchés et de noix et/ou barres de céréales
- Bretzels, craquelins
- Soda au gingembre, eau aromatisée, boissons pour sportifs
- Bicarbonate de sodium (pour les bains de bouche)
- Céréales, biscuits riches en fibres
- Pain
- Poudre de lait écrémé, lactosérum en poudre
- Poudings prêts à manger
- Mayonnaise

Aliments surgelés
- Popsicles ou autres gâteries glacées
- Crème glacée ou yogourt glacé
- Fruits et légumes surgelés
- Repas surgelés

Sécurité et entreposage des aliments

La sécurité alimentaire est importante pour tout le monde, mais il est d'autant plus essentiel d'adopter de saines pratiques de cuisine lorsque votre système immunitaire est compromis. Suivre les meilleures pratiques lorsque vous faites votre épicerie, lorsque vous préparez les repas ou que vous entreposez les aliments limitera votre exposition aux maladies d'origine alimentaire, et vous ne souffrirez pas des complications qu'elles peuvent causer. Pour assurer la salubrité des aliments, suivez les recommandations ci-dessous.

Lorsque vous faites votre épicerie…

* Commencez par les produits emballés et les denrées non périssables, puis les fruits et légumes frais, pour terminer par les aliments réfrigérés et surgelés.
* Placez les viandes, la volaille et le poisson emballés dans un sac propre avant de les mettre dans votre panier, et gardez-les à l'écart des autres aliments.
* Optez pour des emballages bien scellés et propres à l'extérieur.
* Gardez une glacière dans votre voiture et placez-y les aliments réfrigérés lorsque vous retournez à la maison. Lavez la glacière après l'avoir vidée.
* Planifiez vos courses de façon à passer à l'épicerie en dernier, et rapportez vos achats à la maison rapidement.
* Rangez les aliments surgelés et réfrigérés en premier.
* Lavez les sacs réutilisables et les contenants dans de l'eau chaude, avec un détergent désinfectant.

Lorsque vous cuisinez…

* Lavez soigneusement vos mains, désinfectez votre matériel, les ustensiles et les surfaces.
* Ne décongelez jamais les aliments périssables à la température de la pièce. Optez plutôt pour le réfrigérateur ou le micro-ondes, et cuisinez ces aliments rapidement une fois qu'ils sont décongelés.
* Utilisez des planches de travail différentes pour la viande, la volaille, le poisson et les fruits et légumes. Réservez ces aliments dans des bols séparés avant la cuisson.
* Ne cuisez jamais les viandes ou la volaille partiellement: faites cuire la viande entièrement, puis réfrigérez-la rapidement.
* Utilisez un thermomètre à lecture instantanée pour vous assurer que la viande est bien cuite. Lorsque vous la réchauffez, optez pour une température de 165 ˚F (74 ˚C).
* Tous les aliments chauds devraient être servis immédiatement. Divisez les restes en petites portions et placez-les dans des contenants peu profonds. Réfrigérez-les dans les trente minutes suivant la cuisson.

Parole de survivante

Inscrivez la date sur tous les aliments que vous gardez au congélateur, ou écrivez-la sur une feuille de papier. J'étais sur le «nuage de la chimio» et j'oubliais de le faire, particulièrement quand cinq personnes différentes m'apportaient des repas en quatre jours!

Conservation des aliments

- Conservez tous vos repas préparés dans des contenants hermétiques, au réfrigérateur ou au congélateur, selon les instructions de la recette. Étiquetez les contenants avec le contenu et la date.
- Ne gardez pas les aliments plus longtemps qu'il n'est recommandé. Si la recette ne le spécifie pas, en règle générale, trois jours ou moins au réfrigérateur est raisonnable (congeler avant trois jours pour conserver plus longtemps).
- Si des membres de votre famille ou des amis vous apportent un repas, demandez-leur quand il a été préparé. Si vous n'êtes pas certain qu'il a été préparé et entreposé de façon sûre, ne le mangez pas.
- Vérifiez souvent le contenu de votre réfrigérateur et de votre congélateur, et consommez les repas dans l'ordre où ils ont été préparés. Faites un inventaire pour ne pas oublier un délicieux repas.

Pour des repas à emporter

- Gardez toujours vos repas dans un sac thermique, avec un bloc réfrigérant (même lorsque vous pensez ne pas en avoir besoin), et n'oubliez pas vos ustensiles.
- Désinfectez les contenants, le sac thermique et le bloc réfrigérant après les avoir utilisés et laissez-les sécher à l'air pour qu'ils soient prêts lorsque vous en aurez besoin (gardez des blocs réfrigérants au congélateur pour toujours en avoir sous la main).

Pour plus de renseignements sur la sécurité des aliments, visitez le site internet du USDA (www.fsis.usda.gov/Be_FoodSafe/index.asp) ou le site internet du Partenariat canadien pour la salubrité des aliments (www.canfightbac.org/fr/).

Parole de survivante

Je voudrais dire aux gens qui subissent des traitements contre le cancer qu'ils ont le droit de dire: «Non, merci.»

Quatrième partie

Recettes pour le traitement contre le cancer et au-delà

Introduction aux recettes

C'est bon d'être informé, mais il est essentiel d'agir. La première partie de ce livre vous fournit les renseignements les plus à jour pour vous aider à gérer les effets secondaires de votre traitement et à être conscient des changements que vous pourriez apporter à votre alimentation pour augmenter vos chances de recouvrer la santé. Mais c'est le fait de mettre ces connaissances en pratique au quotidien qui vous apportera la tranquillité d'esprit, car vous ferez ce que vous pouvez pour participer à la lutte contre le cancer. C'est pourquoi j'ai ajouté 150 recettes qui intègrent les suggestions des chapitres précédents. Chaque recette vise au moins un des trois critères suivants :

1. Gestion des effets secondaires (voir l'encadré « Recommandé pour » en haut à gauche de chaque recette).
2. Réduction du risque de cancer (voir l'encadré « Avantages supplémentaires »).
3. Recette savoureuse, facile à préparer et qui convient aux personnes qui ne sont pas au meilleur de leur forme.

En outre, un bon nombre de recettes comprennent des ajustements que vous pouvez appliquer selon vos symptômes pour les rendre plus convenables pour vous. Faciles à apporter, ces petits changements peuvent faire toute la différence. Vous trouverez également des recommandations pour conserver et réchauffer les plats, en plus d'instructions pour préparer certaines recettes à l'avance pour qu'elles soient prêtes lorsque vous l'êtes.

Je sais que pour un bon nombre d'entre vous, manger était autrefois une source de plaisir. Vous aimiez le processus : le choix des aliments, l'anticipation du repas, la préparation, l'expérience de manger ainsi que l'allure, l'odeur, le goût et la texture de vos aliments. Pendant votre traitement contre le cancer, tous ces plaisirs peuvent être remplacés par un sentiment de devoir et d'obligation de manger qui vient avec un stress à l'approche des repas. Si vous êtes dans cette situation, je voudrais tout simplement vous dire de faire de votre mieux. Avant le repas, prenez deux ou trois respirations profondes pour réduire la tension dans votre corps. Manger de façon détendue peut aider. Préparez votre repas pour qu'il soit le plus visuellement attrayant possible – n'oubliez pas que l'on mange aussi avec les yeux. S'il est plus facile pour vous de consommer des liquides, n'hésitez pas à suivre le plan de repas mous et liquides (page 138), et sachez que ce plan de repas contient tous les éléments nécessaires à une bonne nutrition. Le plaisir de manger reviendra bientôt et vous aurez alors plus d'appétit que jamais. D'ici là, rappelez-vous que cela aussi passera.

J'espère que ces recettes vous permettront de bien vous alimenter pendant votre traitement et votre rétablissement, et que ce livre sera un partenaire bienveillant pendant cette période difficile de votre vie.

Bon appétit !
Jean

Parole de survivante

L'alimentation fait partie intégrante de votre plan de traitement. Elle est d'une nécessité absolue.

Parole de survivante

Parfois, je ne peux manger que du riz blanc. Vous devez vous donner le droit de vous dire : « C'est correct. » Si vous avez eu une mauvaise journée, vous pouvez ne manger que du Jell-O, et c'est correct.

À propos des analyses nutritionnelles

Les analyses nutritionnelles des recettes, assistées par ordinateur, ont été préparées par Kimberly Zammit, HBSc (le superviseur du projet était Len Piché, Ph.D., R.D., Division of Food & Nutritional Sciences, Brescia University College, London, ON), à l'aide du logiciel Food Processor® SQL, version 10.9, ESCA Research Inc., Salem OR (ce logiciel contient plus de 35 000 aliments et est basé largement sur les dernières données du USDA et du Fichier canadien sur les éléments nutritifs, 2007b). La base de données a été complétée, lorsque nécessaire, avec des données du Fichier canadien sur les éléments nutritifs (version 2010) et documentée à partir d'autres sources fiables.

L'analyse était basée sur:
- des poids et mesures en système impérial (sauf pour les aliments habituellement emballés et utilisés à l'aide du système métrique);
- la plus petite quantité d'ingrédient lorsqu'il pouvait y avoir une variation;
- le premier ingrédient dans la liste lorsqu'il y avait un choix d'ingrédients. Les calculs impliquant de la viande et de la volaille sont à base de portions maigres, sans la peau et sans le gras visible. Une pincée de sel équivaut à $\frac{1}{8}$ de c. à t. (0,5 ml).

Toutes les recettes ont été analysées avant la cuisson. Les ingrédients et garnitures facultatifs ainsi que les ingrédients qui ne sont pas quantifiés n'ont pas été inclus dans les calculs.

Parole de survivante

Je déposais des aliments, tels que des cerises, là où je pouvais les voir. Ça me rappelait de manger.

Parole de survivante

Les gens qui souffrent de cancer devraient savoir que, parfois, ils n'auront tout simplement pas faim, et c'est correct.

Parole de survivante

Si on vous invite à manger, donnez-vous la permission d'aller voir votre hôte et de lui dire: «Si je ne mange pas, ne sois pas offusqué; c'est une journée difficile.» Les gens ne pensent pas toujours à vous demander à l'avance s'il y a des aliments que vous ne pouvez tolérer.

Ceci n'est pas un livre de recettes ordinaire

Les encadrés «Recommandé pour» et «Avantages supplémentaires» sont conçus pour vous aider à choisir la meilleure recette pour vous. Le tableau suivant vous aidera à comprendre ces outils.

Recommandé pour	Critère
Anémie	Riche en fer, en B_{12} et/ou en folate.
Constipation	Contient ≥ de 4 g de fibres et/ou des ingrédients qui ont un effet laxatif et ne contient aucun ingrédient causant la constipation.
Déshydratation	Contient ≥ de 600 mg de sodium* et/ou est humide ou liquide.

Recommandé pour	Critère
Diarrhée	Est une source de fibres solubles ou a une faible teneur en fibres insolubles ; ne contient pas de légumes crus et pas de fruits crus, sauf des bananes ; contient peu d'épices ; est faible en gras ; a une faible teneur en sucre.
Sécheresse de la bouche	Contient ≤ de 140 mg de sodium* et/ou est humide ou liquide.
Brûlures d'estomac	Contient ≤ de 2 g de gras* et n'est pas épicé.
Appétit faible	Attirant pour ceux qui ont un faible appétit.
Nausée	Contient du gingembre ; a un arôme doux ; est liquide ou congelé et/ou est servi froid ou à température ambiante (pour réduire les arômes).
Douleurs à la bouche ou à la gorge	Est moelleux, humide, non acide, non épicé.
Aversions gustatives ou sensibilité réduite	A une forte saveur ou une texture intéressante et attirante pour les personnes qui ont une sensibilité amoindrie et/ou permet des ajustements pour compenser les aversions gustatives courantes.
Gain de poids	*Soupes, repas légers, plats principaux*: contiennent ≥ de 400 calories* ; *Grains, pommes de terre, collations, desserts, boissons et sucettes glacées* : contiennent ≥ de 300 calories* ; *Légumes et plats d'accompagnement*: contiennent ≥ de 200 calories* ; *Sauces*: contiennent ≥ de 100 calories*.
Gestion du poids	*Plats principaux*: contiennent ≤ de 200 calories* ; *Autres*: contiennent ≤ de 150 calories*.
Vomissements	Présenté sous forme liquide et est riche en sodium et/ou en potassium.
Avantages supplémentaires	**Critère**
Facile à préparer	Peut être préparé par un cuisinier débutant ou les gens qui ont peu d'énergie.
Riche en fibres	Contient ≥ de 4 g de fibres*.
Riche en protéines	*Plats principaux*: contiennent ≥ de 21 g de protéines* ; *Déjeuners, soupes, repas légers, desserts, boissons ou sucettes glacées*: contiennent ≥ de 7 g de protéines* ; *Légumes et plats d'accompagnement, sauces, grains, pommes de terre, collations*: contiennent ≥ de 4 g de protéines*.
Faible en gras	Contient ≤ de 2 g de lipides*.
Facile à transporter	Peut être emporté et mangé sur le pouce.
Se prépare à l'avance	Comprend des instructions pour préparer à l'avance.
Réduction des risques	La majorité des ingrédients ont des propriétés anticancérigènes.

* Basé sur une seule portion.

Déjeuners revigorants

Le déjeuner est le repas le plus important de la journée. Cet adage prend tout son sens lorsque vous mangez pour survivre. Ne remettez pas le déjeuner à plus tard. Si vous n'avez pas d'appétit, vous pourriez avoir envie de le retarder, et soudainement, l'avant-midi sera terminé et ce sera déjà l'heure du dîner. Si vous ne pouvez prendre que quelques bouchées, faites-le. Manger à des heures régulières vous aidera à retrouver l'appétit, et votre corps apprendra à vous faire sentir la faim à l'approche des repas.

J'ai tenté d'intégrer des aliments réconfortants qui stimuleront votre appétit même s'il est faible ainsi que des recettes plus riches en protéines pour vous donner une longueur d'avance pour combler vos besoins quotidiens. Utilisez les ajustements proposés pour modifier les recettes, selon vos besoins. Si vous avez des nausées, vous voudrez probablement manger les déjeuners chauds une fois qu'ils auront refroidi. Certaines de ces recettes peuvent être préparées la veille, ce qui peut vous arranger si vous avez peu d'énergie le matin. Ne réservez pas ces recettes pour le déjeuner – elles sont bonnes à tout moment de la journée.

Cette recette donne une grande quantité de muesli que vous pouvez garder sous la main et qui vous permet de consommer chaque portion avec un yogourt probiotique, du lait ou une boisson à base de soya, d'amande ou de riz et un fruit frais, pour une collation nutritive prête en quelques secondes.

**Donne
14 portions**

Muesli

Recette offerte par Stefa Katamay, diététiste

4	tasses	flocons d'avoine à cuisson rapide	1 l
½	tasse	graine de lin	125 ml
½	tasse	germe de blé	125 ml
½	tasse	son d'avoine	125 ml
½	tasse	son de blé	125 ml
1	tasse	canneberges séchées	250 ml

1. Mélanger tous les ingrédients et verser dans un contenant hermétique. Conserver dans un lieu frais et sec.

RECOMMANDÉ POUR
• Constipation

AVANTAGES SUPPLÉMENTAIRES
• Facile à transporter
• Se prépare à l'avance
• Réduction des risques

CONSEILS

Gardez la graine de lin et le germe de blé au réfrigérateur.

Pour enrichir davantage le muesli de fibres alimentaires et d'éléments nutritifs, ajoutez-y des pêches et des bleuets, et servez le tout avec du yogourt probiotique.

Les flocons d'avoine sont des grains entiers, qu'il s'agisse de gruau à cuisson rapide ou de gros flocons d'avoine. La seule différence réside dans la taille des flocons. Les trois composants du grain entier – le germe, le son et l'endosperme – sont toujours présents.

Nutriments par portion	
Calories	164
Lipides	4 g
Sodium	1 mg
Glucides	29 g
Fibres	6 g
Protéines	6 g

Ce déjeuner complet est parfait pour les matins où vous avez des rendez-vous, puisqu'il est meilleur lorsqu'il est préparé la veille.

RECOMMANDÉ POUR

- Constipation
- Diarrhée
- Douleurs à la bouche ou à la gorge
- Gain de poids

AVANTAGES SUPPLÉMENTAIRES

- Riche en fibres
- Riche en protéines
- Facile à transporter
- Se prépare à l'avance

CONSEILS

Pour faire changement, servez ce muesli avec différents yogourts et fruits frais, en saison. Si vous utilisez un yogourt à la vanille ou aromatisé aux fruits, vous pouvez vous passer du miel ou en réduire la quantité.

Le sirop d'agave a un indice glycémique entre 10 et 19, le miel, entre 35 et 58, et le sirop d'érable pur a un indice glycémique de 54. L'indice glycémique plus faible du sirop d'agave aide à le rendre populaire comme édulcorant.

VARIANTE

Pour augmenter l'apport en oméga-3 et en fibres, ajoutez ¼ de tasse (60 ml) de noix hachées ou 2 c. à s. de graine de lin moulue.

Muesli à emporter

Recette offerte par Renée Crompton, diététiste

1 tasse	gros flocons d'avoine à cuisson en 3 minutes (non pas instantanés)	250 ml
1 tasse	yogourt nature faible en matières grasses	250 ml
½ tasse	lait	125 ml
2 c. à s.	miel, sirop d'érable ou sirop d'agave	30 ml
1 tasse	petits fruits assortis (frais ou surgelés)	250 ml
1	grosse banane, en tranches	1

1. Réunir dans un contenant de plastique les flocons d'avoine, le yogourt, le lait et le miel. Incorporer délicatement les petits fruits. Couvrir et réfrigérer au moins 4 heures ou toute la nuit.

2. Servir garni de tranches de banane ou mettre dans un contenant de plastique pour emporter au travail.

Nutriments par portion

Calories	416
Lipides	6 g
Sodium	112 mg
Glucides	78 g
Fibres	8 g
Protéines	14 g

Cette recette devrait être ajustée selon vos symptômes. Suivez les recommandations suivantes.

Pour favoriser le gain de poids
- Utilisez un yogourt à plus haute teneur en matières grasses. Lisez les étiquettes et optez pour un yogourt au pourcentage plus élevé de matières grasses du lait ; et/ou
- Utilisez du lait entier ou remplacez la moitié de la quantité de lait par de la crème (10 %) au lieu du lait 2 % ; et/ou
- Ajoutez ½ tasse (125 ml) de lactosérum en poudre ou de la poudre de lait écrémé avec l'avoine.

Pour alléger la constipation
- Ajoutez ¼ de tasse (60 ml) de son de blé naturel à l'avoine ; et/ou
- Après ce repas, buvez une boisson chaude, puis une boisson froide.

Pour la diarrhée
- N'ajoutez pas les fruits frais.

Pour l'intolérance au lactose
- Remplacez le lait par une boisson sans lactose, comme une boisson de soya nature ou du lait réduit en lactose.

Trois groupes alimentaires se rejoignent dans ce déjeuner traditionnel suisse pour en faire un repas équilibré.

Muesli aux pommes et aux petits fruits

Recette offerte par Sandra Gabriele, diététiste

2 tasses	flocons d'avoine à cuisson rapide	500 ml
2 tasses	yogourt probiotique nature faible en gras	500 ml
1 tasse	lait	250 ml
3 c. à s.	sucre granulé, miel ou sirop d'agave	45 ml
2	grosses pommes, évidées	2
	jus de ½ citron	
1 tasse	petits fruits, hachés grossièrement	250 ml
	noix et raisins secs (facultatif)	

1. Dans un bol moyen, mélanger les flocons d'avoine, le yogourt, le lait et le sucre. Réserver.
2. Râper les pommes avec leur pelure. Verser le jus de citron sur les pommes râpées pour prévenir le brunissement. Incorporer les pommes et les petits fruits dans la préparation de yogourt et mélanger délicatement. Réfrigérer toute la nuit. Si désiré, garnir de noix et de raisins secs avant de servir.

RECOMMANDÉ POUR
- Appétit faible
- Nausée
- Douleurs à la bouche ou à la gorge

AVANTAGES SUPPLÉMENTAIRES
- Riche en protéines
- Facile à transporter
- Se prépare à l'avance
- Réduction des risques

CONSEILS

Si vous utilisez des petits fruits surgelés, dégelez-les au réfrigérateur pendant la nuit et retirez le liquide avant d'ajouter le yogourt au mélange, ou placez-les au four à micro-ondes à puissance élevée pendant 30 secondes.

Pour plus de saveur, et pour augmenter l'apport en nutraceutiques et réduire la résistance à l'insuline, ajoutez 1 c. à t. (5 ml) de cannelle moulue à l'avoine.

Pour augmenter l'apport en oméga-3 et en fibres, ajoutez ¼ de tasse (60 ml) de noix hachées ou de graine de lin moulue, ou encore une combinaison des deux.

Cette recette devrait être ajustée selon vos symptômes. Suivez les recommandations suivantes.

Pour favoriser le gain de poids
- Utilisez un yogourt à plus haute teneur en matières grasses. Lisez les étiquettes et optez pour un yogourt au pourcentage plus élevé de matières grasses du lait ; et/ou
- Utilisez du lait entier ou remplacez la moitié de la quantité de lait par de la crème (10 %) au lieu du lait 2 % ; et/ou
- Ajoutez ½ tasse (125 ml) de lactosérum en poudre ou de la poudre de lait écrémé avec l'avoine.

Pour l'intolérance au lactose
- Remplacez le lait par du lait réduit en lactose ou un substitut laitier comme le lait de soya, d'amande ou de riz.

Pour les douleurs à la bouche ou à la gorge
- Pelez les pommes ; et/ou
- N'utilisez pas de jus de citron.
- N'ajoutez pas de noix.

Nutriments par portion	
Calories	416
Lipides	6 g
Sodium	112 mg
Glucides	78 g
Fibres	8 g
Protéines	14 g

Un bol fumant de ces céréales savoureuses est un excellent départ pour la journée. Il vous fournira une partie des éléments nutritifs dont vous aurez besoin pour être plein d'énergie et productif.

Céréales multigrains aux fruits

RECOMMANDÉ POUR
- Constipation

AVANTAGES SUPPLÉMENTAIRES
- Riche en fibres
- Se prépare à l'avance
- Réduction des risques

CONSEILS

Il peut arriver que certains grains de millet contiennent des impuretés ou soient décolorés. Rincez-le bien dans un contenant d'eau avant de l'utiliser.

Cette céréale peut sécher et brunir si elle est cuite plus de 8 heures. Si vous devez la faire cuire plus longtemps, ajoutez ½ tasse (125 ml) d'eau.

PRÉPARER À L'AVANCE

Les céréales cuites peuvent être divisées en portions dans des contenants hermétiques, refroidies et placées au réfrigérateur jusqu'à 2 jours. Elles peuvent être réchauffées au four à micro-ondes à puissance moyenne-élevée de 2 à 3 minutes ou jusqu'à ce que le mélange fume. Ajoutez de l'eau ou du lait jusqu'à obtention de la consistance désirée.

Petite mijoteuse de 14 tasses (3,5 litres) (voir le conseil à la page 154)
Cocotte de la mijoteuse, graissée

½ tasse	riz brun	125 ml
½ tasse	millet (voir le conseil, à gauche)	125 ml
½ tasse	grains de blé	125 ml
2	pommes moyennes, pelées, évidées et finement tranchées	2
4 tasses	eau	1 l
½ c. à t.	extrait de vanille	2 ml
¼ c. à t.	sel	1 ml
½ tasse	dattes tendres, dénoyautées et hachées, des Medjool, de préférence (voir le conseil, à gauche)	125 ml
	noix grillées et hachées (facultatif)	
	germe de blé (facultatif)	

1. Dans la cocotte de la mijoteuse graissée, mélanger le riz, le millet, les grains de blé et les pommes. Ajouter l'eau, la vanille et le sel, si désiré. Couvrir et cuire à basse température jusqu'à 8 heures ou même pendant toute la nuit. Ajouter les dattes et bien mélanger. Servir les céréales parsemées de noix grillées et/ou de germe de blé, si désiré.

Nutriments par portion

Calories	249
Lipides	2 g
Sodium	2 mg
Glucides	55 g
Fibres	6 g
Protéines	6 g

Cette recette devrait être ajustée selon vos symptômes. Suivez la recommandation suivante.

Pour soulager la constipation
- Ajoutez de 1 à 2 c. à s. (de 15 à 30 ml) de noix ou de germe de blé.

Les aliments réconfortants sont particulièrement recherchés, surtout lorsque vous ne vous sentez pas bien. Cette version du gruau contient des petits extras qui vous fourniront un bon apport nutritif.

Gruau gourmand

Recette offerte par Lisa Diamond, diététiste

3 tasses	lait ou boisson de soya (environ)	750 ml
1 tasse	flocons d'avoine à cuisson rapide	250 ml
2 c. à s.	cassonade bien tassée ou sirop d'érable	30 ml
1 c. à s.	graine de lin moulue	15 ml
2 c. à t.	germe de blé, grillé (voir conseil, à droite)	10 ml
1 c. à t.	margarine non hydrogénée ou beurre	5 ml
½ c. à t.	cannelle moulue (facultatif)	2 ml
1 pincée	sel	1 pincée
⅓ tasse	raisins secs ou canneberges séchées (facultatif)	75 ml
	amandes, noix ou pacanes, grillées et hachées (facultatif)	

1. Dans une grande casserole, mélanger le lait, les flocons d'avoine, la cassonade, la graine de lin, le germe de blé, la margarine, la cannelle et le sel. Cuire à feu moyen-doux, en remuant souvent, de 10 à 15 minutes ou jusqu'à épaississement. Retirer du feu, ajouter les raisins secs ou canneberges, si désiré. Laisser reposer 2 minutes. Ajouter du lait pour une consistance plus fine, au goût. Garnir de noix (facultatif).

RECOMMANDÉ POUR
- Appétit faible
- Douleurs à la bouche ou à la gorge

AVANTAGES SUPPLÉMENTAIRES
- Riche en protéines
- Se prépare à l'avance
- Réduction des risques

CONSEIL

Pour obtenir du germe de blé grillé, faites chauffer une poêle à feu moyen et laissez-y griller le germe, en remuant de temps en temps pour assurer une cuisson uniforme, pendant environ 4 minutes, ou jusqu'à ce qu'il soit odorant.

PRÉPARER À L'AVANCE

Les céréales cuites peuvent être divisées en portions dans des contenants hermétiques, refroidies et placées au réfrigérateur jusqu'à 2 jours. Elles peuvent être réchauffées au four à micro-ondes à puissance moyenne-élevée de 2 à 3 minutes ou jusqu'à ce que le mélange fume. Ajoutez de l'eau ou du lait jusqu'à obtention de la consistance désirée.

Nutriments par portion	
Calories	230
Lipides	7 g
Sodium	165 mg
Glucides	32 g
Fibres	3 g
Protéines	10 g

L'indice glycémique faible du gruau combiné aux protéines du lait et à l'effet glycémique stabilisant de la cannelle fait de cette recette de gruau un plat de résistance que vous pouvez manger à n'importe quel moment de la journée.

RECOMMANDÉ POUR
• Constipation

AVANTAGES SUPPLÉMENTAIRES
• Facile à préparer
• Riche en fibres
• Riche en protéines
• Réduction des risques

CONSEIL
On peut facilement multiplier cette recette pour servir deux, trois ou quatre personnes. Au besoin, augmentez le temps de cuisson.

Parole de survivante

Le traitement n'est pas le seul élément qui peut affecter l'appétit.

Gruau au micro-ondes

Recette offerte par Bev Callaghan, diététiste

½ tasse	eau	125 ml
½ tasse	lait ou boisson de soya (environ)	125 ml
⅛ tasse	sel	30 ml
1 c. à s.	raisins secs	30 ml
1 c. à t.	son de blé	5 ml
½ tasse	flocons d'avoine à cuisson rapide	125 ml
¼ c. à t.	cannelle moulue	1 ml
	cassonade ou sirop d'érable pur	

1. Réunir l'eau, le lait, le sel, les raisins secs et le son dans un bol d'une capacité de 4 tasses (1 litre) allant au micro-ondes. Cuire à intensité élevée pendant 2 minutes. Incorporer les flocons d'avoine et la cannelle, puis cuire de nouveau à intensité élevée pendant 3 ou 4 minutes, en remuant toutes les 60 secondes, ou jusqu'à ce que le gruau ait épaissi. Couvrir et laisser reposer pendant 1 minute. Servir le gruau sucré de cassonade ou de sirop d'érable et arrosé de lait, si désiré.

Cette recette devrait être ajustée selon vos symptômes. Suivez les recommandations suivantes.

Pour favoriser le gain de poids
• Utilisez du lait entier ou de la crème ; et/ou
• Ajoutez 2 c. à s. (30 ml) de lactosérum en poudre ou de lait écrémé en poudre ; et/ou
• Ajoutez de 1 à 2 c. à t. (de 5 à 10 ml) de margarine non hydrogénée ou de beurre.

Pour soulager la constipation
• Augmentez la quantité de son de blé à 1 c. à s. (15 ml) ; et/ou
• Ajoutez 1 ou 2 pruneaux hachés ou raisins secs ; et/ou
• Après ce repas, buvez une boisson chaude, puis une boisson froide.

Nutriments par portion

Calories	294
Lipides	6 g
Sodium	291 mg
Glucides	51 g
Fibres	6 g
Protéines	11 g

Même si le grau est très populaire, la façon traditionnelle de le manger est sous forme d'avoine épointée, qui est souvent vendue sous le nom d'avoine irlandaise. L'avoine irlandaise a plus de saveur que le gruau et une texture croquante.

Avoine irlandaise

Petite mijoteuse de 14 tasses (3,5 litres) (voir le conseil)
Cocotte de la mijoteuse, graissée

1 tasse	avoine épointée (avoine irlandaise)	250 ml
½ c. à t.	sel	2 ml
4 tasses	eau	1 l
	raisins secs, bananes hachées ou dattes dénoyautées (facultatif)	

1. Dans la cocotte de la mijoteuse préparée, mélanger l'avoine et le sel. Ajouter l'eau. Couvrir et cuire à température élevée pendant 4 heures ou à basse température jusqu'à 8 heures ou même toute la nuit. Bien mélanger. Ajouter les fruits choisis, au goût, ou parsemer de noix ou bien ajouter du lait, si désiré.

RECOMMANDÉ POUR
- Constipation
- Gestion du poids

AVANTAGES SUPPLÉMENTAIRES
- Facile à préparer
- Se prépare à l'avance
- Réduction des risques

CONSEIL
Si vous faites cuire ces céréales dans une grande mijoteuse ovale, diminuez le temps de cuisson de moitié ou doublez tous les ingrédients.

PRÉPARER À L'AVANCE
Les céréales cuites peuvent être divisées en portions dans des contenants hermétiques, refroidies et placées au réfrigérateur jusqu'à 2 jours. Elles peuvent être réchauffées au four à micro-ondes à puissance moyenne-élevée de 2 à 3 minutes ou jusqu'à ce que le mélange fume. Ajoutez de l'eau ou du lait jusqu'à obtention de la consistance désirée.

Cette recette devrait être ajustée selon vos symptômes. Suivez les recommandations suivantes.

Pour favoriser le gain de poids
- Utilisez un mélange égal de lait entier concentré et d'eau ; et/ou
- Ajoutez ½ tasse (125 ml) de lactosérum en poudre ou de lait écrémé en poudre ; et/ou
- Ajoutez de 1 à 2 c. à t. (de 5 à 10 ml) de margarine non hydrogénée ou de beurre.
- Ajoutez des noix.

Pour soulager la constipation
- Augmentez de 1 à 2 c. à s. (de 15 à 30 ml) de son de blé pour chaque portion ; et/ou
- Ajoutez 1 ou 2 pruneaux hachés pour chaque portion ; et/ou
- Après ce repas, buvez une boisson chaude, puis une boisson froide.

Nutriments par portion	
Calories	140
Lipides	3 g
Sodium	291 mg
Glucides	27 g
Fibres	4 g
Protéines	6 g

Cette recette a été adaptée d'une recette parue dans *The Harvard Medical School Guide to Healthy Eating.* Les grains de blé sont les grains des plants de blé. Ils se vendent sous deux formes, dure ou tendre, et les deux conviennent à cette recette.

Déjeuner pommes, avoine et grains de blé

RECOMMANDÉ POUR
- Constipation
- Aversions gustatives

AVANTAGES SUPPLÉMENTAIRES
- Riche en fibres
- Riche en protéines
- Se prépare à l'avance
- Réduction des risques

CONSEIL

Les grains de blé et le riz brun sont des sources de sélénium, un minéral qui aurait des propriétés anticancer.

Le magnésium, qu'on trouve dans les grains entiers, vient au premier rang sur la liste des aliments aux propriétés anti-inflammatoires. Il fait également partie du régime DASH pour contrôler la tension artérielle.

PRÉPARER À L'AVANCE

Les céréales cuites peuvent être divisées en portions dans des contenants hermétiques, refroidies et placées au réfrigérateur jusqu'à 2 jours. Elles peuvent être réchauffées au four à micro-ondes à puissance moyenne-élevée de 2 à 3 minutes ou jusqu'à ce que le mélange fume. Ajoutez de l'eau ou du lait jusqu'à obtention de la consistance désirée.

Petite mijoteuse de 14 tasses (3,5 litres)
(voir le conseil à la page 154)
Cocotte de la mijoteuse, graissée

1 ½ tasse	avoine épointée (avoine irlandaise)	375 ml
½ tasse	grains de blé	125 ml
2	pommes, pelées, évidées et hachées	2
½ c. à t.	cannelle moulue	2 ml
½ c. à t.	extrait de vanille	2 ml
3 ½ tasses	eau	875 ml
1 tasse	jus de canneberge ou jus de pomme (voir le conseil, plus bas)	250 ml
	sucre, noix grillées et germe de blé (facultatif)	

1. Dans la mijoteuse préparée, mettre l'avoine, les grains de blé, les pommes, la cannelle et la vanille. Ajouter l'eau et le jus de canneberge ou le jus de pomme. Couvrir et cuire à température élevée pendant 4 heures ou à basse température pendant 8 heures ou même toute la nuit. Bien brasser. Garnir de sucre, de noix et/ou de germe de blé, si désiré.

Nutriments par portion

Calories	249
Lipides	3 g
Sodium	2 mg
Glucides	52 g
Fibres	8 g
Protéines	8 g

Cette recette devrait être ajustée selon vos symptômes. Suivez les recommandations suivantes.

Pour soulager la constipation
- Remplacez ½ tasse (125 ml) du jus de canneberge par du jus de pruneau ; et/ou
- Après ce repas, buvez une boisson chaude, puis une boisson froide.

Ces céréales pour déjeuner combinent les bienfaits du gruau et du son d'avoine à des grains riches en fibres, comme le blé concassé.

Céréales d'avoine d'aujourd'hui

Recette offerte par Michael G. Baylis, diététiste

1 tasse	gros flocons d'avoine	250 ml
⅔ tasse	céréales à cinq grains	150 ml
½ tasse	son d'avoine	125 ml
⅓ tasse	boulgour moyen (blé concassé)	75 ml

1. Dans un grand bol, mélanger les flocons d'avoine, les céréales à cinq grains, le son d'avoine et le boulgour. Conserver dans un contenant fermé hermétiquement.
2. Pour préparer une portion, mettre ⅓ de tasse (75 ml) du mélange de céréales d'avoine dans un bol profond. Ajouter ¾ de tasse (175 ml) d'eau et une pincée de sel. Cuire au four à micro-ondes à intensité maximale pendant 2 minutes. Remuer. Poursuivre la cuisson de 1 à 2 minutes, ou faire cuire dans une petite casserole sur le feu pendant 5 minutes.

RECOMMANDÉ POUR
- Constipation
- Brûlures d'estomac
- Gestion du poids

AVANTAGES SUPPLÉMENTAIRES
- Facile à préparer
- Riche en fibres
- Se prépare à l'avance
- Réduction des risques

CONSEILS

Pour varier, changez les proportions et les types de grains.

Ces céréales riches en fibres alimentaires donnent un regain au gruau traditionnel. Servez-les avec du lait et des fruits frais, et votre déjeuner vous préparera pour une bonne journée.

Parole de survivante

Dessinez un bonhomme sourire dans votre gruau.

Nutriments par portion	
Calories	114
Lipides	2 g
Sodium	1 mg
Glucides	24 g
Fibres	4 g
Protéines	5 g

Les grains entiers, les fruits séchés et les graines de tournesol s'unissent pour faire un gruau super énergisant.

RECOMMANDÉ POUR

- Constipation

AVANTAGES SUPPLÉMENTAIRES

- Facile à préparer
- Riche en fibres
- Riche en protéines
- Se prépare à l'avance
- Réduction des risques

CONSEILS

Les céréales 9 grains sont souvent vendues dans les magasins d'aliments en vrac ou dans le rayon du vrac de votre supermarché, en boîte ou en sac.

Servez avec de la cassonade et du lait chaud ; également délicieux avec une poignée de bleuets.

Pour augmenter l'apport en oméga-3, ajoutez 1 ½ tasse (375 ml) de noix hachées à tout le mélange sec ou seulement 1 c. à s. (15 ml) sur chaque portion ; ajoutez 1 tasse (250 ml) de graine de lin moulue à tout le mélange sec ou seulement 2 c. à t. (10 ml) sur chaque portion.

Gruau énergisant

Recette offerte par Konnie Kranenburg, diététiste

6 tasses	gros flocons d'avoine à l'ancienne	1,5 l
1 tasse	céréales 9 grains (par exemple : Red River ou Bob's Red Mill)	250 ml
¾ tasse	germe de blé, grillé (voir le conseil à la page 152)	175 ml
½ tasse	son d'avoine	125 ml
½ tasse	raisins secs ou canneberges séchées	125 ml
½ tasse	graines de tournesol	125 ml

1. Dans un grand bol, mélanger les flocons d'avoine, les céréales 9 grains, le germe de blé, le son d'avoine, les raisins ou les canneberges et les graines de tournesol. Conserver la préparation dans un grand contenant hermétique, à la température ambiante pendant une semaine ou au réfrigérateur pendant trois mois.

2. Pour préparer une portion, porter 1 tasse (250 ml) d'eau à ébullition dans une petite casserole. Ajouter ½ tasse (125 ml) de gruau et mélanger. Cuire à feu doux en remuant de temps en temps, jusqu'à épaississement, soit environ 5 minutes.

Parole de survivante

Si je ne peux manger que cinq bouchées de céréales, je dois me dire : « C'est correct. » Soyez conscient de vos limites.

Nutriments par portion

Calories	201
Lipides	5 g
Sodium	4 mg
Glucides	33 g
Fibres	5 g
Protéines	9 g

Le millet est un grain entier nourrissant et sans gluten, riche en fibres et relativement riche en protéines. Il contient également un assortiment d'agents phytochimiques. En outre, il est particulièrement facile à digérer.

Millet crémeux aux pommes

Petite mijoteuse de 14 tasses (3,5 litres) (voir le conseil à la page 154)
Cocotte de la mijoteuse, graissée

1 tasse	**millet** (voir le conseil à la page 151)	250 ml
3 à 4 tasses	**lait concentré, boisson de riz enrichie ou de soya, ou eau** (ou un mélange)	750 ml à 1 l
3	**pommes, pelées, évidées et hachées**	3
¼ c. à t.	**sel**	1 ml
	dattes dénoyautées hachées, petits fruits frais et noix grillées (facultatif)	

1. Dans la cocotte de la mijoteuse préparée, mélanger le millet, la boisson de riz, les pommes et le sel. Couvrir et cuire à température élevée pendant 4 heures ou à basse température pendant 8 heures ou même toute la nuit. Bien mélanger, verser dans des bols et parsemer de petits fruits et/ou de noix, si désiré.

RECOMMANDÉ POUR

- Constipation
- Douleurs à la bouche ou à la gorge
- Aversions gustatives
- Gain de poids

AVANTAGES SUPPLÉMENTAIRES

- Riche en protéines
- Se prépare à l'avance

CONSEIL

Le lait de vache ordinaire ne convient pas à une cuisson à la mijoteuse, puisque la longue exposition à la chaleur le fait cailler.

PRÉPARER À L'AVANCE

Les céréales cuites peuvent être divisées en portions dans des contenants hermétiques, refroidies et placées au réfrigérateur jusqu'à 2 jours. Elles peuvent être réchauffées au four à micro-ondes à puissance moyenne-élevée de 2 à 3 minutes ou jusqu'à ce que le mélange fume. Ajoutez de l'eau ou du lait jusqu'à obtention de la consistance désirée.

Cette recette devrait être ajustée selon vos symptômes. Suivez les recommandations suivantes.
Si le goût est trop sucré, ajoutez quelques gouttes de jus de citron, au goût.

Pour favoriser le gain de poids
- Utilisez un mélange de lait entier concentré et d'eau ; et/ou
- Ajoutez ½ tasse (125 ml) de lactosérum en poudre ou de la poudre de lait écrémé ; et/ou
- Ajoutez de 1 à 2 c. à t. (de 5 à 10 ml) de margarine non hydrogénée ou de beurre pour chaque portion ; et/ou
- Ajoutez les noix.

Nutriments par portion

Calories	441
Lipides	6 g
Sodium	329 g
Glucides	78 g
Fibres	6 g
Protéines	20 g

Simple mais délicieux, ce mélange savoureux ne peut être plus facile à préparer.

RECOMMANDÉ POUR
- Diarrhée
- Appétit faible

AVANTAGES SUPPLÉMENTAIRES
- Facile à préparer
- Se prépare à l'avance
- Réduction des risques

CONSEILS

Avec la quantité de liquide suggérée, le riz sera un peu croquant, ce qui est parfait si vous n'avez pas de douleurs à la bouche. Si vous préférez une texture plus tendre ou si vous prévoyez le faire cuire pendant plus de 8 heures, ajoutez ½ tasse (125 ml) d'eau ou de boisson de riz.

Les cerises, les canneberges, les bleuets et d'autres fruits rouges, pourpres ou bleus contiennent des anthocyanes, un flavonoïde qui a des propriétés anti-inflammatoires.

PRÉPARER À L'AVANCE

Les céréales cuites peuvent être divisées en portions dans des contenants hermétiques, refroidies et placées au réfrigérateur jusqu'à 2 jours. Réchauffez au four à micro-ondes à puissance moyenne-élevée de 2 à 3 minutes ou jusqu'à ce que le mélange fume. Ajoutez de l'eau ou du lait jusqu'à obtention de la consistance désirée.

Riz du déjeuner

Petite mijoteuse de 14 tasses (3,5 litres) (voir le conseil à la page 154)
Cocotte de la mijoteuse, graissée

1 tasse	riz brun	250 ml
4 tasses	lait de riz enrichi, aromatisé à la vanille	1 l
½ tasse	cerises ou canneberges séchées	125 ml

1. Dans la cocotte de la mijoteuse préparée, mélanger le riz, la boisson de riz et les cerises. Déposer sur le dessus de la cocotte un linge à vaisselle propre plié en deux (pour avoir deux épaisseurs) pour absorber l'humidité. Couvrir et cuire à température élevée pendant 4 heures ou à basse température pendant 8 heures ou même toute la nuit. Bien mélanger et servir.

Nutriments par portion

Calories	326
Lipides	3 g
Sodium	90 mg
Glucides	73 g
Fibres	2 g
Protéines	4 g

Cette recette devrait être ajustée selon vos symptômes. Suivez les recommandations suivantes.

Pour soulager la constipation
- Utilisez du riz et des grains de blé moitié-moitié ; et/ou
- Après ce repas, buvez une boisson chaude, puis une boisson froide.

Pour la diarrhée
- Utilisez du riz blanc à grains courts ; et/ou
- N'utilisez pas les fruits séchés : servez plutôt avec de la compote de pommes et/ou du yogourt probiotique.

Ces crêpes savoureuses sont faciles à préparer. Ajustez-les à votre goût en ajoutant du sirop d'érable ou des petits fruits. Le blanc d'œuf et le fromage cottage fournissent des protéines.

Donne environ
12 crêpes

Crêpes à l'avoine

Recette offerte par Jorie Janzen

6	blancs d'œufs	6
1 tasse	gros flocons d'avoine à l'ancienne	250 ml
1 tasse	fromage cottage sans matières grasses	250 ml
2 c. à t.	sucre granulé	10 ml
1 c. à t.	cannelle moulue (facultatif)	5 ml
1 c. à t.	extrait de vanille	5 ml
	enduit végétal en vaporisateur	

1. Au mélangeur, à vitesse moyenne, mélanger les blancs d'œufs, les flocons d'avoine, le fromage cottage, le sucre, la cannelle et la vanille jusqu'à consistance lisse.

2. À feu doux, faire chauffer une grande poêle antiadhésive ou une plaque chauffante. Y vaporiser légèrement l'enduit végétal. Verser ¼ de tasse (60 ml) de pâte dans la poêle et cuire jusqu'à ce que le pourtour de la crêpe se détache légèrement, environ 2 minutes. Retourner la crêpe et la cuire jusqu'à ce qu'elle soit dorée, à nouveau environ 2 minutes. La déposer ensuite dans une assiette maintenue au chaud au four, à basse température. Répéter l'opération avec le reste de la pâte en prenant soin d'ajuster la température du feu et d'enduire la poêle d'un peu d'enduit végétal, au besoin.

RECOMMANDÉ POUR
- Brûlures d'estomac
- Douleurs à la bouche ou à la gorge
- Gestion du poids

AVANTAGES SUPPLÉMENTAIRES
- Faible en gras
- Se prépare à l'avance

CONSEIL
Ces crêpes sont délicieuses avec des petits fruits frais et une bonne cuillerée de votre yogourt favori.

PRÉPARER À L'AVANCE
Laissez les crêpes en surplus refroidir sur une grille. Enrobez-les ensuite d'une pellicule plastique en les séparant avec du papier sulfurisé et placez-les dans un sac à congélation ou dans un récipient hermétique. Réfrigérez pendant 3 jours tout au plus ou congelez jusqu'à un mois. Réchauffez au grille-pain ou au four grille-pain.

Nutriments par portion de 1 crêpe	
Calories	58
Lipides	1 g
Sodium	62 mg
Glucides	7 g
Fibres	1 g
Protéines	6 g

Vous pouvez préparer cette impressionnante crêpe et la mettre au four en très peu de temps. Servez-la avec une bruine de sirop d'érable et du yogourt à la vanille.

RECOMMANDÉ POUR
- Diarrhée
- Gain de poids

AVANTAGES SUPPLÉMENTAIRES
- Riche en fibres
- Riche en protéines
- Réduction des risques

CONSEILS

Vous pouvez choisir la cassonade que vous utilisez pour vos recettes. Elle se vend sous forme de cassonade blonde ou brune. D'une couleur plus foncée, la cassonade brune a un goût de mélasse plus prononcé.

En remplacement des moules à gâteau, vous pouvez utiliser des assiettes à tarte en verre de 9 pouces (23 cm).

Parole de survivante

Bien des gens vous donneront des conseils sur ce que vous devriez faire. Mais vous êtes libre de les suivre ou non, selon votre état.

Crêpe feuilletée aux pommes

Préchauffer le four à 400 °F (200 °C)
Deux moules à gâteau de 9 pouces (23 cm)

1 tasse	farine tout usage	250 ml
1 tasse	lait	250 ml
4	œufs	4
2 c. à s.	sucre granulé	30 ml
¼ c. à t.	sel	1 ml
4 c. à s.	beurre ou margarine non hydrogénée, séparées	60 ml
3	pommes, pelées, tranchées fin (environ 4 tasses ou 1 l)	3
¼ tasse	sucre brun bien tassé	60 ml
1 ½ c. à t.	cannelle moulue	7 ml

1. Dans un mélangeur ou un robot culinaire, mélanger la farine, le lait, les œufs, le sucre granulé et le sel jusqu'à consistance lisse. Laisser reposer pendant la préparation des pommes.
2. Dans une grande poêle antiadhésive, faire fondre 2 c. à s. (30 ml) de beurre à feu moyen. Ajouter les tranches de pomme, le sucre brun et la cannelle. Cuire en remuant souvent pendant 5 minutes ou jusqu'à ce que les tranches de pomme soient ramollies.
3. Ajouter 1 c. à s. (15 ml) de beurre à chaque moule à gâteau et les placer au four jusqu'à ce qu'il soit fondu. Agiter les moules pour recouvrir de beurre le fond et les côtés. Verser la pâte dans les moules, en la divisant également, et ajouter une couche de mélange aux pommes chaud.
4. Cuire de 20 à 25 minutes ou jusqu'à ce que la pâte soit gonflée et dorée.

Cette recette devrait être ajustée selon vos symptômes. Suivez les recommandations suivantes.

Pour la réduction des risques
- Utilisez de la farine de blé entier en remplacement de la farine tout usage ; et/ou
- Utilisez des œufs oméga-3 ; et/ou
- Ne pelez pas les pommes ; et/ou
- Réduisez la quantité de cassonade à 2 c. à s. (30 ml).

Nutriments par portion

Calories	463
Lipides	17 g
Sodium	24 mg
Glucides	69 g
Fibres	4 g
Protéines	12 g

Un grand classique revisité, riche en fibres et faible en matières grasses. Cette version conviendra bien aux personnes qui ont de la difficulté à tolérer le gras et à celles qui sont inquiètes de la prise de poids non désirée pendant le traitement.

Pain doré

Recette offerte par Lise Parisien

4	blancs d'œufs	4
2 c. à s.	lait écrémé	30 ml
½ c. à t.	extrait de vanille	2 ml
1 pincée	muscade et/ou cannelle	1 pincée
6 tranches	pain de blé entier	6

1. Battre les blancs d'œufs avec le lait, la vanille, la muscade (ou la cannelle) jusqu'à ce que le mélange soit mousseux. Verser dans un grand plat peu profond. Tremper le pain dans le mélange d'œufs et de lait.

2. Dans un grand poêlon à revêtement antiadhésif ou légèrement beurré, faire dorer le pain des deux côtés. Servir immédiatement.

RECOMMANDÉ POUR
- Diarrhée
- Brûlures d'estomac
- Gestion du poids

AVANTAGES SUPPLÉMENTAIRES
- Faible en gras

CONSEILS

Les jaunes et les blancs d'œufs sont tous deux riches en vitamine A, en magnésium, en fer, en riboflavine et, évidemment, en protéines.

Saupoudrez de petits fruits frais et servez avec un yogourt probiotique. Vous ajouterez ainsi du calcium, de la vitamine C et d'autres nutriments bénéfiques à ce classique du déjeuner.

Si vous avez une aversion à l'égard de la viande, assurez-vous de consommer d'autres sources de cet important nutriment que sont les protéines. Les œufs et le lait sont tous deux riches en protéines. Un gros œuf fournit 7 g de protéines et chaque once (30 ml) de lait, 1 g.

Cette recette devrait être ajustée selon vos symptômes. Suivez la recommandation suivante.

Pour la diarrhée
- Utilisez du pain blanc ou du pain d'avoine en remplacement du pain de blé entier.

Nutriments par portion	
Calories	79
Lipides	1 g
Sodium	165 mg
Glucides	13 g
Fibres	2 g
Protéines	5 g

Vous manquez d'énergie le matin? Voici un déjeuner qui peut être préparé la veille ou congelé. Placez le pain sur une plaque à biscuits graissée et mettez-le au four. Cette version est plus appropriée pour ceux qui doivent maintenir leur poids ou en gagner pendant le traitement, contrairement à la version faible en gras.

RECOMMANDÉ POUR

• Gain de poids

AVANTAGES SUPPLÉMENTAIRES

• Riche en protéines
• Se prépare à l'avance
• Réduction des risques

CONSEIL

Le sucre contenu dans cette recette sera le bienvenu si vous avez un goût amer, métallique ou fade dans la bouche.

PRÉPARER À L'AVANCE

Congelez les tranches de pain en une seule couche sur une plaque à biscuits recouverte d'une pellicule plastique ; lorsque les tranches sont congelées, transférez-les dans un sac de plastique refermable et remettez au congélateur. Pas besoin de décongeler avant de cuire ; suivez la recette et augmentez le temps de cuisson de 5 minutes.

Pain doré au four

Préchauffer le four à 425 °F (220 °C)
Plat de cuisson de 13 x 9 pouces (33 x 23 cm)
Plaque à biscuits, bien graissée ou tapissée de papier parchemin

4	œufs	4
1 tasse	lait	250 ml
1 c. à s.	sucre granulé	15 ml
1 c. à t.	extrait de vanille	5 ml
12	tranches de pain français de la veille de 2 cm d'épaisseur	12
3 c. à s.	beurre fondu	45 ml

1. Dans un bol, fouetter ensemble les œufs, le lait, le sucre et la vanille. Placer les tranches de pain en une couche dans le plat de cuisson. Verser le mélange d'œufs. Retourner les tranches et laisser reposer jusqu'à ce que le mélange soit absorbé. Couvrir et réfrigérer jusqu'à leur utilisation. (Cette recette peut être préparée la veille.)

2. Placer les tranches sur la plaque à biscuits préparée et badigeonner le dessus avec le beurre fondu.

3. Cuire au four pendant 10 minutes. Retourner les tranches ; badigeonner le dessus avec le reste du beurre fondu. Cuire 8 minutes ou jusqu'à ce que le pain soit gonflé et doré.

Nutriments par portion

Calories	522
Lipides	14
Sodium	846 mg
Glucides	76 g
Fibres	3 g
Protéines	20 g

Cette recette devrait être ajustée selon vos symptômes. Suivez les recommandations suivantes.

Pour la réduction des risques
• Utilisez du pain de grains entiers ; et/ou
• Utilisez des œufs oméga-3 ; et/ou
• Utilisez de l'huile de canola en remplacement du beurre ; et/ou
• Ajoutez ½ c. à t. (2 ml) de cannelle moulue et/ou de muscade au lait ; et/ou
• Réduisez la quantité de sucre ou omettez le sucre.

Soupes revitalisantes et goûters inspirants

Les soupes font de bons repas lorsque vous êtes malade, puisqu'elles fournissent une portion complète de liquides et de deux à trois groupes alimentaires. Suivez les instructions de congélation et de décongélation pour être en mesure de cuisiner lorsque vous avez de l'énergie et d'utiliser vos réserves lorsque vous vous sentez moins bien. Assurez-vous d'étiqueter les soupes que vous congelez parce que le «nuage de la chimio» peut vous faire oublier des détails.

Si vous avez des douleurs à la bouche, passez la soupe au mélangeur ou faites-la chauffer jusqu'à ce que les ingrédients soient tendres. Si vous avez besoin de plus de calories, optez pour les recettes recommandées pour le gain de poids. En outre, avec n'importe quelle recette, vous pouvez faire fondre une cuillère de beurre dans votre soupe, ajouter de l'huile végétale ou saupoudrer de fromage râpé. Pour plus de protéines (et pour épaissir une soupe), ajoutez de la viande en purée; chaque once (30 g) ajoute 7 grammes de protéines.

Ces recettes requièrent du bouillon à teneur réduite en sodium. Cependant, ce ne sont pas tous les patients qui doivent réduire leur apport en sodium. Si vous souffrez d'hypotension ou êtes déshydraté, n'hésitez pas et ajoutez du sel ou utilisez des ingrédients riches en sodium – votre corps a besoin du sodium pour retenir les fluides et accroître l'apport sanguin.

Les goûters présentés dans ce chapitre n'utilisent pas de viandes rouges, qui font souvent l'objet d'une aversion gustative. Les œufs, le fromage, le poisson, les fruits de mer et les légumineuses fournissent les protéines dont vous avez besoin. Ces repas vous aideront à vous alimenter et pourront devenir des favoris pour les années à venir.

Ce bouillon peut être utilisé dans plusieurs contextes: comme liquide clair lorsque vous vous rétablissez d'une chirurgie, comme premier repas léger après un épisode de vomissements ou de diarrhée, comme boisson chaude et réhydratante ou comme base pour une recette maison.

Donne environ
12 tasses (3 litres)

Bouillon de légumes de base

Grande mijoteuse d'au moins 6 litres (facultatif)

8	carottes, brossées et grossièrement hachées	8
6	branches de céleri, grossièrement hachées	6
3	oignons, grossièrement hachés	3
3	gousses d'ail, grossièrement hachées	3
6	brins de persil	6
3	feuilles de laurier	3
10	grains de poivre noir	10
1 c. à t.	thym séché	5 ml
	sel (facultatif)	
12 tasses	eau	3 l

Dans la mijoteuse

1. Dans la cocotte de la mijoteuse, mettre les carottes, le céleri, les oignons, l'ail, le persil, les feuilles de laurier, le poivre, du sel au goût, si désiré, et l'eau. Couvrir et cuire à basse température pendant 8 heures ou à température élevée pendant 4 heures.
2. Filtrer le bouillon et jeter les éléments solides. Couvrir et placer au réfrigérateur jusqu'à 5 jours ou congeler dans un contenant hermétique.

Sur la cuisinière

1. Dans une grande casserole, mettre les carottes, le céleri, les oignons, l'ail, le persil, les feuilles de laurier, le poivre, du sel, au goût, si désiré, et l'eau. Porter à ébullition à feu élevé. Réduire à feu doux, couvrir et laisser mijoter doucement environ 1 heure ou jusqu'à ce que le liquide soit goûteux.
2. Filtrer le bouillon et jeter les éléments solides. Couvrir et placer au réfrigérateur jusqu'à 5 jours, ou congeler dans des contenants hermétiques.

RECOMMANDÉ POUR

- Déshydratation
- Sécheresse de la bouche
- Appétit faible
- Douleurs à la bouche ou à la gorge
- Vomissements
- Gestion du poids

AVANTAGES SUPPLÉMENTAIRES

- Se prépare à l'avance

CONSEILS

Si vous ajoutez 1 c. à t. (5 ml) de sel à ce bouillon, vous augmentez sa teneur en sodium à 215 mg par portion de 1 tasse (250 ml).

Pour congeler le bouillon, versez-le dans des contenants hermétiques en portions de 2 tasses (500 ml) ou de 4 tasses (1 litre) faciles à utiliser, et laissez un espace libre d'au moins 1 po (2,5 cm) dans le haut du contenant. Placez le bouillon au réfrigérateur jusqu'à ce qu'il soit froid, couvrez-le et mettez-le au congélateur. Il se conservera alors jusqu'à 3 mois. Décongelez au réfrigérateur ou au four à micro-ondes.

Nutriments par portion de 1 tasse (250 ml)	
Calories	18
Lipides	0 g
Sodium	23 g
Glucides	4 g
Fibres	1 g
Protéines	1 g

Il est facile de préparer un bouillon maison au lieu d'avoir recours aux bouillons en cubes ou en poudre, qui contiennent beaucoup de sel.

RECOMMANDÉ POUR

- Déshydratation
- Diarrhée
- Appétit faible
- Douleurs à la bouche ou à la gorge
- Gestion du poids

AVANTAGES SUPPLÉMENTAIRES

- Se prépare à l'avance

CONSEILS

Si vous ajoutez 1 c. à t. (5 ml) de sel à ce bouillon, vous augmentez sa teneur en sodium à 289 mg par portion de 1 tasse (250 ml).

Pour les instructions de congélation, consultez la page 166.

Le céleri peut contenir beaucoup de résidus de pesticides de synthèse. Pour réduire votre exposition à ces résidus, vous voudrez probablement acheter du céleri biologique. Contrairement au céleri, les oignons renferment moins de résidus de pesticides.

VARIANTE

Bouillon de dinde : remplacez les os de poulet par des ailes de dinde crues, ou utilisez la carcasse d'une dinde cuite (sans la viande, la peau et le gras).

Bouillon de poulet

3 lb	os de poulet (comme le cou, le dos et l'extrémité des ailes)	1,5 kg
2	carottes, grossièrement hachées	2
2	branches de céleri avec les feuilles, hachées	2
1	gros oignon, haché	1
½ c. à t.	feuilles de thym séchées	2 ml
1	feuille de laurier	1
	poivre noir, fraîchement moulu	

1. Placer les os de poulet dans une grande marmite. Recouvrir d'eau (environ 10 tasses ou 2,5 litres). Ajouter les carottes, le céleri, l'oignon, le thym et la feuille de laurier. Porter à ébullition à feu vif et écumer. Réduire à feu doux et laisser mijoter à couvert environ 2 heures.

2. Passer au tamis. Assaisonner de poivre, au goût. Couvrir et réfrigérer jusqu'à 2 jours ou congeler dans des contenants hermétiques.

Nutriments par portion de 1 tasse (250 ml)

Calories	8
Lipides	0 g
Sodium	11 mg
Glucides	2 g
Fibres	1 g
Protéines	0 g

Souvent appelée la pénicilline juive, la soupe au poulet est l'antidote parfait pour passer à travers les mauvaises journées.

Soupe poulet et nouilles

3 lb	poulet entier ou morceaux de poulet, comme des cuisses ou des poitrines	1,5 kg
10 tasses	eau (environ)	2,5 l
1	gros oignon, haché finement	1
3	carottes, pelées et hachées	3
2	branches de céleri avec les feuilles, hachées	2
2 c. à s.	persil frais, haché	30 ml
½ c. à t.	feuilles de thym séchées	2 ml
2 c. à t.	sel	10 ml
¼ c. à t.	poivre noir fraîchement moulu	1 ml
1	feuille de laurier	1
2 tasses	nouilles aux œufs larges ou moyennes	500 ml
1 tasse	zucchini en petits dés ou petits bouquets de chou-fleur	250 ml
2 c. à s.	aneth frais, haché	30 ml

1. Rincer le poulet; enlever le plus de peau et de gras possible. Placer dans une grande marmite; couvrir d'eau. Porter à ébullition à feu vif; à l'aide d'une cuillère trouée, enlever l'écume qui se forme à la surface.

2. Ajouter l'oignon, les carottes, le céleri, le persil, le thym, le sel, le poivre et la feuille de laurier. Réduire à feu moyen-doux; couvrir et laisser mijoter environ 15 minutes ou jusqu'à ce que le poulet soit tendre.

3. Enlever le poulet à l'aide d'une cuillère trouée et le placer dans un grand bol; laisser refroidir. Retirer la viande, laisser la peau et les os de côté. Couper la viande en petits morceaux. Garder 2 tasses (500 ml) pour la soupe. (Utiliser le reste pour des ragoûts ou des sandwichs.)

4. Enlever le gras accumulé à la surface; porter à ébullition. Ajouter les morceaux de poulet, les nouilles, le zucchini et l'aneth; cuire 10 minutes ou jusqu'à ce que les nouilles et les légumes soient tendres. Enlever la feuille de laurier. Ajuster l'assaisonnement avec du sel et du poivre, au goût.

RECOMMANDÉ POUR
- Déshydratation
- Appétit faible

AVANTAGES SUPPLÉMENTAIRES
- Riche en protéines
- Se prépare à l'avance

CONSEIL

Pas besoin de rester enchaîné à la cuisinière pour préparer cette soupe qui réchauffe l'âme. Le fait d'ajouter le poulet et les légumes en même temps simplifie le processus. Le résultat est tout aussi revigorant.

PRÉPARER À L'AVANCE

Préparez la soupe jusqu'à l'étape 4, couvrez-la et réfrigérez-la jusqu'à 3 jours, ou versez-la dans des contenants hermétiques en petites portions, en laissant un espace libre d'au moins 1 po (2,5 cm) dans le haut du contenant. Elle se conservera alors jusqu'à 3 mois. Décongelez-la au réfrigérateur ou au four à micro-ondes à intensité moyenne-élevée (70 %) de 1 à 2 minutes, ou dans une casserole à feu moyen en remuant souvent, de 4 à 5 minutes, jusqu'à ce que le tout soit fumant. (Les nouilles deviennent très molles après la congélation. Vous voudrez probablement ne pas les ajouter au moment de la préparation, mais les cuire séparément et les ajouter à la soupe réchauffée.)

Nutriments par portion	
Calories	159
Lipides	3 g
Sodium	643 mg
Glucides	13 g
Fibres	1 g
Protéines	20 g

Les betteraves doivent leur couleur à une famille de pigments appelés les bétalaïnes. Elles sont riches en lutéine et en zéaxanthine, deux antioxydants de la famille des caroténoïdes, et sont une bonne source de folacine, de vitamine C et de potassium.

RECOMMANDÉ POUR

- Déshydratation
- Appétit faible
- Gestion du poids

AVANTAGES SUPPLÉMENTAIRES

- Se prépare à l'avance
- Réduction des risques

CONSEIL

Vous pouvez également utiliser un bouillon de bœuf maison, du bouillon de poulet (page 167) ou un bouillon de légumes de base (page 166) pour cette recette.

PRÉPARER À L'AVANCE

Couvrez bien le bortch et réfrigérez-le jusqu'à 3 jours, ou versez-le dans des contenants hermétiques en petites portions en laissant un espace libre d'au moins 1 po (2,5 cm) dans le haut du contenant. Le bortch se conservera alors jusqu'à 3 mois. Décongelez-le au réfrigérateur ou au four à micro-ondes. Servez-le froid ou réchauffez-le au micro-ondes à intensité moyenne-élevée (70 %) de 1 à 2 minutes, ou dans une casserole à feu moyen en remuant souvent, de 4 à 5 minutes, jusqu'à ce que le tout soit fumant.

Bortch

1 c. à s.	huile végétale	15 ml
1 tasse	oignon, en dés	250 ml
1 c. à s.	ail, émincé 15 ml	
1	**boîte** (14 oz/398 ml) **de betteraves, avec le jus**	1
2 tasses	**bouillon de bœuf ou de poulet prêt à utiliser à teneur réduite en sodium**	500 ml
½	**sac** (10 oz/300 g) **de jeunes épinards ou 2 tasses** (500 ml) **de jeunes épinards bien tassés**	½
2 c. à s.	**jus de citron fraîchement pressé**	30 ml
	sel et poivre noir fraîchement moulu	

1. Dans une grande casserole, chauffer l'huile à feu moyen. Ajouter l'oignon et cuire en remuant jusqu'à ce qu'il soit tendre, environ 3 minutes. Ajouter l'ail et cuire en remuant pendant 1 minute.
2. Ajouter les betteraves avec leur jus et le bouillon. Porter à ébullition. Réduire à feu doux et laisser mijoter 10 minutes pour que les saveurs se mélangent. Ajouter les épinards et cuire en remuant jusqu'à ce qu'ils se flétrissent. Ajouter le jus de citron. Assaisonner de sel et de poivre, au goût.
3. À l'aide d'une cuillère trouée, transférer les aliments solides avec ½ tasse (125 ml) de liquide dans un robot culinaire ou un mélangeur. Battre jusqu'à consistance homogène. (Vous pouvez également le faire dans la casserole à l'aide d'un mélangeur à main.)
4. Remettre le mélange dans la casserole et bien mélanger. Servir chaud ou laisser refroidir.

Nutriments par portion

Calories	95
Lipides	4 g
Sodium	263 mg
Glucides	14 g
Fibres	3 g
Protéines	3 g

Donne de
6 à 8 portions

Bortch aux canneberges

6	betteraves, pelées, coupées en quartiers	6
	feuilles des betteraves, grossièrement hachées et mises de côté au réfrigérateur	
4	gousses d'ail, hachées	4
5 tasses	bouillon de bœuf ou de poulet prêt à utiliser à teneur réduite en sodium	1,25 l
1 c. à t.	sel	5 ml
½ c. à t.	poivre noir fraîchement moulu	2 ml
1 tasse	canneberges	250 ml
2 c. à s.	sucre granulé ou miel	30 ml
	zeste et jus de 1 orange	
	crème sure	

1. Dans une grande casserole, à feu moyen, mélanger les betteraves, l'ail, le bouillon, le sel et le poivre. Porter à ébullition. Couvrir, réduire à feu doux et laisser mijoter jusqu'à ce que les betteraves soient tendres, environ 45 minutes. Ajouter les canneberges, le sucre, le zeste et le jus de l'orange et les feuilles de betterave. Couvrir et cuire jusqu'à ce que les canneberges se défassent de leur peau, environ 10 minutes.

2. Verser dans un tamis. Transférer les aliments solides dans un robot muni d'une lame en métal et ajouter 1 tasse du liquide. Réduire en purée. Pour servir chaud, retourner les aliments solides en purée dans la casserole, ajouter le reste du liquide et réchauffer. Pour servir froid, verser les aliments en purée dans un bol, couvrir et laisser reposer au moins 3 heures.

3. Au moment de servir, verser dans des bols individuels et garnir d'une cuillerée de crème sure.

RECOMMANDÉ POUR
- Gestion du poids

AVANTAGES SUPPLÉMENTAIRES
- Riche en fibres
- Faible en gras
- Se prépare à l'avance
- Réduction des risques

CONSEILS

Si vous préférez, utilisez le bouillon de légumes de base (page 166) en remplacement du bouillon prêt à utiliser. Si votre bouillon ne contient pas de sel, ajoutez-en ½ c. à t. (2 ml), au goût, avant de servir.

Les canneberges aident au traitement et à la prévention des infections urinaires parce qu'elles empêchent les bactéries de s'attacher à l'urètre et à la vessie. Elles font l'objet de recherches sur leurs propriétés anticancérigènes en raison de la présence d'agents phytochimiques.

PRÉPARER À L'AVANCE

Couvrez bien le bortch et réfrigérez-le jusqu'à 3 jours. Réchauffez-le en portions individuelles au micro-ondes à intensité moyenne-élevée (70 %) de 1 à 2 minutes, ou dans une casserole à feu moyen en remuant souvent, de 4 à 5 minutes, jusqu'à ce que le tout soit fumant.

Nutriments par portion

Calories	77
Lipides	0 g
Sodium	569 mg
Glucides	18 g
Fibres	4 g
Protéines	2 g

Cette soupe consistante a un goût prononcé de cheddar qui convient aux personnes qui veulent plus qu'une soupe claire mais qui ne sont pas encore prêtes pour les repas solides.

RECOMMANDÉ POUR

• Déshydratation

AVANTAGES SUPPLÉMENTAIRES

• Riche en fibres
• Riche en protéines
• Se prépare à l'avance

CONSEIL

Si vous préférez, utilisez le bouillon de légumes de base (page 166) en remplacement du bouillon prêt à utiliser. Si vous n'avez pas de bouillon, utilisez 3 tasses (750 ml) d'eau.

PRÉPARER À L'AVANCE

Couvrez bien la soupe et réfrigérez-la jusqu'à 3 jours. Réchauffez-la en portions individuelles au micro-ondes à intensité moyenne (50 %) de 2 à 3 minutes, ou dans une casserole à feu moyen en remuant souvent, de 4 à 5 minutes, jusqu'à ce que le tout soit fumant (ne laissez pas bouillir).

Soupe au cheddar et au brocoli

1 c. à s.	huile végétale	15 ml
1 tasse	oignon, en dés	250 ml
1 c. à s.	ail, émincé	15 ml
1 pincée	piment de Cayenne	1 pincée
	poivre noir fraîchement moulu	
1	boîte (10 oz/284 ml) de soupe au fromage cheddar condensée, non diluée	1
1 c. à s.	moutarde de Dijon	15 ml
3 tasses	bouillon de légumes ou de poulet prêt à utiliser à teneur réduite en sodium	750 ml
4 tasses	bouquets de brocoli	1 l
2 tasses	cheddar râpé	500 ml

1. Dans une grande casserole, chauffer l'huile à feu moyen. Ajouter les oignons et cuire en remuant jusqu'à ce qu'ils soient tendres, environ 3 minutes. Ajouter l'ail, le piment de Cayenne et le poivre noir, au goût. Cuire en remuant environ 1 minute.

2. Ajouter la soupe et la moutarde en remuant jusqu'à consistance homogène. Incorporer graduellement le bouillon. Ajouter le brocoli et porter à ébullition. Réduire à feu doux et laisser mijoter jusqu'à ce que le brocoli soit tendre, environ 10 minutes.

3. À l'aide d'une cuillère trouée, transférer les aliments solides dans un robot culinaire ou un mélangeur. Ajouter ½ tasse (125 ml) du liquide et battre jusqu'à consistance homogène. (Vous pouvez également le faire dans la casserole à l'aide d'un mélangeur à main.)

4. Remettre le mélange dans la casserole et cuire à feu doux. Ajouter le cheddar et mélanger jusqu'à consistance lisse tout en ne laissant pas le mélange bouillir. Servir bien chaud.

Nutriments par portion	
Calories	339
Lipides	23 g
Sodium	659 mg
Glucides	16 g
Fibres	4 g
Protéines	19 g

Le gingembre est utilisé depuis très longtemps pour traiter la nausée. Selon ce que vous avez envie de manger, vous voudrez probablement laisser de côté la poudre de cari.

Soupe aux carottes et au gingembre

Recette offerte par Karine Gravel, diététiste

3 tasses	eau	750 ml
2	gousses d'ail, écrasées	2
4 tasses	carottes, tranchées	1 l
½ tasse	oignon, haché	125 ml
1 c. à s.	bouillon de légumes en poudre	15 ml
2 c. à t.	sirop d'érable	10 ml
1 c. à t.	poudre de cari	5 ml
½ c. à t.	gingembre frais, râpé	2 ml
1 ½ tasse	lait	375 ml

1. Dans une grande casserole, porter l'eau à ébullition. Ajouter l'ail, les carottes, l'oignon, le bouillon en poudre, le sirop d'érable, la poudre de cari et le gingembre, et attendre que l'ébullition reprenne. Baisser le feu, couvrir et laisser mijoter de 40 à 45 minutes, ou jusqu'à ce que les carottes soient tendres. Retirer du feu.

2. Par petites quantités, à grande vitesse, passer la soupe au mélangeur jusqu'à consistance lisse.

3. Remettre la soupe dans la casserole et ajouter le lait. Réchauffer à feu doux (ne pas faire bouillir, sans quoi le lait caillera).

Cette recette devrait être ajustée selon vos symptômes. Suivez les recommandations suivantes.

Pour favoriser le gain de poids
• Utilisez n'importe quel type de crème ou du lait concentré en remplacement du lait.

Pour l'intolérance au lactose
• Remplacez le lait par un substitut laitier, comme du lait réduit en lactose, ou une boisson non laitière telle que de la boisson de soya, d'amande ou de riz, ou une boîte de 14 oz (400 ml) de lait de coco.

RECOMMANDÉ POUR
• Nausée
• Gestion du poids

AVANTAGES SUPPLÉMENTAIRES
• Faible en gras
• Se prépare à l'avance
• Réduction des risques

CONSEIL
Les racines de gingembre se conservent bien au congélateur, environ 3 mois, et peuvent être râpées même lorsqu'elles sont congelées.

PRÉPARER À L'AVANCE
Couvrez bien la soupe et réfrigérez-la jusqu'à 3 jours. Réchauffez-la en portions individuelles au micro-ondes à intensité moyenne (50 %) de 2 à 3 minutes, ou dans une casserole à feu moyen en remuant souvent, environ 5 minutes, jusqu'à ce que le tout soit fumant (ne laissez pas bouillir).

Pour congeler la soupe, omettez le lait à l'étape 3. Versez-la dans des contenants hermétiques en portions individuelles et laissez un espace libre d'au moins 1 po (2,5 cm) dans le haut du contenant. La soupe se conservera alors jusqu'à 3 mois. Décongelez au réfrigérateur ou au four à micro-ondes. Ajoutez ¼ de tasse (60 ml) de lait par portion. Réchauffez selon les indications ci-dessus.

Nutriments par portion	
Calories	66
Lipides	2 g
Sodium	319 mg
Glucides	11 g
Fibres	2 g
Protéines	3 g

L'orange et la carotte forment un mariage gastronomique délicieux et font de cette soupe une source exceptionnelle de bêta-carotène.

RECOMMANDÉ POUR

- Sécheresse de la bouche
- Aversions gustatives
- Gestion du poids

AVANTAGES SUPPLÉMENTAIRES

- Se prépare à l'avance
- Réduction des risques

PRÉPARER À L'AVANCE

Couvrez bien la soupe et réfrigérez-la jusqu'à 3 jours. Réchauffez-la en portions individuelles au micro-ondes à intensité moyenne (50 %) de 2 à 3 minutes, ou dans une casserole à feu moyen en remuant souvent, environ 5 minutes, jusqu'à ce que le tout soit fumant (ne laissez pas bouillir).

Pour congeler la soupe, omettez le lait à l'étape 3. Versez-la dans des contenants hermétiques en portions individuelles et laissez un espace libre d'au moins 1 po (2,5 cm) dans le haut du contenant. La soupe se conservera alors jusqu'à 3 mois. Décongelez au réfrigérateur ou au four à micro-ondes. Ajoutez ¼ de tasse (60 ml) de lait par portion. Réchauffez selon les indications ci-dessus.

Soupe aux carottes et à l'orange

Recette offerte par Mary Persi

2 c. à s.	beurre, margarine non hydrogénée ou huile de canola	30 ml
½ tasse	oignon, haché	125 ml
4 tasses	carottes, tranchées	1 l
4 tasses	bouillon de poulet ou de légumes prêt à utiliser à teneur réduite en sodium	1 l
½ tasse	jus d'orange	125 ml
½ c. à t.	muscade moulue	2 ml
¼ c. à t.	poivre blanc ou noir moulu	1 ml
1 tasse	lait	250 ml

1. Faire fondre le beurre à feu moyen-élevé dans une grande casserole. Y faire sauter les oignons et cuire de 4 à 5 minutes ou jusqu'à ce qu'ils aient ramolli. Ajouter les carottes et le bouillon, puis porter à ébullition. Réduire le feu et laisser mijoter de 15 à 20 minutes ou jusqu'à ce que les carottes soient très tendres. Incorporer le jus d'orange, la muscade et le poivre.

2. Battre le mélange à base de carottes en purée homogène au robot culinaire ou au mélangeur.

3. Remettre le mélange dans la casserole. Verser le lait et laisser mijoter la soupe à feu très doux pendant 2 ou 3 minutes ou jusqu'à ce qu'elle soit très chaude.

Nutriments par portion

Calories	113
Lipides	5 g
Sodium	129 mg
Glucides	15 g
Fibres	3 g
Protéines	4 g

Cette recette devrait être ajustée selon vos symptômes. Suivez les recommandations suivantes.

Pour favoriser le gain de poids

- Utilisez n'importe quel type de crème ou du lait concentré en remplacement du lait.

Pour l'intolérance au lactose

- Remplacez le lait par un substitut sans lactose, comme du lait réduit en lactose ou une boisson de soya, d'amande ou de riz, ou une boîte de 14 oz (400 ml) de lait de coco.

Cette soupe au poulet, aux poireaux et à l'orge remplie d'ingrédients aux propriétés anticancéreuses est d'origine écossaise. Les pruneaux ajoutent de la saveur et une douceur agréable.

Soupe au poulet et aux poireaux

10	pruneaux dénoyautés, finement hachés (env. ½ tasse/125 ml de pruneaux entiers)	10
3 tasses	eau, au total	750 ml
1 c. à s.	huile d'olive	15 ml
4	gros poireaux, le blanc et un peu de vert seulement, finement hachés	4
4	branches de céleri, coupées en dés	4
4	carottes pelées, coupées en dés	4
1 c. à t.	thym séché, émietté	5 ml
½ c. à t.	poivre noir concassé	2 ml
4	clous de girofle	4
1	bâton de cannelle de 1 po (2,5 cm)	1
1 ¼ tasse	orge entière (décortiquée), rincée, égouttée	300 ml
2 lb	cuisses de poulet désossées, sans la peau, grossièrement hachées	1 kg
4 tasses	bouillon de poulet prêt à utiliser à teneur réduite en sodium	1 l
½ tasse	persil frais, finement haché	125 ml

1. Dans un petit bol, mettre les pruneaux dans 1 tasse (250 ml) d'eau. Couvrir et réserver.

2. Dans une grande casserole, une marmite ou un faitout, chauffer l'huile à feu moyen pendant 20 secondes. Ajouter les poireaux, le céleri et les carottes. Cuire pendant environ 7 minutes en brassant, jusqu'à ce qu'ils soient ramollis. Ajouter le thym, le poivre, les clous de girofle et la cannelle. Cuire pendant 1 minute en brassant. Ajouter l'orge et brasser pour bien la couvrir du mélange. Ajouter le poulet, le bouillon et le reste de l'eau, puis porter à ébullition.

3. Réduire à feu doux. Couvrir et laisser mijoter pendant environ 1 heure, jusqu'à ce que le poulet se défasse et que l'orge soit tendre. Jeter les clous de girofle et le bâton de cannelle.

4. Ajouter les pruneaux et l'eau de trempage, si désiré. Bien mélanger. Couvrir et cuire pendant environ 15 minutes pour permettre aux saveurs de se marier. Verser dans des bols et garnir de persil.

RECOMMANDÉ POUR
- Constipation
- Déshydratation

AVANTAGES SUPPLÉMENTAIRES
- Riche en fibres
- Riche en protéines
- Se prépare à l'avance
- Réduction des risques

PRÉPARER À L'AVANCE

Couvrez bien la soupe et réfrigérez-la jusqu'à 3 jours. Réchauffez-la en portions individuelles au micro-ondes à intensité moyenne (50 %) de 2 à 3 minutes, ou dans une casserole à feu moyen en remuant souvent, environ 5 minutes, jusqu'à ce que le tout soit fumant (éclaircissez au besoin avec du bouillon ou de l'eau).

VARIANTE

Pour préparer cette soupe dans une mijoteuse, complétez les étapes 1 et 2 de la méthode, mais réduisez la quantité d'eau à 1 tasse (250 ml) à l'étape 2. Mettez le tout dans la cocotte de la mijoteuse. Couvrez et faites cuire à basse température pendant 8 heures ou à température élevée pendant 4 heures, jusqu'à ce que l'orge soit tendre. Ajoutez les pruneaux et l'eau de trempage, si désiré. Couvrez et faites cuire à température élevée pendant 15 minutes, jusqu'à ce que ce soit bien chaud.

Nutriments par portion	
Calories	285
Lipides	5 g
Sodium	607 mg
Glucides	30 g
Fibres	6 g
Protéines	30 g

Cette soupe se prépare rapidement et sa texture onctueuse est réconfortante.

RECOMMANDÉ POUR

- Douleurs à la bouche ou à la gorge

AVANTAGES SUPPLÉMENTAIRES

- Riche en protéines
- Se prépare à l'avance
- Réduction des risques

CONSEIL

Si vous préférez, utilisez le bouillon de poulet (page 167) ou le bouillon de légumes de base (page 166) en remplacement du bouillon prêt à utiliser. Si votre bouillon ne contient pas de sel, ajoutez ¾ c. à t. (3 ml), au goût, avant de servir.

PRÉPARER À L'AVANCE

Préparez la soupe jusqu'à l'étape 4, couvrez-la bien et réfrigérez-la jusqu'à 3 jours, ou versez-la dans des contenants hermétiques en petites portions en laissant un espace libre d'au moins 1 po (2,5 cm) dans le haut du contenant. Elle se conservera alors jusqu'à 3 mois. Décongelez au réfrigérateur ou au four à micro-ondes à intensité moyenne (50 %) de 2 à 3 minutes, ou dans une casserole à feu moyen en remuant souvent, de 4 à 5 minutes, jusqu'à ce que le tout soit fumant (ne laissez pas bouillir).

VARIANTE

Remplacez la patate douce par de la courge musquée, et les poireaux par des oignons jaunes.

Soupe aux poireaux et aux patates douces

Recette offerte par Eileen Campbell

2 c. à s.	huile végétale	30 ml
4 tasses	poireaux, hachés (parties blanche et vert tendre seulement)	1 l
4 tasses	patate douce, pelée, coupée en dés	1 l
4 tasses	bouillon de poulet ou de légumes prêt à utiliser à teneur réduite en sodium	1 l
1	boîte de 12 oz (370 ml) de lait concentré	1
1 c. à t.	aneth séché	5 ml
	sel et poivre noir fraîchement moulu	

1. Dans une grande casserole, chauffer l'huile à feu moyen. Y faire revenir les poireaux 10 minutes ou jusqu'à ce qu'ils soient légèrement dorés. Ajouter les patates douces et le bouillon; porter à ébullition. Réduire le feu, couvrir et laisser mijoter environ 30 minutes, ou jusqu'à ce que les patates soient tendres. Retirer du feu.

2. Passer la soupe au mélangeur à grande vitesse jusqu'à consistance lisse.

3. Remettre la soupe dans la casserole et ajouter le lait concentré et l'aneth. Réchauffer à feu doux (ne pas faire bouillir, sans quoi le lait caillera). Saler et poivrer au goût.

Nutriments par portion

Calories	164
Lipides	5 g
Sodium	402 mg
Glucides	22 g
Fibres	2 g
Protéines	8 g

Cette recette devrait être ajustée selon vos symptômes. Suivez les recommandations suivantes.

Pour favoriser le gain de poids
- Utilisez n'importe quel type de crème ou du lait concentré en remplacement du lait.
- Augmentez la quantité d'huile végétale à ¼ de tasse (60 ml).

Pour l'intolérance au lactose
- Remplacez le lait par un substitut sans lactose, comme du lait réduit en lactose ou une boisson de soya, de riz ou d'amande.

Pour gâter votre patient et améliorer la présentation visuelle, coupez le tofu en forme d'étoile à l'aide d'un emporte-pièce.

Soupe aux champignons à l'orientale

Recette offerte par le chef Samuel Glass et la diététiste Rosie Schwartz

5 tasses	bouillon de poulet prêt à utiliser à teneur réduite en sodium	1,25 l
4 c. à t.	gingembre, haché finement	20 ml
8 oz	champignons shiitakes, pleurotes, portobellos ou mélange des trois, tranchés (2 tasses/500 ml)	250 g
2 c. à s.	sauce soya à teneur réduite en sodium	30 ml
1 c. à t.	huile de sésame	5 ml
8 oz	tofu ferme, en petits cubes	250 g
1	oignon vert, tranché finement	1

1. Dans une casserole, amener à ébullition le bouillon, le gingembre et les champignons. Réduire le feu et cuire 15 minutes à feu doux. Ajouter la sauce soya et l'huile de sésame.
2. Mettre le tofu et l'oignon vert dans des bols à soupe ou dans une soupière. Ajouter le bouillon.

RECOMMANDÉ POUR
- Nausée
- Aversions gustatives
- Gestion du poids

AVANTAGES SUPPLÉMENTAIRES
- Se prépare à l'avance
- Réduction des risques

CONSEILS

Si vous préférez, utilisez le bouillon de poulet (page 167) en remplacement du bouillon prêt à utiliser. Si votre bouillon ne contient pas de sel, ajoutez-en 1 c. à t. (5 ml), ou au goût, avant de servir.

Utilisez du tofu ferme, sinon il ne gardera pas sa forme.

Les champignons sont la seule source végétale de vitamine D ; en outre, ils exercent une activité anticancéreuse lorsqu'ils sont ajoutés à des cellules cancéreuses, dans les études en laboratoire.

PRÉPARER À L'AVANCE

Couvrez bien la soupe et réfrigérez-la jusqu'à 3 jours. Réchauffez-la en portions individuelles au micro-ondes à intensité moyenne-élevée (70 %) de 1 à 2 minutes, ou dans une casserole à feu moyen-élevé en remuant souvent, environ 5 minutes, jusqu'à ce que le tout soit fumant.

Cette recette devrait être ajustée selon vos symptômes. Suivez la recommandation suivante.

Pour la déshydratation et l'hypotension
- Utilisez un bouillon et de la sauce soya ordinaires et non à teneur réduite en sodium.

Nutriments par portion	
Calories	70
Lipides	3 g
Sodium	239 mg
Glucides	5 g
Fibres	1 g
Protéines	7 g

Un bon fromage fondu à saveur de noisette comme le gruyère ou du fromage à raclette convient très bien à cette savoureuse soupe qui vous réchauffera. La saveur musclée des oignons s'adoucit lorsqu'ils sont dorés. Ce repas classique est ce dont vous avez besoin lorsque votre appétit n'est pas à son meilleur.

RECOMMANDÉ POUR
- Appétit faible
- Gain de poids

AVANTAGES SUPPLÉMENTAIRES
- Riche en fibres
- Riche en protéines
- Se prépare à l'avance

PRÉPARER À L'AVANCE

La base de la soupe peut être préparée en suivant l'étape 1. Couvrez-la et réfrigérez-la jusqu'à 3 jours, ou versez-la dans des contenants hermétiques en petites portions en laissant un espace libre d'au moins 1 po (2,5 cm) dans le haut du contenant. Elle se conservera alors jusqu'à 3 mois. Décongelez au réfrigérateur ou au four à micro-ondes. Réchauffez les portions individuelles au micro-ondes à intensité moyenne-élevée (70 %) de 1 à 2 minutes, ou dans une casserole à feu moyen-élevé en remuant souvent, de 4 à 5 minutes, jusqu'à ce que le tout soit fumant. Passez ensuite à l'étape 2.

Soupe à l'oignon gratinée

Grande tôle à biscuits

3 c. à s.	beurre	45 ml
8 tasses	oignon espagnol, émincé (environ 2 ou 3)	2 l
¼ c. à t.	feuilles de thym séchées	1 ml
¼ c. à t.	poivre noir fraîchement moulu	1 ml
2 c. à s.	farine tout usage	30 ml
6 tasses	bouillon de bœuf prêt à utiliser à teneur réduite en sodium	1,5 l
1 c. à s.	huile d'olive	15 ml
1	grosse gousse d'ail, émincée	1
6 tranches	pain français (d'une épaisseur d'environ 2 cm)	6
2 tasses	gruyère râpé	500 ml

1. Dans un faitout ou une casserole à fond épais, faire fondre le beurre à feu moyen. Ajouter les oignons, le thym et le poivre; cuire en remuant fréquemment pendant 15 minutes ou jusqu'à ce que les oignons soient tendres et dorés. Incorporer la farine, puis ajouter le bouillon. Porter à ébullition en remuant jusqu'à épaississement. Réduire le feu à moyen-doux, couvrir et laisser mijoter 15 minutes.

2. Pendant ce temps, placer la tôle à biscuits à 6 po (15 cm) du gril. Préchauffer le gril.

3. Dans un petit bol, mélanger l'huile d'olive et l'ail; badigeonner légèrement le pain des deux côtés. Placer sur la tôle à biscuits, puis sous le gril, et rôtir des deux côtés.

4. Placer le pain dans des bols à soupe profonds allant au four; saupoudrer de la moitié du fromage. Placer les bols sur une plaque de cuisson. Verser la soupe chaude dans les bols. Saupoudrer le reste du fromage. Placer sous le gril pendant 3 minutes ou jusqu'à ce que le fromage fonde et soit légèrement doré. Servir immédiatement.

Nutriments par portion

Calories	464
Lipides	21 g
Sodium	487 mg
Glucides	46 g
Fibres	5 g
Protéines	22 g

Cette soupe contient des légumes, des protéines et des grains, ce qui en fait un repas équilibré.

Donne
4 portions

Soupe aux légumes et aux tortellinis

2 c. à t.	huile d'olive	10 ml
1	petit oignon, finement haché	1
2	gousses d'ail, finement hachées	2
½ c. à t.	basilic séché	2 ml
3 tasses	bouillon de poulet prêt à utiliser à teneur réduite en sodium	750 ml
1	boîte (10 oz/540 ml) de tomates italiennes étuvées	1
2 tasses	tortellinis frais ou surgelés, farcis à la viande ou au fromage	500 ml
2 tasses	légumes surgelés de style italien	500 ml
	sel et poivre noir fraîchement moulu	
	parmesan fraîchement râpé	

1. Dans une grande casserole, chauffer l'huile à feu moyen. Y faire revenir l'oignon, l'ail et le basilic en remuant pendant 3 minutes ou jusqu'à ce qu'ils soient tendres. Ajouter le bouillon de poulet et les tomates ; porter à ébullition. Ajouter les tortellinis. Réduire le feu, couvrir et laisser mijoter, en remuant à l'occasion, pendant 5 minutes.

2. Ajouter les légumes surgelés. Couvrir et laisser mijoter pendant 8 minutes ou jusqu'à ce que les pâtes et les légumes soient tendres. Assaisonner de sel et de poivre, au goût. Verser dans des bols à soupe ; saupoudrer généreusement de parmesan.

Cette recette devrait être ajustée selon vos symptômes. Suivez la recommandation suivante.

Aversion à la viande
- Utilisez des tortellinis farcis au fromage, et du bouillon de légumes en remplacement du bouillon de poulet.

RECOMMANDÉ POUR
- Constipation
- Déshydratation

AVANTAGES SUPPLÉMENTAIRES
- Riche en fibres
- Riche en protéines
- Se prépare à l'avance
- Réduction des risques

CONSEILS
Si vous préférez, utilisez du bouillon de poulet (page 167) en remplacement du bouillon prêt à utiliser. Si votre bouillon ne contient pas de sel, ajoutez-en ½ c. à t. (2 ml) avant de servir.

Au lieu d'utiliser des légumes surgelés, ajoutez la même quantité de légumes frais, comme des carottes hachées, du céleri, de la courgette ou du chou-fleur lorsque les pâtes sont ajoutées. Certains mélanges de légumes surgelés de style italien contiennent des fèveroles, qui fournissent des protéines supplémentaires.

PRÉPARER À L'AVANCE
Couvrez bien la soupe et réfrigérez-la jusqu'à 3 jours. Réchauffez-la en portions individuelles au micro-ondes à intensité moyenne-élevée (70 %) de 1 à 2 minutes, ou dans une casserole à feu moyen-élevé en remuant souvent, environ 5 minutes, jusqu'à ce que le tout soit fumant (éclaircissez avec du bouillon ou de l'eau, si désiré).

Nutriments par portion	
Calories	268
Lipides	5 g
Sodium	705 mg
Glucides	44 g
Fibres	6 g
Protéines	11 g

La combinaison des légumes et des lentilles fait de cette soupe un repas équilibré.

RECOMMANDÉ POUR
- Constipation
- Gestion du poids

AVANTAGES SUPPLÉMENTAIRES
- Riche en fibres
- Faible en gras
- Se prépare à l'avance
- Réduction des risques

CONSEILS

Utilisez le bouillon de légumes de base (page 166) en remplacement du bouillon prêt à utiliser. Si votre bouillon ne contient pas de sel, ajoutez-en ¼ c. à t. (1 ml), ou au goût, avant de servir.

Les lentilles se présentent sous différentes couleurs ; les variétés rouges, brunes et vertes sont les plus courantes. Elles sont riches en protéines et en nutriments.

PRÉPARER À L'AVANCE

Couvrez bien la soupe et réfrigérez-la jusqu'à 3 jours, ou versez-la dans des contenants hermétiques en petites portions en laissant un espace libre d'au moins 1 po (2,5 cm) dans le haut du contenant. La soupe se conservera alors jusqu'à 3 mois. Décongelez les portions individuelles au réfrigérateur ou au four à micro-ondes à intensité moyenne-élevée (70 %) de 1 à 2 minutes, ou dans une casserole à feu moyen en remuant souvent, de 4 à 5 minutes, jusqu'à ce que le tout soit fumant.

Soupe aux légumes et aux lentilles

Recette offerte par Lynn Roblin, diététiste

2 tasses	bouillon de légumes prêt à utiliser à teneur réduite en sodium	500 ml
1 tasse	carottes, hachées	250 ml
1	boîte de 28 oz (796 ml) de tomates en dés	1
1	boîte de 19 oz (540 ml) de lentilles, rincées et égouttées	1
2 c. à t.	ail, émincé	10 ml
1 c. à t.	basilic frais	5 ml
½ c. à t.	thym moulu	2 ml
½ c. à t.	cumin	2 ml

1. Porter le bouillon de légumes à ébullition dans une grande casserole.
2. Ajouter les carottes, réduire le feu à moyen et cuire à couvert pendant 10 minutes.
3. Ajouter les tomates, les lentilles, l'ail, le basilic, le thym et le cumin. Réduire le feu à moyen-faible et cuire en remuant souvent pendant 10 minutes ou jusqu'à ce que les carottes soient tendres.

Nutriments par portion

Calories	126
Lipides	0 g
Sodium	501 mg
Glucides	23 g
Fibres	9 g
Protéines	8 g

Les lentilles apportent une contribution précieuse à votre apport quotidien en protéines.

Soupe-repas aux lentilles

8 tasses	bouillon de poulet ou de légumes prêt à utiliser à teneur réduite en sodium	2 l
1 tasse	lentilles vertes, séchées, rincées et triées	250 ml
8 oz	champignons, hachés	250 ml
3	carottes, pelées et hachées	3
2	branches de céleri, sans les feuilles, hachées	2
1	gros oignon, haché	1
2	gousses d'ail, finement hachées	2
1 c. à t.	thym séché ou feuilles de marjolaine	5 ml
¼ tasse	aneth frais, haché, ou persil	60 ml
	sel et poivre noir fraîchement moulu	

CONSEIL

Si vous préférez, utilisez le bouillon de poulet (page 167) ou du bouillon de légumes de base (page 166) en remplacement du bouillon prêt à utiliser. Si votre bouillon ne contient pas de sel, ajoutez-en 1 ½ c. à t. (7 ml), ou au goût, avant de servir.

1. Dans un grand faitout ou une marmite, combiner le bouillon, les lentilles, les champignons, les carottes, le céleri, l'oignon, l'ail et le thym.
2. Porter à ébullition. Réduire le feu, couvrir et laisser mijoter de 35 à 40 minutes ou jusqu'à ce que les lentilles soient tendres. Ajouter l'aneth ou le persil. Ajuster l'assaisonnement avec du sel et du poivre, au goût.

VARIANTE

Soupe aux lentilles et au riz : réduisez la quantité de lentilles à ⅔ de tasse (150 ml) et ajoutez ⅓ de tasse (75 ml) de riz blanc ou brun à grains longs.

PRÉPARER À L'AVANCE

Voir page 179.

Nutriments par portion	
Calories	154
Lipides	1 g
Sodium	262 mg
Glucides	30 g
Fibres	8 g
Protéines	9 g

Cette soupe est si légère et rafraîchissante qu'il est difficile de croire qu'elle est aussi nourrissante.

Soupe citronnée aux lentilles et aux épinards

CONSEILS

Remplacez les lentilles séchées par des lentilles en conserve. Rincez 1 tasse (250 ml) de lentilles brunes séchées à l'eau froide et placez-les dans une grande casserole. Couvrez de 3 tasses (750 ml) d'eau. Portez à ébullition à feu moyen. Réduisez à feu doux et laissez mijoter environ 25 minutes, jusqu'à ce que les lentilles soient tendres. Égouttez.

Remplacez le bouillon prêt à utiliser par le bouillon de poulet (page 167) ou le bouillon de légumes de base (page 166). Si votre bouillon ne contient pas de sel, ajoutez-en 1 c. à t. (5 ml), ou au goût, avant de servir.

VARIANTE

Soupe aux lentilles et épinards au cari : ajoutez de 1 à 3 c. à t. (de 5 à 15 ml) de poudre de cari, au goût, en plus de l'ail.

PRÉPARER À L'AVANCE

Voir page 179.

Nutriments par portion	
Calories	215
Lipides	4 g
Sodium	526 mg
Glucides	36 g
Fibres	16 g
Protéines	12 g

1 c. à s.	huile végétale	15 ml
1 tasse	oignon, en dés	250 ml
1 c. à s.	ail, haché	15 ml
1 pincée	piment de Cayenne	1 pincée
	poivre noir fraîchement moulu	
1	paquet (10 oz/ 300 g) d'épinards hachés, surgelés ou 1 sac (10 oz/ 300 g) d'épinards frais	1
1	boîte (19 oz/540 ml) de lentilles, égouttées et rincées	1
5 tasses	bouillon de légumes ou de poulet prêt à utiliser à teneur réduite en sodium	1,25 l
¼ tasse	jus de citron fraîchement pressé	60 ml
	sel	

1. Dans une grande casserole, chauffer l'huile à feu moyen. Ajouter les oignons et cuire en remuant environ 3 minutes, jusqu'à ce qu'ils soient tendres. Ajouter l'ail, le piment de Cayenne et le poivre noir, au goût. Cuire en remuant pendant 1 minute.

2. Ajouter les épinards et cuire en remuant et en fragmentant à l'aide d'une cuillère jusqu'à ce qu'ils soient dégelés (si surgelés) ou flétris (si frais). Ajouter les lentilles et le bouillon. Porter à ébullition. Réduire à feu doux et laisser mijoter pendant 15 minutes pour cuire les épinards et mélanger les saveurs. Ajouter le jus de citron et le sel, au goût. Servir immédiatement.

Cette soupe légère est parfaite lorsque votre appétit est faible. Elle est délicieuse, chaude ou froide.

Soupe aux petits pois doux

2 c. à s.	beurre	30 ml
1 tasse	oignon, en dés	250 ml
½ c. à t.	estragon séché, thym ou menthe	2 ml
½ c. à t.	sel	2 ml
	poivre noir fraîchement moulu	
10	feuilles de laitue Boston ou de laitue romaine, découpées (facultatif)	10
4 tasses	bouillon de légumes ou de poulet prêt à utiliser à teneur réduite en sodium	1 l
1	paquet (12 oz/ 375 g) de petits pois doux surgelés	1
1 pincée	sucre granulé	1 pincée
	persil ou ciboulette, finement haché	

1. Dans une grande casserole, faire fondre le beurre à feu moyen. Ajouter les oignons et cuire en remuant environ 3 minutes, jusqu'à ce qu'ils soient tendres. Ajouter la ciboulette, le sel et le poivre, au goût, et cuire en remuant pendant 1 minute. Ajouter la laitue, si désiré, et remuer jusqu'à ce qu'elle flétrisse.

2. Ajouter le bouillon de poulet, les pois et le sucre. Porter à ébullition. Réduire à feu doux et laisser mijoter jusqu'à ce que les pois soient tendres, environ 7 minutes.

3. À l'aide d'une cuillère trouée, retirer environ ¼ de tasse (60 ml) des pois et réserver. À l'aide de la cuillère trouée, transférer le reste des aliments solides dans un robot culinaire ou un mélangeur. Ajouter ½ tasse (125 ml) du liquide et battre jusqu'à consistance homogène. (Vous pouvez également le faire dans la casserole à l'aide d'un mélangeur à main.) Verser dans des bols et garnir avec les pois qui ont été réservés et du persil.

RECOMMANDÉ POUR
- Anémie
- Constipation
- Gestion du poids

AVANTAGES SUPPLÉMENTAIRES
- Riche en fibres
- Se prépare à l'avance
- Réduction des risques

CONSEIL

Si vous préférez, utilisez le bouillon de poulet (page 167) ou du bouillon de légumes de base (page 166) en remplacement du bouillon prêt à utiliser. Si votre bouillon ne contient pas de sel, ajoutez-en ¾ c. à t. (3 ml), ou au goût, avant de servir.

PRÉPARER À L'AVANCE

Ne gardez pas les pois entiers comme garniture. Couvrez bien la soupe et réfrigérez-la jusqu'à 3 jours, ou versez-la dans des contenants hermétiques en petites portions en laissant un espace libre d'au moins 1 po (2,5 cm) dans le haut du contenant. La soupe se conservera alors jusqu'à 3 mois. Décongelez au réfrigérateur ou au four à micro-ondes en portions individuelles à intensité moyenne-élevée (70 %) de 2 à 3 minutes, ou dans une casserole à feu moyen en remuant souvent, de 4 à 5 minutes, jusqu'à ce que le tout soit fumant.

Nutriments par portion	
Calories	104
Lipides	4 g
Sodium	334 mg
Glucides	14 g
Fibres	5 g
Protéines	4 g

Voici une soupe chaleureuse et satisfaisante, parfaite comme mets principal lorsque vous avez besoin d'un repas qui fait l'effet d'une couverture douillette.

Soupe de pois cassés à l'indienne

RECOMMANDÉ POUR
- Constipation
- Aversions gustatives

AVANTAGES SUPPLÉMENTAIRES
- Riche en fibres
- Riche en protéines
- Se prépare à l'avance
- Réduction des risques

CONSEIL

Cette soupe épaissit lorsqu'elle refroidit. Vous voudrez peut-être l'éclaircir en ajoutant du bouillon avant de la servir, si vous la préparez à l'avance.

PRÉPARER À L'AVANCE

Préparez la soupe jusqu'à l'étape 2, couvrez-la bien et réfrigérez-la jusqu'à 3 jours, ou versez-la dans des contenants hermétiques en petites portions en laissant un espace libre d'au moins 1 po (2,5 cm) dans le haut du contenant. Elle se conservera alors jusqu'à 3 mois. Décongelez au réfrigérateur ou au four à micro-ondes, en portions individuelles, à intensité moyenne-élevée (70 %) de 1 à 2 minutes, ou dans une casserole à feu moyen en remuant souvent, de 4 à 5 minutes, jusqu'à ce que le tout soit fumant.

1 c. à s.	huile végétale	15 ml
2	oignons, hachés	2
4	gousses d'ail, finement hachées	4
1 c. à s.	pâte de cari douce, au goût	15 ml
1 c. à t.	cumin	5 ml
1 c. à t.	paprika	5 ml
¼ c. à t.	piment de Cayenne	1 ml
3	grosses carottes, pelées, hachées	3
2	grosses branches de céleri, avec les feuilles, hachées	2
2 tasses	pois cassés jaunes ou verts, rincés	500 ml
¼ tasse	pâte de tomate	60 ml
10 tasses	bouillon de légumes de base (page 166) ou bouillon de poulet (page 167) ou bouillon de poulet prêt à utiliser sans sel ajouté	2,5 l
⅓ tasse	coriandre fraîche, hachée, ou persil yogourt nature (facultatif)	75 ml

1. Dans un grand faitout ou une marmite, chauffer l'huile à feu moyen. Ajouter les oignons, l'ail, la pâte de cari, le cumin, le paprika et le piment de Cayenne. Cuire en remuant pendant 3 minutes ou jusqu'à ramollissement.
2. Ajouter les carottes, le céleri, les pois cassés, la pâte de tomate et le bouillon. Porter à ébullition. Réduire le feu, couvrir et laisser mijoter de 1 heure à 1 h 30, ou jusqu'à ce que les pois soient tendres.
3. Ajouter la coriandre. Assaisonner de ½ c. à t. (2 ml) de sel et de poivre, ou au goût. Verser dans des bols, garnir d'une cuillerée de yogourt, si désiré.

Nutriments par portion	
Calories	230
Lipides	3 g
Sodium	227 mg
Glucides	39 g
Fibres	15 g
Protéines	13 g

Cette soupe savoureuse se prépare en moins de temps qu'il ne faut pour commander un repas au restaurant.

Donne
4 portions

Soupe aux tomates et aux haricots

Recette offerte par Marylin Cook

1	**boîte** (19 oz/540 ml) **de tomates étuvées**	1
1	**boîte** (14 oz/398 ml) **de fèves en sauce tomate**	1
1 tasse	eau	250 ml
½ tasse	oignon, haché	125 ml
½ c. à t.	basilic séché	2 ml
½ c. à t.	persil séché	2 ml
1 tasse	cheddar, râpé	250 ml

1. Réunir les tomates, les fèves, l'eau, les oignons, le basilic et le persil dans une casserole chauffée à feu moyen. Porter à ébullition. Réduire le feu à moyen-doux et laisser mijoter à découvert, en remuant de temps à autre, de 10 à 15 minutes, jusqu'à ce que les oignons soient tendres.

2. Garnir chaque portion de soupe de ¼ de tasse (60 ml) de cheddar.

RECOMMANDÉ POUR
- Constipation
- Déshydratation

AVANTAGES SUPPLÉMENTAIRES
- Facile à préparer
- Riche en fibres
- Riche en protéines
- Se prépare à l'avance

CONSEILS

Si vous avez sous la main du persil ou du basilic frais, prenez-en 1 c. à s. (15 ml) ou davantage en remplacement des herbes séchées.

Limitez votre apport en nitrates en utilisant, comme suggéré, des fèves en sauce tomate plutôt que des « haricots avec porc ».

PRÉPARER À L'AVANCE

Préparez la soupe jusqu'à l'étape 1, couvrez-la bien et réfrigérez-la jusqu'à 3 jours, ou versez-la dans des contenants hermétiques en petites portions en laissant un espace libre d'au moins 1 po (2,5 cm) dans le haut du contenant. Elle se conservera alors jusqu'à 3 mois. Décongelez au réfrigérateur ou au four à micro-ondes, en portions individuelles, à intensité moyenne-élevée (70 %) de 1 à 2 minutes, ou dans une casserole à feu moyen en remuant souvent, de 4 à 5 minutes, jusqu'à ce que le tout soit fumant.

Cette recette devrait être ajustée selon vos symptômes. Suivez les recommandations suivantes.

Si le goût est trop sucré
- Optez pour des fèves en sauce tomate à teneur moins élevée en sucre en lisant l'étiquette ; et/ou
- Ajoutez de 1 à 2 c. à s. (15 ml) de vinaigre de cidre ou de jus de citron à la fin de la cuisson ; et/ou
- Optez pour du cheddar fort.

Nutriments par portion	
Calories	274
Lipides	10 g
Sodium	913 mg
Glucides	36 g
Fibres	7 g
Protéines	14 g

Vous aurez probablement les aliments de base sous la main pour concocter cette chaleureuse soupe – la soupe la plus populaire en Italie, où on l'appelle *pasta e fagioli*.

RECOMMANDÉ POUR

- Constipation

AVANTAGES SUPPLÉMENTAIRES

- Riche en fibres
- Riche en protéines
- Se prépare à l'avance
- Réduction des risques

PRÉPARER À L'AVANCE

Omettez le basilic frais ou utilisez du basilic séché. Couvrez bien la soupe et réfrigérez-la jusqu'à 3 jours, ou versez-la dans des contenants hermétiques en petites portions en laissant un espace libre d'au moins 1 po (2,5 cm) dans le haut du contenant. Elle se conservera alors jusqu'à 3 mois. Décongelez au réfrigérateur ou au four à micro-ondes, en portions individuelles, à intensité moyenne-élevée (70 %) de 1 à 2 minutes, ou dans une casserole à feu moyen en remuant souvent, de 4 à 5 minutes, jusqu'à ce que le tout soit fumant. Ajoutez du basilic frais avant de servir.

VARIANTE

Soupe aux pâtes, aux haricots et à la bette à carde : augmentez la quantité de bouillon à 6 tasses (1,5 l) et ajoutez 4 tasses (1 l) de bette à carde râpée ou d'épinards.

Soupe aux pâtes et aux haricots

1 c. à s.	huile d'olive	15 ml
1	oignon, haché	1
2	gousses d'ail, finement hachées	2
1 tasse	tomates Roma, hachées, égouttées, en conserve	250 ml
5 tasses	bouillon de poulet ou de légumes prêt à utiliser à teneur réduite en sodium (environ)	1,25 l
1	boîte (19 oz/540 ml) de haricots blancs, assortis, égouttés et rincés	1
¾ tasse	petites pâtes, comme des ditali ou des coquillettes	175 ml
2 c. à s.	basilic ou persil frais, haché	30 ml
	sel et poivre noir fraîchement moulu	
	fromage parmesan, fraîchement râpé	

1. Dans une grande casserole, chauffer l'huile à feu moyen. Cuire l'oignon et l'ail en remuant pendant 3 minutes ou jusqu'à ce qu'ils aient ramolli. Ajouter les tomates et cuire en remuant de temps à autre pendant 5 minutes, jusqu'à obtention d'une sauce.

2. Ajouter le bouillon; porter à ébullition à feu élevé. Dans un bol, à l'aide d'une fourchette, écraser la moitié des haricots. Ajouter au bouillon en même temps que les pâtes. Réduire à feu moyen, couvrir partiellement et cuire en remuant de temps à autre, de 8 à 10 minutes, ou jusqu'à ce que les pâtes soient tendres.

3. Ajouter le reste des haricots et le basilic. Cuire jusqu'à ce que la soupe soit très chaude. Assaisonner de sel et de poivre, au goût. Éclaircir en ajoutant du bouillon, si désiré. Verser la soupe dans des bols et couvrir généreusement de parmesan.

Nutriments par portion	
Calories	155
Lipides	3 g
Sodium	513 mg
Glucides	26 g
Fibres	7 g
Protéines	8 g

Cette soupe froide et fruitée est parfaite lorsque vous avez besoin d'un repas frais pour retrouver votre allant. Elle peut être mangée à la cuillère comme goûter ou versée dans un grand verre comme élixir plein de nutriments. Pour une présentation appétissante, garnissez votre soupe de menthe fraîche.

Donne
4 portions

Soupe froide au melon et à la mangue

Recette offerte par Bev Callaghan, diététiste

2 tasses	cantaloup, coupé en dés	500 ml
1 tasse	mangue, coupée en dés	250 ml
¾ tasse	jus d'orange	75 ml
½ tasse	yogourt nature léger	125 ml
2 c. à s.	jus de lime, fraîchement pressé	30 ml
2 c. à s.	miel liquide	30 ml
	menthe fraîche, hachée (facultatif)	

1. Réduire le cantaloup et la mangue en purée homogène au robot culinaire ou au mélangeur. Ajouter le jus d'orange, le yogourt, le jus de lime et le miel. Bien mélanger. Réfrigérer. Au moment de servir, garnir de menthe, si désiré.

RECOMMANDÉ POUR
- Sécheresse de la bouche
- Nausée
- Douleurs à la bouche ou à la gorge
- Aversions gustatives
- Gestion du poids

AVANTAGES SUPPLÉMENTAIRES
- Facile à transporter
- Se prépare à l'avance
- Réduction des risques

CONSEILS

Bien qu'elle ne se congèle pas bien, cette soupe peut être conservée au réfrigérateur pendant 3 jours.

Les soupes froides se transportent bien dans des bouteilles isolantes. Vous pouvez donc les emporter avec vous lors de vos rendez-vous.

Parole de survivante

Je mangeais tout ce qui avait une texture crémeuse – les poudings, les potages. La texture était réconfortante.

Cette recette devrait être ajustée selon vos symptômes. Suivez la recommandation suivante.

Pour les douleurs à la bouche ou à la gorge
- Remplacez le jus d'orange et le jus de lime par du jus de mangue sans sucre ajouté ou du nectar de pêche.

Nutriments par portion	
Calories	130
Lipides	1 g
Sodium	36 mg
Glucides	29 g
Fibres	2 g
Protéines	3 g

Les saveurs du jus de raisin, de la lime, du miel, du gingembre et du melon se marient pour faire une soupe étagée fruitée qui sera appréciée de ceux dont les papilles ont besoin d'un petit remontant.

RECOMMANDÉ POUR

- Nausée
- Aversions gustatives

AVANTAGES SUPPLÉMENTAIRES

- Faible en gras
- Facile à transporter
- Se prépare à l'avance
- Réduction des risques

CONSEILS

Les patients devraient se renseigner auprès de leur médecin avant de consommer de l'alcool. Même si on fait mijoter l'alcool contenu dans cette recette, il peut en rester une certaine quantité. Si vous devez éviter l'alcool, utilisez du jus de raisin blanc ou du vin désalcoolisé.

Réduisez le melon en purée dans un robot culinaire ou un mélangeur pour en obtenir environ 4 tasses (1 litre) lorsque vous préparez cette recette.

Bien qu'elle ne se congèle pas bien, cette soupe peut être conservée au réfrigérateur pendant 3 jours.

Les soupes froides se transportent bien dans des bouteilles isolantes. Vous pouvez donc les emporter avec vous lors de vos rendez-vous.

Soupe froide au melon et au gingembre

Recette offerte par le chef Kenneth Peace et la diététiste Mayce Musk

2 tasses	vin blanc ou jus de raisin blanc (voir le conseil)	500 ml
¼ tasse	zeste de lime, râpé	60 ml
2 c. à s.	jus de lime	30 ml
2 c. à s.	miel liquide	30 ml
3 c. à s.	gingembre frais, râpé	45 ml
1	gros melon miel Honeydew, pelé, épépiné et coupé en gros morceaux, réduit en purée	1

1. Dans une casserole, mélanger le vin, le zeste et le jus de lime, le miel et le gingembre ; amener à ébullition. Réduire le feu et laisser mijoter à découvert jusqu'à ce que la moitié du liquide se soit évaporée. Laisser refroidir à température ambiante. Passer au tamis.

2. Ajouter le melon en purée au mélange liquide. Réfrigérer.

Nutriments par portion

Calories	197
Lipides	0 g
Sodium	39 mg
Glucides	38 g
Fibres	2 g
Protéines	1 g

Cette soupe classique constitue un véritable repas. Elle contient des myes, qui sont une bonne source de fer et de vitamine B_{12}.

Chowder de la Nouvelle-Angleterre

2 c. à s.	beurre ou huile de canola	30 ml
1 tasse	oignon, en dés	250 ml
1 tasse	céleri, en dés	250 ml
1 c. à t.	paprika	5 ml
	poivre noir fraîchement moulu	
2	**boîtes (5 oz/142 ml) de myes, avec le jus**	2
1	**boîte (19 oz/540 ml) de pommes de terre entières,**	1
	égouttées et coupées en cubes de 1 cm (0,5 po)	
	ou 2 tasses (500 ml) de pommes de terre cuites,	
	coupées en dés	
1	**bouteille (8 oz/240 ml) de jus de palourde**	1
1 tasse	eau	250 ml
1 tasse	crème à 35 %	250 ml

1. Dans une grande casserole, faire fondre le beurre à feu moyen. Ajouter les oignons et le céleri et cuire en remuant pendant 3 minutes, jusqu'à ce que les légumes soient tendres. Ajouter le paprika et le poivre, au goût. Cuire en remuant pendant 1 minute.

2. Ajouter les myes avec leur jus, les pommes de terre, le jus de palourde et l'eau. Porter à ébullition. Réduire à feu doux et laisser mijoter au moins 10 minutes pour mélanger les saveurs. Ajouter la crème, retirer du feu et servir.

RECOMMANDÉ POUR
- Anémie
- Déshydratation

AVANTAGES SUPPLÉMENTAIRES
- Riche en fibres
- Riche en protéines
- Se prépare à l'avance

CONSEIL
Les myes contiennent 2 mg de fer et 75 mcg de vitamine B_{12} par 2,5 oz (75 g).

PRÉPARER À L'AVANCE
Couvrez bien la soupe et réfrigérez-la jusqu'à 2 jours. Réchauffez-la en portions individuelles au micro-ondes à intensité moyenne-élevée (70 %) de 1 à 2 minutes, ou dans une casserole à feu moyen en remuant souvent, de 4 à 5 minutes, jusqu'à ce que le tout soit fumant.

Parole de survivante

Je ne mangeais jamais de steak ou de pommes de terre au four.

Nutriments par portion	
Calories	387
Lipides	27 g
Sodium	978 mg
Glucides	29 g
Fibres	4 g
Protéines	9 g

Il existe plusieurs variantes de cette recette. La plupart se retrouvent dans les cuisines indienne et méditerranéenne.

RECOMMANDÉ POUR

- Constipation
- Déshydratation
- Nausée

AVANTAGES SUPPLÉMENTAIRES

- Riche en fibres
- Riche en protéines
- Se prépare à l'avance
- Réduction des risques

CONSEILS

Si vous n'avez pas de persil frais sous la main, remplacez-le par de fines tranches d'oignon rouge ou vert.

Les pois chiches, comme d'autres légumineuses, fournissent des fibres solubles qui aident à contrôler la glycémie.

PRÉPARER À L'AVANCE

Couvrez bien la sauce et réfrigérez-la jusqu'à 3 jours, ou versez-la dans des contenants hermétiques en petites portions en laissant un espace libre d'au moins 1 po (2,5 cm) dans le haut du contenant. La sauce se conservera alors jusqu'à 3 mois. Décongelez les portions individuelles au réfrigérateur ou au four à micro-ondes. Réchauffez en portions individuelles à intensité moyenne-élevée (70 %) de 1 à 2 minutes, ou dans une casserole à feu moyen en remuant souvent, de 4 à 5 minutes, jusqu'à ce que le tout soit fumant.

Pois chiches en sauce tomate

Recette offerte par Chantal Haddad

1	gros oignon, coupé en quartiers	1
2	gousses d'ail, hachées	2
1 c. à s.	huile d'olive	15 ml
1	boîte (28 oz/796 ml) de pois chiches, rincés et égouttés	1
1 ½ tasse	tomates en conserve, coupées en morceaux	375 ml
½ c. à t.	sel	2 ml
½ c. à t.	poivre noir fraîchement moulu	2 ml
½ c. à t.	thym séché	2 ml
¼ c. à t.	piment de Cayenne	1 ml
1	feuille de laurier	1
	persil frais, haché	

1. Dans une grande casserole, faire chauffer l'huile à feu moyen-vif. Y faire cuire l'oignon et l'ail pendant 5 minutes ou jusqu'à ce qu'ils soient tendres. Ajouter les pois chiches et poursuivre la cuisson de 3 à 4 minutes. Incorporer les tomates, le sel, le poivre, le thym, le piment de Cayenne et la feuille de laurier. Faire cuire à feu doux pendant environ 25 minutes. Garnir de persil haché. Servir.

Nutriments par portion

Calories	241
Lipides	6 g
Sodium	882 mg
Glucides	38 g
Fibres	9 g
Protéines	10 g

Cette recette devrait être ajustée selon vos symptômes. Suivez la recommandation suivante.

Pour soulager la nausée
- Ajoutez à l'ail 1 c. à s. (15 ml) de gingembre haché.

Ce plat réconfortant se prépare à l'avance et peut être servi au déjeuner, au dîner ou au souper.

Strata au brocoli et au fromage

Recette offerte par les Producteurs d'œufs du Canada

Préchauffer le four à 350 °F (180 °C)
Cocotte d'une capacité de 9 po (23 cm)**, graissée**

2 tasses	brocoli frais, haché, ou asperges	500 ml
4 tasses	pain de blé entier, de préférence rassis, coupé en cubes	1 l
2 tasses	emmental ou cheddar, râpé	500 ml
4	œufs	4
2 tasses	lait	500 ml
½ à 1 c. à t.	moutarde sèche	2 à 5 ml
	piment de Cayenne, au goût (facultatif)	

1. Dans une casserole, cuire le brocoli à l'eau bouillante jusqu'à ce qu'il soit à la fois tendre et encore croquant. Laisser égoutter et éponger. Réserver.
2. Placer les cubes de pain dans la cocotte. Ajouter le fromage et le brocoli, puis remuer délicatement.
3. Dans un bol, battre ensemble les œufs, le lait, la moutarde et, si on en utilise, le piment de Cayenne. Verser sur le pain. Couvrir et laisser au réfrigérateur au moins 2 heures ou toute la nuit.
4. Préchauffer le four à 350 °F (180 °C). Cuire la strata de 50 à 60 minutes ou jusqu'à ce qu'elle soit dorée et prise en son centre. Laisser reposer pendant 3 ou 4 minutes avant de servir.

RECOMMANDÉ POUR
- Déshydratation
- Gain de poids

AVANTAGES SUPPLÉMENTAIRES
- Riche en fibres
- Riche en protéines
- Se prépare à l'avance

CONSEILS

Pour cette recette, utilisez de préférence du pain rassis, qui absorbera le mélange d'œufs et de lait davantage que du pain frais, et qui rendra la strata plus crémeuse.

Vous pouvez sans problème remplacer le brocoli frais par du brocoli surgelé. Placez le brocoli surgelé dans un bol résistant au micro-ondes et chauffez-le à intensité élevée pendant 2 minutes. Laissez égoutter, épongez et poursuivez l'exécution de la recette.

Parole de survivante

Je manquais d'énergie tout au long de mon traitement.

Cette recette devrait être ajustée selon vos symptômes. Suivez les recommandations suivantes.

Pour favoriser le gain de poids
- Remplacez le lait par de la crème à café à 10 % ou de la crème de table 18 % ; et/ou
- Répartissez du beurre ou de la margarine non hydrogénée sur les tranches de pain avant de les couper en cubes.

Nutriments par portion

Calories	523
Lipides	28 g
Sodium	709 mg
Glucides	44 g
Fibres	12 g
Protéines	33 g

Voici un repas simple, chaleureux et facile à préparer. Si vous utilisez du fromage déjà râpé, l'omelette peut être préparée en moins de 15 minutes.

RECOMMANDÉ POUR

- Déshydratation
- Gain de poids

AVANTAGES SUPPLÉMENTAIRES

- Facile à préparer
- Riche en protéines

CONSEILS

Si votre système immunitaire est compromis, assurez-vous de bien cuire les œufs.

Si la poignée de votre poêle n'est pas résistante à la chaleur, entourez-la de papier d'aluminium.

Parole de survivante

J'appréciais la délicatesse de mon hôte lorsqu'on me demandait: «Est-ce que tu as des restrictions alimentaires?» ou «Je pensais préparer tel ou tel aliment. Est-ce que ça t'irait?»

Omelette aux pommes de terre rissolées et fromage

Poêle allant au four (voir le conseil ci-contre)

6	œufs	6
¼ c. à t.	sel	1 ml
2 c. à s.	huile végétale, en deux parts	30 ml
1 tasse	pommes de terre sautées, surgelées	250 ml
	poivre noir fraîchement moulu	
1 tasse	cheddar ou suisse, râpé	250 ml

1. Dans un bol, battre légèrement les œufs et le sel. Réserver.
2. Dans une poêle allant au four, chauffer 1 c. à s. (15 ml) de l'huile à feu moyen. Ajouter les pommes de terre et assaisonner de poivre noir, au goût. Cuire en remuant de 7 à 8 minutes, jusqu'à ce que les pommes de terre soient dorées et croustillantes. Transférer dans un plat tapissé de papier absorbant et nettoyer la poêle.
3. Ajouter le reste de l'huile dans la poêle et la remettre sur le feu. Ajouter le mélange d'œufs et cuire environ 2 minutes, jusqu'à ce que le mélange forme une croûte dans le fond.
4. Saupoudrer le fromage sur le dessus des œufs de façon homogène et ajouter les pommes de terre par-dessus le fromage. Cuire au four de 2 à 3 minutes, jusqu'à ce que les œufs soient pris et que le fromage ait fondu.

Nutriments par portion

Calories	624
Lipides	44 g
Sodium	833 mg
Glucides	17 g
Fibres	1 g
Protéines	34 g

Cette recette devrait être ajustée selon vos symptômes. Suivez la recommandation suivante.

Pour favoriser le gain de poids
- Servez l'omelette garnie de crème sure.

Cette omelette délicieuse qui sort de l'ordinaire rappelle les galettes de pommes de terre. Vous vous en régalerez!

Omelette aux patates douces

Recette offerte par Nena Wirth, diététiste

2	œufs	2
1 tasse	patates douces, pelées et râpées	250 ml
½ tasse	oignon, haché	125 ml
1	gousse d'ail, hachée	1
¼ c. à t.	sel (ou 1 c. à t./5 ml de sauce soya)	1 ml
1 c. à s.	huile végétale	15 ml

1. Dans un petit bol, battre les œufs à la fourchette. Incorporer les patates douces, l'oignon, l'ail et le sel; bien mélanger.
2. Chauffer une poêle à feu moyen-vif. Verser l'huile et bien étaler en inclinant la poêle. Verser le mélange d'œufs et cuire environ 2 minutes par côté, ou jusqu'à ce que l'omelette soit légèrement dorée.

RECOMMANDÉ POUR
- Appétit faible

AVANTAGES SUPPLÉMENTAIRES
- Riche en protéines
- Réduction des risques

CONSEILS

Pour retourner l'omelette, déposez une assiette sur la poêle et retournez le tout. Glissez-la dans la poêle pour cuire le dessous.

Remplacez les patates douces par des haricots verts, des germes de soya, des poivrons en dés, des champignons en dés ou un mélange de vos légumes préférés, et servez avec du pain ou des rôties pour un repas équilibré.

Cette recette devrait être ajustée selon vos symptômes. Suivez les recommandations suivantes.

Pour favoriser le gain de poids
- Servez l'omelette garnie de crème sure; et/ou
- Saupoudrez chaque portion de ¼ de tasse (60 ml) de fromage râpé.

Nutriments par portion	
Calories	223
Lipides	11 g
Sodium	391 mg
Glucides	22 g
Fibres	3 g
Protéines	8 g

Ce pain de saumon a beau être simple, il contient des protéines, des légumes, des grains entiers et des produits laitiers.

Parole de survivante

Soyez conscient de ce qui se passe aux alentours. Les gens, les lieux et certaines situations peuvent affecter votre humeur et votre capacité à vous alimenter.

Pain au saumon et au fromage

Recette offerte par Clair Lightfoot, diététiste

Préchauffer le four à 350 °F (180 °C)
Moule à pain de 9 po x 5 po (23 cm x 12 cm), **légèrement graissé**

2	œufs	2
1 tasse	flocons d'avoine	250 ml
2	boîtes (7,5 oz / 213 g) de saumon sans la peau	2
1 tasse	mozzarella à faible teneur en gras, râpée	250 ml
¼ tasse	oignon, haché	60 ml
1	branche de céleri, hachée	1
1	grosse carotte, râpée	1
2 c. à s.	jus de citron	30 ml

1. Dans un grand bol, battre les œufs. Y incorporer les flocons d'avoine, le saumon, le fromage, l'oignon, le céleri, la carotte et le jus de citron. Bien mélanger. Verser ce mélange dans le moule à pain préparé. Cuire au four pendant environ 35 minutes. Laisser reposer 5 minutes. Trancher.

Nutriments par portion

Calories	220
Lipides	10 g
Sodium	725 mg
Glucides	11 g
Fibres	2 g
Protéines	21 g

Cette recette devrait être ajustée selon vos symptômes. Suivez les recommandations suivantes.

Si vous manquez d'énergie
• Procurez-vous du saumon sans la peau en conserve et du fromage déjà râpé pour gagner du temps.

Pour favoriser le gain de poids
• Utilisez du fromage mozzarella entier en remplacement de la mozzarella à faible teneur en gras ; et/ou
• Servez le pain de saumon nappé d'une sauce tartare ou de mayonnaise et de relish verte ou de cornichons tranchés.

Ce repas réveillera les papilles gustatives avec une variété de saveurs et de textures. Simple à préparer et plein d'ingrédients aux propriétés anticancéreuses, il sera mémorable.

Donne
4 portions

Délices au saumon

Préchauffer le gril
Utiliser une plaque de cuisson non graissée

4	muffins anglais de blé entier	4
1	boîte (7,5 oz/213 g) de saumon sans la peau, égoutté	1
¼ tasse	mayonnaise légère	60 ml
2 c. à s.	oignon vert, finement haché	30 ml
2 c. à t.	jus de citron	10 ml
½ c. à t.	poudre de cari	2 ml
¼ c. à t.	poivre noir fraîchement moulu	1 ml
8	lanières de poivron vert	8
¾ tasse	mozzarella à faible teneur en gras, râpée	175 ml
	paprika	

1. Couper les muffins en deux et les faire griller.
2. Mélanger le saumon, la mayonnaise, l'oignon vert, le jus de citron, la poudre de cari et le poivre. Badigeonner chaque moitié des muffins de ce mélange et les garnir de poivron vert, de fromage et de paprika. Mettre les muffins sur une plaque de cuisson non graissée et les faire griller au four environ 3 minutes ou jusqu'à ce que le fromage ait fondu.

Cette recette devrait être ajustée selon vos symptômes. Suivez les recommandations suivantes.

Si vous manquez d'énergie
• Procurez-vous du saumon sans la peau en conserve et du fromage déjà râpé pour gagner du temps.

Pour favoriser le gain de poids
• Utilisez de la mayonnaise et du fromage mozzarella entiers.

Nutriments par portion

Calories	349
Lipides	14 g
Sodium	707 mg
Glucides	36 g
Fibres	5 g
Protéines	22 g

Les protéines contenues dans le thon et les grains entiers du pain se combinent pour faire un repas qui vous aidera à garder votre énergie.

RECOMMANDÉ POUR
- Gain de poids

AVANTAGES SUPPLÉMENTAIRES
- Riche en fibres
- Riche en protéines
- Réduction des risques

CONSEIL

Afin de réduire votre exposition aux polluants, achetez toujours des poissons de petite taille. Optez pour du thon jaune, listao ou mignon (souvent étiqueté sous l'appellation de « thon pâle ») et limitez votre consommation de thon albacore (souvent étiqueté sous l'appellation de « thon blanc »).

Parole de survivante

Je faisais souvent une promenade avant de manger pour stimuler mon appétit.

Fondue au thon et au cheddar

Préchauffer le gril
Tôle à biscuits

1	boîte (6 oz/170 g) de thon, égoutté et défait en morceaux	1
¼ tasse	mayonnaise légère	60 ml
¼ tasse	céleri, finement haché	60 ml
1	oignon vert, finement haché	1
1 c. à t.	jus de citron	5 ml
4	tranches de pain à grains entiers	4
8	fines tranches de tomate	8
	sel et poivre noir fraîchement moulu	
4	tranches de cheddar	4

1. Dans un bol, mélanger le thon, la mayonnaise, le céleri, l'oignon vert et le jus de citron.
2. Étendre le mélange sur les tranches de pain. Ajouter les tranches de tomate et assaisonner de sel et de poivre. Ajouter les tranches de cheddar.
3. Placer sur la tôle à biscuits. Chauffer sous le gril environ 3 minutes ou jusqu'à ce que le fromage ait fondu. Servir immédiatement.

Nutriments par portion

Calories	572
Lipides	31 g
Sodium	1 016 mg
Glucides	31 g
Fibres	5 g
Protéines	42 g

Cette recette devrait être ajustée selon vos symptômes. Suivez les recommandations suivantes.

Pour favoriser le gain de poids
- Utilisez de la mayonnaise entière ; et/ou
- Étendez du beurre ou de la margarine non hydrogénée sur le pain avant d'ajouter le mélange de thon ; et/ou
- Utilisez du fromage entier et ajoutez 2 tranches par portion.

Ce sandwich est un favori des survivants du cancer, au Wellspring Support Center de Toronto, en Ontario.

Donne
4 sandwichs

Sandwich au curry de pois chiches et avocats

1 ½ c. à t.	poudre de cari	7 ml
½ c. à t.	curcuma moulu (voir le conseil ci-contre)	2 ml
¼ tasse	mayonnaise	60 ml
1	boîte (19 oz/540 ml) de pois chiches, rincés et égouttés (ou 2 tasses/500 ml, cuits)	1
¼ tasse	noix hachées, rôties	60 ml
¼ tasse	canneberges séchées	60 ml
2 c. à s.	coriandre ou persil frais, haché	30 ml
1	avocat, en cubes	1
1 pincée	sel (facultatif)	1 pincée
8	tranches de pain à grains entiers	8

1. Dans un petit bol, mélanger la poudre de cari, le curcuma et la mayonnaise.
2. Dans un bol de taille moyenne, à l'aide d'une fourchette, écraser les pois chiches jusqu'à ce qu'ils soient défaits, mais pas en purée. Ajouter les noix, les canneberges, la coriandre et la mayonnaise en remuant jusqu'à ce qu'ils soient bien mélangés. Incorporer l'avocat en remuant doucement. Ajouter le sel, si désiré.
3. Étaler le mélange sur 4 tranches de pain, puis couvrir d'une autre tranche pour faire des sandwichs.

RECOMMANDÉ POUR
- Constipation
- Aversions gustatives
- Gain de poids

AVANTAGES SUPPLÉMENTAIRES
- Riche en fibres
- Riche en protéines
- Réduction des risques

CONSEILS

Vous apprécierez le mélange de textures si vos papilles gustatives sont à plat.

Le curcuma possède des propriétés anticancéreuses, mais il ajoute aussi un goût amer. Vous pourriez le remplacer par ½ c. à t. (2 ml) de poudre de cari supplémentaire.

La curcumine, l'ingrédient aux propriétés anticancéreuses du curcuma, est mieux absorbée lorsqu'elle est consommée avec du poivre noir. Ajoutez donc du poivre à la mayonnaise si votre poudre de cari n'en contient pas.

Nutriments par portion	
Calories	457
Lipides	21 g
Sodium	682 mg
Glucides	59 g
Fibres	13 g
Protéines	4 g

Plats de résistance encourageants

Les recettes de cette section vont des plats simples qui nécessitent peu d'ingrédients, comme le poisson grillé classique, aux plats plus complexes, comme le poulet, couscous et pruneaux à la marocaine. Lorsqu'elles sont malades, certaines personnes optent pour des saveurs simples et une préparation facile, ce qui est probablement votre cas si vous avez peu d'énergie et d'appétit. D'autres recherchent des saveurs élaborées et détestent les saveurs fades, ce qui est probablement votre cas si le cancer (ou son traitement) a engourdi vos papilles gustatives et que vous recherchez la variété et de l'exaltation dans vos repas. J'ai tenté d'inclure des recettes qui correspondent à ces extrêmes, sans oublier les personnes qui seraient entre les deux. Vos besoins peuvent changer, les recettes aussi. Comme dans les sections précédentes, les suggestions d'ajustements vous aideront à profiter pleinement de vos repas.

Ce repas sans viande, avec sa combinaison de riz, de fromage et de crème sure, est l'incarnation même du repas réconfortant.

Donne
6 portions

Riz californien en casserole

Recette offerte par Lauren Forsyth

Préchauffer le four à 350 °F (180 °C)
Casserole d'une capacité de 6 tasses (1,5 litre), **légèrement graissée**

2 tasses	eau	500 ml
¾ tasse	riz blanc à grains longs	175 ml
1 tasse	crème sure légère	250 ml
1 tasse	cheddar mi-fort, râpé	250 ml
½ tasse	fromage cottage à faible teneur en gras	125 ml
½ tasse	oignon, haché	125 ml
¼ tasse	champignons, hachés	60 ml
¼ tasse	poivron vert, haché	60 ml
½ c. à t.	sel	2 ml
¼ c. à t.	poivre noir fraîchement moulu	1 ml

1. Dans une grande casserole, porter l'eau à ébullition et y ajouter le riz. Couvrir et cuire à feu doux pendant 20 minutes ou jusqu'à ce que le riz soit tendre et que l'eau soit complètement absorbée. Laisser reposer pendant 5 minutes.
2. Mélanger le riz chaud, la crème sure, le cheddar, le fromage cottage, l'oignon, les champignons, le poivron vert, le sel et le poivre. Verser ce mélange dans une casserole d'une capacité de 6 tasses (1,5 litre) légèrement graissée. Cuire au four, à découvert, à 350 ˚F (180 ˚C) pendant environ 25 minutes.

Cette recette devrait être ajustée selon vos symptômes. Suivez les recommandations suivantes.

Pour favoriser le gain de poids
• Utilisez de la crème sure, du fromage cottage et du fromage entier.

Pour la déshydratation et la basse pression artérielle
• Faites cuire le riz dans du bouillon de poulet ou de légumes (pas à teneur réduite en sodium) pour augmenter la teneur en électrolytes.

Pour soulager les gaz et les gonflements
• Omettez le poivron vert.

RECOMMANDÉ POUR
• Déshydratation
• Appétit faible
• Douleurs à la bouche et à la gorge

Parole de survivante

J'aimerais suggérer aux soignants de ne pas trop insister auprès des patients pour qu'ils mangent. Ils pourraient les en dissuader sans le vouloir.

Nutriments par portion

Calories	243
Lipides	10 g
Sodium	430 mg
Glucides	25 g
Fibres	1 g
Protéines	12 g

On obtient parfois les repas les plus attirants d'ingrédients simples et d'une préparation facile. Ce repas fournit des protéines ainsi que des ingrédients frais qui contiennent des agents nutraceutiques importants.

RECOMMANDÉ POUR

- Douleurs à la bouche ou à la gorge
- Gestion du poids

AVANTAGES SUPPLÉMENTAIRES

- Facile à préparer
- Riche en protéines

CONSEILS

Réfrigérez les restes dans un contenant hermétique jusqu'à 2 jours. Défaites le poisson en flocons et mélangez-le à de la mayonnaise et des cornichons en tranches ou à une sauce tartare pour faire un sandwich.

Le poisson blanc a un arôme et un goût doux alors que le poisson rose, comme la truite, est plus puissant et plus riche en gras oméga-3.

VARIANTE

Remplacez l'hoplostète orange par du tilapia, de la sole, de l'aiglefin ou du flétan.

Poisson grillé classique

Recette offerte par Eileen Campbell

Gril au four préchauffé
Plaque à pâtisserie avec un rebord, légèrement graissée

1 c. à s.	persil frais, haché	15 ml
1 c. à s.	beurre, fondu	15 ml
	jus de citron	
4	filets d'hoplostète orange ou de truite arc-en-ciel (au total 1 ¾ lb/875 g)	4

1. Dans un bol, mélanger le persil, le beurre et le jus de citron.
2. Déposer les filets sur la plaque de cuisson et les badigeonner du mélange des deux côtés.
3. Cuire sous le gril de 5 à 10 minutes, ou jusqu'à ce que la chair soit opaque et qu'elle s'effeuille à la fourchette.

Nutriments par portion

Calories	170
Lipides	4 g
Sodium	150 mg
Glucides	1 g
Fibres	0 g
Protéines	30 g

Cette recette devrait être ajustée selon vos symptômes. Suivez la recommandation suivante.

Pour alléger un goût amer ou métallique
- Réduisez la quantité de jus de citron à 1 c. à s. (15 ml) et ajoutez 1 c.à s. (15 ml) de sirop d'érable pur au mélange contenant le persil.

Avec la douceur de sa texture et de son goût, le poisson est une excellente source de protéines pour les personnes qui ont de la difficulté à manger. Préparer le poisson au four aide à prévenir les odeurs de cuisson, ce qui diminue le risque de nausées.

**Donne
4 portions**

Poisson pané au four

Recette offerte par Eileen Campbell

**Four préchauffé à 350 °F (180 °C)
Plaque de cuisson, graissée**

1	œuf	1
½ tasse	lait	125 ml
½ tasse	farine tout usage	125 ml
1	sachet (2 oz/57 g) de chapelure assaisonnée pour le poisson (voir le conseil, à droite)	1
4	filets minces de poisson blanc (au total 1,5 lb/750 g)	4
	enduit végétal en vaporisateur	

1. Dans un bol peu profond, battre l'œuf avec le lait. Déposer la farine dans une assiette et la chapelure dans une autre.
2. Enfariner les filets de poisson de tous les côtés et les plonger dans le mélange d'œuf et de lait. Rouler ensuite dans la chapelure. Déposer les filets panés sur la plaque de cuisson et les vaporiser légèrement d'enduit végétal. Jeter les excédents de farine, de mélange d'œuf et de chapelure.
3. Cuire au four préchauffé 10 minutes, ou jusqu'à ce que la chair soit opaque et qu'elle s'effeuille à la fourchette.

RECOMMANDÉ POUR
- Douleurs à la bouche ou à la gorge

AVANTAGES SUPPLÉMENTAIRES
- Facile à préparer
- Riche en protéines

CONSEILS

Essayez cette recette avec des filets de tilapia, de sole, d'aiglefin ou d'hoplostète orange.

Créez votre propre chapelure assaisonnée en mélangeant de la chapelure, du sel, du poivre citronné et du persil haché ou ½ c. à t. (2 ml) de curcuma haché et 2 c. à s. (30 ml) de persil frais haché.

VARIANTES

Pour plus de texture et de saveur dans la panure et pour davantage de fibres, remplacez 2 c. à s. (30 ml) de la chapelure par une quantité égale de germe de blé, de noix hachées, de graine de lin moulue ou d'avoine.

Pour une saveur plus exotique et davantage d'antioxydants, ajoutez 1 c. à s. (15 ml) de feuilles de thé vert finement broyées à la chapelure.

Nutriments par portion	
Calories	262
Lipides	4 g
Sodium	368 mg
Glucides	19 g
Fibres	1 g
Protéines	34 g

Griller le poisson d'un côté seulement le garde humide, délicieux et plein de saveur. L'ajout d'herbes fraîches et de jus de citron sera apprécié de ceux qui ont un goût métallique ou amer en bouche ou qui ont une sensibilité réduite.

RECOMMANDÉ POUR

- Nausée
- Aversions gustatives

AVANTAGES SUPPLÉMENTAIRES

- Riche en protéines
- Réduction des risques

CONSEILS

Afin d'éliminer les odeurs de cuisson dans la maison, faites cuire le poisson au barbecue, sur un barbecue qui possède au moins deux brûleurs. Préchauffez un côté à feu moyen, déposez le saumon de l'autre côté et fermez le couvercle. La chaleur indirecte est idéale pour la chair délicate du poisson. Elle le cuira sans le brûler ou l'assécher.

Le gingembre contenu dans cette recette sera apprécié de ceux qui souffrent de nausées.

Réfrigérez les restes dans un contenant hermétique jusqu'à 2 jours et servez-les froids.

Saumon grillé à la coriandre et au gingembre

Recette offerte par Eileen Campbell

Plaque à pâtisserie avec un rebord, graissée

3	gousses d'ail, hachées grossièrement	3
2 c. à s.	gingembre frais, râpé	30 ml
½ c. à t.	sel	2 ml
½ tasse	coriandre fraîche, hachée	125 ml
2 c. à s.	huile d'olive	30 ml
½ c. à t.	poivre noir fraîchement moulu	2 ml
	zeste de 2 limes, râpé	
6	filets de saumon (au total 2 ¼ lb/1,125 kg)	6

1. À l'aide d'un mortier et d'un pilon (ou au robot culinaire), former une pâte avec l'ail, le gingembre et le sel. Incorporer la coriandre, l'huile d'olive, le poivre et le zeste de lime.
2. Déposer le saumon dans une assiette et bien l'enrober de la préparation de coriandre et de gingembre. Couvrir et réfrigérer de 30 minutes à 2 heures. Positionner la grille du four à 4 po (10 cm) de l'élément supérieur et préchauffer le gril du four.
3. Déposer le saumon sur la plaque de cuisson et faire griller de 7 à 10 minutes, jusqu'à ce que la chair soit opaque et qu'elle s'effeuille à la fourchette.

Nutriments par portion	
Calories	327
Lipides	21 g
Sodium	276 mg
Glucides	1 g
Fibres	0 g
Protéines	30 g

Dans cette élégante recette, le saumon est couvert d'assaisonnements, d'oignon vert et d'ail haché, puis poché au four sur des feuilles d'épinards. Servie avec du riz, cette délicieuse recette constitue un repas nourrissant.

Donne
8 portions

Saumon à l'étouffée à l'acadienne avec épinards

Recette offerte par la chef Yvonne Levert et la diététiste Nanette Porter-MacDonald

Préchauffer le four à 325 °F (160 °C)
Plat de 13 po x 9 po (33 cm x 23 cm) **allant au four**

12	grandes feuilles d'épinards	12
2 lb	saumon entier	1 kg
1 c. à s.	aneth frais, haché (ou 1 c. à t./5 ml d'aneth séché)	15 ml
½ c. à t.	sel	2 ml
½ c. à t.	poivre noir fraîchement moulu	2 ml
1 tasse	eau froide	250 ml
1½ c. à t.	huile d'olive	7 ml
1	petite botte d'oignons verts, tranchés (environ ⅔ de tasse /150 ml)	1
1	gousse d'ail, émincée	1

1. Disposer les feuilles d'épinards au fond du plat de cuisson. Y déposer le saumon; saupoudrer d'aneth, de sel et de poivre. Verser l'eau et l'huile d'olive sur le poisson. Ajouter les oignons verts et l'ail. Couvrir soigneusement de papier d'aluminium.

2. Cuire au four, en arrosant deux fois, pendant 25 à 30 minutes ou jusqu'à ce que la chair du poisson se défasse aisément en flocons sous la fourchette. Disposer le saumon avec les épinards dans une assiette de service et l'arroser du jus de cuisson.

RECOMMANDÉ POUR
• Anémie

AVANTAGES SUPPLÉMENTAIRES
• Riche en protéines
• Réduction des risques

CONSEILS
Achetez des épinards bien croquants, aux feuilles non meurtries et à l'odeur fraîche. Trop mûrs, ils sont âcres. Les épinards qui n'ont pas été lavés sont pleins de sable. Il vous faut donc bien laver les feuilles séparément dans un bol d'eau tiède, puis bien les égoutter dans une passoire avant de les utiliser.

Réfrigérez les restes dans un contenant hermétique jusqu'à 2 jours. Défaites le saumon en flocons et mélangez-le à de la mayonnaise et des cornichons tranchés ou à une sauce tartare pour faire un sandwich, ou servez froid sur un lit de salade verte.

Nutriments par portion	
Calories	214
Lipides	13 g
Sodium	204 mg
Glucides	1 g
Fibres	0 g
Protéines	23 g

Ce repas protéiné et moelleux sera apprécié des personnes qui souffrent de sécheresse de la bouche. Pour en faire un repas équilibré, servez-le avec du riz brun et un légume coloré, comme du brocoli.

RECOMMANDÉ POUR
- Déshydratation
- Altérations du goût
- Gestion du poids

AVANTAGES SUPPLÉMENTAIRES
- Faible en gras
- Réduction des risques

CONSEILS

Vous pouvez remplacer la sole par du flétan, de l'aiglefin ou du turbot, si désiré.

Ajoutez les raisins juste avant de servir, car ils risquent de se décolorer et de se confondre avec la sauce.

La combinaison du goût sucré du jus d'orange, des raisins et du miel, du goût aigre de la moutarde de Dijon et du goût amer du zeste d'orange ravivera vos papilles gustatives.

Filets de sole aux raisins et à l'orange

Recette offerte par Fran J. Maki

Poisson

1 ½ lb	filets de sole	750 g
1 ½ tasse	eau bouillante	375 ml
⅓ tasse	oignon, haché finement	75 ml
2 c. à s.	jus de citron	30 ml
¾ c. à t.	sel	4 ml

Sauce

1 tasse	jus d'orange	250 ml
¼ tasse	eau	60 ml
2 c. à s.	fécule de maïs	30 ml
2 c. à s.	miel liquide	30 ml
1 c. à t.	zeste d'orange, râpé	5 ml
1 c. à t.	zeste de citron, râpé	5 ml
1 c. à t.	moutarde de Dijon	5 ml
1 tasse	quartiers d'orange	250 ml
1 tasse	raisins verts sans pépins, coupés en deux	250 ml
	feuilles de menthe	

1. Poisson : rouler les filets et les fixer avec des cure-dents. Déposer dans une poêle peu profonde. Ajouter l'eau bouillante, l'oignon, le jus de citron et le sel. Couvrir et faire pocher à feu doux pendant environ 8 minutes. Pour préparer au micro-ondes, placer les filets dans un plat en céramique. Omettre l'eau, mais ajouter l'oignon, le jus de citron et le sel. Couvrir et cuire au four à micro-ondes à puissance élevée de 5 à 7 minutes ou jusqu'à ce que la chair se défasse facilement à la fourchette.

2. Sauce : dans une petite casserole, mélanger le jus d'orange, l'eau, la fécule de maïs, le miel, les zestes d'orange et de citron et la moutarde. Cuire à feu doux en remuant sans arrêt jusqu'à ce que le mélange épaississe. Ajouter les quartiers d'orange et les raisins. Napper les filets de poisson égouttés de la sauce. Garnir de feuilles de menthe.

Nutriments par portion

Calories	166
Lipides	2 g
Sodium	626 mg
Glucides	23 g
Fibres	1 g
Protéines	14 g

Ce repas réconfortant et sans viande vous fournira ce dont vous avez besoin lorsque vous avez envie d'un repas chaud, doux et invitant.

Thon au four

Préchauffer le four à 350 °F (180 °C)
Casserole de 13 po (33 cm), **légèrement graissée**

1 c. à s.	beurre	15 ml
8 oz	champignons, tranchés	250 g
¾ tasse	oignons verts, hachés	175 ml
2 c. à s.	farine tout usage	30 ml
1	**boîte (10 oz/284 ml) de bouillon de poulet non dilué**	1
1 tasse	lait	250 ml
4 oz	fromage à la crème, ramolli	125 g
1	**boîte (6 oz /170 g) de thon pâle en morceaux**, égoutté et émietté	1
1 tasse	petits pois surgelés	250 ml
8 oz	nouilles aux œufs larges	250 g

Garniture au cheddar

½ tasse	chapelure de pain sec	125 ml
2 c. à s.	beurre fondu	30 ml
1 tasse	cheddar râpé	250 ml

1. Dans une casserole, faire fondre le beurre à feu moyen. Ajouter les champignons et les oignons verts. Faire revenir en remuant pendant 3 minutes ou jusqu'à ce qu'ils soient tendres.
2. Ajouter la farine, le bouillon et le lait. Porter à ébullition en remuant sans arrêt jusqu'à ce que la préparation soit légèrement épaissie. Ajouter le fromage à la crème et le faire fondre. Ajouter le thon et les pois. Cuire 2 minutes encore ou jusqu'à ce que le mélange soit bien chaud. Retirer du feu.
3. Cuire les nouilles dans une grande casserole d'eau bouillante jusqu'à ce qu'elles soient *al dente*. Bien égoutter. Incorporer à la sauce. Verser dans la casserole préparée.
4. Garniture : Dans un bol, mélanger la chapelure et le beurre fondu. Ajouter le cheddar. Juste avant d'envoyer au four, en saupoudrer les nouilles.
5. Cuire au four préchauffé pendant environ 30 minutes (10 minutes de plus si réfrigéré) ou jusqu'à ce que le dessus soit doré.

RECOMMANDÉ POUR
- Gain de poids

AVANTAGES SUPPLÉMENTAIRES
- Riche en protéines
- Se prépare à l'avance

CONSEIL

Transférez les restes dans des contenants hermétiques en portions individuelles et réfrigérez jusqu'à 2 jours. Réchauffer au four à micro-ondes à puissance moyenne-élevée (70 %) de 4 à 5 minutes ou jusqu'à ce que le tout soit fumant.

PRÉPARER À L'AVANCE

Cuisez les nouilles, rincez-les à l'eau froide, puis égouttez. Mélangez les nouilles froides et la sauce froide, versez dans une casserole et réfrigérez jusqu'à 2 jours. Ajoutez la garniture juste avant de réchauffer pour éviter qu'elle ramollisse.

Nutriments par portion	
Calories	489
Lipides	23 g
Sodium	536 mg
Glucides	47 g
Fibres	g
Protéines	25 g

Croustillant à l'extérieur, tendre et juteux à l'intérieur, que peut-on demander de mieux? En plus, les assaisonnements ont tous des propriétés anticancéreuses.

RECOMMANDÉ POUR

- Anémie
- Altérations du goût

AVANTAGES SUPPLÉMENTAIRES

- Riche en protéines
- Se prépare à l'avance

CONSEIL

La grille en V est un excellent moyen de rôtir le poulet. La cavité du poulet est placée sur le dessus de la grille, ce qui permet au poulet de rôtir à la verticale. Si vous n'avez pas de support pour la cuisson à la verticale, déposez tout simplement le poulet sur une grille à plat ou dans une lèchefrite. Les résultats sont néanmoins meilleurs avec la grille verticale – la peau est croustillante et le gras coule sur la grille.

PRÉPARER À L'AVANCE

Rôtissez le poulet et désossez-le pendant qu'il est encore chaud. Laissez refroidir 15 minutes, puis réfrigérez dans un contenant hermétique jusqu'à 3 jours. Utilisez le poulet cuit pour préparer des sandwichs à emporter à vos rendez-vous ou ajoutez-le à vos salades, à vos soupes ou à n'importe quel repas pour plus de protéines.

Poulet au thym et au citron

Recette offerte par Eileen Campbell

Lèchefrite avec support pour cuisson (de préférence à la verticale)

1	poulet entier (de 5 à 6 lb/2,5 à 3 kg)	1
4	gousses d'ail, émincées	4
¼ tasse	huile d'olive	60 ml
2 c. à s.	thym frais, haché	30 ml
1 c. à t.	poivre noir fraîchement moulu	5 ml
	zeste et jus de 1 citron	
	sel	

1. Retirer tout le gras du poulet, le rincer sous l'eau froide, à l'intérieur et à l'extérieur, et l'assécher.
2. Dans un bol suffisamment grand pour contenir le poulet, battre ensemble l'ail, l'huile d'olive, le thym, le poivre, le zeste et le jus de citron. Saler au goût. Déposer le poulet dans le bol et le retourner dans la marinade afin de bien l'en enduire. Couvrir et réfrigérer pendant au moins 1 heure ou toute la nuit. Préchauffer le four à 450 °F (230 °C) et retirer la grille supérieure du four.
3. Déposer le poulet sur le support vertical et le badigeonner de marinade. Cuire de 15 à 20 minutes. Abaisser la température du four à 375 °F (190 °C) et cuire de 1 h 30 à 2 heures (selon le poids du poulet) ou jusqu'à ce que la peau soit bien dorée et croustillante et qu'un thermomètre à viande inséré dans la partie la plus charnue d'une cuisse indique 180 °F (82 °C). Sortir le poulet du four, le recouvrir d'une feuille d'aluminium et le laisser reposer de 10 à 15 minutes avant de le découper (ce temps de repos permet au jus de se redistribuer, ce qui donne une viande plus juteuse).

Nutriments par portion

Calories	231
Lipides	15 g
Sodium	74 mg
Glucides	1 g
Fibres	0 g
Protéines	24 g

Voici un plat qui réchauffe les cœurs, un mélange de saveurs vives comme la cannelle, le gingembre, le safran et le citron. Ces ingrédients font de cette recette un repas santé réconfortant.

Poulet, couscous et pruneaux à la marocaine

1 tasse	pruneaux dénoyautés	250 ml
1 c. à t.	cannelle moulue	5 ml
1 c. à s.	huile d'olive	15 ml
2 lb	poitrines de poulet, avec la peau et les os, coupées en portions individuelles, rincées, puis asséchées	1 kg
3	oignons, coupés en 2, puis en tranches fines à la verticale	3
2	gousses d'ail, finement hachées	2
2 c. à s.	gingembre frais, haché fin	30 ml
1 c. à t.	cumin moulu	5 ml
1 c. à t.	sel	5 ml
1 c. à t.	zeste de citron, fraîchement râpé	5 ml
¼ c. à t.	piment de Cayenne	1 ml
	poivre noir fraîchement moulu	
2 c. à s.	jus de citron, fraîchement pressé	30 ml
3 tasses	bouillon de poulet prêt à utiliser à teneur réduite en sodium, au total	750 ml
¼ c. à t.	pistils de safran émiettés, trempés dans 2 c. à s. (30 ml) d'eau bouillante	1 ml
1 c. à s.	miel liquide	15 ml
1 tasse	couscous de blé entier	250 ml
	amandes émincées, grillées	

1. Dans une casserole, mettre les pruneaux et la cannelle, puis couvrir d'eau. À feu moyen-élevé, porter à ébullition. Réduire le feu et laisser mijoter pendant environ 30 minutes, jusqu'à ce que les pruneaux soient tendres et que l'eau soit absorbée. Réserver.

2. Dans un poêlon, chauffer l'huile pendant 30 secondes, à feu moyen. Ajouter une partie du poulet et cuire pendant environ 6 minutes, en le retournant une fois, jusqu'à ce qu'il soit bien doré. Le mettre dans une assiette. Répéter l'opération jusqu'à ce que tout le poulet soit doré.

RECOMMANDÉ POUR
- Constipation
- Altérations du goût

AVANTAGES SUPPLÉMENTAIRES
- Riche en fibres
- Riche en protéines
- Se prépare à l'avance
- Réduction des risques

CONSEIL

Laissez reposer l'ail émincé pendant 10 minutes avant de le cuire afin de tirer le maximum de ses propriétés anticancéreuses.

PRÉPARER À L'AVANCE

Couvrez le poulet et la sauce et réfrigérez jusqu'à 3 jours, ou transférez dans des contenants hermétiques en portions individuelles en laissant un espace libre d'au moins 1 po (2,5 cm) dans le haut du contenant. Il se conservera alors jusqu'à 3 mois. Décongelez au réfrigérateur ou au four à micro-ondes. Réchauffez dans une poêle à feu moyen, en remuant souvent, de 5 à 10 minutes ou jusqu'à ce que le poulet soit réchauffé de part en part (le micro-ondes peut rendre le poulet dur et caoutchouteux). Pour une meilleure texture, préparez le couscous juste avant de servir.

Nutriments par portion	
Calories	372
Lipides	5 g
Sodium	482 mg
Glucides	52 g
Fibres	7 g
Protéines	29 g

3. Ajouter les oignons et cuire pendant environ 10 minutes, en remuant, jusqu'à ce qu'ils commencent à dorer. Ajouter l'ail, le gingembre, le cumin, le sel, le zeste de citron, le piment de Cayenne et du poivre, au goût. Cuire pendant 1 minute en remuant. Ajouter le jus de citron, 1½ tasse (375 ml) du bouillon et le liquide de trempage du safran, puis porter à ébullition. Remettre le poulet dans le poêlon, côté peau vers le haut. Réduire à feu doux. Couvrir et laisser mijoter de 25 à 40 minutes, jusqu'à ce que le poulet ait perdu sa couleur rosée. Retirer le poulet du poêlon et le garder au chaud.

4. Augmenter à feu moyen. Cuire pendant environ 10 minutes, en remuant souvent, jusqu'à ce que le mélange ait réduit du tiers. Ajouter le miel et bien mélanger. Incorporer les pruneaux réservés et cuire en remuant jusqu'à ce que le tout soit bien chaud. Remettre le poulet dans le poêlon, couvrir et bien le réchauffer.

5. Entre-temps, dans une casserole, à feu moyen, porter à ébullition le reste du bouillon. Ajouter le couscous d'un trait régulier et en remuant sans arrêt. Retirer du feu. Couvrir et laisser reposer pendant environ 15 minutes, jusqu'à ce qu'il soit tendre et que le liquide soit absorbé. Aérer le couscous à l'aide d'une fourchette. Avec les mains, briser les grumeaux qui auraient pu se former.

6. Dans un plat de service profond, disposer le couscous en formant une couronne autour du bord et en laissant le centre vide. Déposer le mélange de poulet au milieu, puis garnir d'amandes.

Ce poulet en casserole classique est facile à faire et constitue un repas équilibré. Pour faciliter la préparation et le nettoyage, vous pouvez le faire au micro-ondes en n'utilisant qu'un seul plat.

Donne
4 portions

Poulet et légumes en casserole

Recette offerte par Karen Quinn

Préchauffer le four à 350 °F (180 °C)
Plat allant au micro-ondes d'une capacité de 8 tasses (2 litres)

RECOMMANDÉ POUR
• Anémie
• Gestion du poids

AVANTAGES SUPPLÉMENTAIRES
• Se prépare à l'avance

CONSEIL

Si désiré, utilisez 1 tasse (250 ml) de champignons frais coupés en tranches. Faites-les revenir avec les oignons et le céleri. Si vous utilisez la méthode au four traditionnel, augmentez la quantité de liquide à 2 ½ tasses (625 ml).

½ tasse	oignon, haché	125 ml
½ tasse	céleri, haché	125 ml
2 c. à s.	beurre, margarine non hydrogénée ou huile de canola	30 ml
2 tasses	poulet cuit, coupé en bouchées	500 ml
1 ¾ tasse	eau chaude	425 ml
⅔ tasse	riz blanc à grains longs	150 ml
1	boîte (10 oz/284 ml) de champignons, non égouttés	1
1 tasse	pois verts et carottes surgelés	250 ml
½ c. à t.	thym séché	2 ml
½ c. à t.	romarin séché	2 ml

PRÉPARER À L'AVANCE

Transférez le poulet en casserole en portions individuelles dans des contenants hermétiques et réfrigérez jusqu'à 2 jours. Réchauffez au four à micro-ondes à puissance moyenne-élevée (70 %) de 4 à 5 minutes ou jusqu'à ce que le tout soit fumant.

Au four à micro-ondes

1. Dans un plat allant au four à micro-ondes, mélanger l'oignon, le céleri et le beurre. Couvrir et cuire à intensité maximale (100 %) pendant 5 minutes. Ajouter le poulet, l'eau, le riz, les champignons, les pois, les carottes, le thym et le romarin. Cuire à intensité maximale pendant 6 minutes. Poursuivre la cuisson à intensité moyenne-faible (50 %) de 10 à 12 minutes ou jusqu'à ce que le riz soit tendre et que l'eau soit complètement absorbée. Laisser reposer pendant 10 minutes. Servir.

Au four traditionnel

1. Dans un poêlon, faire fondre le beurre. Y cuire l'oignon et le céleri jusqu'à ce qu'ils soient tendres. Incorporer le poulet, l'eau, le riz, les champignons, les pois, les carottes, le thym et le romarin. Verser la préparation dans un plat. Couvrir et cuire au four préchauffé pendant 30 minutes ou jusqu'à ce que le riz soit cuit.

Nutriments par portion	
Calories	151
Lipides	7 g
Sodium	347 mg
Glucides	16 g
Fibres	3 g
Protéines	8 g

Les herbes et les épices n'ajoutent pas que de la saveur à ce repas équilibré qui fournit des protéines, des grains et des légumes, mais aussi de puissants nutraceutiques aux propriétés anticancéreuses.

RECOMMANDÉ POUR

- Anémie
- Déshydratation

AVANTAGES SUPPLÉMENTAIRES

- Riche en protéines

CONSEILS

Si vous préférez, utilisez le bouillon de poulet (page 167) en remplacement du bouillon prêt à utiliser. Si votre bouillon ne contient pas de sel, ajoutez-en ¼ c. à t. (1 ml), ou au goût, avant de servir.

Des protéines contenues dans cette recette, les moules (voir la variante proposée ci-dessous) sont les plus riches en fer, suivies du bœuf, de la dinde et du poulet.

VARIANTE

Pour augmenter la teneur en fer et en vitamine B$_{12}$, ajoutez 1 lb (500 g) de moules brossées à l'étape 4, après avoir laissé mijoter pendant 5 minutes. Couvrez et laissez mijoter de 5 à 8 minutes, ou jusqu'à ce que les moules se soient ouvertes. Laissez de côté celles qui ne se sont pas ouvertes.

Poulet et riz à l'espagnole

2 tasses	bouillon de poulet prêt à utiliser à teneur réduite en sodium	500 ml
1 tasse	riz blanc à grains longs	250 ml
1 lb	poulet, dinde ou bœuf haché maigre	500 g
1 c. à s.	huile de canola	15 ml
2	gousses d'ail, finement hachées	2
1	petit oignon, finement haché	1
1	poivron vert, en dés	1
1	grosse branche de céleri, finement hachée	1
1 ½ c. à t.	poudre de chili	7 ml
1 c. à t.	origan séché	5 ml
1 c. à t.	paprika	5 ml
½ c. à t.	sel	2 ml
¼ c. à t.	poivre noir fraîchement moulu	1 ml
1	boîte (14 oz/398 ml) de tomates en dés, avec le jus	1

1. Dans une casserole moyenne, porter le bouillon à ébullition. Ajouter le riz, réduire à feu doux, couvrir et laisser mijoter pendant 20 minutes, ou jusqu'à ce que le liquide soit absorbé et que le riz soit tendre.
2. Dans une grande casserole, à feu moyen-élevé, cuire le poulet en le défaisant à l'aide d'une cuillère de bois, pendant 5 minutes ou jusqu'à ce qu'il ait perdu sa couleur rosée. Transférer dans un bol.
3. Ajouter de l'huile dans la casserole. Y faire revenir l'ail, l'oignon, le poivron vert, le céleri, la poudre de chili, l'origan, le paprika, le poivre et le sel en remuant souvent, pendant 4 minutes ou jusqu'à ce que les légumes aient ramolli.
4. Retourner le poulet dans la casserole, avec les tomates et leur jus. Porter à ébullition. Réduire le feu à moyen-doux, couvrir et laisser mijoter 10 minutes, ou jusqu'à ce que les légumes soient tendres.
5. Ajouter le riz cuit. Couvrir et laisser reposer pendant 5 minutes pour mélanger les saveurs.

Nutriments par portion

Calories	354
Lipides	19 g
Sodium	650 mg
Glucides	21 g
Fibres	2 g
Protéines	23 g

Ce pain de viande moelleux d'inspiration italienne est agrémenté d'une combinaison de saucisses, de mozzarella et de pesto au basilic. Voilà une bonne façon de consommer de la viande pour ceux qui souffrent de sécheresse de la bouche.

Pain de viande au poulet

Préchauffer le four à 375 °F (190 °C)
Moule à pain de 9 po x 5 po (23 cm x 12,5 cm), **graissé**

1 lb	poulet, dinde ou bœuf haché maigre	500 g
8 oz	saucisses douces italiennes de porc, de bœuf ou de poulet, sans les enveloppes (voir le conseil)	250 g
1 tasse	fromage mozzarella ou provolone, râpé	250 ml
1 tasse	chapelure italienne fraîche	250 ml
1	œuf	1
1 tasse	sauce aux tomates, au total	250 ml
2 c. à s.	pesto au basilic	30 ml
1	petit oignon, finement haché	1
1	gousse d'ail, finement hachée	1
½ c. à t.	sel	2 ml
½ c. à t.	poivre noir fraîchement moulu	2 ml

1. Dans un bol, mélanger le poulet, la chair de saucisse, le fromage et la chapelure.
2. Dans un autre bol, battre l'œuf. Ajouter ½ tasse (125 ml) de sauce aux tomates, le pesto, l'oignon, l'ail, le sel et le poivre. Verser sur le mélange de poulet et mélanger doucement jusqu'à l'obtention d'une préparation uniforme.
3. Presser le mélange de viande dans le moule à pain préparé. Étendre le reste de la sauce aux tomates (½ tasse/125 ml) sur le dessus. Cuire au four préchauffé de 55 à 60 minutes, ou jusqu'à ce qu'un thermomètre à viande inséré au centre indique 170 ˚F (77 ˚C). Laisser reposer pendant 5 minutes. Retirer le jus de cuisson; renverser sur une planche à découper et couper en tranches.

RECOMMANDÉ POUR
- Anémie
- Déshydratation
- Gain de poids

AVANTAGES SUPPLÉMENTAIRES
- Riche en protéines
- Se prépare à l'avance

CONSEIL
À cause de la sensibilisation accrue aux dangers liés à la consommation de nitrates, un bon nombre de transformateurs de viande fabriquent des versions sans nitrates de viandes froides, de saucisses et autres viandes transformées. Recherchez ces aliments dans les magasins spécialisés et les magasins de produits santé.

PRÉPARER À L'AVANCE
Voir page 211.

Nutriments par portion	
Calories	424
Lipides	26 g
Sodium	1178 mg
Glucides	18 g
Fibres	1 g
Protéines	28 g

La dinde hachée est maigre et se marie bien à l'acidité de la pomme pour une source de protéines moelleuse et délicieuse.

Pain de viande à la dinde et aux pommes

Recette offerte par Gillian Proctor, diététiste

Préchauffer le four à 350 °F (180 °C)
Moule à pain de 9 po x 5 po (23 cm x 12,5 cm), légèrement graissé

2	gousses d'ail, émincées	2
1	œuf	1
1	pomme acidulée comme la Granny Smith ou la Mutsu, hachée	1
1 lb	dinde hachée maigre	500 g
½ tasse	oignon, haché	125 ml
⅓ tasse	son d'avoine	75 ml
⅓ tasse	graine de lin moulue	75 ml
3 c. à s.	moutarde préparée	45 ml
1 c. à s.	ketchup	15 ml
1 c. à t.	sel	5 ml

1. Dans un grand bol, mélanger l'ail, l'œuf, la pomme, la dinde, l'oignon, le son d'avoine, la graine de lin, la moutarde, le ketchup et le sel. Déposer le mélange dans le moule et le compacter.
2. Cuire au four préchauffé de 45 à 60 minutes, ou jusqu'à ce qu'un thermomètre à viande inséré au centre indique 175 ˚F (80 ˚C).

Nutriments par portion

Calories	197
Lipides	10 g
Sodium	583 mg
Glucides	11 g
Fibres	3 g
Protéines	17 g

La cannelle et le boulgour donnent à cette recette une touche méditerranéenne. Cette saveur particulière pourrait bien être ce qu'il vous faut si vos papilles ont besoin de changement.

Pain de viande au boulgour

Recette offerte par Marketa Graham, diététiste

Préchauffer le four à 350 °F (180 °C)
Deux moules à pain de 9 po x 5 po (23 cm x 12,5 cm), **légèrement graissés**

¾ tasse	boulgour, rincé	175 ml
1 ½ tasse	eau chaude	375 ml
2	œufs	2
1	oignon, finement haché	1
1 lb	porc haché maigre	500 g
1 lb	poulet haché	500 g
¼ tasse	persil frais, finement haché	60 ml
2 c. à s.	jus de citron	30 ml
2 c. à t.	cannelle moulue	10 ml
1 c. à t.	piment de la Jamaïque	5 ml
1 c. à t.	paprika	5 ml
½ c. à t.	sel	2 ml
½ c. à t.	poivre noir fraîchement moulu	2 ml
	huile d'olive	

1. Dans un grand bol, déposer le boulgour et verser l'eau chaude. Couvrir et laisser reposer 10 minutes, ou jusqu'à ce qu'il ne reste presque plus d'eau. Presser le boulgour et jeter l'excédent d'eau. Ajouter les œufs, l'oignon, le porc haché, le poulet haché, le persil, le jus de citron, la cannelle, le piment de la Jamaïque, le paprika, le sel et le poivre. Mélanger les ingrédients avec les mains et diviser en deux. Déposer chaque moitié dans un moule à pain. Badigeonner légèrement d'huile d'olive.

2. Cuire au four préchauffé 45 minutes, ou jusqu'à ce qu'un thermomètre à viande inséré au centre du pain indique 175 °F (80 °C).

RECOMMANDÉ POUR
• Anémie

AVANTAGES SUPPLÉMENTAIRES
• Se prépare à l'avance

CONSEIL
Préparez ce pain de viande et réfrigérez ou congelez les surplus afin de pouvoir les réchauffer lorsque vous avez moins d'énergie.

PRÉPARER À L'AVANCE
Voir la page précédente.

VARIANTE
Remplacez le porc par du bœuf haché extra-maigre.

Parole de survivante

Je devais manger quelque chose de très goûteux pour me débarrasser du mauvais goût que j'avais en bouche.

Nutriments par portion	
Calories	202
Lipides	11 g
Sodium	152 mg
Glucides	8 g
Fibres	1 g
Protéines	17 g

Voici un chili que vous pouvez préparer en 30 minutes.

RECOMMANDÉ POUR

- Anémie
- Déshydratation
- Gain de poids

AVANTAGES SUPPLÉMENTAIRES

- Riche en fibres
- Riche en protéines
- Se prépare à l'avance

CONSEIL

Pour utiliser les restes : nettoyez une pomme de terre de grosseur moyenne et piquez-la avec une fourchette. Cuisez au four à micro-ondes à intensité élevée de 3 à 4 minutes. Laissez reposer pendant 2 minutes. Dessinez un «X» avec un couteau à la surface de la pomme de terre et ouvrez-la. Garnissez de chili et de fromage râpé.

PRÉPARER À L'AVANCE

Couvrez bien le chili et réfrigérez-le jusqu'à 3 jours ou transférez-le dans des contenants hermétiques en petites portions en laissant un espace libre d'au moins 1 po (2,5 cm) dans le haut du contenant. Il se conservera alors jusqu'à 3 mois. Décongelez au réfrigérateur ou au four à micro-ondes à intensité moyenne-élevée (70 %) de 3 à 4 minutes, ou dans une casserole à feu moyen en remuant souvent, de 4 à 5 minutes, jusqu'à ce que le tout soit fumant.

Chili express

Recette offerte par Barbara McGillivary

1 lb	bœuf haché maigre	500 g
1	boîte (19 oz/540 ml) de tomates étuvées	1
2	boîtes (14 oz/398 ml) de fèves en sauce tomate	2
2	boîtes (19 oz/540 ml) de haricots rouges, rincés et égouttés	2
1 tasse	oignons blancs ou rouges, tranchés	250 ml
2 tasses	poivrons verts, coupés en dés	500 ml
1 c. à s.	assaisonnement au chili	15 ml

1. Faire dorer la viande à feu moyen-élevé dans une grande casserole ou un faitout jusqu'à ce qu'elle ait perdu sa couleur rosée en son centre. Laisser égoutter le gras.

2. Ajouter les tomates, les fèves à la sauce tomate, les haricots rouges, les oignons, les poivrons verts et l'assaisonnement au chili. Réduire le feu et laisser mijoter à feu doux et à couvert, tout en remuant de temps à autre, de 20 à 30 minutes.

Nutriments par portion

Calories	400
Lipides	6 g
Sodium	1 047 mg
Glucides	59 g
Fibres	14 g
Protéines	28 g

Cette recette devrait être ajustée selon vos symptômes. Suivez la recommandation suivante.

Aversion à la viande
- Omettez le bœuf haché et ignorez la première étape. Les fèves fournissent beaucoup de protéines.

Les repas réconfortants sauvent la mise lorsque vous avez peu d'appétit.

Donne
4 portions

Macaroni au fromage tout-en-un

RECOMMANDÉ POUR
- Appétit faible
- Gain de poids

AVANTAGES SUPPLÉMENTAIRES
- Riche en fibres
- Riche en protéines
- Se prépare à l'avance

2 c. à s.	farine tout usage	30 ml
1 ½ tasse	lait	375 ml
1 ½ tasse	cheddar, râpé	375 ml
¼ tasse	parmesan, fraîchement râpé	60 ml
1 c. à t.	moutarde de Dijon	5 ml
	sel et piment de Cayenne	
2 tasses	macaroni	500 ml

1. Dans une grande casserole, battre la farine avec ¼ de tasse (60 ml) de lait pour faire un mélange homogène. Ajouter le reste du lait jusqu'à consistance lisse. Cuire à feu moyen en remuant jusqu'à ce que le mélange commence à bouillir et à s'épaissir. Réduire à feu doux. Ajouter les fromages et la moutarde. Cuire en remuant jusqu'à ce que les fromages aient fondu. Assaisonner de sel et d'une pincée de piment de Cayenne, au goût. Garder au chaud.

2. Cuire les pâtes dans une grande casserole d'eau bouillante salée jusqu'à ce qu'elles soient *al dente*. Bien égoutter. Ajouter le mélange de fromages. Cuire en remuant doucement pendant 1 minute ou jusqu'à ce que la sauce enrobe les pâtes. Servir immédiatement.

CONSEIL

Pour un repas rapide, ajoutez de 3 à 4 tasses (de 750 ml à 1 litre) de petits bouquets de brocoli aux pâtes pour au moins 3 minutes de cuisson ; retirez du feu lorsque le brocoli est légèrement croquant.

PRÉPARER À L'AVANCE

Couvrez le macaroni et réfrigérez-le jusqu'à 3 jours. Réchauffez en portions individuelles au four à micro-ondes à puissance moyenne-élevée (70 %) de 2 à 3 minutes, ou dans une casserole à feu moyen, en remuant doucement, de 3 à 4 minutes, ou jusqu'à ce que le tout soit fumant. Ajoutez du lait jusqu'à ce que la sauce soit crémeuse.

Parole de survivante

Les aliments qui m'attiraient pendant mon rétablissement étaient les sucettes glacées, les raisins, les laits frappés et le macaroni au fromage.

Cette recette devrait être ajustée selon vos symptômes. Suivez la recommandation suivante.

Pour l'intolérance au lactose
- Remplacez le lait par un substitut sans lactose comme du lait réduit en lactose ou une boisson de soya ou de riz. Selon votre tolérance au lactose, vous pouvez utiliser le fromage tel quel, puisque les fromages affinés comme le cheddar et le parmesan ont une faible teneur en lactose.

Nutriments par portion

Calories	451
Lipides	19 g
Sodium	551 mg
Glucides	48 g
Fibres	5 g
Protéines	24 g

Un bon nombre de personnes adorent la lasagne mais n'ont ni le temps ni l'énergie pour la préparer, même quand elles sont en santé. Cette version simple rend ce repas réconfortant plus accessible.

RECOMMANDÉ POUR
- Appétit faible
- Gain de poids

AVANTAGES SUPPLÉMENTAIRES
- Riche en fibres
- Riche en protéines
- Se prépare à l'avance

PRÉPARER À L'AVANCE

Enveloppez les tranches de lasagne froides dans une pellicule plastique, puis dans du papier d'aluminium, ou placez-les dans un contenant hermétique. Réfrigérez jusqu'à 3 jours ou congelez jusqu'à 2 mois. Laissez décongeler au réfrigérateur ou au four à micro-ondes. Enlevez la pellicule plastique et enveloppez de papier d'aluminium, puis réchauffez au four grille-pain ou au four traditionnel à 350 °F (180 °C) de 15 à 20 minutes. Pour réchauffer au micro-ondes, enlevez le papier d'aluminium et la pellicule plastique et placez la lasagne dans un plat adapté, couvrez et faites cuire à puissance moyenne-élevée (70 %) de 4 à 6 minutes.

Vous pouvez aussi préparer la lasagne jusqu'à l'étape 3 (ne pas cuire), couvrir de pellicule plastique, puis de papier d'aluminium et réfrigérer jusqu'à 2 mois. Décongelez-la au réfrigérateur pendant la nuit avant de cuire selon les instructions de l'étape 4.

Lasagne facile

Préchauffer le four à 350 °F (180 °C)
Plat de verre de 13 po x 9 po (33 cm x 23 cm), **légèrement graissé**

2 tasses	ricotta	500 ml
2	œufs, battus	2
1/3 tasse	parmesan, fraîchement râpé	75 ml
1/4 c. à t.	poivre noir fraîchement moulu	1 ml
1/4 c. à t.	muscade fraîchement moulue	1 ml
3 tasses	sauce à spaghetti	750 ml
	(faite maison ou commerciale)	
12	pâtes à lasagne, cuites	12
2 tasses	mozzarella, râpée	500 ml

1. Dans un bol, mélanger la ricotta, les œufs et le parmesan. Assaisonner de poivre et de muscade.
2. Selon l'épaisseur de la sauce à spaghetti, ajouter ¾ de tasse (175 ml) d'eau pour l'éclaircir. (La sauce devrait être assez juteuse parce que les pâtes absorbent l'humidité pendant la cuisson.)
3. Napper le fond du plat de verre de ½ tasse (125 ml) de sauce. Placer une couche de 3 pâtes. Napper de ¾ de tasse (175 ml) de sauce et d'un tiers de la ricotta. Répéter avec deux autres couches de pâtes, de sauce et de ricotta. Terminer avec le reste des pâtes et garnir de la sauce restante. Saupoudrer de mozzarella.
4. Cuire au four préchauffé, à découvert, pendant 45 minutes ou jusqu'à ce que le fromage soit fondu et que la sauce bouillonne.

Nutriments par portion

Calories	423
Lipides	20 g
Sodium	737 mg
Glucides	36 g
Fibres	5 g
Protéines	25 g

Cette recette devrait être ajustée selon vos symptômes. Suivez la recommandation suivante.

Pour la réduction des risques
- Optez pour des pâtes de blé entier et ajoutez 4 tasses (1 litre) de petits légumes surgelés, décongelés et égouttés, en les plaçant de façon uniforme sur la ricotta lorsque vous préparez la lasagne.

Les pâtes aux palourdes sont un classique italien, et pour cause : elles sont aussi délicieuses que bonnes pour la santé. La haute teneur en fer des palourdes fait de cette recette une partie importante d'un processus d'augmentation du taux de fer.

Pâtes avec sauce blanche aux palourdes

Recette offerte par Mary Anne Pucovsky

1 c. à s.	huile d'olive	15 ml
¼ tasse	oignon, haché	60 ml
2 tasses	champignons, tranchés	500 ml
2 c. à t.	farine tout usage	10 ml
⅓ tasse	vin blanc sec	75 ml
2	**boîtes (5 oz/142 g) de palourdes rincées, égouttées** (¾ de tasse/175 ml de jus de palourde réservé)	2
1 c. à t.	ail, émincé	5 ml
⅔ tasse	lait concentré	150 ml
⅛ c. à t.	muscade moulue	0,5 ml
8 oz	capellini ou vermicelles	250 g
2 c. à s.	**persil frais, haché** (ou 2 c. à t./10 ml de persil séché)	30 ml
	poivre noir fraîchement moulu	

1. Chauffer l'huile à feu moyen-élevé dans une grande poêle antiadhésive. Y faire sauter les oignons et les champignons de 5 à 6 minutes ou jusqu'à ce qu'ils aient ramolli et que le liquide se soit évaporé. Saupoudrer de farine et bien mélanger. Ajouter le vin, le jus de palourde réservé et l'ail, puis porter à ébullition. Réduire le feu et laisser mijoter de 2 à 3 minutes ou jusqu'à ce que le liquide ait épaissi. Incorporer les palourdes, le lait concentré et la muscade. Laisser mijoter pendant 1 minute ou 2, ou jusqu'à ce que le tout soit bien chaud.

2. Au moment de servir, cuire les pâtes selon les instructions du fabricant ou jusqu'à ce qu'elles soient *al dente*. Laisser égoutter. Incorporer à la sauce. Garnir de persil puis poivrer au goût.

RECOMMANDÉ POUR
- Anémie
- Gain de poids

AVANTAGES SUPPLÉMENTAIRES
- Riche en protéines

CONSEILS

Les patients devraient se renseigner auprès de leur médecin avant de consommer de l'alcool. Même si on fait mijoter l'alcool contenu dans cette recette, il peut en rester une certaine quantité. Si vous devez éviter l'alcool, utilisez du vin désalcoolisé ou ajoutez ¼ de tasse (60 ml) de jus de palourde et 1 c. à s. (15 ml) de vinaigre de vin blanc.

Les palourdes fraîches sont superbes dans ce plat ; vous pouvez remplacer les palourdes en conserve par 2 tasses (500 ml) de palourdes fraîches décoquillées. Au lieu de réserver du jus de palourde, prenez ¾ de tasse (175 ml) de fumet de poisson ou de bouillon de légumes.

Pour introduire de la variété, préparez ces pâtes avec de la sauce de palourdes rouge. Il suffit d'ajouter 1 tasse (250 ml) de tomates hachées à la sauce à la fin de la première étape.

Cette recette devrait être ajustée selon vos symptômes. Suivez la recommandation suivante.

Pour favoriser le gain de poids
- Remplacez le lait concentré par de la crème à fouetter riche en matières grasses (35 %).

Nutriments par portion	
Calories	408
Lipides	8 g
Sodium	236 mg
Glucides	57 g
Fibres	3 g
Protéines	24 g

Légumes régénérateurs et sauces apaisantes

Les chercheurs semblent s'entendre sur le fait qu'une alimentation à base de végétaux, qui comprend des légumes, des fruits, des noix, des grains, des herbes et des épices, fournit des nutriments aux propriétés anticancéreuses. Les patients sont souvent motivés à améliorer leur alimentation, puisqu'ils ont ainsi l'impression de faire leur part pour s'assurer de ne pas vivre une récidive de leur cancer. Que vous soyez un amoureux des légumes ou que vous découvriez de nouveaux aliments, vous adorerez ces recettes qui vont plus loin que des légumes cuits à la vapeur ou bouillis: savoureuses, elles plairont à un palais endommagé par les traitements. Elles vous donneront également des idées de combinaisons de légumes et d'autres végétaux pour maximiser le potentiel anticancéreux de chaque bouchée.

Si vous avez la bouche sèche ou que vous y ressentez des douleurs, servez-vous des sauces apaisantes qui rendent les aliments moelleux et qui vous permettront ainsi d'apprécier chaque bouchée sans difficulté. Certaines sauces contiennent des ingrédients anticancéreux (essayez le mojo à la mangue et à la menthe) ou des calories et des protéines supplémentaires (essayez la sauce hollandaise infaillible). Vos besoins et vos goûts dicteront les recettes appropriées.

Ces carottes assaisonnées sont un bon moyen d'ajouter de la saveur lorsque vos papilles ont besoin d'un petit quelque chose de plus.

Carottes au gingembre

Recette offerte par Roberta Lowcay, diététiste

4 tasses	carottes, hachées	1 l
½ tasse	bouillon de poulet ou de légumes à teneur réduite en sodium	125 ml
2 c. à t.	gingembre frais, émincé	10 ml
1 c. à t.	ail, émincé	5 ml
1 c. à t.	cassonade, bien tassée	5 ml
¼ c. à t.	jus de citron	1 ml

1. Dans une grande casserole, mélanger les carottes, le bouillon, le gingembre, l'ail, la cassonade et le jus de citron. Porter à ébullition, baisser le feu, couvrir et laisser mijoter environ 20 minutes, ou jusqu'à ce que les carottes soient tendres mais encore croquantes et qu'il ne reste plus de liquide dans la casserole.

RECOMMANDÉ POUR
- Nausée
- Altérations du goût
- Gestion du poids

AVANTAGES SUPPLÉMENTAIRES
- Réduction des risques

CONSEILS

Utilisez le bord d'une cuillère pour enlever la pelure du gingembre avant de le râper. Le gingembre frais se conserve bien au congélateur, jusqu'à 3 mois, et peut être râpé même lorsqu'il est congelé.

Laissez reposer l'ail émincé pendant 10 minutes avant de le cuire, afin de tirer le maximum de ses propriétés anticancéreuses.

Parole de survivante

Certains de vos amis seront comme des semi-remorques alors que d'autres seront des bulldozers. Le bulldozer dira par exemple: «C'est tout ce que tu manges? Tu as l'air anorexique présentement.» Certaines personnes ne savent tout simplement pas comment soutenir les autres.

Cette recette devrait être ajustée selon vos symptômes. Suivez les recommandations suivantes.

Si le goût est trop sucré
- Omettez le sucre et ajoutez du jus de citron, au goût, après la cuisson.

Si le goût est trop salé
- Remplacez le bouillon par de l'eau ou du bouillon sans sel, ou un mélange des deux.

Si le goût est amer ou métallique
- Ajoutez du sucre et du jus de citron, au goût, après la cuisson.

Nutriments par portion

Calories	34
Lipides	0 g
Sodium	128 mg
Glucides	8 g
Fibres	2 g
Protéines	1 g

Agrémentez ces carottes des ingrédients que vous avez sous la main lorsque vos papilles ont besoin d'un petit remontant.

RECOMMANDÉ POUR
- Nausée
- Altérations du goût

AVANTAGES SUPPLÉMENTAIRES
- Réduction des risques

CONSEIL

Le gingembre contenu dans cette recette peut aider à soulager la nausée.

Parole de survivante

Je souffrais de neuropathie. J'ai donc ajouté des clous à ma planche à découper pour pouvoir couper les légumes avec une seule main.

Carottes glacées au miel

Recette offerte par Lynn Roblin, diététiste

1 lb	carottes, coupées en tronçons de 1 po (2,5 cm)	500 g
½ c. à t.	gingembre moulu	2 ml
1 c. à s.	miel liquide, cassonade ou nectar d'agave	15 ml
½ c. à t.	zeste d'orange, râpé (facultatif)	2 ml
1 c. à s.	jus d'orange	15 ml
2 c. à t.	beurre, margarine non hydrogénée ou huile d'olive	10 ml

1. Dans une casserole de taille moyenne, couvrir les carottes d'eau froide. Porter à ébullition à feu vif. Réduire le feu et maintenir en ébullition modérée de 15 à 20 minutes, ou jusqu'à ce que les carottes soient à la fois tendres et croquantes. Égoutter et retourner dans la casserole. Cuire à feu moyen-faible.

2. Ajouter le gingembre, le miel, le zeste d'orange, si on en utilise, et le beurre. Remuer rapidement de 2 à 3 minutes ou jusqu'à ce que les carottes soient glacées.

Nutriments par portion

Calories	85
Lipides	3 g
Sodium	78 mg
Glucides	16 g
Fibres	3 g
Protéines	1 g

Cette recette devrait être ajustée selon vos symptômes. Suivez les recommandations suivantes.

Si le goût est trop sucré
- Omettez le miel et ajoutez du zeste d'orange et/ou du jus d'orange, au goût, après la cuisson.

Si le goût est amer ou métallique
- Omettez le zeste d'orange et ajoutez du sel et du miel, au goût, après la cuisson.

Dans cette recette, le sirop d'érable donne aux légumes un goût sucré qui plaira aux personnes qui ont un goût amer ou métallique en bouche.

Donne
8 portions

Carottes et panais rôtis

Recette offerte par Bev Callaghan, diététiste

Préchauffer le four à 400 °F (200 °C)
Plat de cuisson en verre de 13 po x 9 po (33 cm x 23 cm), **graissé**

1 lb	panais, pelés et coupés en morceaux de 1 po (2,5 cm)	500 g
1 lb	carottes, pelées et coupées en morceaux de 1 po (2,5 cm)	500 g
1	gros oignon, coupé en quartiers	1
2 c. à s.	huile végétale	30 ml
1 c. à t.	thym séché	5 ml
2 c. à s.	sirop d'érable	30 ml
1 c. à s.	moutarde de Dijon	15 ml

1. Mettre les panais, les carottes, l'oignon, l'huile et le thym dans le plat préparé. Y remuer les légumes jusqu'à ce qu'ils soient bien enrobés d'huile. Faire rôtir au four pendant 30 minutes.

2. Pendant ce temps, mélanger la moutarde et le sirop d'érable dans un petit bol. Verser sur les légumes et remuer pour enrober. Faire rôtir les légumes pendant encore 20 ou 25 minutes, ou jusqu'à ce qu'ils soient tendres et dorés, en remuant une fois en cours de cuisson.

RECOMMANDÉ POUR
- Constipation
- Altérations du goût

AVANTAGES SUPPLÉMENTAIRES
- Riche en fibres
- Se prépare à l'avance
- Réduction des risques

CONSEIL
Le fait de rôtir les légumes au four, en plus de donner un bon goût de fumée, conserve plus d'éléments nutritifs que s'ils étaient bouillis.

PRÉPARER À L'AVANCE
Les légumes peuvent être conservés dans un contenant hermétique et réfrigérés jusqu'à 3 jours. Réchauffez en portions individuelles au micro-ondes, à puissance moyenne-élevée (70 %) de 2 à 3 minutes, ou dans une casserole contenant assez d'eau pour humecter et cuire, à feu moyen, en remuant souvent, de 2 à 3 minutes, jusqu'à ce que le tout soit fumant.

Cette recette devrait être ajustée selon vos symptômes. Suivez les recommandations suivantes.

Si le goût est trop sucré
- Omettez le sirop d'érable ou réduisez-en la quantité et ajoutez de la moutarde, au goût, lorsque les légumes sont cuits.

Si le goût est trop salé
- Réduisez la quantité de moutarde à 1 c. à t. (5 ml) et ajoutez du sirop d'érable, au goût, lorsque les légumes sont cuits.

Si le goût est amer ou métallique
- Omettez le thym et la moutarde.

Nutriments par portion	
Calories	116
Lipides	4 g
Sodium	232 mg
Glucides	21 g
Fibres	4 g
Protéines	2 g

Voici une excellente façon de donner de la vie aux épinards. On peut remplacer les épinards par de la bette à carde, du chou vert, du rapini ou des feuilles de moutarde, et augmenter le temps de cuisson en conséquence. Si vous n'avez pas de pignons, utilisez des noix de pacane ou des noix de Grenoble.

RECOMMANDÉ POUR
- Anémie
- Altérations du goût

AVANTAGES SUPPLÉMENTAIRES
- Réduction des risques

CONSEIL

Faire sauter les légumes est une bonne façon de préserver les éléments nutritifs. Dans l'eau bouillante, les légumes peuvent perdre jusqu'à 45 % de leur vitamine C ; les légumes sautés n'en perdent que 5 %.

> **Parole de survivante**
>
> *Autant que possible,*
> *je mange des aliments*
> *biologiques.*

Épinards sautés aux pignons

Recette offerte par Bev Callaghan, diététiste

2 c. à t.	huile d'olive	10 ml
¼ tasse	pignons	60 ml
1	paquet (10 oz/ 300 g) d'**épinards frais, parés**	1
1 c. à t.	ail, émincé	5 ml
1 c. à t.	jus de citron	5 ml
⅛ c. à t.	muscade	0,5 ml
	poivre noir fraîchement moulu	

1. Chauffer 1 c. à t. (5 ml) d'huile à feu moyen dans une grande poêle antiadhésive. Y cuire les pignons en remuant sans arrêt pendant 2 ou 3 minutes, ou jusqu'à ce qu'ils soient dorés. Retirer les pignons de la poêle et réserver.

2. Verser le reste de l'huile dans la poêle. Ajouter les épinards par poignées (ils s'affaisseront rapidement) en remuant sans arrêt. Ajouter l'ail et cuire pendant 1 ou 2 minutes. Incorporer le jus de citron et la muscade. Poivrer au goût. Ajouter les pignons réservés. Cuire jusqu'à ce que le tout soit bien chaud.

Nutriments par portion

Calories	109
Lipides	8 g
Sodium	119 mg
Glucides	9 g
Fibres	4 g
Protéines	3 g

Cette recette devrait être ajustée selon vos symptômes. Suivez les recommandations suivantes.

Si le goût est trop sucré
- Ajoutez du jus de citron, au goût.

Si le goût est trop amer ou métallique
- Ajoutez un peu de sucré avec du sirop d'agave, du sirop d'érable ou du miel, au goût, une fois que les épinards sont cuits.

Les raisins, les herbes, le citron et le poivre se combinent pour donner à ce légume une saveur supplémentaire, pour les personnes dont les papilles auraient besoin d'un peu d'encouragement. Ce plat d'accompagnement santé est particulièrement délicieux servi avec du poisson.

Donne
5 portions

Épinards de fantaisie

Recette offerte par Martine Lortie

1 c. à s.	beurre, huile d'olive ou margarine non hydrogénée	15 ml
3 c. à s.	raisins secs	45 ml
1 pincée	menthe séchée	1 pincée
1 pincée	fenouil moulu	1 pincée
1 pincée	origan séché	1 pincée
1	sac (10 oz/284 g) d'épinards frais, parés, feuilles coupées en morceaux	1
2 c. à s.	eau	30 ml
1 c. à t.	jus de citron	5 ml
½ c. à t.	sel	2 ml
1 pincée	poivre noir fraîchement moulu tranches de citron	1 pincée

1. Dans un grand poêlon, faire fondre le beurre à feu moyen. Y cuire les raisins secs, la menthe, le fenouil et l'origan en remuant pendant 1 minute.
2. Ajouter les épinards et l'eau. Couvrir et faire cuire à la vapeur de 2 à 3 minutes ou jusqu'à ce que les épinards aient ramolli. Égoutter. Arroser de jus de citron et saupoudrer de sel et de poivre. Bien mélanger. Garnir de tranches de citron. Servir.

RECOMMANDÉ POUR
- Anémie
- Altérations du goût

AVANTAGES SUPPLÉMENTAIRES
- Réduction des risques

CONSEILS

Vous pouvez utiliser des herbes fraîches pour remplacer n'importe laquelle des herbes séchées de cette recette. Le séchage des herbes intensifiant leur saveur, doublez ou même triplez les quantités d'herbes fraîches ajoutées.

Les légumes à feuilles vert foncé tels que les épinards sont une source importante de vitamine A, de folacine et de fer. Si vous consommez des aliments contenant une grande quantité de fer, évitez les boissons à base de caféine comme le café, le thé ou le cola pendant l'heure qui suit l'ingestion du repas. La caféine réduit l'absorption du fer dans l'organisme. La vitamine C contenue dans le citron aidera à l'absorption du fer.

VARIANTE

Remplacez les épinards par 6 tasses (1,5 litre) de chou vert, paré et haché, et augmentez le temps de cuisson à l'étape 2 à 8 ou 10 minutes, en remuant de temps à autre.

Nutriments par portion	
Calories	69
Lipides	3 g
Sodium	329 mg
Glucides	11 g
Fibres	3 g
Protéines	2 g

Les courges, un légume d'automne, font de jolis contenants pour servir du riz, de la viande ou des fruits.

RECOMMANDÉ POUR
- Altérations du goût
- Gain de poids

AVANTAGES SUPPLÉMENTAIRES
- Réduction des risques

CONSEILS

Avez-vous déjà eu de la difficulté à couper une courge ? Suivez cette méthode facile : coupez la tige et, avec un couteau bien affûté, percez la pelure à l'endroit où vous voulez couper la courge. Insérez le couteau et frappez plusieurs fois avec un marteau ou un maillet de bois. La courge devrait s'ouvrir d'elle-même. Successivement, placez chaque moitié de la courge dans le four à micro-ondes et faites-la cuire à intensité élevée pendant 2 minutes, puis coupez-la.

La courge est riche en bêta-carotène, une forme de vitamine A qui protège les tissus et les cellules de l'organisme.

Courges farcies aux pommes

Recette offerte par Irene Mofina

Préchauffer le four à 375 °F (190 °C)
Plat peu profond allant au four

2	petites courges poivrées	2
2 tasses	sauce aux pommes non sucrée	500 ml
½ tasse	raisins secs	125 ml
¼ tasse	miel ou mélasse	60 ml
¼ tasse	noix, hachées	60 ml
1 c. à s.	beurre, margarine non hydrogénée ou huile d'olive	15 ml
1 c. à s.	zeste de citron	15 ml
2 c. à t.	jus de citron	10 ml
¼ c. à t.	cannelle moulue	1 ml

1. Couper les courges en deux dans le sens de la longueur. Épépiner. Mélanger la sauce aux pommes, les raisins secs, le miel et les noix. Remplir les courges de ce mélange. Déposer des noisettes de beurre sur chaque courge. Saupoudrer de zeste de citron et de cannelle. Arroser de jus de citron.

2. Mettre les courges dans un plat peu profond allant au four. Ajouter suffisamment d'eau bouillante pour couvrir le fond du plat (¼ po/0,5 cm). Couvrir et cuire au four pendant 30 minutes. Enlever le couvercle et poursuivre la cuisson pendant 20 minutes ou jusqu'à ce que les courges soient tendres.

Cette recette devrait être ajustée selon vos symptômes. Suivez les recommandations suivantes.

Si le goût est trop sucré
- Réduisez la quantité de miel ou de mélasse, ou omettez ces ingrédients ; et/ou
- Ajoutez du jus de citron, au goût, après la cuisson.

Si le goût est trop salé
- Utilisez du beurre non salé ou de la margarine, ou encore de l'huile d'olive.

Si le goût est amer ou métallique
- Réduisez la quantité de zeste de citron ou omettez cet ingrédient ; et/ou
- Ajoutez du miel ou de la mélasse et du sel, au goût, après la cuisson.

Nutriments par portion

Calories	247
Lipides	8 g
Sodium	13 mg
Glucides	49 g
Fibres	4 g
Protéines	3 g

La courge, comme les autres légumes de couleur orange, est une source de bêta-carotène, un antioxydant. La ciboulette et le piment de Cayenne contenus dans cette recette ajoutent au potentiel anticancérigène.

Purée de courges grillées

Préchauffer le four à 400 °F (200 °C)
Robot culinaire ou pilon à pommes de terre

1	courge poivrée (voir le conseil, à droite)	1
2 c. à s.	beurre ou huile d'olive, au total	30 ml
1 c. à s.	cassonade bien tassée, au total	15 ml
¼ tasse	ciboulette, ciselée grossièrement	60 ml
½ c. à t.	sel	2 ml
⅛ c. à t.	piment de Cayenne	0,5 ml
	poivre noir fraîchement moulu	

1. Couper la courge en deux dans le sens de la longueur et épépiner. Placer la moitié du beurre et la moitié de la cassonade dans chaque moitié de courge. Envelopper de papier d'aluminium. Cuire au four préchauffé jusqu'à ce que la courge soit tendre, environ 45 minutes.

2. Retirer le papier d'aluminium, extraire la chair et transférer dans un bol de travail muni d'une lame, tout en faisant attention de ne pas perdre le beurre fondu (ou transférer dans un plat). Jeter la pelure. Ajouter la ciboulette, le sel, le piment de Cayenne et le poivre noir, au goût, et réduire en purée jusqu'à obtention d'une consistance lisse (ou utiliser un pilon à pommes de terre). Servir chaud.

RECOMMANDÉ POUR
- Douleurs à la bouche ou à la gorge
- Altérations du goût

AVANTAGES SUPPLÉMENTAIRES
- Se prépare à l'avance
- Réduction des risques

CONSEIL
Remplacez la courge poivrée par une courge musquée ou une courge d'hiver.

PRÉPARER À L'AVANCE
Couvrez bien la purée et réfrigérez-la jusqu'à 3 jours, ou versez-la dans des contenants hermétiques en petites portions en laissant un espace libre d'au moins 1 po (2,5 cm) dans le haut du contenant. La purée se conservera alors jusqu'à 3 mois. Décongelez au réfrigérateur ou au four à micro-ondes en portions individuelles à intensité moyenne-élevée (70 %) de 2 à 3 minutes, ou dans une casserole à feu moyen en remuant souvent, de 2 à 3 minutes, jusqu'à ce que le tout soit fumant.

Cette recette devrait être ajustée selon vos symptômes. Suivez les recommandations suivantes.

Si le goût est trop sucré
- Omettez ou réduisez la quantité de cassonade; et/ou
- Ajoutez du jus de citron, au goût, après avoir réduit en purée.

Si le goût est trop salé
- Omettez ou réduisez la quantité de sel et utilisez du beurre non salé ou de l'huile d'olive.

Si le goût est trop amer ou métallique
- Ajoutez de la cassonade et du jus de citron, au goût, après avoir réduit en purée.

Pour les douleurs à la bouche ou à la gorge
- Omettez le piment de Cayenne.

Nutriments par portion	
Calories	75
Lipides	7 g
Sodium	292 mg
Glucides	4 g
Fibres	0 g
Protéines	0 g

Ce repas, qui fait penser au temps des fêtes, est une façon merveilleuse de faire régner une odeur réconfortante dans la maison, attirant les papilles endormies mais curieuses. Si vous avez assez d'appétit, servez avec de la dinde ou un mets copieux.

CONSEILS

Tranchez le navet rapidement à l'aide d'une mandoline ou d'un robot culinaire doté d'une lame à trancher. Vous pouvez râper le fromage à l'aide d'un robot culinaire doté d'un disque à déchiqueter.

Connaissez-vous la différence entre le navet et le rutabaga ? Le rutabaga est issu d'un mélange de navet et de chou. Les rutabagas sont plus gros, ont une couleur jaune et tournent au orangé lorsqu'ils sont cuits. Ils sont souvent vendus enrobés de cire. Les navets ont un goût plus amer tandis que les rutabagas sont plus sucrés.

PRÉPARER À L'AVANCE

Couvrez bien le gratin et réfrigérez-le jusqu'à 3 jours. Réchauffez en portions individuelles au micro-ondes, à puissance moyenne-élevée (70 %) de 3 à 4 minutes, jusqu'à ce que le tout soit fumant.

Gratin de navets

Préchauffer le four à 375 °F (190 °C)
Plat de cuisson peu profond d'une capacité de 6 tasses (1,5 litre), beurré

1 ½ tasse	lait entier, au total (environ)	375 ml
2 lb	navets blancs, pelés, tranchés mince (environ 6 navets)	1 kg
6 oz	gruyère, râpé, au total	175 g
¼ c. à t.	muscade, fraîchement râpée	1 ml
	sel et poivre noir fraîchement moulu	

1. Verser ½ tasse (125 ml) de lait dans le plat de cuisson préparé. Placer une couche de navet sur le fond du plat, chevaucher, au besoin. Saupoudrer de la moitié du fromage et de muscade et assaisonner de sel et de poivre, au goût. Répéter. Ajouter le reste du lait (ou davantage pour couvrir le navet).

2. Cuire au four préchauffé jusqu'à ce que le navet soit tendre, environ 1 h 30. Laisser reposer pendant 10 minutes avant de servir.

Nutriments par portion

Calories	301
Lipides	17 g
Sodium	397 mg
Glucides	19 g
Fibres	4 g
Protéines	18 g

Cette recette devrait être ajustée selon vos symptômes. Suivez les recommandations suivantes.

Pour l'intolérance au lactose
- Utilisez du lait réduit en lactose ou une boisson de soya.

Pour favoriser le gain de poids
- Ajoutez 2 c. à s. (30 ml) de beurre fondu ou d'huile d'olive au lait ; et/ou
- Utilisez de la crème à café à 10 % ou de la crème de table (18 %) en remplacement du lait.

Si le goût est trop amer ou métallique
- Remplacez le navet par 4 tasses (1 litre) de rutabaga finement tranché (tranches de 2 po/5 cm), puisqu'il est plus sucré. Ou utilisez des carottes et du navet, en proportions égales.

Dans cette recette, vous pouvez hacher tous les légumes (sauf les pommes de terre) jusqu'à un jour à l'avance pour ensuite mettre le plat au four de 30 à 40 minutes avant le repas.

Légumes rôtis

Recette offerte par Dianna Bihun

Préchauffer le four à 325 °F (160 °C)
Lèchefrite de 13 po x 9 po (33 cm x 23 cm) **ou plat peu profond, légèrement graissé**

2	**poivrons** (couleurs au choix)	2
2	**navets, pelés**	2
2	**carottes**	2
2	**pommes de terre** (non pelées)	2
1	**oignon**	1
1	**zucchini**	1
1	**bulbe de fenouil**	1
3	**gousses d'ail**	3
2 c. à s.	**huile végétale**	30 ml
2 c. à s.	**sirop d'érable ou miel**	30 ml
1 c. à s.	**moutarde de Dijon**	15 ml
2 c. à s.	**fines herbes fraîches, hachées**	30 ml
	(ou 2 c. à t./10 ml d'herbes séchées)	
	poivre noir fraîchement moulu	

1. Couper les poivrons, les navets, les carottes, les pommes de terre, le zucchini et le bulbe de fenouil en morceaux de la taille d'une bouchée. Étaler les légumes et les gousses d'ail au fond de la lèchefrite.

2. Dans un bol moyen, mélanger l'huile, le sirop d'érable, la moutarde et les herbes. Verser sur les légumes et mélanger délicatement pour bien enduire les légumes de la préparation. Poivrer au goût.

3. Rôtir les légumes au four préchauffé de 30 à 40 minutes, ou jusqu'à ce qu'ils soient tendres sous la fourchette et dorés, en les remuant une fois en cours de cuisson.

Cette recette devrait être ajustée selon vos symptômes. Suivez la recommandation suivante.

Si le goût est trop amer ou métallique
• Ajoutez du sirop d'érable ou du miel et du jus de citron, au goût, à chaque portion.

RECOMMANDÉ POUR
• Constipation
• Altérations du goût

AVANTAGES SUPPLÉMENTAIRES
• Riche en fibres
• Se prépare à l'avance
• Réduction des risques

CONSEILS

Pour les herbes, essayez une combinaison de thym, d'origan, de basilic, d'aneth, de persil, de ciboulette et de romarin, selon vos goûts.

Gagnez du temps en vous procurant au supermarché des légumes en sac déjà coupés et prêts à être cuisinés. Préparez le mélange d'huile et d'herbes la veille et conservez-le au réfrigérateur.

PRÉPARER À L'AVANCE

Couvrez bien les légumes rôtis et réfrigérez-les jusqu'à 3 jours. Réchauffez en portions individuelles au micro-ondes à puissance moyenne-élevée (70 %) de 2 à 3 minutes, ou dans une poêle, en remuant souvent, de 3 à 4 minutes ou jusqu'à ce que le tout soit fumant.

Nutriments par portion	
Calories	150
Lipides	4 g
Sodium	62 mg
Glucides	28 g
Fibres	5 g
Protéines	3 g

Ce repas mou est parfait lorsque vous éprouvez des douleurs à la bouche ou à la gorge et que vous recherchez des repas lisses et onctueux.

RECOMMANDÉ POUR

- Constipation
- Sécheresse de la bouche
- Douleurs à la bouche ou à la gorge
- Altérations du goût

AVANTAGES SUPPLÉMENTAIRES

- Riche en fibres
- Se prépare à l'avance
- Réduction des risques

PRÉPARER À L'AVANCE

Couvrez bien la purée et réfrigérez-la jusqu'à 3 jours, ou versez-la dans des contenants hermétiques en petites portions en laissant un espace libre d'au moins 1 po (2,5 cm) dans le haut du contenant. La purée se conservera alors jusqu'à 3 mois. Décongelez au réfrigérateur ou au four à micro-ondes à intensité moyenne-élevée (70 %) de 2 à 3 minutes, ou dans une casserole à feu moyen en remuant souvent, de 2 à 3 minutes, jusqu'à ce que le tout soit fumant.

Purée de légumes frais

Robot culinaire

1 c. à s.	beurre ou huile d'olive	15 ml
1	oignon, haché	1
3	carottes, hachées	3
3 lb	courge musquée, pelée et hachée	1,5 kg
1 tasse	sauce aux pommes non sucrée	250 ml
2 c. à s.	sirop d'érable	30 ml
½ c. à t.	muscade moulue	2 ml
¼ c. à t.	coriandre moulue	1 ml
	sel et poivre blanc fraîchement moulu	

1. Dans une casserole, faire fondre le beurre à feu moyen. Ajouter l'oignon et cuire en remuant environ 3 minutes ou jusqu'à ce qu'il soit tendre. Ajouter les carottes et la courge et cuire en remuant de 6 à 8 minutes ou jusqu'à ce que les légumes soient tendres.

2. Verser la sauce aux pommes sur les légumes. Réduire le feu à doux, couvrir et laisser mijoter pendant 25 minutes, ou jusqu'à ce que les légumes aient ramolli. Ajouter le sirop d'érable, la muscade et la coriandre.

3. Dans un robot culinaire, en travaillant par petites quantités, mélanger jusqu'à l'obtention d'une consistance lisse. Transférer dans un bol et assaisonner de sel et de poivre, au goût.

Nutriments par portion	
Calories	152
Lipides	3 g
Sodium	66 mg
Glucides	34 g
Fibres	7 g
Protéines	2 g

Cette recette devrait être ajustée selon vos symptômes. Suivez les recommandations suivantes.

Si le goût est trop sucré
- Réduisez la quantité de sirop d'érable ou omettez-le ; et/ou
- Remplacez la sauce aux pommes par du bouillon de légumes (optez pour du bouillon de légumes à teneur réduite en sodium ou du bouillon de légumes de base fait maison, page 166, si vous souffrez de rétention d'eau ou d'hypertension) ; et/ou
- Ajoutez du jus de citron, au goût, avec le sel et le poivre.

Si le goût est trop amer ou métallique
- Ajoutez du sirop d'érable ou du jus de citron, au goût, à chaque portion.

Cette sauce verte contient de la graisse mono-insaturée. Utilisez-la en accompagnement de n'importe quelle salade, comme trempette pour les carottes et les céleris, ou pour ajouter un côté moelleux aux plats à base de volaille, de poisson ou de légumes.

Donne environ
2 tasses (500 ml)

Sauce pour salade aux avocats

Robot culinaire ou mélangeur à main

½ tasse	fromage cottage	125 ml
½ tasse	babeurre	125 ml
½ tasse	mayonnaise	125 ml
1	avocat mûr	1
2 c. à t.	aneth frais, haché	10 ml
1 c. à t.	jus de citron	5 ml

1. Dans un robot culinaire, mélanger le fromage cottage, le babeurre, la mayonnaise, l'avocat, l'aneth et le jus de citron. Battre pendant environ 2 minutes, jusqu'à consistance homogène.

RECOMMANDÉ POUR
- Sécheresse de la bouche
- Douleurs à la bouche ou à la gorge

AVANTAGES SUPPLÉMENTAIRES
- Se prépare à l'avance

PRÉPARER À L'AVANCE
Couvrez bien la sauce et réfrigérez-la jusqu'à 3 jours.

Nutriments par portion de 2 c. à s. (30 ml)

Calories	57
Lipides	5 g
Sodium	90 mg
Glucides	4 g
Fibres	1 g
Protéines	2 g

La saveur de la mangue se marie à la fraîcheur de la lime et de la menthe pour donner une sauce qui réveillera les papilles endormies et remettra de la joie dans vos repas. Servez avec du poulet ou du poisson.

Donne environ
1 tasse (250 ml)

Mojo à la mangue et à la menthe

Recette offerte par Eileen Campbell

Robot culinaire ou mélangeur

12	feuilles de menthe fraîche	12
1	mangue mûre, pelée, dénoyautée et hachée	1
½ tasse	jus de lime	125 ml

1. Au mélangeur, à grande vitesse, réduire en purée lisse la menthe, la mangue et le jus de lime. Utiliser immédiatement ou couvrir et réfrigérer au moins 4 heures pour permettre aux saveurs de bien se marier. Garder au réfrigérateur jusqu'à 2 jours.

RECOMMANDÉ POUR
- Sécheresse de la bouche
- Altérations du goût

AVANTAGES SUPPLÉMENTAIRES
- Faible en gras
- Se prépare à l'avance
- Réduction des risques

Nutriments par portion de 2 c. à s. (30 ml)

Calories	21
Lipides	0 g
Sodium	1 mg
Glucides	6 mg
Fibres	1 g
Protéines	0 g

Ajouter une sauce fruitée à des protéines maigres comme le poulet, la dinde ou le porc aide à rendre la viande plus juteuse. Parfait pour les personnes qui souffrent de sécheresse de la bouche et qui cherchent plus de saveur.

RECOMMANDÉ POUR
- Sécheresse de la bouche
- Altérations du goût

AVANTAGES SUPPLÉMENTAIRES
- Faible en gras
- Se prépare à l'avance

CONSEILS

Si vous préférez une sauce plus acide, augmentez la quantité de vinaigre de cidre à 2 c. à s. (30 ml).

Si vous préférez une sauce plus épicée, ajoutez jusqu'à ¼ de c. à t. (1 ml) de piment de Cayenne au sucre brun.

PRÉPARER À L'AVANCE

Transférez la sauce dans un contenant hermétique et réfrigérez-la jusqu'à 3 jours. Réchauffez dans une casserole à feu moyen, en remuant souvent, ou au micro-ondes, à puissance moyenne-élevée (70 %), jusqu'à ce que la sauce soit bien chaude.

Sauce aux canneberges

1 c. à s.	huile végétale	15 ml
1 c. à s.	farine tout usage	15 ml
½ tasse	bouillon de poulet ou de légumes à teneur réduite en sodium	125 ml
1 c. à s.	vinaigre de cidre	15 ml
2 c. à s.	cassonade bien tassée	30 ml
1 c. à s.	moutarde de Dijon	15 ml
1	boîte (14 oz/398 ml) de sauce aux canneberges, de préférence de baies entières	1
	sel et poivre fraîchement moulu	

1. Dans une casserole, chauffer l'huile à feu moyen. Saupoudrer de farine et cuire en remuant pendant 1 minute (ne pas laisser brunir). Incorporer graduellement le bouillon et le vinaigre de cidre et porter à ébullition. Laisser bouillir en fouettant jusqu'à ce que le liquide ait réduit de moitié, environ 2 minutes.
2. Ajouter la cassonade et la moutarde en remuant jusqu'à ce que le tout soit homogène. Ajouter la sauce aux canneberges et porter à ébullition en remuant souvent. Assaisonner de sel et de poivre, au goût.

Nutriments par portion de ¼ de tasse (60 ml)

Calories	64
Lipides	1 g
Sodium	55 mg
Glucides	14 g
Fibres	0 g
Protéines	0 g

Lorsque vous souffrez de sécheresse de la bouche, une sauce onctueuse rend le poisson, les œufs, les légumes, les pommes de terre et le riz plus faciles à avaler. En outre, puisqu'elle est faite à base d'œufs, cette sauce ajoute 1 g de protéines par portion.

Donne environ
1 tasse (250 ml)

Sauce hollandaise infaillible

Robot culinaire ou petit mélangeur

3	jaunes d'œufs	3
3 c. à s.	eau	45 ml
1 c. à s.	jus de citron	15 ml
½ tasse	beurre, fondu	125 ml
½ c. à t.	sel	2 ml
	piment de Cayenne	

1. Dans une petite casserole, à feu doux, mélanger les jaunes d'œufs, l'eau et le jus de citron. Cuire en remuant sans arrêt pendant 1 minute, jusqu'à ce que les œufs commencent à épaissir. Fouetter rapidement environ 5 secondes de plus pour s'assurer que les jaunes d'œufs sont cuits, puis transférer immédiatement dans un robot culinaire.

2. Au robot culinaire en marche, ajouter lentement le beurre par le trou du couvercle ou le tube, en un mince filet, en remuant jusqu'à ce que le mélange soit lisse et crémeux. Ajouter du sel et du piment de Cayenne et remuer jusqu'à consistance lisse. Servir immédiatement.

RECOMMANDÉ POUR
- Sécheresse de la bouche
- Gain de poids

CONSEIL

Lorsque vous préparez une sauce hollandaise, gardez une petite quantité d'eau bouillante à proximité de la cuisinière. Si vos œufs commencent à prendre pendant que vous les fouettez, ajoutez 1 c. à s. (15 ml) d'eau bouillante au mélange. Fouettez jusqu'à consistance lisse et épaisse, puis transférez dans un mélangeur.

VARIANTE

Hollandaise à la ciboulette : ajoutez ¼ de tasse (60 ml) de ciboulette grossièrement ciselée avec le sel et mélangez jusqu'à consistance lisse.

Hollandaise à l'aneth : ajoutez ¼ de tasse (60 ml) d'aneth grossièrement haché avec le sel et mélangez jusqu'à consistance lisse.

Cette recette devrait être ajustée selon vos symptômes. Suivez la recommandation suivante.

Pour la sécheresse de la bouche
- Réduisez la quantité de sel.

Nutriments par portion de 2 c. à s. (30 ml)	
Calories	120
Lipides	13 g
Sodium	150 mg
Glucides	0 g
Fibres	0 g
Protéines	1 g

Une simple sauce au fromage peut être servie avec du brocoli, du chou-fleur, un filet de poisson grillé et, bien sûr, un macaroni, et elle facilite beaucoup les choses. Non seulement vous ajoutez de la saveur, mais aussi des protéines, du calcium et de l'énergie.

RECOMMANDÉ POUR

- Sécheresse de la bouche
- Douleurs à la bouche ou à la gorge
- Gain de poids

AVANTAGES SUPPLÉMENTAIRES

- Riche en protéines
- Se prépare à l'avance

CONSEILS

Pour une saveur de fromage plus prononcée, utilisez du cheddar fort ou extra-fort et/ou ajoutez 2 c. à s. (30 ml) de parmesan fraîchement râpé au cheddar.

Une fois la sauce refroidie et épaissie, vous pouvez l'utiliser comme fromage à tartiner sur des rôties, des craquelins, des tranches de pomme et des branches de céleri.

PRÉPARER À L'AVANCE

Transférez la sauce dans un contenant hermétique et réfrigérez-la jusqu'à 3 jours. Réchauffez dans une casserole à feu moyen-faible en remuant souvent ou au micro-ondes à puissance moyenne (50 %), jusqu'à ce que le tout soit fumant (ne laissez pas bouillir).

Sauce au fromage facile

2 c. à s.	farine tout usage	30 ml
1 tasse	lait	250 ml
½ c. à t.	moutarde sèche ou moutarde de Dijon	2 ml
1 pincée	muscade séchée (facultatif)	1 pincée
1 tasse	cheddar râpé, de préférence fort	250 ml
	poivre noir fraîchement moulu	

1. Placer la farine dans une petite casserole. En fouettant, ajouter graduellement le lait. En fouettant toujours, ajouter la moutarde et la muscade, si désiré. Porter à ébullition à feu moyen, en fouettant souvent.

2. Réduire le feu et laisser frémir doucement, jusqu'à ce que la sauce épaississe, environ 3 minutes. Retirer du feu et ajouter le fromage ; remuer jusqu'à ce qu'il fonde. Assaisonner de sel et de poivre, au goût.

Nutriments par portion de ¼ de tasse (60 ml)	
Calories	160
Lipides	11 g
Sodium	326 mg
Glucides	7 g
Fibres	0 g
Protéines	10 g

Voici ma sauce aux tomates tout usage préférée. Elle est utile à avoir sous la main pour les repas de pâtes de dernière minute, pour les sauces à spaghetti ou pour accompagner les viandes, les poissons et les grains, question de les rendre plus moelleux. Vous pouvez aussi utiliser une boîte de tomates broyées comme sauce.

Donne environ
3 ½ tasses (875 ml)

Sauce aux tomates de Jean

1 c. à s.	huile d'olive	15 ml
2 à 3	gousses d'ail, émincées	2 à 3
1	petit oignon, haché	1
1	boîte (28 oz/796 ml) **de tomates en dés, avec le jus**	1
1 ½ c. à s.	pesto au basilic	22 ml

1. Dans une casserole profonde, chauffer l'huile à feu moyen. Y faire revenir l'ail, au goût, et l'oignon en remuant jusqu'à ce qu'il soit tendre, environ 5 minutes.

2. Ajouter les tomates avec leur jus et porter à ébullition en remuant souvent. Réduire le feu et laisser mijoter en remuant de temps à autre pendant environ 10 minutes, ou jusqu'à ce que la sauce épaississe un peu. Ajouter le pesto et laisser mijoter en remuant souvent pendant environ 5 minutes, pour bien marier les saveurs.

3. Si désiré, réduire la sauce en purée à l'aide d'un mélangeur à main pour une texture plus fine.

RECOMMANDÉ POUR
• Sécheresse de la bouche

AVANTAGES SUPPLÉMENTAIRES
• Se prépare à l'avance
• Réduction des risques

CONSEIL
Laissez reposer l'ail émincé pendant 10 minutes avant de le cuire afin de tirer le maximum de ses propriétés anticancéreuses.

PRÉPARER À L'AVANCE
Couvrez bien la sauce et réfrigérez-la jusqu'à 3 jours, ou versez-la dans des contenants hermétiques en petites portions en laissant un espace libre d'au moins 1 po (2,5 cm) dans le haut du contenant. La sauce se conservera alors jusqu'à 3 mois. Décongelez au réfrigérateur ou au four à micro-ondes en portions individuelles à intensité moyenne-élevée (70 %) de 2 à 3 minutes, ou dans une casserole à feu moyen en remuant souvent, de 2 à 3 minutes, jusqu'à ce que le tout soit fumant.

Nutriments par portion de ¼ de tasse (60 ml)	
Calories	32
Lipides	2 g
Sodium	159 mg
Glucides	4 g
Fibres	1 g
Protéines	1 g

Grains et pommes de terre rassurants

Les grains entiers sont de plus en plus populaires et se trouvent plus facilement puisqu'ils sont désormais reconnus pour leurs bienfaits pour la santé. Votre choix de grains entiers ou de grains raffinés dépendra grandement de l'état de vos intestins. Si vos selles sont régulières ou si vous souffrez de constipation, optez pour les grains riches en fibres. Si vous commencez à intégrer des aliments solides à votre alimentation ou souffrez de diarrhée ou d'occlusion intestinale, les grains raffinés et à faible teneur en fibres sont un meilleur choix. Pour répondre aux besoins variés des patients souffrant de cancer, certaines recettes proposées dans cette section utilisent des grains entiers tandis que d'autres utilisent des grains raffinés. Dans tous les cas, ces repas traditionnels fourniront le réconfort dont vous avez besoin.

Si le riz nature a pour vous un goût de carton à cause d'une sensibilité réduite, cette recette réveillera vos papilles endommagées.

Riz basmati au gingembre

1 ½ tasse	riz basmati	375 ml
1 c. à s.	beurre ou huile d'olive	15 ml
1	petit oignon, finement haché	1
1 c. à s.	gingembre, émincé	15 ml
1	bâton de cannelle d'environ 4 po (10 cm) de longueur, coupé en deux	1
1	grosse feuille de laurier, coupée en deux	1
1 c. à t.	sel	5 ml
2 ¼ tasses	eau	575 ml
¼ tasse	coriandre fraîche, émincée (ou 2 c. à s./30 ml ciboulette ou oignon vert)	60 ml

1. Placer le riz dans un tamis et le rincer. Transférer dans un bol et ajouter de l'eau pour couvrir. Laisser tremper pendant 15 minutes. Égoutter.
2. Dans une casserole de taille moyenne, faire fondre le beurre à feu moyen. Ajouter l'oignon, le gingembre, la cannelle et la feuille de laurier. Cuire en remuant jusqu'à ce que l'oignon soit tendre, environ 2 minutes.
3. Ajouter le riz, le sel et l'eau. Porter à ébullition. Réduire à feu doux, couvrir et laisser mijoter pendant 10 minutes ou jusqu'à ce que l'eau soit absorbée. Laisser reposer à couvert pendant 5 minutes.
4. Aérer le riz à l'aide d'une fourchette. Enlever la cannelle et la feuille de laurier. Servir saupoudré de coriandre.

RECOMMANDÉ POUR
- Nausée
- Altérations du goût

AVANTAGES SUPPLÉMENTAIRES
- Se prépare à l'avance

CONSEIL

Le riz peut abriter la bactérie *Bacillus cereus,* qui peut croître très vite si le riz n'est pas refroidi rapidement ou s'il est conservé trop longtemps.

PRÉPARER À L'AVANCE

Transférez le riz cuit dans des contenants hermétiques profonds et réfrigérez-le jusqu'à 2 jours ou congelez-le jusqu'à 2 mois. Décongelez-le au réfrigérateur ou au micro-ondes. Réchauffez en portions individuelles au micro-ondes à puissance moyenne-élevée (70 %) de 2 à 3 minutes, ou dans une casserole, à feu moyen, en remuant souvent et en ajoutant un peu d'eau, au besoin, de 3 à 4 minutes ou jusqu'à ce que le riz soit bien chaud.

VARIANTE

Pour augmenter la teneur en fibres et mettre les propriétés anticancéreuses de cette recette en valeur, optez pour du riz basmati brun. Augmentez la quantité d'eau à 3 ¾ tasses (925 ml) et le temps de cuisson à 30 minutes.

Nutriments par portion	
Calories	167
Lipides	4 g
Sodium	388 mg
Glucides	33 g
Fibres	2 g
Protéines	3 g

Le safran semble exotique et cher, mais il suffit de peu pour ajouter une saveur robuste et une couleur vibrante à un simple riz pilaf. De plus, les propriétés anticancéreuses du safran justifient son prix.

Riz basmati au safran et aux amandes

1 ½ tasse	bouillon de légumes ou de poulet à teneur réduite en sodium	375 ml
¼ c. à t.	safran en pistils, fragmenté	1 ml
1 tasse	riz basmati brun	250 ml
1 c. à s.	huile d'olive	15 ml
2	gousses d'ail, émincées	2
½ tasse	oignons verts, tranchés	125 ml
¼ c. à t.	sel	1 ml
1 tasse	eau	250 ml
¼ tasse	amandes, rôties et hachées	60 ml

1. Dans une tasse à mesurer en verre, mélanger le bouillon et le safran en pistils. Chauffer au micro-ondes à puissance élevée de 1 à 2 minutes ou jusqu'à ce que le mélange soit fumant (ou cuire dans une casserole, sur la cuisinière). Réserver.
2. Placer le riz dans un tamis et le rincer. Transférer dans un bol et ajouter de l'eau pour couvrir. Laisser tremper pendant 15 minutes. Égoutter.
3. Dans une casserole de taille moyenne, chauffer l'huile à feu moyen. Ajouter l'ail et les oignons verts. Cuire en remuant pendant 2 minutes ou jusqu'à ce que les oignons soient tendres.
4. Ajouter le riz, le mélange de safran et l'eau. Porter à ébullition. Réduire à feu doux, couvrir et laisser mijoter pendant 35 minutes ou jusqu'à ce que le riz soit tendre et que l'eau soit absorbée, environ 5 minutes. Aérer le riz à l'aide d'une fourchette et servir saupoudré d'amandes.

Nutriments par portion

Calories	231
Lipides	9 g
Sodium	344 mg
Glucides	35 g
Fibres	2 g
Protéines	5 g

Ce riz délicieux, riche et crémeux est parfait pour les personnes qui souffrent de douleurs à la bouche ou dont la sensibilité est réduite.

Donne
4 portions

Riz parfumé
à la noix de coco

1 ½ tasse	lait de coco	375 ml
1 tasse	eau	250 ml
1	bâton de cannelle d'environ 2 po (5 cm), ou ¼ c. à t. (1 ml) de cannelle moulue	1
1 tasse	riz brun à grains longs, rincé et égoutté	250 ml

1. Dans une casserole à feu moyen-élevé, porter à ébullition rapide le lait de coco, l'eau et le bâton de cannelle. Incorporer le riz, puis porter de nouveau à ébullition. Réduire à feu doux. Couvrir et laisser mijoter pendant environ 50 minutes, jusqu'à ce que le riz soit tendre et que le liquide soit absorbé.

RECOMMANDÉ POUR
- Sécheresse de la bouche
- Douleurs à la bouche ou à la gorge
- Altérations du goût

AVANTAGES SUPPLÉMENTAIRES
- Se prépare à l'avance

CONSEIL

Ce plat contient une grande quantité de gras saturés. Ils proviennent de la noix de coco et semblent avoir plusieurs effets bénéfiques. Même si la recherche sur l'huile de coco n'en est qu'au stade préliminaire, on sait qu'elle contient des acides gras qui possèdent des propriétés anti-inflammatoires.

PRÉPARER À L'AVANCE

Transférez le riz cuit dans des contenants hermétiques profonds et réfrigérez-le jusqu'à 2 jours ou congelez-le jusqu'à 2 mois. Décongelez au réfrigérateur ou au micro-ondes. Réchauffez en portions individuelles au micro-ondes à puissance moyenne-élevée (70 %) de 2 à 3 minutes, ou dans une casserole, à feu moyen, en remuant souvent et en ajoutant un peu d'eau, au besoin, de 3 à 4 minutes ou jusqu'à ce que le riz soit bien chaud.

Nutriments par portion	
Calories	223
Lipides	19 g
Sodium	14 mg
Glucides	14 g
Fibres	1 g
Protéines	3 g

Même s'il faut cuire le risotto pendant 30 minutes, cette méthode vous évite de devoir remuer jusqu'à ce que le liquide soit absorbé.

RECOMMANDÉ POUR

- Anémie
- Sécheresse de la bouche
- Aversions gustatives

AVANTAGES SUPPLÉMENTAIRES

- Se prépare à l'avance

CONSEILS

Si vous n'avez pas de casserole qui peut aller au four, transférez le mélange dans un plat de cuisson d'une capacité de 6 tasses (1,5 litre) après avoir complété l'étape 1.

Pour décongeler partiellement les épinards, placez-les au micro-ondes à puissance élevée pendant 3 minutes. Ils peuvent facilement être séparés à la fourchette, mais il restera des cristaux de glace. Ne les égouttez pas.

PRÉPARER À L'AVANCE

Transférez le riz cuit dans des contenants hermétiques profonds et réfrigérez-le jusqu'à 2 jours ou congelez-le jusqu'à 2 mois. Décongelez au réfrigérateur ou au micro-ondes. Réchauffez en portions individuelles au micro-ondes à puissance moyenne-élevée (70 %) de 3 à 4 minutes, ou dans une casserole, à feu moyen, en remuant souvent et en ajoutant un peu d'eau, au besoin, de 4 à 5 minutes ou jusqu'à ce que le riz soit bien chaud.

Risotto aux épinards

Préchauffer le four à 400 °F (200 °C)
Casserole allant au four (voir le conseil)

2 c. à s.	beurre ou huile d'olive	30 ml
1 tasse	oignon, tranché	250 ml
1 c. à s.	ail, émincé	15 ml
1 tasse	riz arborio	250 ml
1	paquet (10 oz/300 g) d'épinards surgelés, partiellement dégelés (voir le conseil)	1
3 tasses	bouillon de légumes à teneur réduite en sodium	750 ml
3 c. à s.	pesto de tomates séchées	45 ml
	parmesan râpé	

1. Dans une casserole allant au four, faire fondre le beurre à feu moyen. Ajouter l'oignon et cuire en remuant pendant 3 minutes ou jusqu'à ce qu'il soit tendre. Ajouter l'ail. Ajouter le riz et cuire en remuant pendant environ 1 minute, jusqu'à ce que les grains de riz soient enrobés de beurre. Ajouter les épinards et cuire en les défaisant avec le dos d'une cuillère pendant environ 2 minutes, ou jusqu'à ce que les épinards soient bien intégrés au riz. Ajouter le bouillon et le pesto. Porter à ébullition.

2. Transférer la casserole au four préchauffé et cuire, en remuant à mi-cuisson, pendant environ 20 minutes, jusqu'à ce que le liquide soit absorbé par le riz. Retirer du four et saupoudrer de parmesan. Servir immédiatement.

Nutriments par portion

Calories	272
Lipides	8 g
Sodium	167 mg
Glucides	45 g
Fibres	5 g
Protéines	7 g

Le risotto traditionnel se cuit en 30 minutes sur la cuisinière et demande beaucoup d'attention. Avec cette version simplifiée, la cuisson se termine au four, mais le risotto est tout aussi savoureux.

Donne
8 portions

Risotto aux champignons au four

Recette offerte par Eileen Campbell

Préchauffer le four à 350 °F (180 °C)
Cocotte d'une capacité de 12 tasses (3 litres) avec son couvercle
Plaque à pâtisserie

1 tasse	champignons déshydratés assortis	250 ml
2 tasses	eau bouillante	500 ml
2 c. à s.	huile d'olive	30 ml
8 oz	champignons frais, hachés	250 g
1	oignon, haché	1
1 tasse	riz arborio	250 ml
½ tasse	vin blanc sec (facultatif)	125 ml
	sel et poivre noir fraîchement moulu	
2 c. à s.	parmesan, fraîchement râpé	30 ml
1 c. à s.	beurre ou huile d'olive	15 ml

1. Faire tremper les champignons déshydratés dans de l'eau bouillante pendant 30 minutes. Égoutter et conserver le liquide de trempage. Émincer les champignons.
2. Dans une poêle de taille moyenne, chauffer l'huile à feu moyen. Y faire revenir les champignons frais, l'oignon et les champignons déshydratés jusqu'à ce qu'ils soient légèrement dorés, environ 10 minutes. Incorporer le riz. Transvider dans la cocotte.
3. Verser le vin blanc dans l'eau de trempage des champignons et assez d'eau pour obtenir 3 tasses (750 ml) de liquide. Verser le tout dans la cocotte. Saler et poivrer au goût. Couvrir et déposer la cocotte sur la plaque à pâtisserie.
4. Cuire au four préchauffé pendant 20 minutes. Sortir du four et incorporer le fromage et le beurre. Couvrir et cuire 10 minutes, ou jusqu'à ce que le riz soit *al dente* et que le liquide soit presque complètement absorbé.

RECOMMANDÉ POUR
- Sécheresse de la bouche
- Douleurs à la bouche ou à la gorge

AVANTAGES SUPPLÉMENTAIRES
- Riche en protéines
- Se prépare à l'avance
- Réduction des risques

CONSEIL

Les restes de risotto sont délicieux en galettes. Façonnez les restes froids en galettes de ½ po (1 cm) et aplatissez-les. Vaporisez une poêle chauffée à feu moyen d'enduit à cuisson. Cuisez les galettes de risotto pendant 3 minutes de chaque côté, ou jusqu'à ce qu'elles soient dorées.

PRÉPARER À L'AVANCE

Transférez le riz cuit dans des contenants hermétiques profonds et réfrigérez-le jusqu'à 2 jours, ou congelez-le jusqu'à 2 mois. Décongelez au réfrigérateur ou au micro-ondes. Réchauffez en portions individuelles au micro-ondes à puissance moyenne-élevée (70 %) de 3 à 4 minutes, ou dans une casserole, à feu moyen, en remuant souvent et en ajoutant un peu d'eau, au besoin, de 4 à 5 minutes ou jusqu'à ce que le riz soit bien chaud.

Nutriments par portion	
Calories	204
Lipides	6 g
Sodium	45 mg
Glucides	36 g
Fibres	3 g
Protéines	4 g

La polenta est une magnifique façon d'ajouter des grains entiers à votre alimentation. Quand elle est cuite correctement, c'est un plat qui joue un peu le même rôle que la purée de pommes de terre. Beaucoup de personnes ne sont pas très emballées à l'idée de préparer la polenta, car elles croient qu'il faut la brasser pendant plusieurs heures sur la cuisinière. En fait, vous pouvez obtenir d'excellents résultats au four en remuant très peu.

RECOMMANDÉ POUR

- Sécheresse de la bouche
- Brûlures d'estomac
- Appétit faible
- Douleurs à la bouche ou à la gorge
- Altérations du goût
- Gestion du poids

AVANTAGES SUPPLÉMENTAIRES

- Faible en gras

CONSEIL

Cette recette peut également être préparée entièrement sur la cuisinière. Après l'étape 1, réduisez à feu doux (placez un diffuseur sous la casserole si votre cuisinière n'est pas munie d'un brûleur pour faire mijoter). Poursuivez la cuisson pendant environ 30 minutes pour la polenta (et 1 heure pour le gruau), en brassant souvent, pendant que le mélange fait des bulles et épaissit, jusqu'à ce que la semoule (ou le gruau) soit tendre et crémeuse. Servez immédiatement.

Polenta ou gruau de maïs

Préchauffer le four à 350 °F (180 °C)
Casserole ou plat allant au four d'une capacité de 8 tasses (2 litres), légèrement graissé

4 ½ tasses	eau	1,125 l
¼ c. à t.	sel	1 ml
1 tasse	semoule de maïs grossière moulue sur pierre ou gruau de maïs grossier moulu sur pierre	250 ml

1. Dans une casserole, porter l'eau et le sel à ébullition à feu moyen. Incorporer graduellement la semoule ou le gruau de maïs en un trait régulier. Cuire pendant environ 5 minutes en brassant sans arrêt jusqu'à l'obtention d'un mélange lisse et homogène et jusqu'à ce que le mélange fasse des billes.

2. Mettre la casserole au four préchauffé ou, si vous n'avez pas de casserole allant au four, mettre le mélange dans un plat allant au four légèrement graissé. Cuire à couvert pendant environ 40 minutes pour la polenta (ou 1 heure pour le gruau), jusqu'à ce que la semoule soit tendre et crémeuse.

Cette recette devrait être ajustée selon vos symptômes. Suivez les recommandations suivantes.

Pour la basse pression artérielle
- Utilisez du bouillon de légumes ou de poulet (pas du bouillon à teneur réduite en sodium) en remplacement de la moitié de la quantité d'eau.

Pour favoriser le gain de poids
- Remplacez l'eau par 1 tasse (250 ml) de crème épaisse ou à fouetter (35 %) ; et/ou
- Ajoutez de ¼ à ⅓ de tasse (de 60 à 75 ml) de mozzarella râpée ou de provolone, ou 2 c. à s. (30 ml) de fromage mascarpone à chaque portion.

Pour la sensibilité réduite
- Ajoutez ¼ de tasse (60 ml) de pesto au basilic ou ½ tasse (125 ml) de basilic frais haché à la polenta après la cuisson.

Nutriments par portion

Calories	84
Lipides	0 g
Sodium	98 mg
Glucides	18 g
Fibres	2 g
Protéines	2 g

Cette recette est une variante de la polenta italienne. Recherchez une semoule de maïs de grains entiers afin de retirer le plus de bienfaits possible de ce repas. Il existe plusieurs variétés de semoule de maïs : blanche, jaune ou bleue. Elles sont toutes nourrissantes, pourvu qu'elles soient moulues sur pierre.

Donne
4 portions

Semoule de maïs et légumes en casserole

Recette offerte par Lydia Husak

Préchauffer le four à 350 °F (180 °C)
Plat de cuisson de 4 tasses (1 litre), légèrement graissé

1 c. à s.	beurre ou margarine	15 ml
1	petit oignon, haché	1
1	branche de céleri, hachée	1
½ tasse	semoule de maïs jaune	125 ml
½ c. à t.	sel	2 ml
½ c. à t.	sucre granulé	2 ml
1 pincée	poivre noir fraîchement moulu	1 pincée
2 tasses	lait, chauffé jusqu'à ce qu'il soit fumant	500 ml
1	œuf, bien battu	1

1. Dans un poêlon, faire fondre le beurre à feu moyen. Y cuire l'oignon et le céleri jusqu'à ce qu'ils soient bien dorés, environ 5 minutes. Incorporer la semoule, mélanger pour bien l'enrober. Ajouter le sel, le sucre et le poivre.

2. En remuant sans arrêt, incorporer graduellement le lait. Réduire à feu doux et cuire jusqu'à ce que le mélange épaississe, pendant environ 5 minutes. Retirer du feu et laisser refroidir.

3. Ajouter l'œuf battu et bien mélanger. Transférer le mélange dans le plat de cuisson préparé. Cuire au four de 35 à 40 minutes ou jusqu'à ce que le dessus soit doré et que le mélange soit pris.

RECOMMANDÉ POUR
- Douleurs à la bouche ou à la gorge

AVANTAGES SUPPLÉMENTAIRES
- Riche en protéines
- Se prépare à l'avance
- Réduction des risques

PRÉPARER À L'AVANCE
Transférez le mélange dans des contenants hermétiques en portions individuelles et réfrigérez-le jusqu'à 2 jours. Mangez froid ou réchauffez au micro-ondes, en portions individuelles, à puissance moyenne-élevée (70 %) de 4 à 5 minutes ou jusqu'à ce que le tout soit bien chaud.

Cette recette devrait être ajustée selon vos symptômes. Suivez les recommandations suivantes.

Pour favoriser le gain de poids
- Remplacez le lait par du lait concentré, de la crème à café (10 %) ou de la crème de table (18 %) ; et/ou
- Ajoutez 1 tasse (250 ml) de mozzarella râpée, de cheddar ou de provolone à la semoule après avoir ajouté l'œuf.

Nutriments par portion	
Calories	178
Lipides	7 g
Sodium	368 mg
Glucides	22 g
Fibres	2 g
Protéines	7 g

Voici un autre de ces repas synonymes de réconfort. Utilisez votre robot culinaire pour trancher les pommes de terre rapidement.

RECOMMANDÉ POUR

- Appétit faible
- Douleurs à la bouche ou à la gorge
- Altérations du goût
- Gain de poids

AVANTAGES SUPPLÉMENTAIRES

- Riche en protéines
- Se prépare à l'avance

CONSEIL

Pour de meilleurs résultats, optez pour des pommes de terre à cuisson oblongues comme les Russet (Idaho) ou des pommes de terre à chair jaune.

PRÉPARER À L'AVANCE

Pour préparer à l'avance, faites des couches de pommes de terre dans la sauce crémeuse, dans le plat de cuisson, et réfrigérez jusqu'à 1 jour.

Couvrez les restes et réfrigérez jusqu'à 2 jours ou congelez en portions individuelles dans des contenants hermétiques jusqu'à 2 mois. Décongelez au réfrigérateur ou au micro-ondes. Réchauffez les portions individuelles au micro-ondes à puissance moyenne-élevée (70 %) de 3 à 4 minutes ou jusqu'à ce que le gratin soit bien chaud.

Gratin dauphinois classique

Préchauffer le four à 350 °F (180 °C)
Plat de cuisson peu profond de 10 tasses (2,5 litres), graissé

6	pommes de terre (environ 2 lb/1 kg)	6
2 c. à s.	beurre ou huile d'olive	30 ml
1	gros oignon, coupé en deux sur la longueur, finement tranché	1
2 c. à s.	farine tout usage	30 ml
1 ½ tasse	lait	375 ml
2 c. à t.	moutarde de Dijon	10 ml
½ c. à t.	sel	2 ml
1 pincée	muscade, fraîchement râpée	1 pincée
1 tasse	cheddar fort ou fromage suisse, râpé	250 ml

1. Peler les pommes de terre et les trancher finement. Rincer à l'eau froide. Égoutter, envelopper dans un linge propre et sec pour assécher.

2. Dans une casserole, faire fondre le beurre à feu moyen. Y faire revenir l'oignon en remuant souvent jusqu'à ce qu'il soit tendre, environ 3 minutes. Saupoudrer de farine et bien mélanger. Incorporer graduellement le lait en remuant sans arrêt. Ajouter la moutarde, le sel et la muscade. Porter à ébullition en remuant jusqu'à épaississement.

3. Ajouter les pommes de terre. Porter à ébullition à feu moyen. Verser dans le plat de cuisson préparé et saupoudrer de fromage. Cuire de 45 à 50 minutes, ou jusqu'à ce que les pommes de terre soient tendres et que le dessus soit doré.

Nutriments par portion

Calories	281
Lipides	12 g
Sodium	422 mg
Glucides	34 g
Fibres	3 g
Protéines	10 g

Cette recette devrait être ajustée selon vos symptômes. Suivez les recommandations suivantes.

Pour favoriser le gain de poids

- Remplacez le lait par du lait concentré, de la crème à café (10 %) ou de la crème de table (18 %) ; et/ou
- Augmentez la quantité de fromage à 2 tasses (500 ml). Ajoutez la moitié du fromage à la sauce avant d'ajouter les pommes de terre.

Cette délicieuse recette de pommes de terre est semblable à celle que l'on sert dans les restaurants grecs. Elle est idéale pour équilibrer vos papilles si les aliments ont un goût métallique ou trop sucré.

Pommes de terre rôties au citron

Recette offerte par Patti Thomson, diététiste

Préchauffer le four à 400 °F (200 °C)
Grande lèchefrite peu profonde

1 ½ lb	pommes de terre, pelées et coupées en morceaux	750 g
3 c. à s.	huile d'olive	45 ml
	jus de 1 citron	
½ c. à t.	origan séché	2 ml
¼ c. à t.	poivre noir fraîchement moulu	1 ml
⅛ c. à t.	sel	0,5 ml
1 ½ tasse	bouillon de poulet ou de légumes prêt à utiliser à teneur réduite en sodium	375 ml

1. Étaler les pommes de terre en une seule couche dans la lèchefrite. Arroser d'huile d'olive et de jus de citron. Assaisonner avec l'origan, le poivre et le sel, au goût. Mélanger. Verser du bouillon à mi-hauteur des pommes de terre.
2. Cuire au four préchauffé pendant environ 1 heure, ou jusqu'à ce que les pommes de terre soient tendres et qu'elles soient dorées et croustillantes en surface.

RECOMMANDÉ POUR
• Altérations du goût

AVANTAGES SUPPLÉMENTAIRES
• Se prépare à l'avance

PRÉPARER À L'AVANCE
Emballez les pommes de terre et réfrigérez-les jusqu'à 3 jours. Réchauffez en portions individuelles au micro-ondes à puissance moyenne-élevée (70 %) de 3 à 4 minutes, ou dans du papier d'aluminium, dans un four grille-pain ou un four traditionnel, à 350 °F (180 °C), de 15 à 20 minutes ou jusqu'à ce que le tout soit fumant.

Parole de survivante

Donnez-vous la permission d'avoir de moins bonnes journées, même six mois après le traitement, alors que tout le monde pense que vous devriez être en forme.

Cette recette devrait être ajustée selon vos symptômes. Suivez la recommandation suivante.

Si vous souffrez d'hypertension ou de rétention d'eau, ou que les aliments ont un goût trop salé
• Optez pour du bouillon de poulet prêt à utiliser sans sel ajouté ou le bouillon de poulet (page 167) ou encore le bouillon de légumes de base (page 166).

Nutriments par portion	
Calories	131
Lipides	6 g
Sodium	230 mg
Glucides	18 g
Fibres	1 g
Protéines	2 g

Lorsque vous préparez des pommes de terre ou des patates douces, faites-en plus que vous n'avez besoin pour en avoir le jour suivant. La patate douce donne une jolie coloration orangée. La combinaison des pommes de terre et du fromage peut être attirante pour les personnes qui ont peu d'appétit.

RECOMMANDÉ POUR
- Appétit faible
- Gestion du poids

AVANTAGES SUPPLÉMENTAIRES
- Riche en protéines
- Se prépare à l'avance

CONSEIL

Optez pour une purée de pommes de terre et de patates douces nature, sans lait ou beurre ajouté.

PRÉPARER À L'AVANCE

Emballez les galettes de pommes de terre et réfrigérez-les jusqu'à 3 jours. Réchauffez en portions individuelles au micro-ondes à puissance moyenne-élevée (70 %) de 3 à 4 minutes, ou dans du papier d'aluminium, dans un four grille-pain ou un four traditionnel, à 350 °F (180 °C), de 15 à 20 minutes ou jusqu'à ce que le tout soit fumant.

Galettes de pommes de terre et feta

Recette offerte par Charissa McKay, diététiste

1	œuf, battu	1
1 tasse	purée de pommes de terre	250 ml
1 tasse	purée de patates douces	250 ml
½ tasse	feta émiettée ou fromage râpé léger	125 ml
	enduit à cuisson antiadhésif	

1. Dans un bol moyen, mélanger l'œuf avec la purée de pommes de terre et la purée de patates douces jusqu'à consistance lisse. Incorporer le fromage.
2. Chauffer une poêle à feu moyen et vaporiser d'enduit à cuisson. Avec une cuillère, déposer ½ tasse (125 ml) du mélange dans la poêle et cuire jusqu'à ce que le fond de la galette soit doré. Retourner et cuire jusqu'à ce que l'autre côté soit également doré. Retirer de la poêle et répéter l'opération avec le reste de la préparation. Au besoin, vaporiser à nouveau la poêle d'enduit à cuisson avant de cuire les galettes.

Nutriments par portion

Calories	119
Lipides	4 g
Sodium	166 mg
Glucides	17 g
Fibres	2 g
Protéines	4 g

Ces pommes de terre irlandaises traditionnelles sont faites avec du beurre et des oignons verts. Elles sont un autre exemple de plat réconfortant qui peut raviver les palais fatigués.

Pommes de terre à l'irlandaise

6	pommes de terre Russet ou à chair jaune, pelées, coupées en quartiers (environ 2 lb/1 kg)	6
¾ tasse	lait (environ)	175 ml
¾ tasse	oignons verts, hachés	175 ml
2 c. à s.	beurre ou huile d'olive	30 ml
	sel et poivre noir fraîchement moulu	
	partie verte des oignons verts, hachée	

1. Placer les pommes de terre dans une casserole et couvrir d'eau froide salée. Porter à ébullition à feu élevé. Réduire le feu et laisser mijoter doucement pendant environ 20 minutes ou jusqu'à ce qu'elles soient tendres sous la fourchette. Égoutter et retourner à la casserole. Chauffer à feu doux et sécher en remuant de 1 à 2 minutes.

2. Réduire les pommes de terre en une purée lisse à l'aide d'un moulin à légumes, d'un presse-purée, d'un pilon à pommes de terre ou d'un batteur sur socle à faible vitesse.

3. Pendant ce temps, dans une petite casserole, mélanger le lait, les oignons verts et le beurre. Chauffer à feu moyen-élevé pendant 5 minutes ou jusqu'à ce que le mélange soit bien chaud. À l'aide d'un batteur sur socle ou d'un presse-purée, mélanger les pommes de terre et le mélange de lait. Au besoin, ajouter du lait jusqu'à ce que les pommes de terre soient crémeuses. Assaisonner de sel et de poivre, au goût.

4. Chauffer la casserole à feu moyen-doux, au besoin, pour réchauffer le tout. Transférer dans un plat de service et saupoudrer de la partie verte des oignons verts.

RECOMMANDÉ POUR
- Sécheresse de la bouche
- Appétit faible

AVANTAGES SUPPLÉMENTAIRES
- Riche en protéines
- Se prépare à l'avance

CONSEIL
À l'étape 2, n'utilisez pas de robot culinaire. Il ferait coller les pommes de terre.

PRÉPARER À L'AVANCE
Transférez les pommes de terre dans des contenants hermétiques et réfrigérez-les jusqu'à 2 jours, ou congelez-les jusqu'à 2 mois. Si elles sont congelées, décongelez au réfrigérateur ou au micro-ondes. Réchauffez en portions individuelles au micro-ondes à puissance moyenne-élevée (70 %) de 3 à 4 minutes ou jusqu'à ce que les pommes de terre soient bien chaudes.

VARIANTE
Utilisez de la ciboulette ou du persil frais ciselé en remplacement des oignons verts.

Cette recette devrait être ajustée selon vos symptômes. Suivez les recommandations suivantes.

Pour l'intolérance au lactose
- Remplacez le lait par du lait réduit en lactose ou un substitut laitier (par exemple, une boisson de soya ou de riz).

Pour favoriser le gain de poids
- Remplacez le lait par du lait concentré, de la crème à café (10 %) ou de la crème de table (18 %) ; et/ou
- Ajoutez ¼ de tasse (60 ml) de fromage râpé à chaque portion ; et/ou
- Ajoutez 2 c. à s. (30 ml) de crème sure à chaque portion.

Nutriments par portion	
Calories	177
Lipides	5 g
Sodium	59 mg
Glucides	29 g
Fibres	2 g
Protéines	4 g

La combinaison de patates douces et de pommes, accentuée avec du sirop d'érable, fournit l'attrait supplémentaire lorsque les pommes de terre ne suffisent plus à stimuler l'appétit.

RECOMMANDÉ POUR
- Sécheresse de la bouche
- Douleurs à la bouche ou à la gorge
- Altérations du goût

AVANTAGES SUPPLÉMENTAIRES
- Riche en fibres
- Se prépare à l'avance

CONSEIL

Pour préparer cette recette au micro-ondes, mélangez les ingrédients dans un plat de 8 tasses (2 litres) allant au four. Réchauffez au micro-ondes à puissance élevée de 20 à 25 minutes, en remuant une fois, jusqu'à ce que les patates douces soient tendres. Réduisez en purée, selon les instructions de l'étape 3.

PRÉPARER À L'AVANCE

Transférez les patates douces dans des contenants hermétiques et réfrigérez-les jusqu'à 2 jours. Réchauffez en portions individuelles au micro-ondes à puissance moyenne-élevée (70 %) de 3 à 4 minutes ou jusqu'à ce qu'elles soient bien chaudes.

VARIANTE

Utilisez 2 lb (1 kg) de courge musquée pelée et épépinée en remplacement de la patate douce.

Purée de patates douces et pommes

Préchauffer le four à 375 °F (190 °C)
Plat de cuisson de 19 po x 9 po (22 cm x 23 cm), graissé
Robot culinaire

3	**patates douces** (environ 2 lb/1 kg), **pelées et coupées en morceaux de 1 po (2,5 cm)**	3
2	**pommes, pelées et hachées**	2
1	**oignon, haché**	1
	sel et poivre noir fraîchement moulu	
2 c. à s.	**beurre fondu ou huile d'olive**	30 ml
¼ tasse	**sirop d'érable**	60 ml

1. Placer les patates douces, les pommes et l'oignon dans le plat de cuisson préparé. Asperger de beurre fondu et de sirop d'érable.
2. Cuire au four préchauffé, en remuant de temps à autre, de 45 à 50 minutes ou jusqu'à ce que les patates douces soient très tendres.
3. À l'aide d'un robot culinaire, en travaillant par petites quantités, réduire le mélange en purée lisse. Transférer dans un plat de service résistant à la chaleur.

Nutriments par portion

Calories	276
Lipides	5 g
Sodium	105 mg
Glucides	57 g
Fibres	7 g
Protéines	4 g

Cette recette devrait être ajustée selon vos symptômes. Suivez les recommandations suivantes.

Si le goût est trop sucré
- Utilisez des pommes acidulées comme les Crispin (Mutsu), Granny Smith ou McIntosh ; et/ou
- Réduisez la quantité de sirop d'érable ou omettez-le ; et/ou
- Ajoutez du vinaigre de cidre ou du jus de citron, au goût, à chaque portion.

Cette recette de pommes de terre en casserole se prépare à l'avance et constitue un bon repas à avoir sous la main lorsque vous n'avez pas envie ou n'avez pas l'énergie de cuisiner. Les personnes qui souffrent de douleurs à la bouche voudront utiliser un moulin à légumes ou un presse-purée au lieu d'un pilon à pommes de terre pour éliminer les grumeaux.

Purée de pommes de terre en casserole

Préchauffer le four à 350 °F (180 °C)
Casserole de 8 tasses (2 litres), **graissée**

6	grosses pommes de terre Russet ou à chair jaune (environ 3 lb/1,5 kg, voir le conseil)	6
4 oz	fromage à la crème léger, ramolli, en cubes	125 g
¾ tasse	lait chaud (plus ou moins)	175 ml
	sel et muscade, fraîchement râpée	
½ tasse	cheddar râpé	125 ml
¼ tasse	chapelure de pain fine	60 ml
½ c. à t.	paprika	2 ml

1. Peler les pommes de terre et les couper en morceaux de 3 po (7,5 cm). Les placer dans une grande casserole. Couvrir d'eau froide salée, puis porter à ébullition à feu vif. Réduire le feu et laisser bouillir doucement de 20 à 25 minutes ou jusqu'à ce que les pommes de terre soient tendres sous la fourchette. Bien égoutter et retourner à la casserole. Chauffer à feu doux pour sécher en remuant la casserole de 1 à 2 minutes.

2. Réduire les pommes de terre en purée à l'aide d'un moulin à légumes, d'un presse-purée ou d'un pilon à pommes de terre. (Ne pas utiliser un robot culinaire. Il ferait coller les pommes de terre.) Ajouter le fromage à la crème et le lait, et mélanger jusqu'à consistance lisse. Assaisonner de sel et de muscade, au goût. Étendre uniformément dans la casserole préparée.

3. Dans un petit bol, mélanger le cheddar, la chapelure et le paprika. En saupoudrer les pommes de terre uniformément. Cuire au four préchauffé, à découvert, de 40 à 50 minutes ou jusqu'à ce que le dessus soit doré et qu'un couteau inséré au centre soit chaud au toucher.

RECOMMANDÉ POUR
- Appétit faible
- Douleurs à la bouche ou à la gorge
- Gain de poids

AVANTAGES SUPPLÉMENTAIRES
- Riche en protéines
- Se prépare à l'avance

CONSEIL

La texture de votre purée dépend du type de pommes de terre utilisé. Les Russet et les pommes de terre à cuisson ont une consistance plus légère. Les pommes de terre à chair jaune, comme les Yukon Gold, ont un goût de beurre et donnent une délicieuse purée à la texture plus crémeuse. Les pommes de terre blanches donnent également une purée crémeuse, mais le goût n'est pas aussi prononcé. Les pommes de terre nouvelles ne sont pas appropriées pour les purées puisqu'elles ne contiennent pas la même quantité d'amidon.

Nutriments par portion	
Calories	299
Lipides	7 g
Sodium	218 g
Glucides	48 g
Fibres	4 g
Protéines	12 g

Préparez la casserole jusqu'à l'étape 2. Couvrez et réfrigérez jusqu'à 2 jours. Saupoudrez de chapelure juste avant de cuire. Augmentez le temps de cuisson de 10 minutes.

Transférez les pommes de terre cuites dans des contenants hermétiques et réfrigérez-les jusqu'à 2 jours ou congelez-les jusqu'à 2 mois. Si les pommes de terre sont congelées, décongelez-les au réfrigérateur ou au micro-ondes. Réchauffez en portions individuelles à puissance moyenne-élevée (70 %) de 2 à 3 minutes ou dans un plat de cuisson recouvert de papier d'aluminium à 350 °F (180 °C) dans un four grille-pain ou un four traditionnel, de 20 à 30 minutes ou jusqu'à ce que les pommes de terre soient bien chaudes.

Cette recette devrait être ajustée selon vos symptômes. Suivez les recommandations suivantes.

Pour l'intolérance au lactose
- Remplacez le lait par du lait réduit en lactose ou un substitut laitier (par exemple, une boisson de soya ou de riz).

Pour favoriser le gain de poids
- Remplacez le lait par du lait concentré, de la crème à café (10 %) ou de la crème de table (18 %) ; et/ou
- Utilisez du fromage à la crème ordinaire plutôt que léger.

Parole de survivante

Lorsque vous vous retrouverez avec d'autres personnes, elles seront plus vigilantes envers vous. Sachez qu'elles n'ont que de bonnes intentions.

Si vous avez envie de manger des pâtes sans sauce aux tomates mais avec des légumes frais, cette recette de pâtes sur la cuisinière constitue une bonne solution.

Spaghettinis aux épinards

Recette offerte par Carla Reid, diététiste

8 oz	spaghettinis de blé entier	250 g
2 c. à s.	huile d'olive	30 ml
½ tasse	champignons, tranchés	125 ml
2	gousses d'ail, hachées	2
1 pincée	sel	1 pincée
1 pincée	flocons de piment (facultatif)	1 pincée
1 tasse	épinards, hachés	250 ml
2 c. à s.	parmesan, fraîchement râpé	30 ml

1. Dans une grande casserole d'eau bouillante, cuire les spaghettinis selon les instructions du fabricant ou jusqu'à ce qu'ils soient *al dente*. Bien égoutter.

2. Pendant ce temps, dans une casserole moyenne, chauffer l'huile à feu moyen-doux. Y faire revenir les champignons, l'ail, le sel et les flocons de piment jusqu'à ce que les champignons soient tendres, environ 5 minutes. Ajouter les épinards et les faire revenir jusqu'à ce qu'ils aient ramolli, environ 3 minutes. Ajouter les spaghettinis et mélanger jusqu'à ce que le tout soit bien chaud. Servir les pâtes saupoudrées de parmesan.

RECOMMANDÉ POUR
- Constipation
- Gain de poids

AVANTAGES SUPPLÉMENTAIRES
- Riche en fibres
- Riche en protéines
- Réduction des risques

CONSEILS

Pour gagner du temps, faites cuire les pâtes pendant que vous préparez les autres ingrédients.

Si vous raffolez des épinards, n'hésitez pas à en ajouter davantage. La recette sera tout aussi réussie.

Parole de survivante

Après mon opération, la viande était le dernier aliment que j'avais envie de manger.

Nutriments par portion

Calories	302
Lipides	9 g
Sodium	127 mg
Glucides	48 g
Fibres	8 g
Protéines	8 g

Collations nourrissantes

Le manque d'énergie est l'un des effets secondaires les plus fréquents du cancer et de son traitement. L'une de nos recommandations pour combattre ce problème est de ne pas passer plus de quatre heures sans manger. Entre les repas, mangez une collation nourrissante qui vous permet de maintenir votre glycémie et qui vous donne la chance de consommer des nutriments aux propriétés anticancéreuses, des protéines et des calories.

La plupart des collations proposées dans cette section sont faciles à emporter. À titre de professionnelle de la nutrition, je m'attriste de constater qu'un bon nombre d'hôpitaux ont cédé à la pression de proposer des repas rapides et des aliments vides. Ne vous fiez pas à votre centre hospitalier pour vous fournir des collations santé. Si vous le pouvez, apportez plutôt des collations faites maison.

Cette section est une excellente occasion de faire connaître vos besoins à vos amis, vos voisins ou aux membres de votre famille qui vous ont dit: «Fais-moi savoir si je peux faire quoi que ce soit pour aider.» Demandez-leur de préparer une de ces recettes pour vous.

Ces carrés de céréales sont délicieux au déjeuner ou à la collation.

Carrés de céréales aux amandes

Recette offerte par Eileen Campbell

Moule en métal carré de 9 po (23 cm), légèrement graissé

½ tasse	beurre d'amande croquant ou beurre d'arachide naturel	125 ml
½ tasse	sirop de riz brun	125 ml
½ tasse	miel	125 ml
1 c. à t.	extrait de vanille	5 ml
1 tasse	abricots secs, hachés	250 ml
½ tasse	amandes émincées	125 ml
¼ tasse	graine de sésame	60 ml
¼ tasse	graine de lin moulue	60 ml
¼ tasse	graine de tournesol	60 ml
2 ½ tasses	céréales riches en fibres (flocons de son, par exemple)	625 ml
1 ¼ tasse	flocons d'avoine à l'ancienne	300 ml

1. Dans une grande casserole, à feu doux, faire fondre le beurre d'amande avec le sirop de riz, le miel et la vanille. Ajouter les abricots, les amandes, la graine de sésame, la graine de lin et la graine de tournesol; bien mélanger. Ajouter les céréales et les flocons d'avoine; bien mélanger.

2. Verser la préparation dans le moule. Presser avec les mains pour que la préparation se compacte bien. Laisser reposer 30 minutes jusqu'à ce que la préparation soit ferme, puis découper en carrés.

RECOMMANDÉ POUR
- Constipation
- Appétit faible

AVANTAGES SUPPLÉMENTAIRES
- Riche en fibres
- Riche en protéines
- Facile à transporter
- Se prépare à l'avance

CONSEIL

Le sirop de riz brun est vendu dans les magasins d'aliments naturels et dans la section des aliments biologiques de certains supermarchés. Si vous n'en trouvez pas, remplacez-le par de la mélasse.

PRÉPARER À L'AVANCE

Emballez les carrés individuellement dans une pellicule plastique et placez-les dans un contenant hermétique ou un sac de plastique hermétique, à température ambiante. Ils se conserveront ainsi jusqu'à 5 jours.

VARIANTE

Remplacez les abricots par les fruits secs de votre choix : raisins, cerises, canneberges, dattes dénoyautées hachées ou figues.

Nutriments par portion	
Calories	234
Lipides	10 g
Sodium	89 mg
Glucides	35 g
Fibres	4 g
Protéines	6 g

Voici une version remaniée d'un grand classique, le sandwich au beurre d'arachide. Faciles à préparer et à transporter, ces sandwichs roulés sont bons pour la santé et constituent un délicieux déjeuner, ou encore un lunch ou une collation.

RECOMMANDÉ POUR

- Constipation
- Appétit faible

AVANTAGES SUPPLÉMENTAIRES

- Facile à transporter
- Se prépare à l'avance

CONSEILS

Si possible, procurez-vous des tortillas de grains entiers. Ils sont encore mieux que le blé entier, puisque le grain entier contient le germe, une source de phytonutriments bénéfiques.

Pour faire rôtir les pacanes, chauffez une poêle à feu moyen-vif. Ajoutez les pacanes et laissez-les rôtir en remuant de temps à autre pendant environ 4 minutes ou jusqu'à ce qu'elles soient odorantes et dorées.

Si vous apportez ce sandwich à un rendez-vous, coupez chaque tortilla en deux plutôt qu'en petits morceaux, puis emballez-les dans une pellicule plastique.

PRÉPARER À L'AVANCE

Emballés dans une pellicule plastique, ces sandwichs peuvent être réfrigérés jusqu'à 2 jours.

Sandwichs roulés au beurre d'arachide

Recette offerte par Lydia Butler

½ tasse	beurre d'arachide	125 ml
¼ tasse	noix de coco râpée, non sucrée	60 ml
¼ tasse	sirop d'érable	60 ml
2 c. à s.	figues séchées, hachées finement	30 ml
2 c. à s.	abricots secs, hachés finement	30 ml
2 c. à s.	canneberges séchées, hachées finement	30 ml
1 pincée	cannelle moulue	1 pincée
3	tortillas de blé entier de 10 po (25 cm) de diamètre	3
3 c. à s.	pacanes, rôties et hachées finement (voir conseil, à gauche)	45 ml

1. Dans un petit bol, mélanger le beurre d'arachide, la noix de coco, le sirop d'érable, les figues, les abricots, les canneberges et la cannelle.

2. Tartiner ⅓ de tasse (75 ml) du mélange au beurre d'arachide sur chaque tortilla. Étendre 1 c. à s. (15 ml) de pacanes sur chaque tortilla. Rouler les tortillas et les couper en 6 morceaux.

Nutriments par portion

Calories	95
Lipides	5 g
Sodium	85 mg
Glucides	13 g
Fibres	2 g
Protéines	3 g

Les muffins sont une excellente collation à emporter avec vous à vos rendez-vous pour maintenir votre horaire de repas. Cette recette utilise de la farine de blé entier et moins d'huile que d'autres recettes.

Muffins aux bananes et à la compote de pommes

Recette offerte par Glenyss Turner

Préchauffer le four à 400 °F (200 °C)
Moule en métal pour 12 muffins, légèrement graissé ou tapissé de moules en papier

2 tasses	farine de blé entier	500 ml
1 c. à s.	poudre à pâte	15 ml
1 c. à t.	bicarbonate de sodium	5 ml
½ c. à t.	sel	2 ml
3	bananes mûres, écrasées (environ 1⅓ tasse/325 ml)	3
1	gros œuf, légèrement battu	1
1 tasse	compote de pommes non sucrée	250 ml
½ tasse	sucre granulé	125 ml
¼ tasse	huile végétale	60 ml

1. Dans un grand bol, mélanger la farine, la poudre à pâte, le bicarbonate de sodium et le sel.
2. Dans un bol moyen, mélanger les bananes, l'œuf, la compote de pommes, le sucre et l'huile. Incorporer graduellement ce mélange aux ingrédients secs en mélangeant jusqu'à consistance homogène.
3. Verser dans les moules à muffins.
4. Cuire au four préchauffé de 15 à 20 minutes, ou jusqu'à ce que les muffins soient fermes au toucher et qu'un cure-dent inséré au centre en ressorte propre. Laisser tiédir 10 minutes avant de démouler, puis laisser refroidir complètement sur une grille.

RECOMMANDÉ POUR
- Constipation
- Appétit faible

AVANTAGES SUPPLÉMENTAIRES
- Facile à transporter
- Se prépare à l'avance
- Réduction des risques

CONSEIL

Pour augmenter le potentiel de réduction des risques, utilisez des œufs oméga-3 et ajoutez 1 c. à t. (5 ml) de cannelle moulue à la farine.

PRÉPARER À L'AVANCE

Placez les muffins refroidis dans un contenant hermétique et conservez-les à la température de la pièce jusqu'à 2 jours, ou emballez-les individuellement dans une pellicule plastique ou un sac hermétique et congelez jusqu'à 1 mois.

Cette recette devrait être ajustée selon vos symptômes. Suivez les recommandations suivantes.

Pour alléger la constipation
- Remplacez la compote de pommes par 2 pots de 4 ½ oz (128 ml) de purée de pruneaux pour bébés et réduisez la quantité de sucre à ⅓ de tasse (75 ml) ; et/ou
- Ajoutez ¼ de tasse (60 ml) de graine de lin moulue à la farine.

Nutriments par portion	
Calories	183
Lipides	5 g
Sodium	283 mg
Glucides	32 g
Fibres	3 g
Protéines	4 g

Ces délicieux muffins sont excellents à avoir sous la main lorsque vous avez besoin d'une collation mais que vous n'avez pas l'énergie de la préparer. Ils sont également parfaits pour les emporter à vos rendez-vous. Cette recette vous en donnera une bonne réserve.

RECOMMANDÉ POUR

- Constipation
- Appétit faible

AVANTAGES SUPPLÉMENTAIRES

- Riche en fibres
- Riche en protéines
- Facile à transporter
- Se prépare à l'avance
- Réduction des risques

CONSEILS

Les bananes mûres, pelées ou entières se conservent bien au congélateur. Pour les utiliser, il suffit de les décongeler, de les peler et de les réduire en purée. Vous pouvez également les réduire en purée et les congeler dans des contenants hermétiques en quantité nécessaire pour vos recettes.

Pour augmenter le potentiel de réduction des risques, utilisez des œufs oméga-3.

PRÉPARER À L'AVANCE

Placez les muffins refroidis dans un contenant hermétique et conservez-les à température ambiante jusqu'à 2 jours, ou emballez-les individuellement dans une pellicule plastique, puis placez-les dans un contenant ou un sac hermétique et congelez jusqu'à 1 mois.

Muffins aux bananes et aux bleuets

Recette offerte par Jacqueline O'Keefe

Préchauffer le four à 350 °F (180 °C)
2 moules en métal pour 12 muffins, légèrement graissés ou tapissés de moules de papier

3 tasses	farine de blé entier	750 ml
3 tasses	graine de lin moulue	750 ml
2 tasses	cassonade, légèrement tassée	500 ml
1 c. à s.	poudre à pâte	15 ml
1 c. à s.	bicarbonate de sodium	15 ml
1 pincée	sel	1 pincée
3	gros œufs	3
3	bananes mûres, écrasées (environ 1⅓ tasse/325 ml)	3
1	pot de purée de pruneaux pour bébés (ou ½ tasse/125 ml de compote de pommes non sucrée)	1
⅔ tasse	huile végétale	150 ml
2 c. à t.	extrait de vanille	10 ml
2 tasses	bleuets frais ou surgelés	500 ml

1. Dans un très grand bol, mélanger la farine, la graine de lin, la cassonade, la poudre à pâte, le bicarbonate de sodium et le sel.
2. Dans un grand bol, mélanger les œufs, les bananes, la purée de pruneaux, l'huile et l'extrait de vanille. Incorporer les ingrédients secs pour obtenir un mélange homogène. Ajouter les bleuets.
3. Verser la pâte dans les moules.
4. Cuire 20 minutes au four préchauffé, ou jusqu'à ce que les muffins soient fermes au toucher et qu'un cure-dent inséré au centre en ressorte propre. Laisser tiédir 10 minutes avant de démouler, puis laisser refroidir complètement sur une grille.

Nutriments par portion

Calories	226
Lipides	10 g
Sodium	172 mg
Glucides	31 g
Fibres	5 g
Protéines	5 g

Si vous souffrez de nausées, le gingembre contenu dans ces muffins pourrait être une solution. Les clous de girofle viennent au premier rang des herbes et des épices pour leur teneur en antioxydants.

Muffins aux épices

Préchauffer le four à 325 °F (160 °C)
Moule en métal pour 12 muffins, légèrement graissé ou tapissé de moules de papier

1 ½ tasse	farine de blé entier	375 ml
1 tasse	farine tout usage	250 ml
1 ½ c. à t.	gingembre moulu	7 ml
1 c. à t.	cannelle moulue	5 ml
1 c. à t.	clou de girofle moulu	5 ml
½ tasse	sucre granulé	125 ml
½ tasse	huile de canola	125 ml
1 tasse	mélasse de fantaisie	250 ml
1 tasse	eau bouillante	250 ml
2 c. à t.	bicarbonate de sodium	10 ml
2	gros œufs	2

1. Dans un grand bol, mélanger la farine de blé entier, la farine tout usage, le gingembre, la cannelle et le clou de girofle. Réserver.
2. Dans un bol moyen, fouetter ensemble le sucre et l'huile. En fouettant, ajouter la mélasse et les œufs et battre jusqu'à consistance lisse. Dans une tasse à mesurer en verre, mettre l'eau et le bicarbonate de sodium. Mélanger pour dissoudre. Verser dans le mélange d'œufs et fouetter jusqu'à consistance homogène. Verser dans le mélange de farine et mélanger juste assez pour incorporer.
3. Verser la pâte dans les moules.
4. Cuire environ 25 minutes au four préchauffé, ou jusqu'à ce que les muffins soient fermes au toucher et qu'un cure-dent inséré au centre en ressorte propre. Laisser tiédir 15 minutes avant de démouler, puis laisser refroidir complètement sur une grille.

RECOMMANDÉ POUR
- Nausée

AVANTAGES SUPPLÉMENTAIRES
- Riche en protéines
- Facile à transporter
- Se prépare à l'avance
- Réduction des risques

CONSEIL
Pour augmenter le potentiel de réduction des risques, utilisez des œufs oméga-3.

PRÉPARER À L'AVANCE
Placez les muffins refroidis dans un contenant hermétique et conservez-les à température ambiante jusqu'à 2 jours, ou emballez-les individuellement dans une pellicule plastique, puis placez-les dans un contenant ou un sac hermétique et congelez jusqu'à 1 mois.

VARIANTE
Vous pouvez préparer 24 mini muffins et réduire le temps de cuisson à environ 16 minutes.

Pour un goût plus prononcé et plus sucré, ajoutez ¼ de tasse (60 ml) de gingembre confit haché à la fin de l'étape 3.

Nutriments par portion	
Calories	285
Lipides	10 g
Sodium	270 mg
Glucides	46 g
Fibres	2 g
Protéines	4 g

Mangez l'un de ces muffins lorsque vous avez besoin de fibres dans votre diète – ou tout simplement parce qu'ils sont délicieux !

RECOMMANDÉ POUR

• Constipation

AVANTAGES SUPPLÉMENTAIRES

• Riche en protéines
• Facile à transporter
• Se prépare à l'avance
• Réduction des risques

CONSEILS

Pour augmenter le potentiel de réduction des risques, utilisez des œufs oméga-3.

Mesurez toujours la quantité d'huile avant les édulcorants collants comme la mélasse ou le miel. Pour les recettes qui ne nécessitent pas d'huile, vaporisez votre tasse à mesurer d'huile végétale ou enduisez-la légèrement d'huile. Les édulcorants se verseront plus facilement.

PRÉPARER À L'AVANCE

Placez les muffins refroidis dans un contenant hermétique et conservez-les à température ambiante jusqu'à 2 jours, ou emballez-les individuellement dans une pellicule plastique, puis placez-les dans un contenant ou un sac hermétique et congelez jusqu'à 1 mois.

Muffins au son

Préchauffer le four à 400 °F (200 °C)
Moule en métal pour 12 muffins, légèrement graissé ou tapissé de moules de papier

1 ¼ tasse	farine de blé entier	300 ml
1 tasse	son naturel	250 ml
1 c. à t.	bicarbonate de sodium	5 ml
½ c. à t.	poudre à pâte	2 ml
¼ c. à t.	sel	1 ml
2	gros œufs	2
1 tasse	babeurre	250 ml
⅓ tasse	cassonade, bien tassée	75 ml
¼ tasse	huile végétale	60 ml
¼ tasse	mélasse de fantaisie	60 ml
½ tasse	raisins secs ou abricots sec, hachés	125 ml

1. Dans un bol, mélanger la farine, le son, le bicarbonate de sodium, la poudre à pâte et le sel.
2. Dans un autre bol, battre les œufs. Ajouter le babeurre, la cassonade, l'huile et la mélasse. Ajouter au mélange de farine et mélanger juste assez pour incorporer. Ajouter les raisins secs.
3. Verser la pâte dans les moules.
4. Cuire de 20 à 24 minutes au four préchauffé, ou jusqu'à ce que le dessus d'un muffin reprenne sa forme lorsque légèrement pressé du doigt. Laisser tiédir 10 minutes avant de démouler, puis laisser refroidir complètement sur une grille.

Nutriments par portion

Calories	190
Lipides	7 g
Sodium	203 mg
Glucides	32 g
Fibres	3 g
Protéines	5 g

Cette recette devrait être ajustée selon vos symptômes. Suivez les recommandations suivantes.

Pour alléger la constipation
• Remplacez ½ tasse (125 ml) du babeurre par 4 ½ oz (128 ml) de purée de pruneaux pour bébés ; et/ou
• Remplacez les raisins secs par des dattes hachées ou des figues séchées.

Ces muffins santé sont un excellent choix de déjeuner, de goûter ou de collation à emporter à vos rendez-vous. De toutes les recettes de pains et de muffins, celle-ci contient le moins de calories. Ces muffins sont donc parfaits pour les personnes qui veulent perdre du poids.

**Donne
12 muffins**

Muffins santé

Recette offerte par Barbara Kajifasz

**Préchauffer le four à 400 °F (200 °C)
Moule en métal pour 12 muffins, légèrement graissé ou tapissé de moules de papier**

1 tasse	farine de blé entier	250 ml
1 tasse	son de blé naturel ou son d'avoine	250 ml
1 tasse	bleuets frais ou surgelés	250 ml
1 c. à t.	bicarbonate de sodium	5 ml
1 c. à t.	poudre à pâte	5 ml
2	bananes mûres, écrasées	2
	(environ 1 tasse/ 250 ml)	
1	gros œuf, légèrement battu	1
½ tasse	sucre granulé	125 ml
½ tasse	lait	125 ml
¼ tasse	huile végétale	60 ml
1 c. à t.	extrait de vanille	5 ml

1. Dans un grand bol, mélanger la farine, le son de blé, les bleuets, le bicarbonate de sodium et la poudre à pâte.
2. Dans un bol moyen, mélanger les bananes, l'œuf, le sucre, le lait, l'huile et l'extrait de vanille. Verser dans le mélange de farine et mélanger juste assez pour incorporer.
3. Verser la pâte dans les moules.
4. Cuire de 20 à 25 minutes au four préchauffé, ou jusqu'à ce que les muffins soient fermes au toucher et qu'un cure-dent inséré au centre en ressorte propre. Laisser tiédir 10 minutes avant de démouler, puis laisser refroidir complètement sur une grille.

RECOMMANDÉ POUR
- Constipation

AVANTAGES SUPPLÉMENTAIRES
- Facile à transporter
- Se prépare à l'avance
- Réduction des risques

CONSEIL

Pour augmenter le potentiel de réduction des risques, utilisez des œufs oméga-3.

PRÉPARER À L'AVANCE

Placez les muffins refroidis dans un contenant hermétique et conservez-les à température ambiante jusqu'à 2 jours, ou emballez-les individuellement dans une pellicule plastique, puis placez-les dans un contenant ou un sac hermétique et congelez jusqu'à 1 mois.

Parole de survivante

Je ne pouvais manger que des aliments vides. Les aliments santé ne m'attiraient pas du tout.

Nutriments par portion

Calories	152
Lipides	6 g
Sodium	141 mg
Glucides	26 g
Fibres	4 g
Protéines	3 g

Ce pain moelleux et savoureux fait un délicieux casse-croûte. Vous pouvez aussi le servir comme dessert ou comme déjeuner, et il se mange aussi sur le pouce.

RECOMMANDÉ POUR
- Appétit faible

AVANTAGES SUPPLÉMENTAIRES
- Riche en protéines
- Facile à transporter

CONSEILS

Plusieurs sortes de moules conviennent bien à ce pain : un petit moule à pain (environ 8 po x 4 po/20 cm x 10 cm) donnera un pain de forme traditionnelle ; un moule à soufflé rond de 6 tasses (1,5 litre) ou un plat carré allant au four de 7 po (18 cm) donneront des tranches de formes différentes.

Si ce pain est préparé dans un moule à pain dans une mijoteuse, il sera moelleux et sans croûte, ce qui est idéal si vous souffrez de douleurs à la bouche. Si vos papilles sont engourdies et que vous avez besoin de texture pour apprécier un repas, préparez ce pain de façon traditionnelle, au four (voir la variante).

VARIANTE

Plutôt que de cuire le pain dans la mijoteuse, utilisez un moule à pain de métal et faites cuire le pain au four à 350 °F (180 °C) pendant 35 minutes ou jusqu'à ce qu'un cure-dent inséré au centre en ressorte propre. Laissez tiédir 15 minutes avant de démouler. Servez chaud ou laissez reposer.

Nutriments par portion

Calories	249
Lipides	7 g
Sodium	439 mg
Glucides	42 g
Fibres	3 g
Protéines	7 g

Pain aux bananes, aux noix et à l'avoine

Grande mijoteuse ovale d'une capacité d'au moins 5 litres
Moule à pain d'environ 8 po x 4 po (20 cm x 10 cm) **ou moule à soufflé ou plat allant au four de 6 tasses** (1,5 litre)**, graissé** (voir le conseil)

¾ tasse	farine tout usage	175 ml
¾ tasse	flocons d'avoine à l'ancienne	175 ml
2 c. à s.	graine de lin moulue	30 ml
2 c. à t.	poudre à pâte	10 ml
½ c. à t.	sel	2 ml
¼ c. à t.	bicarbonate de sodium	1 ml
⅓ tasse	beurre, ramolli	75 ml
⅔ tasse	cassonade, bien tassée	150 ml
2	gros œufs	2
3	bananes mûres, pilées (environ 1 ¼ tasse/300 ml)	3
½ tasse	noix de Grenoble, finement hachées	125 ml
	eau bouillante	

1. Dans un bol, mélanger la farine, l'avoine, la graine de lin, la poudre à pâte, le sel et le bicarbonate de sodium.
2. Dans un autre bol, à l'aide d'un batteur électrique, battre le beurre et le sucre jusqu'à ce que le mélange soit clair et crémeux. Ajouter les œufs, un à la fois, en continuant à battre. Incorporer les bananes.
3. Ajouter au mélange de farine et remuer seulement jusqu'à ce que ce soit mélangé. Incorporer les noix.
4. Verser la pâte dans le moule préparé. Couvrir de papier d'aluminium, bien serrer, puis attacher avec une ficelle. Déposer le moule dans la cocotte de la mijoteuse et verser suffisamment d'eau bouillante pour qu'il y en ait 1 po (2,5 cm) au fond de la cocotte. Couvrir et cuire à température élevée pendant 3 heures, jusqu'à ce qu'un cure-dent inséré au milieu du pain en ressorte propre. Démouler et servir chaud ou laisser refroidir.

Si ce pain est préparé dans un moule à pain dans une mijoteuse, il sera moelleux et sans croûte, ce qui est idéal si vous souffrez de douleurs à la bouche. Si vos papilles sont engourdies et que vous avez besoin de texture pour apprécier un repas, préparez ce pain de façon traditionnelle, au four (voir la variante à la page suivante).

Donne
8 tranches

Pain aux pommes et aux canneberges

RECOMMANDÉ POUR

RECOMMANDÉ POUR
- Appétit faible
- Douleurs à la bouche ou à la gorge
- Gain de poids

AVANTAGES SUPPLÉMENTAIRES
- Riche en fibres
- Riche en protéines
- Facile à transporter

CONSEIL

Plusieurs sortes de moules conviennent bien à ce pain : un petit moule à pain (environ 8 po x 4 po/20 cm x 10 cm) donnera un pain de forme traditionnelle ; un moule à soufflé rond de 6 tasses (1,5 litre) ou un plat carré allant au four de 7 po (18 cm) donneront des tranches de formes différentes.

Grande mijoteuse ovale d'une capacité d'au moins 5 litres
Moule à pain d'environ 8 po x 4 po (20 cm x 10 cm) **ou moule à soufflé ou plat allant au four de 6 tasses** (1,5 litre), **graissé** (voir le conseil)

1 tasse	farine tout usage	250 ml
1 tasse	farine de blé entier	250 ml
¼ tasse	graine de lin moulue	60 ml
2 c. à t.	poudre à pâte	10 ml
½ c. à t.	sel	2 ml
½ c. à t.	cannelle moulue	2 ml
¾ tasse	cassonade, bien tassée	175 ml
¼ tasse	huile d'olive	60 ml
1	gros œuf	1
2 c. à s.	zeste de 2 oranges, finement râpé	30 ml
¾ tasse	jus d'orange, fraîchement pressé (1 grosse orange navel)	175 ml
1 c. à t.	extrait de vanille	5 ml
1 tasse	pomme, pelée, finement hachée	250 ml
1 tasse	canneberges fraîches ou surgelées eau bouillante	250 ml

1. Dans un grand bol, mélanger la farine tout usage, la farine de blé entier, la graine de lin, la poudre à pâte, le sel et la cannelle.
2. Dans un bol moyen, battre le sucre avec l'huile, l'œuf, le zeste et le jus d'orange ainsi que la vanille jusqu'à ce que le tout soit bien mélangé. Ajouter au mélange de farine et brasser seulement jusqu'à ce que ce soit mélangé. Incorporer la pomme et les canneberges.

Nutriments par portion	
Calories	310
Lipides	10 g
Sodium	444 mg
Glucides	53 g
Fibres	4 g
Protéines	6 g

Parsemez vos céréales de graine de lin, ou ajoutez-en à vos produits de boulangerie ou à vos yogourts. La graine de lin est nutritive et constitue un bon supplément à votre alimentation. En plus d'être une source de fer, de magnésium et de potassium, elle contient beaucoup de fibres, ce qui aide à contrôler votre taux de cholestérol et permet à vos intestins de bien fonctionner. De plus, la graine de lin est l'une des meilleures sources végétales d'acides gras oméga-3, qui contribuent à une bonne santé cardiovasculaire. Elle contient aussi des lignanes, une fibre végétale qui protège contre le cancer. Le département de l'Agriculture des États-Unis (USDA) a répertorié 27 agents anticancers dans la graine de lin. Quand vous achetez ce produit, choisissez de la graine moulue ou de la graine entière que vous passerez vous-même au moulin (utilisez un moulin à café). Si vous achetez de la graine moulue, optez pour le produit préemballé et non en vrac pour vous assurer de sa fraîcheur.

VARIANTE

Plutôt que de cuire le pain dans la mijoteuse, utilisez un moule à pain de métal et faites cuire le pain au four à 350 °F (180 °C), de 65 à 75 minutes ou jusqu'à ce qu'un cure-dent inséré au centre en ressorte propre. Laissez tiédir 15 minutes avant de démouler. Servez chaud ou laissez reposer.

3. Verser la pâte dans le moule préparé. Couvrir de papier d'aluminium et bien serrer, puis attacher avec une ficelle. Déposer le moule dans la cocotte de la mijoteuse et verser suffisamment d'eau bouillante pour qu'il y en ait 1 po (2,5 cm) au fond de la cocotte. Couvrir et cuire à température élevée pendant 4 heures, jusqu'à ce qu'un cure-dent inséré au milieu du pain en ressorte propre. Démouler et servir chaud ou laisser refroidir.

Voici un pain appétissant à déguster au déjeuner, en collation ou au dessert. Il contient des fibres solubles et insolubles, pour un pain qui vous soutiendra bien et qui aidera votre système digestif.

Pain au son d'avoine et aux bananes

Recette offerte par Melanie Faust, diététiste

Préchauffer le four à 325 °F (160 °C)
Moule à pain de métal de 9 po x 5 po (23 cm x 12,5 cm), légèrement graissé

1 ½ tasse	farine de blé entier	375 ml
½ tasse	son d'avoine	125 ml
⅓ tasse	graine de lin moulue	75 ml
1 c. à t.	poudre à pâte	5 ml
1 c. à t.	bicarbonate de sodium	5 ml
2	blancs d'œufs (ou 1 œuf entier)	2
1	œuf entier	1
½ tasse	sucre granulé	125 ml
¼ tasse	huile de canola	60 ml
1 c. à t.	extrait de vanille	5 ml
¾ tasse	yogourt nature faible en gras	175 ml
3	bananes mûres, écrasées (environ 1 ⅓ tasse/325 ml)	3
2 c. à s.	graine de lin entière (facultatif)	30 ml

1. Dans un bol moyen, mélanger la farine, le son d'avoine, la graine de lin moulue, la poudre à pâte et le bicarbonate de sodium.

2. Dans un grand bol, battre les blancs d'œufs, l'œuf entier, le sucre, l'huile et l'extrait de vanille de 3 à 4 minutes, ou jusqu'à consistance crémeuse. Incorporer le yogourt et bien mélanger. Ajouter les bananes. Incorporer graduellement les ingrédients secs.

3. Verser la pâte dans le moule à pain et lisser le dessus. Saupoudrer de la graine de lin entière sur le dessus, si désiré.

4. Cuire au four préchauffé de 50 à 60 minutes, ou jusqu'à ce que le dessus du pain soit ferme au toucher et qu'un cure-dent inséré au centre en ressorte propre. Laisser tiédir 10 minutes avant de démouler, puis laisser refroidir complètement sur une grille.

RECOMMANDÉ POUR
- Constipation
- Appétit faible

AVANTAGES SUPPLÉMENTAIRES
- Riche en fibres
- Riche en protéines
- Facile à transporter
- Réduction des risques

CONSEILS

Les acides gras oméga-3 ADH et AEP sont des anti-inflammatoires importants. Lorsque les poules sont nourries de graine de lin, elles transforment l'oméga-3 AAL en ADH et en AEP, les types de gras oméga-3 les plus bénéfiques pour nous. Une douzaine d'œufs oméga-3 coûte peut-être plus cher, mais elle contient huit fois plus d'oméga-3 que des œufs produits par des poules qui ne sont pas nourries à la graine de lin.

Pour augmenter la quantité d'oméga-3, de fibres et de phytonutriments, ajoutez ½ tasse (125 ml) de noix de Grenoble au mélange à la fin de l'étape 2.

Nutriments par portion	
Calories	193
Lipides	7 g
Sodium	157 mg
Glucides	31 g
Fibres	4 g
Protéines	6 g

Lorsque vous devez prendre du poids et que vous avez envie de sucré, ajoutez ce beurre au miel à n'importe quel aliment qui vous attire.

RECOMMANDÉ POUR

- Sécheresse de la bouche
- Appétit faible
- Altérations du goût
- Gain de poids

AVANTAGES SUPPLÉMENTAIRES

- Se prépare à l'avance

CONSEILS

Si vous n'avez ni robot culinaire avec mini-cuve ni mini-hachoir, mélangez les ingrédients dans un bol et utilisez un batteur électrique pour mélanger jusqu'à consistance crémeuse.

Assurez-vous que votre beurre ne contient pas de sel, sinon, il aura un goût de miel et de sel.

PRÉPARER À L'AVANCE

Transférez le beurre dans un contenant hermétique et réfrigérez-le jusqu'à 1 semaine ou congelez-le jusqu'à 2 mois. S'il est congelé, décongelez au réfrigérateur. Laissez ramollir à la température de la pièce juste avant de tartiner.

VARIANTE

Utilisez du miel aromatisé, comme du miel de lavande.

Beurre au miel

Robot culinaire avec mini-cuve ou mini-hachoir (voir le conseil)

1 tasse	beurre non salé, ramolli	250 ml
½ tasse	miel	125 ml
1 c. à t.	cannelle moulue	5 ml
½ c. à t.	muscade moulue	2 ml

1. Dans la mini-cuve d'un robot culinaire, mélanger le beurre, le miel, la cannelle et la muscade pendant environ 2 minutes, jusqu'à consistance lisse, en râclant les parois du bol au besoin. À l'aide d'une cuillère, transférer dans un ramequin ou un petit bol. Réfrigérer environ 30 minutes, jusqu'à ce que le beurre soit ferme.

Nutriments par portion de 2 c. à s. (30 ml)

Calories	182
Lipides	15 g
Sodium	2 mg
Glucides	12 g
Fibres	0 g
Protéines	0 g

Trouver une source de protéines pour les collations peut être un défi, mais il est important d'inclure des protéines lorsque vous mangez pour maintenir votre glycémie et conserver votre énergie.

Donne environ
1 ½ tasse (375 ml)

Tartinade aux œufs et aux olives

4	œufs, cuits durs, écalés et hachés	4
2 c. à s.	mayonnaise	30 ml
6	olives vertes farcies, finement hachées	6
	sel et poivre noir fraîchement moulu	
	rondelles de pain pumpernickel ou de pain de seigle foncé	

1. Dans un bol, combiner les œufs, la mayonnaise et les olives. Bien mélanger. Assaisonner de sel et de poivre, au goût.
2. Verser le mélange dans un bol de service. Accompagner de rondelles de pain pumpernickel ou de pain de seigle foncé.

RECOMMANDÉ POUR
- Douleurs à la bouche ou à la gorge
- Altérations du goût

AVANTAGES SUPPLÉMENTAIRES
- Se prépare à l'avance

CONSEIL
Pour une présentation invitante, saupoudrez de paprika.

PRÉPARER À L'AVANCE
Couvrez et réfrigérez la tartinade jusqu'à 2 jours.

Cette recette devrait être ajustée selon vos symptômes. Suivez les recommandations suivantes.

Si le goût est trop salé
- Remplacez les olives par 1 c. à s. (15 ml) de ciboulette fraîche hachée ou 2 petits piments doux grillés, finement hachés.

Pour favoriser le gain de poids
- Tartinez le mélange entre deux tranches de pain de grains entiers bien beurrées.

Douleurs à la bouche ou à la gorge
- Servez sur du pain moelleux ou mangez la tartinade seule.

Nutriments par portion de 2 c. à s. (30 ml)

Calories	38
Lipides	3 g
Sodium	100 mg
Glucides	1 g
Fibres	0 g
Protéines	2 g

Quand vous avez besoin de protéines mais n'avez pas envie de manger de viande, tartinez cette purée sur du pain, utilisez-la comme trempette pour les légumes ou servez-la dans un bol, avec une cuillère. Elle est tendre et moelleuse, et vous pourrez la déguster même si vous souffrez de douleurs à la bouche. Ajustez les quantités selon vos besoins.

RECOMMANDÉ POUR

• Altérations du goût

AVANTAGES SUPPLÉMENTAIRES

• Riche en fibres
• Riche en protéines
• Se prépare à l'avance
• Réduction des risques

CONSEIL

Pour un apport complet en protéines, consommez cette purée avec des grains entiers ou un légume. De cette façon, vous aurez tous les principaux acides aminés.

PRÉPARER À L'AVANCE

Transférez la purée dans un contenant hermétique et réfrigérez-la jusqu'à 3 jours. Réchauffez au four à micro-ondes à puissance moyenne-élevée (70 %) de 2 à 3 minutes ou jusqu'à ce qu'elle soit chaude.

VARIANTE

Remplacez les haricots blancs par des pois chiches, des haricots rouges, des haricots noirs ou des haricots pinto.

Purée de haricots blancs

Robot culinaire

2 tasses	haricots blancs, rincés, égouttés et cuits ou en conserve	500 ml
½ tasse	feuilles de persil italien	125 ml
2	oignons verts, partie blanche seulement, hachés grossièrement	2
2 c. à s.	huile d'olive extra-vierge	30 ml
	sel et poivre noir fraîchement moulu	

1. Placer les haricots dans une casserole et couvrir d'eau. Porter à ébullition à feu moyen. Réduire le feu et laisser mijoter environ 5 minutes, jusqu'à ce que les haricots soient bien chauds. Égoutter.

2. Pendant ce temps, à l'aide d'un robot culinaire, mélanger le persil, les oignons verts et l'huile d'olive par pulsations, environ 5 fois, jusqu'à ce que les légumes soient hachés, en râclant les bords du bol à une ou deux reprises. Ajouter les haricots chauds et mélanger jusqu'à obtention de la consistance désirée. Assaisonner de sel et de poivre, au goût. Servir chaud.

Nutriments par portion de ¼ tasse (60 ml)	
Calories	175
Lipides	7 g
Sodium	405 mg
Glucides	21 g
Fibres	7 g
Protéines	8 g

Cette recette devrait être ajustée selon vos symptômes. Suivez la recommandation suivante.

Si le goût est trop sucré ou métallique

• Ajoutez de 1 à 2 c. à s. (de 15 à 30 ml) de jus de citron, au goût, avec le sel et le poivre.

Cette version de la trempette du Moyen-Orient utilise du yogourt probiotique en remplacement de la traditionnelle huile d'olive. Un excellent choix lorsque vous avez besoin d'un repas protéiné tendre et moelleux et que vous n'avez pas envie de manger de la viande.

Donne
2 ¾ tasses (675 ml)

Hoummos et tahini

Recette offerte par Brenda Steinmetz

Robot culinaire ou mixeur électrique

2 tasses	pois chiches, rincés, égouttés, cuits ou en conserve	500 ml
2	oignons verts	2
2 à 4	grosses gousses d'ail	2 à 4
¼ tasse	jus de citron frais	60 ml
¼ tasse	tahini (voir le conseil)	60 ml
½ c. à t.	cumin moulu	2 ml
½ c. à t.	sel	2 ml
	poivre noir fraîchement moulu	
½ tasse	yogourt probiotique nature faible en gras	125 ml
	oignon, haché, tomate et persil frais	

1. Au robot culinaire ou à l'aide d'un mixeur électrique, mélanger les pois chiches, les oignons verts, l'ail, le jus de citron, le tahini, le cumin, le sel et le poivre, au goût, jusqu'à consistance lisse.
2. Transférer dans un bol et ajouter le yogourt. Garnir d'oignon, de tomate et de persil. Servir à température ambiante ou couvrir et réfrigérer environ 1 heure, jusqu'à refroidissement complet.

RECOMMANDÉ POUR
- Douleurs à la bouche ou à la gorge
- Altérations du goût

AVANTAGES SUPPLÉMENTAIRES
- Faible en gras
- Se prépare à l'avance
- Facile à transporter
- Réduction des risques

CONSEILS

Si vous utilisez des pois chiches séchés, faites-en tremper 1 tasse (250 ml) et faites-les cuire.

Le tahini, une pâte de graines de sésame, se trouve facilement dans les marchés d'aliments naturels. Si vous ne trouvez pas de tahini, remplacez-le par des graines de sésame grillées que vous mélangerez aux pois chiches.

Divisez le hoummos en portions individuelles et placez-les dans des contenants hermétiques que vous mettrez au réfrigérateur. Placez un contenant dans une petite glacière avec des craquelins, du pain moelleux ou des légumes crus pour une collation facile à emporter et riche en protéines.

PRÉPARER À L'AVANCE

Transférez le hoummos dans un contenant hermétique et réfrigérez-le jusqu'à 3 jours.

Cette recette devrait être ajustée selon vos symptômes. Suivez les recommandations suivantes.

Pour les douleurs à la bouche ou à la gorge
- N'utilisez pas d'ail ou utilisez de l'ail rôti ; et/ou
- Omettez le jus de citron ou réduisez-en la quantité.

Nutriments par portion de 2 c. à s. (30 ml)	
Calories	40
Lipides	2 g
Sodium	109 mg
Glucides	5 g
Fibres	1 g
Protéines	2 g

Ce pâté délicieux et facile à préparer vous fournira une bonne quantité de fer, ce qui vous aidera si votre taux de fer est faible.

RECOMMANDÉ POUR

- Anémie
- Douleurs à la bouche ou à la gorge
- Altérations du goût

AVANTAGES SUPPLÉMENTAIRES

- Riche en protéines
- Se prépare à l'avance

CONSEILS

Vous pouvez manger ce pâté seul, sur des craquelins ou sur du pain, ou en remplacement du beurre ou de la mayonnaise dans un sandwich.

Divisez le pâté en portions individuelles et placez-les dans des contenants hermétiques que vous mettrez au réfrigérateur. Placez un contenant dans une petite glacière, avec des craquelins, du pain moelleux ou des légumes crus pour une collation riche en protéines et facile à emporter.

Parole de survivante

Il faut comprendre que chaque parcours est unique.

Pâté instantané

Robot culinaire

1 lb	foies de volaille, dégraissés	500 g
¾ tasse	beurre, ramolli	175 ml
¼ tasse	oignon doux comme le Vidalia, grossièrement haché	60 ml
2	gousses d'ail	2
2 c. à s.	feuilles de thym frais (ou 1 c. à t./5 ml thym séché)	30 ml
2 c. à s.	cognac, brandy ou vinaigre de vin blanc	30 ml
1 c. à t.	sel	5 ml
1 c. à t.	grains de poivre noir, cassés	5 ml
	baguette ou craquelins	

1. Dans une casserole d'eau bouillante, cuire les foies de volaille pendant environ 3 minutes, jusqu'à ce qu'il ne reste qu'une légère teinte de rose au centre. Égoutter.
2. Transférer dans un robot culinaire. Ajouter le beurre, l'oignon et l'ail. Réduire en purée lisse. Ajouter le thym, le cognac, le sel et les grains de poivre et mélanger jusqu'à consistance homogène.
3. Transférer dans un plat de service. Couvrir et réfrigérer au moins 3 heures ou jusqu'à 2 jours. Servir sur une baguette ou sur votre craquelin favori.

Nutriments par portion de 2 c. à s. (30 ml)

Calories	40
Lipides	2 g
Sodium	109 mg
Glucides	5 g
Fibres	1 g
Protéines	2 g

Cette recette devrait être ajustée selon vos symptômes. Suivez les recommandations suivantes.

Pour les douleurs à la bouche ou à la gorge

- Omettez le cognac, le brandy ou le vinaigre ; et/ou
- Omettez le poivre noir ou réduisez-en la quantité ; et/ou
- Faites revenir l'oignon dans une petite quantité de beurre ou d'huile de canola jusqu'à ce qu'il soit tendre avant de l'ajouter au robot culinaire.

Traiter la constipation en apportant des changements à votre alimentation peut réduire vos besoins en laxatifs. Cette tartinade peut être utilisée sur des rôties ou mélangée à des céréales chaudes ou à du yogourt nature.

Donne environ
3½ tasses
(875 ml)

Tartinade de fruits

Robot culinaire ou mixeur électrique

2 tasses	pruneaux dénoyautés	500 ml
1 tasse	dattes ou figues séchées, hachées	250 ml
1 ½ tasse	rhubarbe, hachée (fraîche ou surgelée)	375 ml
⅔ tasse	jus d'orange ou de pomme sans sucre	150 ml
½ tasse	eau	125 ml
1 tasse	son de blé naturel	250 ml

1. Dans une casserole, mélanger les pruneaux, les dattes, la rhubarbe, le jus d'orange et l'eau. Porter à ébullition à feu moyen-élevé en remuant souvent. Réduire le feu à moyen-doux, couvrir et laisser bouillir doucement environ 15 minutes ou jusqu'à ce que la rhubarbe soit très tendre. Transférer dans un bol et ajouter le son. Couvrir et réfrigérer au moins 4 heures ou toute la nuit.
2. À l'aide d'un mixeur électrique, réduire en purée lisse.

RECOMMANDÉ POUR
• Constipation

AVANTAGES SUPPLÉMENTAIRES
• Se prépare à l'avance
• Réduction des risques

PRÉPARER À L'AVANCE
Transférez la tartinade dans un contenant hermétique et réfrigérez-la jusqu'à 2 semaines, ou congelez-la jusqu'à 3 mois. Si la tartinade est congelée, décongelez-la au réfrigérateur ou au four à micro-ondes.

Nutriments par portion de 2 c. à s. (30 ml)	
Calories	54
Lipides	0 g
Sodium	2 mg
Glucides	14 g
Fibres	2 g
Protéines	1 g

Desserts stimulants

L a citrouille, les bananes, les pommes, les petits fruits, le citron, le gingembre, la cannelle, la vanille, les flocons d'avoine, la semoule de maïs, le riz, les pois cassés et les noix : tous ces ingrédients nourrissants se retrouvent dans cette section, avec une pincée de sucre. Ne soyez pas surpris si vos goûts ont changé après avoir eu un cancer. Cet effet secondaire courant peut comprendre autant des aversions pour les aliments sucrés qu'un goût nouveau pour ces aliments. Pour certains, le sucre aide à faire passer la pilule plus facilement. Si vous êtes l'une de ces personnes, cette section pourrait bien être ce qui vous manquait. Bien que le sucre ne puisse être qualifié d'ingrédient aux propriétés anticancéreuses, s'il vous encourage à manger, il aide votre corps à obtenir les nutriments qu'il lui faut. Les desserts peuvent jouer un rôle clé en vous fournissant les protéines et les calories dont vous avez besoin.

Ce gâteau moelleux et épicé est aussi riche en fibres qu'en saveur. Il est également une excellente source de phytonutriments, qui proviennent à la fois de la citrouille, des raisins, des épices et des grains entiers.

Gâteau aux raisins

Recette offerte par Maryanne Cattrysse

Préchauffer le four à 350 °F (180 °C)
Moule en métal de 13 po x 9 po (33 cm x 23 cm), **légèrement graissé**

1 ½ tasse	sucre granulé	375 ml
1 tasse	farine de blé entier	250 ml
1 tasse	farine tout usage	250 ml
2 c. à t.	poudre à pâte	10 ml
1 ½ c. à t.	cannelle moulue	7 ml
1 c. à t.	bicarbonate de sodium	5 ml
½ c. à t.	sel	2 ml
¼ c. à t.	clou de girofle moulu	1 ml
¼ c. à t.	muscade moulue	1 ml
¼ c. à t.	gingembre moulu	1 ml
4	gros œufs	4
1	boîte (14 oz/398 ml) **de purée de citrouille** (pas de la garniture pour tarte)	1
½ tasse	huile végétale	125 ml
1 tasse	céréales de son à haute teneur en fibres, comme All-Bran	250 ml
1 tasse	raisins secs	250 ml

1. Dans un bol, mélanger le sucre, la farine de blé entier, la farine tout usage, la poudre à pâte, le bicarbonate de sodium, le sel, la cannelle, le clou de girofle, la muscade et le gingembre.
2. Dans un autre bol, battre les œufs avec la purée de citrouille, l'huile et les céréales. Incorporer le mélange de farine et remuer jusqu'à ce que le tout soit homogène. Ajouter les raisins.
3. Étendre uniformément le mélange dans le moule préparé. Cuire au four pendant 40 minutes ou jusqu'à ce qu'un cure-dent inséré au centre en ressorte propre. Refroidir complètement sur une grille.

RECOMMANDÉ POUR
- Constipation
- Nausée
- Gestion du poids

AVANTAGES SUPPLÉMENTAIRES
- Faible en gras
- Facile à transporter
- Se prépare à l'avance

CONSEIL
Si vous ne trouvez pas de boîte de purée de citrouille de 14 oz (398 ml), procurez-vous une boîte plus grosse et utilisez-en 1 ¾ tasse (425 ml). Transférez le reste dans un contenant hermétique et réfrigérez jusqu'à 5 jours ou congelez jusqu'à 3 mois (la texture sera plus moelleuse après la décongélation, mais tout aussi bonne pour faire des pâtisseries comme ce gâteau ou encore des muffins et des pains).

PRÉPARER À L'AVANCE
Placez le gâteau refroidi dans un contenant hermétique et gardez-le à la température de la pièce jusqu'à 2 jours, ou emballez-le dans une pellicule plastique en morceaux individuels, puis placez-le dans un contenant hermétique ou un sac de congélation et congelez jusqu'à 1 mois. Emballez les morceaux avant de les placer dans le contenant, pour qu'ils soient plus faciles à emporter en vitesse.

Nutriments par portion	
Calories	119
Lipides	1 g
Sodium	225 mg
Glucides	27 g
Fibres	3 g
Protéines	3 g

Si votre appétit est en déclin et que la nausée menace de ruiner votre journée, l'odeur du gingembre, de la cannelle et du clou de girofle pourrait bien être ce dont vous avez besoin pour vous donner envie de manger.

RECOMMANDÉ POUR
- Appétit faible
- Nausée
- Gain de poids

AVANTAGES SUPPLÉMENTAIRES
- Facile à transporter
- Se prépare à l'avance
- Réduction des risques

CONSEILS

Pour un goût de gingembre plus prononcé, ajoutez de 2 à 4 c. à s. (30 à 60 ml) de gingembre confit finement haché au mélange de farine.

Parmi les épices, c'est le clou de girofle qui contient le plus d'antioxydants. Trouvez des moyens de l'intégrer à vos recettes.

PRÉPARER À L'AVANCE

Placez le gâteau refroidi dans un contenant hermétique et gardez-le à la température de la pièce jusqu'à 2 jours, ou emballez-le dans une pellicule plastique en morceaux individuels, puis placez-le dans un contenant hermétique ou un sac de congélation et congelez jusqu'à 1 mois. Emballez les morceaux individuellement avant de les placer dans le contenant, si désiré, pour qu'ils soient plus faciles à emporter en vitesse.

Gâteau aux épices

Préchauffer le four à 350 °F (180 °C)
Moule en métal carré de 8 po (20 cm), **graissé**

¾ tasse	farine tout usage	175 ml
¾ tasse	farine de blé entier	175 ml
1 ½ c. à t.	gingembre moulu	7 ml
1 c. à t.	bicarbonate de sodium	5 ml
¾ c. à t.	cannelle moulue	3 ml
¼ c. à t.	clou de girofle moulu	1 ml
¼ c. à t.	sel	1 ml
⅔ tasse	cassonade, bien tassée	150 ml
⅓ tasse	beurre ou margarine non hydrogénée, ramolli	75 ml
½ tasse	mélasse de fantaisie	125 ml
1	gros œuf	1
⅔ tasse	eau chaude	150 ml

1. Dans un bol, mélanger la farine tout usage, la farine de blé entier, le gingembre, le bicarbonate de sodium, la cannelle, le clou de girofle et le sel.

2. Dans un autre bol, à l'aide d'un mixeur électrique, battre la cassonade et le beurre jusqu'à consistance légère. En battant bien, incorporer la mélasse et l'œuf. Ajouter le mélange de farine et battre à faible vitesse jusqu'à consistance homogène. En battant, incorporer l'eau chaude.

3. Étendre la pâte dans le moule préparé. Cuire au four préchauffé de 35 à 40 minutes, jusqu'à ce qu'un cure-dent inséré au centre en ressorte propre. Laisser refroidir sur une grille. Couper en carrés. Servir chaud ou laisser refroidir complètement.

Nutriments par portion

Calories	270
Lipides	9 g
Sodium	364 mg
Glucides	45 g
Fibres	2 g
Protéines	3 g

Cette recette devrait être ajustée selon vos symptômes. Suivez la recommandation suivante.

Pour favoriser le gain de poids
- Servez le gâteau avec une boule de glace à la vanille.

Ce gâteau contient des fibres solubles et insolubles. La saveur de banane est subtile et la texture est moelleuse, puisque le son et les flocons d'avoine ont été trempés. Le glaçage rend ce gâteau encore plus moelleux et ajoute une touche de sucré dont quelques palais ont besoin, de même que des calories supplémentaires.

**Donne
12 portions**

Gâteau aux bananes, à l'avoine et au babeurre

Recette offerte par Helen Sutton

Préchauffer le four à 350 °F (180 °C)
Moule en métal carré de 8 po (20 cm), **légèrement graissé et enfariné**

1 tasse	babeurre	250 ml
⅔ tasse	flocons d'avoine à cuisson rapide	150 ml
⅓ tasse	son d'avoine ou de blé naturel	75 ml
¾ tasse	farine tout usage	175 ml
¾ tasse	farine de blé entier	175 ml
1 c. à t.	bicarbonate de sodium	5 ml
1 c. à t.	poudre à pâte	5 ml
¼ tasse	beurre ou margarine non hydrogénée	60 ml
1 tasse	sucre granulé	250 ml
1	gros œuf	1
2	bananes mûres, écrasées	2
1 c. à t.	vanille	5 ml

Glaçage (facultatif)

½ tasse	sucre granulé	125 ml
½ tasse	babeurre	125 ml
¼ tasse	beurre ou margarine non hydrogénée	60 ml
½ c. à t.	bicarbonate de sodium	2 ml

1. Dans un petit bol, verser le babeurre sur les flocons d'avoine et le son d'avoine. Laisser reposer 10 minutes.
2. Dans un autre petit bol, mélanger la farine tout usage, la farine de blé entier, le bicarbonate de sodium et la poudre à pâte. Dans un bol de taille moyenne, défaire le beurre en crème avec le sucre à l'aide d'un mixeur électrique. Ajouter l'œuf et la vanille en remuant. Incorporer les bananes et le mélange de babeurre et battre jusqu'à consistance lisse. Ajouter les ingrédients secs et mélanger jusqu'à consistance homogène.
3. Verser la pâte dans le moule préparé. Cuire au four préchauffé pendant 45 minutes ou jusqu'à ce qu'un cure-dent inséré au centre en ressorte propre. Laisser reposer 5 minutes.

RECOMMANDÉ POUR

- Constipation
- Diarrhée
- Douleurs à la bouche ou à la gorge

AVANTAGES SUPPLÉMENTAIRES

- Facile à transporter
- Se prépare à l'avance
- Réduction des risques

CONSEIL

Cette recette permet d'utiliser de façon originale les bananes trop mûres. Si vous ne les utilisez pas, mettez-les dans un sac en plastique réutilisable et congelez-les. Elles noirciront, mais une fois décongelées et pelées, elles seront à point pour cette recette.

Nutriments par portion	
Calories	198
Lipides	6 g
Sodium	258 mg
Glucides	34 g
Fibres	3 g
Protéines	5 g

Placez le gâteau refroidi dans un contenant hermétique et gardez-le à la température de la pièce jusqu'à 2 jours. Pour le congeler, omettez le glaçage ou ajoutez-le juste avant de servir. Emballez le gâteau dans une pellicule plastique en morceaux individuels, puis placez-le dans un contenant hermétique ou un sac de congélation et congelez-le jusqu'à 1 mois. Emballez les morceaux individuellement avant de les placer dans le contenant, si désiré, pour qu'ils soient plus faciles à emporter en vitesse.

Parole de survivante

La douleur affecte aussi l'appétit. J'ai pris des analgésiques pendant une longue période, ce qui n'aide en rien l'appétit.

4. Préparation du glaçage : dans une petite casserole, mélanger le sucre, le babeurre, le beurre et le bicarbonate de sodium. Porter à ébullition à feu moyen en remuant souvent. (Bien surveiller, car le mélange deviendra mousseux.)

5. À l'aide d'un cure-dent ou d'une tige métallique, percer la surface du gâteau. Verser le glaçage sur le gâteau pendant qu'il est encore chaud. Laisser refroidir complètement avant de servir.

Cette recette devrait être ajustée selon vos symptômes. Suivez les recommandations suivantes.

Pour alléger la constipation
- Utilisez du son de blé en remplacement du son d'avoine ; et/ou
- Remplacez une des bananes par 4 ½ oz (128 ml) de purée de pruneaux pour bébés ; et/ou
- Après ce repas, buvez une boisson chaude, puis une boisson froide.

Pour la diarrhée
- Utilisez du son d'avoine en remplacement du son de blé et omettez le glaçage ; et/ou
- Servez ce gâteau avec du yogourt probiotique.

Vous ne devineriez jamais que ce gâteau ne contient pas de farine! Les œufs et les noisettes se marient pour fournir plus de protéines que la plupart des gâteaux.

Gâteau aux noisettes

Recette offerte par Traude Ohle

Préchauffer le four à 350 °F (180 °C)
Moule à pain en métal de 9 po x 5 po (23 cm x 12,5 cm), graissé et tapissé de papier parchemin

6	gros œufs	6
¾ tasse	sucre granulé	175 ml
1	sachet de sucre vanillé (0,32 oz/9 g) (voir le conseil, à droite)	1
3 ½ tasses	noisettes moulues (plus ou moins 14 oz/400 g)	875 ml
2 ½ c. à s.	chapelure de pain sec	37 ml
2 c. à t.	poudre à pâte	10 ml

1. Dans un grand bol, battre les œufs, le sucre granulé et le sucre vanillé jusqu'à ce que le mélange blanchisse et devienne mousseux. Ajouter les noisettes, la chapelure et la poudre à pâte, et mélanger jusqu'à consistance homogène. Verser dans le moule à pain préparé et lisser le dessus.
2. Cuire au four préchauffé pendant 55 minutes ou jusqu'à ce qu'un cure-dent inséré au centre en ressorte propre. Laisser refroidir 15 minutes avant de démouler. Laisser refroidir complètement.

Cette recette devrait être ajustée selon vos symptômes. Suivez les recommandations suivantes.

Pour favoriser le gain de poids
• Servez garni de tartinade au chocolat et aux noisettes ; ou
• Servez garni de crème fouettée légèrement sucrée.

RECOMMANDÉ POUR
• Appétit faible

AVANTAGES SUPPLÉMENTAIRES
• Riche en protéines
• Facile à transporter
• Se prépare à l'avance

CONSEILS
Le sucre vanillé se vend en petits sachets dans la section de la boulangerie des supermarchés et dans les boulangeries. Si vous n'en trouvez pas, ajoutez 2 c. à t. (10 ml) de sucre et 1 ½ c. à t. (7 ml) d'extrait de vanille aux noisettes.

Si vous ne trouvez pas de noisettes moulues, achetez des noisettes entières et passez-les au robot culinaire jusqu'à ce qu'elles soient finement hachées.

PRÉPARER À L'AVANCE
Placez le gâteau refroidi dans un contenant hermétique et réfrigérez-le jusqu'à 3 jours, ou emballez-le dans une pellicule plastique en morceaux individuels, puis placez-le dans un contenant hermétique ou un sac de congélation et congelez-le jusqu'à 1 mois. Emballez les morceaux individuellement avant de les placer dans le contenant, si désiré, pour qu'ils soient plus faciles à emporter en vitesse.

Nutriments par portion de 1 tranche	
Calories	214
Lipides	15 g
Sodium	96 mg
Glucides	15 g
Fibres	2 g
Protéines	7 g

Lorsque votre taux de fer est à la baisse et que vous n'avez pas envie de manger de viande rouge, préparez ces carrés moelleux et dégustez-les tout en sachant que vous fournissez à votre corps plusieurs bonnes sources de fer non hémique. Chaque carré en contient 4,3 mg.

RECOMMANDÉ POUR

• Anémie

AVANTAGES SUPPLÉMENTAIRES

• Riche en protéines
• Facile à transporter
• Se prépare à l'avance

CONSEILS

Sur le plan de l'apport en fer, le beurre de graine de citrouille constitue la meilleure option pour cette recette.

Lorsque vous achetez les céréales de riz et de maïs, vérifiez les étiquettes pour vous assurer d'acheter celles qui contiennent le plus de fer. Si vous faites des céréales votre principale source de fer, n'achetez pas de céréales de riz brun ou de grains entiers. Aussi, évitez de boire du café ou du thé avec ces carrés puisque ces boissons peuvent réduire la quantité de fer absorbée.

Si le haut de votre corps est affaibli à cause d'une chirurgie ou pour toute autre raison, demandez à quelqu'un de remuer le mélange pour vous. Il est collant et difficile à brasser.

Carrés à la mélasse

Recette offerte par Bev LaMantia

Moule en métal carré de 9 po (23 cm) tapissé de papier d'aluminium – avec un excédent de 2 po (5 cm) –, graissé

½ tasse	mélasse	125 ml
¼ tasse	cassonade, bien tassée	60 ml
1 pincée	sel	1 pincée
1 tasse	beurre de graine de citrouille, d'amande ou d'arachide naturel	250 ml
1 c. à t.	extrait de vanille	5 ml
2 tasses	céréales de riz croquant	500 ml
1 tasse	céréales de flocons de maïs, légèrement écrasées	250 ml
¾ tasse	raisins secs	175 ml

1. Dans une grande casserole, mélanger la mélasse, le sucre et le sel. À feu moyen-élevé, porter à vive ébullition en remuant souvent. Ajouter le beurre de graine de citrouille et la vanille. Retirer du feu.

2. Ajouter les céréales de riz, les céréales de maïs et les raisins, puis mélanger jusqu'à ce que ces ingrédients soient bien intégrés. À l'aide d'une spatule graissée, déposer dans le moule préparé en appuyant fermement. Laisser refroidir complètement. En utilisant l'excédent de papier d'aluminium comme poignées, enlever le carré du moule et le transférer sur une planche à découper. Couper en carrés.

3. Placer les carrés dans un contenant hermétique et mettre au réfrigérateur jusqu'à 5 jours. Si désiré, les emballer individuellement avant de les placer dans un contenant pour qu'ils soient plus faciles à emporter en vitesse.

Nutriments par portion de 1 carré

Calories	216
Lipides	9 g
Sodium	83 mg
Glucides	30 g
Fibres	1 g
Protéines	8 g

Ces biscuits croquants et épicés plairont aux amateurs de pain d'épice et seront surtout appréciés par ceux qui souffrent de nausées.

Biscuits au gingembre

Recette offerte par Phyllis Levesque

Préchauffer le four à 350 °F (180 °C)
Plaques à pâtisserie, légèrement graissées ou tapissées de papier sulfurisé

1 ¾ tasse	farine tout usage	425 ml
1 ½ c. à t.	poudre à pâte	7 ml
1 c. à t.	gingembre moulu	5 ml
1 c. à t.	cannelle moulue	5 ml
½ c. à t.	bicarbonate de sodium	2 ml
½ c. à t.	sel	2 ml
¼ c. à t.	clou de girofle moulu	1 ml
1	gros œuf	1
½ tasse	sucre granulé	125 ml
½ tasse	huile végétale	125 ml
½ tasse	mélasse de fantaisie	125 ml

1. Dans un petit bol, mélanger la farine, la poudre à pâte, le gingembre, la cannelle, le sel et le clou de girofle.
2. Dans un bol moyen, battre l'œuf avec le sucre, l'huile et la mélasse jusqu'à consistance homogène. Incorporer les ingrédients secs ; mélanger jusqu'à la formation d'une pâte humide.
3. Façonner la pâte en boulettes (1 c. à s./15 ml de pâte par boulette) et les déposer sur les plaques en laissant un espace de 2 po (5 cm) entre chacune.
4. Cuire au four préchauffé, une plaque à la fois, de 10 à 12 minutes ou jusqu'à ce que les biscuits soient légèrement dorés et croustillants. Déposer les plaques sur une grille et laisser tiédir 5 minutes, puis transférer les biscuits sur la grille et les laisser refroidir complètement.

RECOMMANDÉ POUR
- Appétit faible
- Nausée

AVANTAGES SUPPLÉMENTAIRES
- Facile à transporter
- Se prépare à l'avance

PRÉPARER À L'AVANCE
Placez les biscuits refroidis dans une jarre à biscuits (pour les garder croquants) ou un contenant hermétique (pour les garder moelleux) et conservez-les à la température de la pièce jusqu'à 5 jours. Vous pouvez également les enrober de papier parchemin et les placer dans un contenant hermétique pour les congeler jusqu'à 2 mois.

Nutriments par portion de 1 biscuit	
Calories	91
Lipides	4 g
Sodium	79 mg
Glucides	13 g
Fibres	0 g
Protéines	1 g

Cette variante du croquant campagnard utilise des biscuits de blé au lieu du gruau. Regorgeant de fruits et de grains entiers, chaque part apporte deux portions du groupe des fruits et légumes ainsi qu'une quantité appréciable de fibres. Ce dessert est aussi bon fait avec des fruits frais qu'avec des fruits surgelés.

RECOMMANDÉ POUR
- Constipation
- Gain de poids

AVANTAGES SUPPLÉMENTAIRES
- Riche en fibres
- Réduction des risques

CONSEILS

Optez pour des pommes qui gardent leur forme une fois cuites, comme les Crispin (Mutsu), Empire, Granny Smith, Ida Red ou Northern Spy.

Pour un croquant campagnard aux pommes seulement, omettez les petits fruits et ajoutez une pomme tranchée finement.

Croquant campagnard aux pommes et aux petits fruits

Recette offerte par Marilynn Small, diététiste aux Céréales Post

Préchauffer le four à 375 °F (190 °C)
Plat allant au four d'une capacité de 4 tasses (1 litre) avec couvercle, graissé

3	grosses pommes à cuire, tranchées finement	3
2 tasses	petits fruits assortis, tranchés s'ils sont gros	500 ml
1 c. à s.	fécule de maïs	15 ml
3	biscuits de blé filamenté, émiettés	3
¼ tasse	cassonade, bien tassée	60 ml
¼ tasse	beurre ou margarine non hydrogénée	60 ml
1 c. à t.	cannelle moulue	5 ml

1. Dans un bol, mélanger les pommes, les petits fruits et la fécule de maïs.
2. Dans un autre bol, réunir les biscuits de blé filamenté, la cassonade, le beurre et la cannelle. Travailler le mélange du bout des doigts jusqu'à ce qu'il devienne friable. Réserver 1 tasse (250 ml) de ce mélange.
3. Mélanger le reste de la pâte et les fruits. Étendre cette préparation dans le plat graissé. Sur le dessus, étaler le mélange réservé.
4. Couvrir et cuire au four préchauffé pendant 20 minutes. Enlever le couvercle et prolonger la cuisson de 10 minutes ou jusqu'à ce que les pommes soient tendres. Servir bien chaud.

Nutriments par portion

Calories	366
Lipides	15 g
Sodium	6 mg
Glucides	60 g
Fibres	6 g
Protéines	3 g

Cette recette devrait être ajustée selon vos symptômes. Suivez la recommandation suivante.

Pour favoriser le gain de poids
- Servez avec de la crème glacée à la vanille.

Utiliser plusieurs sortes de fruits au lieu d'une seule rend cette croustade plus colorée et ajoute de la saveur. Ajoutez plus ou moins de sucre, selon le goût naturel de chacun des fruits. Les flocons d'avoine donnent à la croustade un côté croustillant et délicieux. Le goût sucré peut être attirant pour ceux qui ont un goût amer ou métallique en bouche.

Croustade d'hiver aux fruits

Recette offerte par Laurie A. Wadsworth, diététiste

Préchauffer le four à 400 °F (200 °C)
Plat de verre peu profond allant au four d'une capacité de 6 tasses (1,5 litre)

3	grosses pommes à cuire, pelées et tranchées	3
2	grosses poires, pelées et tranchées	2
½ tasse	canneberges fraîches ou surgelées	125 ml
2 c. à s.	sucre granulé ou cassonade, bien tassée (au goût)	30 ml
1 tasse	gros flocons d'avoine à l'ancienne	250 ml
¼ tasse	cassonade, bien tassée	60 ml
½ c. à t.	cannelle moulue	2 ml
⅓ tasse	beurre ou margarine non hydrogénée	75 ml

1. Mettre les pommes, les poires et les canneberges dans un plat allant au four. Saupoudrer de sucre granulé, au goût.
2. Dans un bol de taille moyenne, mélanger les flocons d'avoine, la cassonade, le son et la cannelle. Ajouter le beurre et, à l'aide d'un coupe-pâte ou de deux couteaux, travailler jusqu'à ce que le mélange soit grumeleux. Étendre sur le mélange de fruits.
3. Cuire au four pendant 40 minutes ou jusqu'à ce que le mélange bouillonne et que les fruits soient presque tendres.

RECOMMANDÉ POUR
- Constipation
- Altérations du goût

AVANTAGES SUPPLÉMENTAIRES
- Riche en fibres
- Réduction des risques

CONSEILS

Optez pour des pommes qui gardent leur forme une fois cuites, comme les Crispin (Mutsu), Empire, Granny Smith, Ida Red ou Northern Spy. Pour une texture plus moelleuse, utilisez une pomme plus molle, comme la McIntosh.

Si désiré, remplacez les canneberges par 2 c. à s. (30 ml) de canneberges déshydratées marinées dans 1 c. à s. (15 ml) de jus d'orange pendant 10 à 15 minutes.

Cette croustade contient beaucoup d'éléments nutritifs. Le son et les flocons d'avoine en font une bonne source de fibres.

Nutriments par portion	
Calories	284
Lipides	13 g
Sodium	3 mg
Glucides	42 g
Fibres	6 g
Protéines	3 g

La plupart des flans sont préparés avec 2 œufs ou plus. Cette recette comprend du lait concentré à 2 % et un seul œuf, pour un flan plus léger.

RECOMMANDÉ POUR
- Sécheresse de la bouche
- Appétit faible
- Nausée
- Altérations du goût
- Gestion du poids

AVANTAGES SUPPLÉMENTAIRES
- Se prépare à l'avance
- Réduction des risques

CONSEILS

Transférez les restes dans un contenant hermétique et réfrigérez-les jusqu'à 5 jours, ou congelez-les jusqu'à 3 mois (la texture sera plus moelleuse après la décongélation, mais adéquate pour les pâtisseries comme les muffins ou les pains éclairs).

PRÉPARER À L'AVANCE

Couvrez le flan et réfrigérez-le jusqu'à 3 jours ou emballez-le dans une pellicule plastique, puis dans du papier d'aluminium (ou placez-le dans un contenant hermétique), et congelez jusqu'à 1 mois. Décongelez au réfrigérateur ou au four à micro-ondes.

Flan à la citrouille

Recette offerte par Cynthia Chace

Préchauffer le four à 325 °F (160 °C)
Mélangeur ou robot culinaire
4 grands ramequins ou 6 petits

1 tasse	lait concentré à 2 %	250 ml
1 tasse	citrouille en purée (ne pas utiliser de garniture pour tarte à la citrouille)	250 ml
2 c. à s.	sucre granulé	30 ml
1	gros œuf	1
¼ c. à t.	muscade moulue	1 ml
¼ c. à t.	gingembre moulu	1 ml

1. Au robot culinaire, réduire en purée le lait, la citrouille, le sucre, l'œuf, la muscade et le gingembre jusqu'à consistance lisse. Verser dans 4 grands ramequins ou 6 petits, puis placer sur une plaque à cuisson.

2. Cuire au four préchauffé pendant 30 minutes ou jusqu'à ce que la lame d'un couteau insérée au centre en ressorte propre. Servir chaud ou couvrir et réfrigérer environ 4 heures ou jusqu'à refroidissement complet pour servir froid.

Nutriments par portion

Calories	70
Lipides	2 g
Sodium	60 mg
Glucides	10 g
Fibres	2 g
Protéines	4 g

Cette recette devrait être ajustée selon vos symptômes. Suivez les recommandations suivantes.

Pour favoriser le gain de poids
- Remplacez le lait concentré à 2 % par du lait entier concentré ou de la crème à café (10 %) ; et/ou
- Servez garni de crème fouettée légèrement sucrée ou de crème glacée.

Les poudings crémeux sont des desserts nourrissants et économiques très faciles à préparer et peuvent attirer les personnes qui ont un appétit faible.

Pouding à la vanille facile

2 tasses	lait	500 ml
2	jaunes d'œufs	2
⅓ tasse	sucre granulé	75 ml
3 c. à s.	fécule de maïs	45 ml
2 c. à t.	extrait de vanille	10 ml

Sur la cuisinière

1. Dans une petite casserole, fouetter ensemble le lait et les jaunes d'œufs. Ajouter le sucre et la fécule de maïs et mélanger jusqu'à consistance lisse. Cuire à feu moyen en remuant sans arrêt pendant 5 minutes ou jusqu'à ce que le pouding bouille et épaississe. Retirer du feu. Ajouter la vanille.

2. Verser le pouding dans des plats individuels. Servir chaud ou froid. Pour servir froid, laisser refroidir et couvrir d'une pellicule plastique pour éviter la formation de croûtes.

Au micro-ondes

1. Dans un bol en verre d'une capacité de 8 tasses (2 litres) ou une casserole, fouetter ensemble le lait et les jaunes d'œufs. Ajouter le sucre et la fécule de maïs et mélanger jusqu'à consistance lisse. Cuire au four à micro-ondes à découvert à puissance élevée pendant 2 minutes. Bien fouetter. Continuer la cuisson au micro-ondes de 2 à 4 minutes, en fouettant à chaque minute, jusqu'à ce que le pouding bouille et épaississe. Ajouter la vanille.

2. Verser le pouding dans des plats individuels. Servir chaud ou froid. Pour servir froid, laisser refroidir et couvrir d'une pellicule plastique pour éviter la formation de croûtes.

RECOMMANDÉ POUR

- Sécheresse de la bouche
- Appétit faible
- Douleurs à la bouche ou à la gorge

AVANTAGES SUPPLÉMENTAIRES

- Riche en protéines
- Se prépare à l'avance

CONSEILS

Versez le pouding directement dans des contenants hermétiques individuels, laissez refroidir, puis réfrigérez pour ensuite les placer dans une petite glacière pour les emporter avec vous lorsque vous avez des rendez-vous. N'oubliez pas de prendre une petite cuillère !

Pour augmenter l'apport en protéines, fouettez ½ tasse (125 ml) de protéines en poudre nature ou à la vanille avec le lait avant d'ajouter celui-ci aux jaunes d'œufs.

PRÉPARER À L'AVANCE

Réfrigérez le pouding à couvert jusqu'à 3 jours.

Cette recette devrait être ajustée selon vos symptômes. Suivez les recommandations suivantes.

Pour favoriser le gain de poids
- Utilisez du lait entier ou remplacez le lait par de la crème à café (10 %) ou de la crème de table (18 %) ; et/ou
- Servez garni de crème fouettée légèrement sucrée.

Nutriments par portion	
Calories	165
Lipides	4 g
Sodium	86 mg
Glucides	24 g
Fibres	0 g
Protéines	7 g

Ce nourrissant pouding au chocolat se prépare en peu de temps sur la cuisinière ou au four à micro-ondes et constitue une bonne source de protéines.

Pouding au chocolat maison

CONSEILS

Pour une saveur de chocolat plus complexe et davantage de flavonoïdes, utilisez du chocolat contenant 70 % de cacao ou des pépites de chocolat noir.

Si vous faites cuire le pouding au four à micro-ondes, assurez-vous d'utiliser de grands bols pour éviter les débordements.

Pour augmenter l'apport en protéines, fouettez ½ tasse (125 ml) de protéines en poudre nature ou à la vanille avec le lait et la fécule de maïs.

Versez le pouding directement dans des contenants hermétiques individuels, laissez refroidir, puis réfrigérez pour ensuite les placer dans une petite glacière pour les emporter avec vous lorsque vous avez des rendez-vous. N'oubliez pas de prendre une petite cuillère !

PRÉPARER À L'AVANCE

Réfrigérez le pouding à couvert jusqu'à 3 jours.

⅓ tasse	sucre granulé	75 ml
¼ tasse	fécule de maïs	60 ml
2 ¼ tasses	lait	550 ml
⅓ tasse	pépites de chocolat mi-sucré	75 ml
1 c. à t.	extrait de vanille	5 ml

Sur la cuisinière

1. Dans une casserole moyenne, fouetter ensemble le sucre et la fécule de maïs. Ajouter le lait et fouetter jusqu'à consistance lisse. Cuire à feu moyen en remuant pendant 5 minutes ou jusqu'à pleine ébullition. Cuire pendant 15 secondes. Retirer du feu. Ajouter les pépites de chocolat et la vanille, puis remuer jusqu'à obtention d'un mélange homogène.

Au micro-ondes

1. Dans un bol en verre d'une capacité de 8 tasses (2 litres) ou un plat allant au four, fouetter ensemble le sucre et la fécule de maïs. Ajouter le lait et fouetter jusqu'à consistance lisse. Cuire au four à micro-ondes à découvert à puissance élevée pendant 2 minutes. Bien fouetter et continuer la cuisson de 2 à 4 minutes, en fouettant à chaque minute, jusqu'à ce que le pouding bouille et épaississe. Ajouter les pépites de chocolat et la vanille.

Pour les deux méthodes

2. Verser le pouding dans des plats individuels. Laisser tiédir et servir chaud. Pour servir froid, couvrir d'une pellicule plastique pour éviter la formation de croûtes et réfrigérer environ 4 heures, ou jusqu'à ce que le pouding ait refroidi.

Nutriments par portion

Calories	242
Lipides	8 g
Sodium	57 mg
Glucides	38 g
Fibres	0 g
Protéines	6 g

Cette recette devrait être ajustée selon vos symptômes. Suivez les recommandations suivantes.

Pour favoriser le gain de poids
- Utilisez du lait entier ou remplacez le lait par de la crème à café (10 %) ou de la crème de table (18 %) ; et/ou
- Servez garni de crème fouettée légèrement sucrée.

Lorsque votre appétit est en déclin et que seuls les plats réconfortants vous attirent, ce pouding au caramel écossais classique peut faire l'affaire.

Pouding au caramel écossais

2 ½ tasses	lait	625 ml
3	jaunes d'œufs	3
⅔ tasse	cassonade, bien tassée (de préférence brune)	150 ml
¼ tasse	fécule de maïs	60 ml
2 c. à s.	beurre, en petits morceaux	30 ml
2 c. à t.	extrait de vanille	10 ml

Sur la cuisinière

1. Dans une casserole moyenne, fouetter ensemble le lait et les jaunes d'œufs. Ajouter la cassonade et la fécule de maïs, puis fouetter jusqu'à consistance lisse. Cuire à feu moyen en remuant sans arrêt pendant environ 7 minutes ou jusqu'à ce que le pouding bouille et épaississe. Retirer du feu. Ajouter le beurre et la vanille et mélanger jusqu'à ce que le beurre ait fondu.

Au micro-ondes

1. Dans un bol en verre d'une capacité de 8 tasses (2 litres) ou un plat allant au four, fouetter ensemble le lait et les jaunes d'œufs. Ajouter la cassonade et la fécule de maïs et fouetter jusqu'à consistance lisse. À découvert, cuire à puissance élevée pendant 3 minutes. Bien fouetter. Continuer la cuisson de 2 à 4 minutes, en fouettant à chaque minute, jusqu'à ce que le pouding bouille et épaississe. Ajouter le beurre et la vanille et mélanger jusqu'à ce que le beurre ait fondu.

Pour les deux méthodes

2. Verser le pouding dans des plats individuels. Servir chaud ou froid. Pour servir froid, laisser refroidir et couvrir d'une pellicule plastique pour éviter la formation de croûtes.

Cette recette devrait être ajustée selon vos symptômes. Suivez les recommandations suivantes.

Pour favoriser le gain de poids
- Utilisez du lait entier ou remplacez le lait par de la crème à café (10 %) ou de la crème de table (18 %) ; et/ou
- Servez garni de crème fouettée légèrement sucrée.

RECOMMANDÉ POUR
- Sécheresse de la bouche
- Appétit faible
- Douleurs à la bouche ou à la gorge
- Gain de poids

AVANTAGES SUPPLÉMENTAIRES
- Se prépare à l'avance

CONSEILS

Pour augmenter l'apport en protéines, fouettez ½ tasse (125 ml) de protéines en poudre nature ou à la vanille avec le lait et la fécule de maïs.

Versez le pouding directement dans des contenants hermétiques individuels, laissez refroidir, puis réfrigérez pour ensuite les placer dans une petite glacière pour les emporter avec vous lorsque vous avez des rendez-vous. N'oubliez pas de prendre une petite cuillère !

PRÉPARER À L'AVANCE

Réfrigérez le pouding à couvert jusqu'à 3 jours.

Nutriments par portion	
Calories	235
Lipides	9 g
Sodium	53 mg
Glucides	33 g
Fibres	0 g
Protéines	5 g

Voici une version moins sucrée du pouding au citron traditionnel.

Pouding au citron

Recette offerte par Valerie Caldicott

Préchauffer le four à 350 °F (180 °C)
Plat allant au four d'une capacité de 4 tasses (1 litre), légèrement graissé
Plat plus grand pour y mettre le plat de 4 tasses

⅓ tasse	sucre granulé	75 ml
2 c. à s.	farine tout usage	30 ml
1 pincée	sel	1 pincée
	jus et zeste de 1 citron	
2	gros œufs, séparés, jaunes d'œufs battus	2
1 tasse	lait	250 ml
	eau bouillante	

1. Dans un bol, mélanger le sucre, la farine et le sel. Ajouter, en remuant, le jus du citron, le zeste, les jaunes d'œufs et le lait.
2. Dans un autre bol, à l'aide d'un mixeur électrique, battre les blancs d'œufs jusqu'à ce qu'ils forment des pics fermes et humides. Incorporer au mélange de citron en soulevant délicatement la masse.
3. Verser le mélange dans le plat préparé. Déposer celui-ci dans un plat plus grand rempli d'environ 1 po (2,5 cm) d'eau bouillante. Faire cuire au four préchauffé pendant 30 minutes ou jusqu'à ce que le pouding soit pris et doré. Servir tiède.

Parole de survivante

Lorsque ma belle-mère avait le cancer, je me demandais: «Qu'est-ce qui serait bon au goût?» Je lui ai donc apporté un flan et elle m'a dit: «Oh! Je déteste les flans.» J'aurais dû me renseigner avant de lui préparer un dessert.

Nutriments par portion

Calories	124
Lipides	3 g
Sodium	171 mg
Glucides	19 g
Fibres	1 g
Protéines	6 g

Ce délicieux pouding, un mélange de pommes et de flocons d'avoine, est une adaptation d'une recette traditionnelle irlandaise. Si vous avez envie d'un peu de panache, ajoutez une bonne cuillerée de crème fouettée.

Pouding aux pommes et à l'avoine

Donne un meilleur résultat dans une petite mijoteuse d'une capacité de 14 tasses (3,5 litres)
Cocotte de la mijoteuse, graissée

2 c. à s.	beurre, fondu	30 ml
1 tasse	flocons d'avoine à l'ancienne	250 ml
⅓ tasse	cassonade, bien tassée	75 ml
½ tasse	farine tout usage	125 ml
1 c. à t.	bicarbonate de sodium	5 ml
1 pincée	sel	1 pincée
2	gros œufs, battus	2
1 tasse	lait 2 % ou boisson de riz ou d'amandes	250 ml
6	pommes, pelées, finement tranchées	6
1 c. à s.	jus de citron, fraîchement pressé	15 ml
1 c. à s.	cassonade, bien tassée	15 ml
1 c. à t.	cannelle moulue	5 ml

1. Dans un bol, mélanger le beurre, les flocons d'avoine et ⅓ de tasse (75 ml) de cassonade. Incorporer la farine, le bicarbonate de sodium et le sel. Ajouter graduellement les œufs et le lait en mélangeant jusqu'à ce que ce soit homogène. Verser dans la cocotte de la mijoteuse préparée.

2. Dans un autre bol, mettre les pommes, le jus de citron, 1 c. à s. (15 ml) de cassonade et la cannelle. Étendre uniformément ce mélange sur le mélange de flocons d'avoine. Couvrir et cuire à température élevée de 3 h 30 à 4 heures, jusqu'à ce que les pommes soient tendres. Laisser tiédir et servir.

Cette recette devrait être ajustée selon vos symptômes. Suivez les recommandations suivantes.

Pour les douleurs à la bouche ou à la gorge
• Optez pour des pommes qui ramollissent et perdent leur forme une fois cuites, comme les McIntosh et les Cortland.

Pour favoriser le gain de poids
• Servez avec de la crème glacée à la vanille ; et/ou
• Saupoudrez de pacanes grillées et hachées.

RECOMMANDÉ POUR
• Diarrhée
• Appétit faible
• Douleurs à la bouche ou à la gorge
• Gain de poids

CONSEILS

Le lait ordinaire peut cailler, dans la mijoteuse, mais le lait concentré reste crémeux. Si vous utilisez un substitut laitier, ce sont les boissons de riz et d'amandes qui conviennent le mieux à cette recette, puisqu'ils ont une saveur plus subtile que la boisson de soya.

Optez pour des pommes qui gardent leur forme une fois cuites, comme les Empire, Granny Smith, Ida Red ou Northern Spy.

Ce pouding est meilleur s'il est consommé chaud, la journée même. Les restes peuvent être couverts et réfrigérés jusqu'à 2 jours.

Les flocons d'avoine et l'avoine épointée contiennent le son de la céréale qui, lui, contient des minéraux, des antioxydants, des fibres et des lignanes végétaux, qui protégeraient contre le cancer du sein. Ajouter de l'avoine dans un dessert est aussi une bonne façon d'augmenter votre consommation de grains entiers.

Nutriments par portion

Calories	350
Lipides	8 g
Sodium	462 mg
Glucides	64 g
Fibres	5 g
Protéines	8 g

Ce dessert traditionnel est un plat réconfortant, mais il est aussi très polyvalent. Délicieux avec des petits fruits frais, il est également savoureux avec une bonne cuillerée de crème fouettée ou avec une cuillerée de crème glacée à la vanille.

RECOMMANDÉ POUR

- Appétit faible
- Nausée
- Douleurs à la bouche ou à la gorge

AVANTAGES SUPPLÉMENTAIRES

- Réduction des risques

CONSEIL

La semoule de maïs moulue sur pierre étant un grain entier, elle est donc plus nourrissante que les variétés raffinées. Vous pouvez vous en procurer dans la section des aliments biologiques des supermarchés, dans les magasins d'aliments naturels ou en vrac. Conservez la semoule de maïs au réfrigérateur, dans un sac de plastique hermétique, ou au congélateur jusqu'à 1 an.

PRÉPARER À L'AVANCE

Versez le pouding dans des contenants hermétiques, laissez-le refroidir, couvrez et réfrigérez jusqu'à 3 jours. Réchauffez au four à micro-ondes à puissance moyenne-élevée (70 %) de 2 à 3 minutes, ou jusqu'à ce que le pouding soit bien chaud. Ajoutez du lait ou de l'eau pour obtenir la consistance désirée.

Pouding à la semoule de maïs

Donne un meilleur résultat dans une petite mijoteuse d'une capacité de 14 tasses (3,5 litres)
Cocotte de la mijoteuse, graissée

4 tasses	lait	1 l
½ tasse	semoule de maïs jaune moulue à la meule	125 ml
2	gros œufs	2
1 c. à s.	huile d'olive extra-vierge	15 ml
½ tasse	mélasse de fantaisie	125 ml
½ c. à t.	gingembre moulu	2 ml
½ c. à t.	cannelle moulue	2 ml
½ c. à t.	muscade, fraîchement râpée	2 ml
½ c. à t.	sel	2 ml
	petits fruits frais (facultatif)	

1. Dans une casserole, chauffer le lait à feu moyen-élevé, en brassant souvent, jusqu'à ce qu'il parvienne à ébullition. Incorporer la semoule de maïs en un filet mince et continu. Cuire pendant environ 5 minutes en brassant, jusqu'à ce que le mélange commence à épaissir et à faire des bulles. Retirer du feu.

2. Dans un petit bol, fouetter les œufs. Verser environ ½ tasse (125 ml) de semoule de maïs chaude en fouettant, jusqu'à ce que le tout soit bien mélangé. Remettre graduellement dans la casserole en mélangeant bien. Incorporer l'huile d'olive, la mélasse, le gingembre, la cannelle, la muscade et le sel. Mettre dans la cocotte de la mijoteuse préparée.

3. Couvrir et cuire à température élevée pendant 3 heures, jusqu'à ce que le pouding soit pris. Verser dans des bols de service individuels et garnir de petits fruits frais, si désiré. Servir chaud.

Nutriments par portion	
Calories	188
Lipides	5 g
Sodium	223 mg
Glucides	28 g
Fibres	1 g
Protéines	6 g

Cette recette devrait être ajustée selon vos symptômes. Suivez les recommandations suivantes.

Pour favoriser le gain de poids

- Utilisez du lait entier ou remplacez de 1 à 2 tasses (250 à 500 ml) du lait par de la crème à café (10 %) ou de la crème de table (18 %) ; et/ou
- Servez garni de crème glacée ou de crème fouettée sucrée.

Ce pouding indien traditionnel contient un agent épaississant peu commun: des pois cassés séchés. Les bienfaits? Des protéines, des fibres et des nutriments. Exotique et délicieux, il a une légère saveur de banane rehaussée par la douceur des dattes et la texture croquante des amandes grillées.

**Donne
8 portions**

Pouding aux bananes à l'indienne

Donne un meilleur résultat avec une petite mijoteuse d'une capacité de 14 tasses (3,5 litres)
Cocotte de la mijoteuse, graissée
Mélangeur ou robot culinaire

½ tasse	pois cassés jaunes, trempés, rincés	125 ml
1 ½ tasse	eau	375 ml
1 c. à s.	racine de gingembre, hachée	15 ml
¼ tasse	cassonade, bien tassée	60 ml
1	boîte (14 oz/398 ml) de lait de coco	1
½ c. à t.	extrait d'amande	2 ml
½ c. à t.	cardamome ou cannelle moulue	5 ml
2	bananes mûres, écrasées	2
¼ tasse	dattes dénoyautées, hachées finement, de préférence Medjool	60 ml
½ tasse	amandes émincées, hachées	125 ml
	crème fouettée (facultatif)	

1. Dans une casserole, mélanger les pois cassés et l'eau. Couvrir et porter à ébullition à feu vif. Réduire le feu et laisser bouillir pendant 3 minutes. Éteindre le feu et laisser mijoter pendant 1 heure. Égoutter et bien rincer à l'eau froide.

2. Au mixeur, mélanger les pois, le gingembre, le sucre et ½ tasse (125 ml) du lait de coco. Mélanger jusqu'à consistance lisse. Ajouter le reste du lait de coco, l'extrait d'amande et la cardamome; mélanger jusqu'à consistance lisse. Verser dans la cocotte de la mijoteuse préparée.

3. Placer un linge à vaisselle propre plié en deux (pour avoir deux épaisseurs) sur la cocotte pour absorber l'humidité. Couvrir et cuire à température élevée pendant 3 heures, jusqu'à ce que les pois soient tendres et que le mélange commence à épaissir. Ajouter les bananes. Replacer le linge et continuer la cuisson pendant 30 minutes.

RECOMMANDÉ POUR
• Constipation
• Nausée

AVANTAGES SUPPLÉMENTAIRES
• Riche en fibres
• Facile à transporter
• Se prépare à l'avance
• Réduction des risques

CONSEILS

Les dattes, dans ce pouding, ajoutent un goût sucré, des fibres et une large gamme de minéraux, dont du potassium.

Les amandes fournissent plus que de la saveur et de la texture ; elles ont également des bienfaits importants pour la santé. Elles sont l'une des meilleures sources de vitamine E et d'antioxydants. Elles contiennent également du magnésium, du folate, du fer et plusieurs phytonutriments importants, de même que des matières grasses mono-insaturées saines.

Nutriments par portion	
Calories	255
Lipides	15 g
Sodium	9 mg
Glucides	28 g
Fibres	5 g
Protéines	6 g

Versez le pouding directement dans des contenants hermétiques individuels, laissez refroidir, puis réfrigérez pour ensuite les placer dans une petite glacière pour les emporter avec vous lorsque vous avez des rendez-vous. N'oubliez pas de prendre une petite cuillère !

PRÉPARER À L'AVANCE

Réfrigérez le pouding, couvert, jusqu'à 3 jours. Servez froid ou réchauffez au four à micro-ondes à puissance moyenne-élevée (70 %) de 2 à 3 minutes, ou jusqu'à ce que le pouding soit fumant. Ajoutez du lait ou de l'eau pour obtenir la consistance désirée.

> ## Parole de survivante
>
> *Lorsque j'étais malade, j'ai demandé à ma mère de préparer du Jell-O. Elle a préparé une double portion dans un grand bol de métal et m'a dit qu'il était au réfrigérateur. J'aurais aimé qu'elle le divise en portions, dans des bols à fruits, parce qu'en voyant le gros bol de métal, je n'ai pas été capable d'en manger.*

4. Retirer la cocotte de la mijoteuse. À l'aide d'une cuillère de bois, brasser vigoureusement le mélange. Ajouter les dattes et la moitié des amandes. Transférer dans un bol ou dans un contenant hermétique. Couvrir et réfrigérer environ 1 h 30 ou jusqu'à refroidissement complet. Servir le pouding saupoudré d'amandes et d'une cuillerée de crème fouettée, si désiré.

Cette recette devrait être ajustée selon vos symptômes. Suivez la recommandation suivante.

Pour les douleurs à la bouche ou à la gorge
• Omettez les amandes et ajoutez de 2 à 3 c. à t. (10 à 15 ml) de beurre d'amande pour chaque portion.

Lorsqu'il est question de plats réconfortants, un bon nombre de personnes mettent le pouding au riz en haut de leur liste. Il est crémeux, succulent et tellement satisfaisant!

Donne
6 portions

Pouding au riz crémeux

½ tasse	riz à grains courts, comme du riz arborio	125 ml
5 tasses	lait entier, en tout	1,25 l
⅓ tasse	sucre granulé	75 ml
¼ c. à t.	sel	1 ml
1	jaune d'œuf	1
¼ tasse	raisins secs sultana	60 ml
1 c. à t.	extrait de vanille	5 ml
	cannelle moulue (facultatif)	

1. Dans une grande casserole, mélanger le riz, 4½ tasses (1,125 l) de lait, le sucre et le sel. Porter à ébullition, puis réduire le feu à moyen-doux et laisser mijoter partiellement couvert, en remuant à l'occasion, de 45 à 50 minutes, ou jusqu'à ce que le riz soit tendre et que le mélange ait épaissi.

2. Battre ensemble le reste du lait (½ tasse/125 ml) et le jaune d'œuf. En remuant, incorporer au mélange de riz et cuire pendant 1 minute, jusqu'à consistance crémeuse. Retirer du feu. Ajouter les raisins et la vanille.

3. Servir chaud ou à la température de la pièce. (Le pouding épaissit lorsqu'il refroidit.) Saupoudrer de cannelle, si désiré.

RECOMMANDÉ POUR
- Appétit faible
- Douleurs à la bouche ou à la gorge

AVANTAGES SUPPLÉMENTAIRES
- Riche en protéines
- Se prépare à l'avance

CONSEILS

Si vous ne trouvez pas de riz à grains courts, utilisez du riz à grains longs (non converti). Le riz à grains longs n'est pas aussi riche en amidon; il faudra donc réduire la quantité de lait à 4 tasses (1 litre) au total. Mélangez le riz à 3½ tasses (875 ml) de lait et continuez la recette selon les instructions.

Ajoutez 1 c. à s. (15 ml) de beurre au mélange de riz afin de réduire la quantité de mousse.

PRÉPARER À L'AVANCE

Versez le pouding dans des contenants hermétiques, laissez-le refroidir, couvrez et réfrigérez jusqu'à 2 jours. Servez froid ou réchauffez au four à micro-ondes à puissance moyenne-élevée (70 %) de 2 à 3 minutes, ou jusqu'à ce que le pouding soit fumant. Ajoutez du lait ou de l'eau pour obtenir la consistance désirée.

Cette recette devrait être ajustée selon vos symptômes. Suivez les recommandations suivantes.

Pour favoriser le gain de poids
- Remplacez de 1 à 2 tasses (250 à 500 ml) du lait par de la crème à café (10 %) ou de la crème de table (18 %).

Si le goût est métallique ou amer
- Omettez la vanille et ajoutez deux zestes de citron de 2 po (5 cm) au mélange de riz avant la cuisson. Enlevez-les avant de servir.

Nutriments par portion	
Calories	236
Lipides	7 g
Sodium	187 mg
Glucides	35 g
Fibres	1 g
Protéines	8 g

Le pouding au riz est un plat réconfortant indémodable. Cette version se compose de riz brun, d'épices, de fruits séchés et de noix.

RECOMMANDÉ POUR
- Appétit faible

AVANTAGES SUPPLÉMENTAIRES
- Facile à transporter
- Se prépare à l'avance
- Réduction des risques

CONSEILS

Pour obtenir 1 tasse (250 ml) de riz brun cuit, mettez 1/3 de tasse (75 ml) de riz brun à cuire dans 2/3 de tasse (150 ml) d'eau.

L'arôme de la muscade fraîchement râpée est plus odorant que celui de la muscade achetée moulue. Si vous n'avez que de la muscade déjà moulue, utilisez-la, mais goûtez au moins une fois à de la muscade fraîchement râpée. Vous sentirez et goûterez la différence.

PRÉPARER À L'AVANCE

Versez le pouding dans des contenants hermétiques, laissez-le refroidir, couvrez-le et réfrigérez-le jusqu'à 2 jours. Servez froid ou réchauffez au four à micro-ondes à puissance moyenne-élevée (70 %) de 2 à 3 minutes, ou jusqu'à ce que le pouding soit fumant. Ajoutez du lait ou de l'eau pour obtenir la consistance désirée.

Pouding au riz à l'indienne

Recette offerte par Eileen Campbell

Préchauffer le four à 350 °F (180 °C)
Plat d'une capacité de 8 tasses (2 litres) muni d'un couvercle
Plaque à pâtisserie

1 tasse	riz brun, cuit	250 ml
1	boîte (14 oz/398 ml) **de lait de coco allégé**	1
3 tasses	lait	750 ml
1/2 tasse	raisins secs	125 ml
1/4 tasse	amandes, finement hachées	60 ml
1/4 tasse	noix de coco râpée, non sucrée	60 ml
1/4 tasse	sucre granulé	60 ml
1/2 c. à t.	cardamome moulue	2 ml
1	bâton de cannelle d'environ 4 po (10 cm)	1
1/2 c. à t.	muscade râpée (voir le conseil, à gauche)	2 ml

1. Étendre le riz dans le plat. Ajouter le lait de coco, le lait, les raisins secs, les amandes, la noix de coco, le sucre, la cardamome et le bâton de cannelle.

2. Couvrir et déposer sur la plaque à pâtisserie. Cuire au four préchauffé pendant 1 heure ou jusqu'à épaississement de la sauce. Enlever le bâton de cannelle. Servir chaud ou réfrigérer environ 4 heures, jusqu'à ce que le pouding ait refroidi. Garnir de muscade.

Nutriments par portion

Calories	208
Lipides	9 g
Sodium	64 mg
Glucides	28 g
Fibres	2 g
Protéines	5 g

Cette recette devrait être ajustée selon vos symptômes. Suivez les recommandations suivantes.

Pour favoriser le gain de poids
- Utilisez du lait de coco ordinaire (entier) plutôt que du lait de coco allégé ; et/ou
- Utilisez du lait entier ou remplacez de 1 à 2 tasses (250 à 500 ml) du lait par de la crème à café (10 %) ou de la crème de table (18 %) ; et/ou
- Ajoutez de 1 à 2 c. à s. (15 à 30 ml) de beurre au pouding chaud, après la cuisson.

En matière de réconfort, le pouding au pain, un dessert d'antan, vient au premier rang. Cette version simplifiée, qui se compose de pain à la cannelle dans une croustade, ne prend que peu de temps à préparer.

Pouding au pain aux raisins

Préchauffer le four à 375 °F (190 °C)
Plaques à pâtisserie à rebords
Plat de verre allant au four peu profond d'une capacité de 10 tasses (2,5 litres), généreusement beurré
Grande rôtissoire peu profonde ou lèchefrite

12	tranches de pain aux raisins et cannelle (1 lb/500 g)	12
6	gros œufs	6
2 tasses	lait entier	500 ml
1 tasse	crème à café (10 %)	250 ml
¾ tasse	sucre granulé	175 ml
2 c. à t.	extrait de vanille	10 ml
	eau bouillante	

Garniture

2 c. à s.	sucre granulé	30 ml
½ c. à t.	cannelle moulue	2 ml

1. Placer les tranches de pain en une couche sur la plaque à pâtisserie et faire rôtir au four préchauffé de 10 à 12 minutes. Laisser refroidir. Ne pas fermer le four. Couper le pain en cubes et le placer dans le plat préparé.
2. Dans un bol, fouetter ensemble les œufs, le lait, la crème, ¾ de tasse (175 ml) de sucre et la vanille. Verser sur le pain. Laisser tremper pendant 10 minutes en pressant délicatement à l'aide d'une spatule.
3. Garniture: dans un petit bol, mélanger 2 c. à s (30 ml) de sucre et la cannelle. Saupoudrer sur le mélange.
4. Placer le plat dans la rôtissoire ou la lèchefrite. Remplir la rôtissoire d'eau à mi-hauteur. Chauffer au four préchauffé de 45 à 50 minutes, ou jusqu'à ce que le dessus ait gonflé et que la croustade soit prise. Enlever le plat de l'eau et le placer sur une grille pour refroidir. Servir chaud ou à la température de la pièce.

RECOMMANDÉ POUR
• Appétit faible

AVANTAGES SUPPLÉMENTAIRES
• Riche en protéines
• Se prépare à l'avance

PRÉPARER À L'AVANCE
Versez le pouding dans des contenants hermétiques, laissez-le refroidir, couvrez et réfrigérez jusqu'à 2 jours ou congelez jusqu'à 2 mois. Si le pouding est congelé, décongelez-le au réfrigérateur ou au micro-ondes. Servez froid ou réchauffez au micro-ondes à puissance moyenne-élevée (70 %) de 2 à 3 minutes, ou jusqu'à ce qu'il soit fumant. Humidifiez avec du lait, si désiré.

Nutriments par portion	
Calories	291
Lipides	10 g
Sodium	243 mg
Glucides	42 g
Fibres	2 g
Protéines	11 g

Glaces apaisantes et boissons rafraîchissantes

Hydratation, hydratation, hydratation. Ce mot devrait être le mantra de tous les patients souffrant de cancer. Maintenir une bonne hydratation a plusieurs bienfaits. Elle permet d'évacuer les résidus toxiques de la chimiothérapie, de maintenir la pression artérielle, de remplacer les fluides perdus, de garder les selles régulières et de tenir la nausée à distance. En outre, les liquides se consomment mieux que les aliments solides lorsque vous avez peu d'appétit et, bien sûr, ils sont plus attirants pour les personnes qui souffrent de douleurs à la bouche ou à la gorge. Certains patients ont un goût tellement désagréable en bouche que l'engourdir est leur meilleure option. C'est dans ces occasions que les glaces sont les bienvenues. Ces glaces et boissons ne sont pas seulement bonnes au goût, elles sont nourrissantes et hydratantes.

Si vous ne pouvez consommer que des liquides et des sucettes glacées et que vous êtes inquiet de savoir d'où tirer des fibres, essayez ces sucettes glacées aux fruits; elles sont remplies de fibres.

Donne
16 petites sucettes

Sucettes glacées fruitées

Recette offerte par Anne-Christine Giguère, Sabrina Tremblay et Cindy Martel

Robot culinaire ou mélangeur
Petits moules à sucettes glacées

1	banane très mûre	1
1 ½ tasse	céréales de son ou flocons de son	375 ml
1 tasse	fraises, équeutées	250 ml
10 oz	tofu soyeux	300 g
2 tasses	yogourt probiotique nature	500 ml
¾ tasse	jus d'orange concentré surgelé (½ boîte)	175 ml

1. Au robot culinaire ou au mélangeur, réduire en une purée lisse la banane, les céréales et les fraises (si vous utilisez un mélangeur, vous devrez peut-être ajouter le jus d'orange concentré tout de suite pour réduire en purée). Incorporer le tofu, le yogourt et le jus d'orange concentré; bien mélanger.
2. Verser dans les moules et mettre à congeler environ 6 heures ou jusqu'à ce que les sucettes soient glacées. Garder congelé jusqu'à 2 semaines.

RECOMMANDÉ POUR
- Déshydratation
- Sécheresse de la bouche
- Appétit faible
- Nausée
- Gestion du poids

AVANTAGES SUPPLÉMENTAIRES
- Se prépare à l'avance

CONSEIL

Si vous n'utilisez pas des bananes déjà achetées, mettez-les dans un sac en plastique réutilisable et congelez-les. Elles noirciront, mais une fois décongelées et pelées, elles seront parfaites pour les yogourts fouettés.

Les bananes sont l'un des rares fruits recommandés si vous avez la diarrhée.

Parole de survivante

Lorsque votre système immunitaire est faible et que vous avez le rhume, les sucettes glacées aux fruits peuvent aider.

Nutriments par portion de 1 sucette

Calories	56
Lipides	2 g
Sodium	29 mg
Glucides	8 g
Fibres	1 g
Protéines	3 g

Ces glaces rafraîchissantes sont une version plus nourrissante des glaces sucrées. Vous pouvez concocter différentes glaces à partir de fruits en purée ou de jus concentrés pour varier les saveurs. Quelques minutes avant de servir, retirez-les du congélateur et déposez-les au réfrigérateur.

RECOMMANDÉ POUR
- Déshydratation
- Sécheresse de la bouche
- Appétit faible
- Nausée
- Douleurs à la bouche ou à la gorge
- Gestion du poids

AVANTAGES SUPPLÉMENTAIRES
- Se prépare à l'avance

Nutriments par portion de 1 glace

Calories	41
Lipides	2 g
Sodium	24 mg
Glucides	5 g
Fibres	0 g
Protéines	2 g

Glaces au yogourt

Recette offerte par Barbara Hudec

Grands moules à sucettes ou moules de papier

1 tasse	yogourt probiotique nature	250 ml
¾ tasse	jus de fruits concentré, décongelé ou purée de fruits frais	175 ml
¾ tasse	lait	175 ml

1. Mélanger le yogourt, le jus de fruits et le lait. Verser dans les moules (ou des petits moules de papier, mettre au congélateur jusqu'à ce que les glaces soient partiellement congelées. Insérer un bâtonnet au centre de chacun des petits moules). Congeler pendant 6 heures ou jusqu'à ce que les glaces soient fermes. Garder congelé jusqu'à 2 semaines.

Cette gâterie est meilleure pour la santé que les Popsicles du commerce. Adaptez cette recette selon vos préférences. La papaye contient une enzyme, la papaïne, qui peut aider si vous avez une salive épaisse.

RECOMMANDÉ POUR
- Déshydratation
- Sécheresse de la bouche
- Appétit faible
- Douleurs à la bouche ou à la gorge
- Nausée
- Gestion du poids

Nutriments par portion de 1 glace

Calories	41
Lipides	2 g
Sodium	24 mg
Glucides	5 g
Fibres	0 g
Protéines	2 g

Glaces santé

Recette offerte par Doris Ouellet

Grands moules à sucettes

1 tasse	yogourt probiotique à la vanille	250 ml
1 tasse	fruits, finement hachés (fraises, bleuets, framboises, mangue, papaye, etc.)	250 ml

1. À l'aide d'une cuillère, déposer la moitié du yogourt dans les moules, en divisant également. Garnir de fruits, puis ajouter le reste du yogourt. Congeler pendant 6 heures, ou jusqu'à ce que les glaces soient fermes. Garder congelé jusqu'à 2 semaines.

Vous adorerez cette recette qui sort de l'ordinaire, qu'elle soit servie congelée ou comme pouding (réfrigérez dans des bols jusqu'à ce que le mélange soit froid plutôt que congelé). Vous n'avez même pas besoin d'aimer les avocats !

Donne
4 grosses sucettes

Sucettes glacées mystère

Recette offerte par Donna Suerich

Mélangeur
Grands moules à sucettes

1	gros avocat, pelé et dénoyauté	1
1	banane très mûre	1
½ tasse	lait	125 ml
2 c. à s.	poudre de cacao non sucrée	30 ml
1 c. à s.	miel	15 ml
1 c. à t.	extrait de vanille	5 ml

1. Au mélangeur, mélanger l'avocat, la banane, le lait, le cacao en poudre, le miel et l'extrait de vanille jusqu'à consistance lisse.
2. Verser dans les moules et mettre les sucettes à congeler environ 6 heures ou jusqu'à ce qu'elles soient fermes. Garder congelé jusqu'à 2 semaines.

RECOMMANDÉ POUR

- Constipation
- Déshydratation
- Sécheresse de la bouche
- Appétit faible
- Nausée
- Douleurs à la bouche ou à la gorge

AVANTAGES SUPPLÉMENTAIRES

- Riche en fibres
- Se prépare à l'avance
- Réduction des risques

CONSEILS

La vanille pure contient un agent nutraceutique appelé vanilline. Les nutraceutiques sont des nutriments qui ont des bienfaits sur le plan médical.

Environ 70 % des calories contenues dans les avocats viennent de leur gras, mais il s'agit de gras sain mono-insaturé. De plus, ils contiennent plus de potassium qu'une banane et fournissent des vitamines B ainsi que des vitamines liposolubles E et K.

Le cacao contient un type de flavanol appelé proanthocyanidine. Pour retirer le plus de ces composants bénéfiques possible, optez pour du cacao foncé naturel et non du cacao en poudre alcalinisé.

Nutriments par portion de 1 sucette	
Calories	148
Lipides	8 g
Sodium	17 mg
Glucides	18 g
Fibres	5 g
Protéines	3 g

Voici une façon originale et amusante de profiter des bienfaits du thé vert.

RECOMMANDÉ POUR

- Déshydratation
- Sécheresse de la bouche
- Appétit faible
- Douleurs à la bouche ou à la gorge

AVANTAGES SUPPLÉMENTAIRES

- Se prépare à l'avance
- Réduction des risques

CONSEIL

Le thé vert japonais a tendance à contenir davantage d'ECGC que les autres thés verts. Dans leur livre *Les Aliments contre le cancer*, Richard Béliveau et Denis Gingras ont démontré que le thé qui contient le plus d'ECGC est le Sencha Uchiyama.

Parole de survivante

Avant mes ultrasons, je devais prendre un produit de contraste au goût terrible. Le fait de manger une glace avant m'aidait à engourdir ma bouche de manière à ne pas sentir le produit.

Glaces au thé vert

Petits moules à sucettes

1 c. à s.	feuilles de thé vert (ou 2 sachets de thé)	15 ml
1 tasse	eau bouillante	250 ml
2 c. à s.	nectar d'agave ou miel	30 ml
¾ tasse	jus d'orange	175 ml
2 c. à s.	jus de citron, fraîchement pressé	30 ml

1. Dans une tasse à mesurer ou une théière, combiner le thé vert et l'eau bouillante. Laisser infuser de 5 à 8 minutes ou jusqu'à ce que le mélange soit odorant. Passer le mélange dans un tamis fin (ou enlever les sachets de thé) sans écraser les feuilles et verser dans une autre tasse à mesurer ou dans un récipient muni d'un bec verseur.
2. Incorporer le nectar d'agave jusqu'à ce qu'il soit dissous. Laisser refroidir à la température de la pièce. Ajouter le jus d'orange et le jus de citron.
3. Verser dans les moules et congeler jusqu'à ce que les glaces soient fermes, environ 4 heures ou toute la nuit. Garder congelé jusqu'à 2 semaines.

Nutriments par portion de 1 glace	
Calories	28
Lipides	0 g
Sodium	0 mg
Glucides	7 g
Fibres	0 g
Protéines	0 g

Ce lait frappé, qui ne contient que trois ingrédients, se prépare rapidement pour un mélange de glucides et de protéines que vous pouvez déguster à tout moment de la journée. La poudre de lait écrémé ajoute de la texture et augmente l'apport en calcium et en protéines.

Donne
1 portion

Lait frappé à l'orange

Recette offerte par les Producteurs laitiers du Canada

Mélangeur

¾ tasse	yogourt probiotique à la vanille	175 ml
2 c. à s.	lait écrémé en poudre instantané	30 ml
½ tasse	jus d'orange	125 ml

1. Dans un mélangeur, mélanger le yogourt, la poudre de lait écrémé et le jus d'orange jusqu'à consistance lisse.

RECOMMANDÉ POUR
- Déshydratation
- Sécheresse de la bouche
- Appétit faible
- Nausée

AVANTAGES SUPPLÉMENTAIRES
- Riche en protéines
- Se prépare à l'avance

Nutriments par portion

Calories	199
Lipides	6 g
Sodium	133 mg
Glucides	26 g
Fibres	0 g
Protéines	10 g

La combinaison des bananes, qui contiennent des fibres prébiotiques, et du yogourt probiotique est une excellente façon d'améliorer l'équilibre en bactéries saines dans votre système digestif.

Donne
2 portions

Lait frappé aux bananes et aux petits fruits

Recette offerte par Ann Merritt

Mélangeur

1	banane	1
1 tasse	petits fruits frais ou surgelés (mélange au choix)	250 ml
1 tasse	lait ou boisson de soya à la vanille	250 ml
¾ tasse	yogourt probiotique à la vanille	175 ml

1. Au mélangeur, mélanger la banane et les petits fruits avec une petite quantité de lait jusqu'à consistance lisse. Ajouter le reste du lait et le yogourt et mélanger jusqu'à consistance homogène. Si le lait frappé est trop épais, ajouter du lait pour obtenir la consistance désirée. Servir immédiatement.

RECOMMANDÉ POUR
- Déshydratation
- Sécheresse de la bouche
- Appétit faible
- Nausée

AVANTAGES SUPPLÉMENTAIRES
- Riche en protéines

VARIANTE

Plutôt que d'utiliser du yogourt à la vanille, choisissez une saveur qui se marie bien aux petits fruits que vous aurez choisis.

Nutriments par portion

Calories	207
Lipides	5 g
Sodium	112 mg
Glucides	35 g
Fibres	3 g
Protéines	8 g

**Donne
1 portion**

Pas bons pour la santé les laits frappés? Cette version est aussi nutritive que délicieuse.

RECOMMANDÉ POUR

- Déshydratation
- Sécheresse de la bouche
- Appétit faible
- Nausée

AVANTAGES SUPPLÉMENTAIRES

- Riche en protéines

CONSEIL

Si vous préférez, vous pouvez remplacer le sucre granulé par du sirop d'érable.

Nutriments par portion

Calories	254
Lipides	16 g
Sodium	104 mg
Glucides	17 g
Fibres	4 g
Protéines	16 g

Lait frappé au chocolat et aux noix

Mélangeur

2 c. à t.	poudre de cacao non sucrée	10 ml
1 ½ c. à s.	beurre d'amande naturel, amandes entières ou beurre d'arachide	22 ml
⅓ tasse	lait	75 ml
2 c. à t.	sirop d'érable pur (environ)	10 ml
¼ tasse	cubes de glace	60 ml
2 c. à s.	protéines de lactosérum en poudre, sans saveur	30 ml

1. Mélanger la poudre de cacao, le beurre d'amande, le lait et le sirop d'érable jusqu'à consistance lisse. Ajouter les cubes de glace et les protéines de lactosérum en poudre et mélanger jusqu'à obtention d'une texture semblable à celle d'une barbotine. Ajouter du sirop d'érable et servir immédiatement.

**Donne de
1 à 2 portions**

À essayer si vous avez des douleurs à la bouche ou à la gorge en raison de l'absence d'acidité.

RECOMMANDÉ POUR

- Déshydratation
- Diarrhée
- Sécheresse de la bouche
- Appétit faible
- Nausée
- Douleurs à la bouche ou à la gorge

Nutriments par portion

Calories	120
Lipides	3 g
Sodium	54 mg
Glucides	19 g
Fibres	2 g
Protéines	5 g

Yogourt fouetté aux bananes

Recette offerte par Jill Miller, diététiste

Mélangeur

1	banane mûre	1
½ tasse	yogourt probiotique nature	125 ml
½ tasse	eau	125 ml
½ tasse	lait	125 ml
3	glaçons	3

1. Au mélangeur, pulvériser la banane, le yogourt, l'eau, le lait et les glaçons jusqu'à consistance lisse. Servir immédiatement.

Version revisitée d'une recette figurant au dos d'un paquet de tofu, cette boisson a un goût riche et sucré. Comme un dessert!

Boisson exquise aux fruits et au tofu

Recette offerte par Eileen Campbell

Mélangeur

1	banane mûre	1
10 oz	tofu soyeux aux pêches et à la mangue (ou tout autre tofu aux fruits)	300 g
1 tasse	pêches ou mangues, tranchées, surgelées	250 ml
1 tasse	jus d'orange	250 ml
	miel ou sucre granulé (facultatif)	

1. Au mélangeur, pulvériser la banane, le tofu, les pêches et le jus d'orange jusqu'à consistance lisse.
2. Sucrer, au goût, avec un peu de miel. Servir froid.

RECOMMANDÉ POUR
- Déshydratation
- Sécheresse de la bouche
- Appétit faible
- Nausée

AVANTAGES SUPPLÉMENTAIRES
- Réduction des risques

CONSEILS

Pour un résultat plus mousseux, ajoutez 1 tasse (250 ml) de glaçons en même temps que les autres ingrédients.

Versez dans une tasse isolée ou dans un Thermos pour un smoothie à boire sur le pouce.

Parole de survivante

Mes enfants m'achetaient des laits frappés. C'est la seule chose que j'ai pu manger pendant longtemps.

Nutriments par portion	
Calories	149
Lipides	2 g
Sodium	26 mg
Glucides	31 g
Fibres	2 g
Protéines	4 g

Pas besoin d'une centrifugeuse pour préparer ce yogourt fouetté hyper santé qui vous donnera de l'énergie pour votre journée.

RECOMMANDÉ POUR
- Déshydratation
- Sécheresse de la bouche
- Appétit faible
- Nausée

AVANTAGES SUPPLÉMENTAIRES
- Riche en fibres
- Riche en protéines
- Réduction des risques

CONSEIL

Recherchez les protéines de lactosérum dans les magasins d'aliments naturels ou les magasins de produits en vrac. La plupart sont aromatisées au chocolat, à la fraise ou à la vanille, mais certaines sont natures et d'autres, sucrées. Si vous cherchez une saveur de fruit frais plus prononcée dans votre yogourt fouetté ou votre lait frappé, optez pour les protéines de lactosérum non aromatisées. Lisez les étiquettes et optez pour le produit contenant le moins d'ingrédients, car plusieurs contiennent des additifs inutiles. Sinon, le lait écrémé en poudre traditionnel est peu cher et constitue une excellente source de protéines.

Yogourt fouetté vert

Mélangeur

¼ tasse	épinards surgelés, hachés	60 ml
½	banane congelée, coupée en morceaux	½
¼	pomme, hachée	¼
¼ tasse	protéines de lactosérum en poudre	60 ml
1 c. à s.	graine de lin moulue	15 ml
¼ tasse	yogourt probiotique nature	60 ml
1 c. à s.	miel ou nectar d'agave (environ)	15 ml

1. Au mélangeur, pulvériser les épinards, la banane, la pomme, les protéines de lactosérum, la graine de lin, le yogourt et le miel jusqu'à consistance lisse.
2. Sucrer en ajoutant un peu de miel, au goût. Servir immédiatement.

Nutriments par portion

Calories	316
Lipides	7 g
Sodium	98 mg
Glucides	45 g
Fibres	5 g
Protéines	32 g

Les bleuets et le thé vert sont deux aliments qui devraient venir parmi les premiers dans votre menu anticancer.

Yogourt fouetté au thé vert et aux bleuets

RECOMMANDÉ POUR
- Déshydratation
- Sécheresse de la bouche
- Appétit faible
- Douleurs à la bouche ou à la gorge

AVANTAGES SUPPLÉMENTAIRES
- Réduction des risques

CONSEIL
Si vous avez la nausée et que les aliments vous dégoûtent, essayez de boire dans une tasse munie d'un couvercle et d'une paille.

Mélangeur

2 c. à t.	feuilles de thé vert (ou 1 sachet)	10 ml
½ tasse	eau bouillante	125 ml
1 c. à s.	miel ou nectar d'agave	15 ml
½ tasse	bleuets surgelés	125 ml
½ tasse	yogourt probiotique nature	125 ml

1. Dans une tasse à mesurer ou une théière, combiner l'eau et le thé vert. Laisser infuser pendant 8 minutes. Passer le mélange dans un tamis fin (ou enlever le sachet de thé) sans écraser les feuilles et verser dans un bol ou autre contenant. Incorporer le miel et mélanger jusqu'à ce qu'il soit dissous. Couvrir et réfrigérer au moins 1 heure, jusqu'à ce que le tout ait refroidi, ou jusqu'à 1 journée.
2. Au mélangeur, pulvériser le thé refroidi, les bleuets et le yogourt jusqu'à consistance lisse. Servir immédiatement.

Parole de survivante

L'anxiété que je ressentais à l'approche des traitements de chimiothérapie m'empêchait de manger.

Nutriments par portion

Calories	185
Lipides	4 g
Sodium	57 mg
Glucides	33 g
Fibres	2 g
Protéines	5 g

Les fruits tropicaux sont encore plus exotiques avec une touche de lait de coco, dans ce yogourt fouetté consistant et délicieux!

RECOMMANDÉ POUR

- Déshydratation
- Sécheresse de la bouche
- Appétit faible
- Nausée

AVANTAGES SUPPLÉMENTAIRES

- Réduction des risques

CONSEIL

Pour une texture plus fine, utilisez une banane fraîche plutôt qu'une banane congelée.

Yogourt fouetté tropical

Mélangeur

½	banane mûre, congelée, coupée en deux	½
½ tasse	mangue surgelée ou ananas en cubes	125 ml
¼ tasse	lait de coco	60 ml
¼	tasse yogourt probiotique nature	60 ml
1 c. à t.	extrait de vanille	5 ml
	nectar d'agave ou miel (facultatif)	

1. Au mélangeur, pulvériser la banane, la mangue, le lait de coco, le yogourt et la vanille jusqu'à consistance lisse.
2. Sucrer avec du nectar d'agave, si désiré. Servir immédiatement.

Nutriments par portion

Calories	274
Lipides	14 g
Sodium	37 mg
Glucides	35 g
Fibres	4 g
Protéines	5 g

L'idée de départ de cette boisson rafraîchissante est issue du sud de la Thaïlande. Des cantines bordant la plage y offrent des mélanges de jus de fruits pour désaltérer les vacanciers. À déguster si vous sentez que vous souffrez d'un coup de chaleur.

RECOMMANDÉ POUR

- Déshydratation
- Sécheresse de la bouche
- Appétit faible
- Nausée

AVANTAGES SUPPLÉMENTAIRES

- Réduction des risques

Panaché tropical

Recette offerte par Eileen Campbell

Mélangeur

1	banane mûre	1
1 tasse	melon d'eau sans pépins, en dés	250 ml
1 tasse	jus d'ananas	250 ml
	glaçons (facultatif)	

1. Au mélangeur, pulvériser la banane et le melon d'eau avec le jus d'ananas jusqu'à consistance crémeuse et lisse. Servir sur glace, si désiré.

Nutriments par portion

Calories	145
Lipides	0 g
Sodium	3 mg
Glucides	36 g
Fibres	2 g
Protéines	2 g

Cette boisson rafraîchissante figure à la carte de la plupart des restaurants indiens. Vous pourrez désormais la préparer à la maison et constater par vous-même pourquoi elle est aussi populaire.

Lassi à la mangue

Recette offerte par Eileen Campbell

Mélangeur

1	**mangue mûre, hachée** (ou 1 tasse/250 ml de mangue surgelée, hachée)	1
½ tasse	yogourt probiotique nature ou à la vanille	125 ml
½ tasse	lait	125 ml
	miel	
½ tasse	glaçons	125 ml

1. Au mélangeur, pulvériser la mangue, le yogourt, le lait, le miel et les glaçons jusqu'à consistance lisse. Servir immédiatement.

RECOMMANDÉ POUR

- Déshydratation
- Sécheresse de la bouche
- Appétit faible
- Nausée
- Douleurs à la bouche et à la gorge

AVANTAGES SUPPLÉMENTAIRES

- Réduction des risques

Nutriments par portion	
Calories	190
Lipides	3 g
Sodium	72 mg
Glucides	39 g
Fibres	3 g
Protéines	6 g

Cette magnifique boisson froide est comme de l'aromathérapie dans un verre. Les saveurs de la menthe, du melon, du gingembre et de la pomme se marient pour créer l'équilibre idéal entre une boisson rafraîchissante et apaisante.

RECOMMANDÉ POUR
- Déshydratation
- Sécheresse de la bouche
- Appétit faible
- Nausée
- Gestion du poids

Boisson glacée à la menthe et au melon

Mélangeur

4	feuilles de menthe fraîche	4
½ tasse	melon frais, haché (melon d'eau, cantaloup ou melon miel)	125 ml
½ tasse	soda au gingembre	125 ml
¼ tasse	jus de pomme ou de canneberge, non sucré	60 ml

1. Au mélangeur, pulvériser la menthe, le melon, le soda au gingembre et le jus de pomme jusqu'à consistance lisse. Servir immédiatement.

Nutriments par portion

Calories	99
Lipides	0 g
Sodium	29 mg
Glucides	25 g
Fibres	1 g
Protéines	1 g

Cette recette de l'Organisation mondiale de la Santé est parfaite lorsque vous êtes déshydraté et que vous n'avez pas de boisson électrolytique de remplacement sous la main. Elle est conçue pour être consommée par cuillère à thé (5 ml). Mesurez soigneusement.

Donne
4 tasses (1 litre)

Boisson électrolytique

2 c. à s.	sucre granulé	30 ml
½ c. à t.	sel	2 ml
4 tasses	eau	1 l

1. Dans un contenant, mélanger le sucre, le sel et l'eau. Bien remuer pour dissoudre le sucre et le sel. Boire fréquemment et en petites quantités.

Nutriments par portion de 2 c. à s. (30 ml)	
Calories	2
Lipides	0 g
Sodium	36 mg
Glucides	1 g
Fibres	0 g
Protéines	0 g

Le gingembre est apaisant et, combiné au thé vert, il fait un thé glacé rafraîchissant. Le fait d'ajouter les feuilles de thé à l'eau froide et de les laisser infuser tranquillement diminue le goût amer du thé.

RECOMMANDÉ POUR
- Déshydratation
- Appétit faible
- Nausée

AVANTAGES SUPPLÉMENTAIRES
- Réduction des risques

Parole de survivante

Je coupais les limes en quartiers et je les congelais pour ensuite les utiliser comme glaçons.

Thé glacé au gingembre

2 c. à s.	gingembre, haché	30 ml
4 tasses	eau, en tout	1 l
¼ tasse	miel	60 ml
2 c. à s.	feuilles de thé vert (ou 4 sachets)	30 ml
	glaçons	

1. Dans une petite casserole, mélanger le gingembre, ½ tasse (125 ml) d'eau et le miel. Porter à ébullition à feu moyen. Réduire le feu et laisser mijoter pendant environ 10 minutes ou jusqu'à ce que le gingembre soit translucide et que la saveur soit imprégnée. Laisser refroidir.

2. Verser dans un pichet ou un autre contenant. Ajouter le reste de l'eau et les feuilles de thé. Couvrir et réfrigérer au moins 8 heures, ou laisser le thé infuser pendant la nuit. Passer à travers une passoire à thé ou un tamis fin et jeter le gingembre et les feuilles de thé sans les presser. Servir immédiatement ou garder au réfrigérateur, couvert, jusqu'à 3 jours. Servir froid, sur glace.

Nutriments par portion

Calories	70
Lipides	0 g
Sodium	0 mg
Glucides	18 g
Fibres	0 g
Protéines	0 g

Nous avons servi cette boisson pendant une rencontre avec les survivantes du cancer qui ont fourni les capsules «Parole de survivante». Toutes ont été d'accord pour dire qu'il s'agit d'une boisson qu'elles consommeraient pendant les traitements.

Donne
4 portions

Sangria sans alcool

Recette offerte par Donna Bottrell, diététiste

1 tasse	jus de raisin	250 ml
½ tasse	jus d'orange	125 ml
3 tasses	eau pétillante	750 ml
1	orange, coupée en quartiers	1
	glaçons	

1. Dans un pichet, mélanger le jus de raisin, le jus d'orange, l'eau pétillante et les quartiers d'orange. Servir froid, sur glace. Conserver au réfrigérateur, couvert, jusqu'à 2 jours.

RECOMMANDÉ POUR
- Déshydratation
- Sécheresse de la bouche
- Appétit faible
- Nausée

AVANTAGES SUPPLÉMENTAIRES
- Réduction des risques

Nutriments par portion

Calories	58
Lipides	0 g
Sodium	1 mg
Glucides	14 g
Fibres	1 g
Protéines	1 g

Le clou de girofle vient au premier rang des épices sur le plan des antioxydants. Le thé chai contient du clou de girofle ainsi que d'autres épices bénéfiques comme la cannelle, le gingembre, la cardamome, la muscade, le poivre noir et la vanille. Tout comme le chocolat chaud à la mexicaine (page 306), cette boisson chaude peut très bien remplacer le café.

RECOMMANDÉ POUR

- Constipation
- Sécheresse de la bouche
- Appétit faible
- Altérations du goût

AVANTAGES SUPPLÉMENTAIRES

- Riche en protéines
- Réduction des risques

Chai à la vanille

1	sachet de thé chai	1
2 c. à t.	sucre granulé, nectar d'agave ou miel	10 ml
1 tasse	lait	250 ml
1 c. à t.	extrait de vanille	5 ml

1. Dans une casserole, combiner le sachet de thé, le sucre et le lait. Laisser mijoter à feu moyen-doux en remuant à l'occasion (ne pas laisser bouillir). Retirer du feu, couvrir et laisser infuser de 5 à 8 minutes ou jusqu'à obtention de la saveur désirée.
2. Jeter le sachet de thé sans le presser (ou passer à travers un tamis fin) et ajouter la vanille. Verser dans une tasse et servir chaud.

Nutriments par portion

Calories	155
Lipides	5 g
Sodium	100 mg
Glucides	18 g
Fibres	0 g
Protéines	8 g

Les aversions gustatives sont très courantes pendant les traitements contre le cancer, et l'aversion pour le café est l'une des plus répandues. Mais le fait de boire des boissons chaudes peut être bénéfique pour garder une régularité des selles. Si vous avez une aversion pour le café, essayez cette recette.

Donne
6 portions

Chocolat chaud à la mexicaine

Recette offerte par Eileen Campbell

½ tasse	sucre granulé	125 ml
½ tasse	eau	125 ml
⅓ tasse	cacao non sucré en poudre	75 ml
½ c. à t.	cannelle moulue	2 ml
5 tasses	lait	1,25 l
½ c. à t.	extrait de vanille	2 ml
½ c. à t.	extrait d'amande	2 ml

1. Dans une grande casserole, à feu moyen, chauffer le sucre, l'eau, le cacao en poudre et la cannelle jusqu'à ce que le sucre soit dissous. Ajouter le lait et chauffer jusqu'à ce que le liquide approche du point d'ébullition, mais ne pas laisser bouillir. Retirer du feu et ajouter l'extrait de vanille et l'extrait d'amande. (Laisser le surplus refroidir, puis réfrigérer dans un contenant hermétique jusqu'à 2 jours. Bien remuer et réchauffer en portions individuelles dans une casserole ou au micro-ondes.)

RECOMMANDÉ POUR
- Constipation
- Déshydratation
- Altérations du goût

AVANTAGES SUPPLÉMENTAIRES
- Riche en protéines
- Réduction des risques

CONSEIL
Si vous disposez d'un mousseur manuel, utilisez-le pour faire mousser le chocolat chaud avant de le servir.

Parole de survivante

J'ai eu des problèmes sur le plan musculaire pendant un an après mes traitements, même si je paraissais bien.

Nutriments par portion	
Calories	178
Lipides	5 g
Sodium	85 mg
Glucides	29 g
Fibres	2 g
Protéines	8 g

Auteurs collaborateurs

Johanna Burkhard
500 Best Comfort Food Recipes
Les recettes tirées de ce livre se trouvent aux pages 161, 163, 167, 168, 173, 177, 178, 180, 183, 195, 204, 209, 210, 214, 215, 234, 241, 244, 245, 246, 255, 269, 278, 279, 286 et 288.

Dietitians of Canada/Les diététistes du Canada
Cook Great Food
Les recettes tirées de ce livre se trouvent aux pages 148, 149, 153, 156, 162, 176, 179, 184, 185, 186, 187, 189, 191, 193, 194, 198, 202, 203, 208, 213, 216, 219, 220, 221, 222, 223, 240, 264, 268, 270, 275, 276, 277, 281, 291 (haut) et 288.

Dietitians of Canada/Les diététistes du Canada
Simply Great Food
Les recettes tirées de ce livre se trouvent aux pages 150, 152, 157, 160, 172, 175, 192, 199, 200, 201, 205, 211, 212, 218, 226, 228 (bas), 238, 242, 243, 248, 250, 251, 252, 253, 260, 274, 287, 290, 291 (bas), 292, 295 (bas), 296, 299 (bas), 300, 304 et 306.

Judith Finlayson
The Complete Whole Grains Cookbook
Les recettes tirées de ce livre se trouvent aux pages 174, 206, 236 et 239.

Judith Finlayson
The Convenience Cook
Les recettes tirées de ce livre se trouvent aux pages 169, 171, 181, 182, 188, 191, 237 et 262.

Judith Finlayson
The Healthy Slow Cooker
Les recettes tirées de ce livre se trouvent aux pages 151, 154, 155, 158, 159, 166, 257, 258, 282 et 283.

George Geary et Judith Finlayson
650 Best Food Processor Recipes
Les recettes tirées de ce livre se trouvent aux pages 170, 224, 225, 227, 228 (haut), 230, 254, 261, 263, 265 et 284.

Jennifer MacKenzie
Les recettes de cette auteure se trouvent aux pages 231, 235, 266, 280, 293, 295 (haut), 297, 298, 299 (haut), 301, 302, 303 et 305.

Certains de ces livres ont été publiés en français sous les titres suivants :

Les diététistes du Canada, *Nos meilleures recettes; 450 délicieuses recettes,* 2002.

Les diététistes du Canada, *Simplement délicieux,* 2012.

Judith Finlayson, *Céréales de grains entiers; 150 recettes pour tous les jours,* 2008.

Judith Finlayson, *Plats mijotés santé; 125 recettes santé à la mijoteuse électrique,* 2006.

Remerciements

J'ai adoré écrire ce livre. J'ai adoré cette expérience parce que j'aime faire de la recherche, écrire et créer, et parce que je crois sincèrement que ce livre pourra faire une différence dans la vie des gens qui souffrent de cancer. C'est ce qui m'a permis de continuer : savoir que je pouvais aider les gens. Ce livre me permettra de les rejoindre de façon beaucoup plus intime que n'importe quel service de soutien. Pendant cette période, le lundi est devenu ma journée préférée parce que je pouvais prendre le temps de m'asseoir et d'écrire mon livre.

Je suis reconnaissante d'avoir travaillé avec une équipe merveilleuse qui a rendu le travail encore plus emballant. À l'équipe de Robert Rose (Bob Dees, Bob Hilderley et Jennifer MacKenzie, éditeurs, Sue Sumeraj, Martine Quibell, responsable de la publicité, Marian Jarbovich, responsable des ventes et du marketing) : vos compétences et vos conseils sont exactement ce dont une nouvelle auteure a besoin, et j'ai apprécié vos encouragements. Merci également à Kevin Cockburn, de PageWave Graphics, pour le magnifique design du texte.

Écrire un livre est à la fois un art et une science. Lorsqu'il a été question de science, Serena Beber, Andrea Daley, Linda Keleman, Anita McGowan et Lucia Weiler ont mis leurs propres projets de côté pour m'aider à faire la recherche et à faire avancer le projet, ce qui m'a permis de produire un livre fondé sur des faits et auquel les professionnels peuvent se fier.

J'aimerais également remercier Sally Keefe Cohen, une consultante littéraire extraordinaire, et Daniela Fierini, qui a pensé à moi pour réaliser ce projet et qui a lancé le processus.

J'ai apprécié tous ceux et celles qui ont fourni leurs recettes – les économistes familiaux, les diététistes, les concepteurs de recettes – et qui m'ont permis de sélectionner certaines d'entre elles qui correspondent aux besoins variés de mes lecteurs. Je suis particulièrement reconnaissante envers Jennifer MacKenzie, une spécialiste en économie familiale, qui a travaillé avec moi pour la section des recettes. Son expérience, sa sagesse et son bon sens ont apporté la ligne directrice et la stabilité dont le projet avait besoin. Ensemble, je crois que nous avons créé une section de recettes qui correspond aux besoins spécifiques des patients – ce qui n'existe nulle part ailleurs.

Le Dr Neil Berinstein m'a littéralement sauvé la vie, en 1994. J'avais la maladie de Hodgkin, qui remplissait mes poumons de fluides lymphatiques et me noyait dans mon propre corps. Il m'a sauvée encore une fois, métaphoriquement parlant, lorsque j'ai voulu publier ce livre et qu'il a accepté d'agir à titre de conseiller médical.

J'aimerais remercier mon groupe de discussion : les femmes extraordinaires, chez Wellspring, qui n'ont pas hésité à donner de leur temps et de leur sagesse. Je crois que, avant de vous rencontrer en tant que groupe, vous ne réalisiez pas combien le partage de vos expériences personnelles pouvait être utile à d'autres. Votre objectif de partager votre sagesse et de la faire connaître est maintenant atteint, et je sais que vos bons mots, qui parsèment le livre, toucheront les lecteurs.

Finalement, ce projet de livre n'aurait pu être concrétisé sans le soutien inconditionnel de ma partenaire Kathrin. Tu m'as toujours soutenue et tu m'as encouragée au fil des diverses étapes du projet. Tu me rappelles régulièrement que, ensemble, nous sommes plus fortes.

Ressources

Voici quelques exemples de sites internet fiables portant sur le cancer.

Sociétés en cancérologie
Société canadienne du cancer : www.cancer.ca
American Cancer Society : www.cancer.org

Groupes d'entraide
Fondation québécoise du cancer : https://fqc.qc.ca/
Société canadienne du cancer : www.cancer.ca/fr-ca/support-and-services/support-services/support-groups-qc/?region=qc
Portail canadien en soins palliatifs : www.virtualhospice.ca

Cancer du sein
Fondation du cancer du sein du Québec : www.rubanrose.org/
Fondation canadienne du cancer du sein : www.cbcf.org/fr-fr/Central/Pages/Default.aspx
American Breast Cancer Foundation : www.abcf.org

Cancer colorectal
Association canadienne du cancer colorectal : www.colorectal-cancer.ca

Cancer du poumon
L'Association pulmonaire (Québec) : www.pq.poumon.ca/diseases-maladies/cancer-cancer/
Cancer pulmonaire Canada : www.lungcancercanada.ca
Global Lung Cancer Coalition : www.lungcancercoalition.org

Lymphome
Lymphome Canada : www.lymphoma.ca/fr
Lymphoma Research Foundation : www.lymphoma.org/

Cancer de la prostate
Cancer de la prostate Canada : www.prostatecancer.ca/

Ressources locales
Fondation québécoise du cancer : https://fqc.qc.ca/
BC Cancer Agency (Colombie-Britannique) : www.bccancer.bc.ca
Memorial Sloan-Kettering Cancer Center (États-Unis) : www.mskcc.org

Diététistes
Dietitians of Canada/Les diététistes du Canada : www.dietitians.ca
American Dietetic Association : www.eatright.org

Renseignements sur la santé et la nutrition
Portail Santé mieux-être du gouvernement du Québec : www.sante.gouv.qc.ca
Santé Canada : www.hc-sc.gc.ca/index-fra.php
American Institute of Cancer Research : www.aicr.org
Action Cancer Ontario : www.cancercare.on.ca
Saine alimentation Ontario : http://www.eatrightontario.ca/fr/default.aspx
HealthLink BC (Colombie-Britannique) : www.healthlinkbc.ca
National Cancer Institute (États-Unis) : www.cancer.gov
Office of Dietary Supplements, National Institutes of Health (États-Unis) : www.ods.od.nih.gov

Chaînes YouTube
On peut aller sur www.youtube.com et saisir le nom des organismes suivants :

AICR (American Institute of Cancer Research ; également sur Vimeo : www.vimeo.com/aicr)
American Cancer Society
Macmillan Cancer Support

Références

Sources utilisées dans l'ensemble du livre :

American Cancer Society (www.cancer.org)

American Dietetic Association (www.eatright.org)

American Institute of Cancer Research (www.aicr.org)

BC Cancer Agency (www.bccancer.bc.ca)

British Dietetic Association (www.bda.uk.com)

Canadian Cancer Encyclopedia, Canadian Cancer Society (http://info.cancer.ca/cce-ecc/)

Canadian Cancer Society (www.cancer.ca)

Cancer Care Ontario (www.cancercare.on.ca)

Caring4Cancer (www.caring4cancer.com)

Eat Right Ontario (www.eatrightontario.ca)

Glycemic Index (www.glycemicindex.com)

Health Canada (www.hc-sc.gc.ca/index-eng.php)

HealthLink BC (www.healthlinkbc.ca)

National Academy of Sciences, The National Academies Press (www.nap.edu)

National Cancer Institute (www.cancer.gov)

Office of Dietary Supplements, National Institutes of Health (www.ods.od.nih.gov)

Practice-based Evidence in Nutrition (PEN), Dietitians of Canada (www.pennutrition.com)

Chapitre 1
Les traitements traditionnels

McCallum, P.D. et B. Grant. *The Clinical Guide to Oncology Nutrition,* 2ᵉ éd., New York, American Dietetic Association, 2006.

Chapitre 2
Gérer les effets secondaires et les troubles concomitants

Fisher, S., A. Bowman, T. Mushins et coll. *British Columbia Dietitians' and Nutritionists' Association Manual of Nutritional Care,* Vancouver, BC, Dietitians' and Nutritionists' Association, 1992: 151-61.

L'anémie
Pharmacist's Letter/Prescriber's Letter, 2008 Aug 24 (240811).

La perte d'appétit, l'anorexie et la cachexie
Choudry, H.A., M. Pan, A.M. Karinch et W.W. Souba. « Branched-chain amino acid-enriched nutritional support in surgical and cancer patients », *J Nutr,* 2006 Jan, 136(1 Suppl): 314S-18S.

Kumar, N.B., A. Kazi, T. Smith et coll. « Cancer cachexia: Traditional therapies and novel molecular mechanism-based approaches to treatment », *Curr Treat Options Oncol,* 2010 Dec; 11(3-4): 107-17.

Liebman, B. « Under the influence: How external cues make us overeat », *Nutrition Action Health Letter* (M. Jacobson, ed.), 2011 May; 38(4): 1-11.

Paccagnella, A., I. Morassutti, G. Rosti. « Nutritional intervention for improving treatment tolerance in cancer patients », *Curr Opin Oncol,* 2011 Jul; 23(4): 322-30.

Tisdale, M.J. « Mechanisms of cancer cachexia », *Physiol Rev,* 2009 Apr; 89(2): 381-410.

La constipation
American Dietetic Association and Dietitians of Canada. *Manual of Clinical Dietetics,* Chicago, American Dietetic Association, 2000.

Tack, J. « Current and future therapies for chronic constipation », *Best Pract Res Clin Gastroenterol,* 2011 Feb; 25(1): 151-58.

La dépression
Sánchez-Villegas, A., M. Delgado-Rodríguez, A. Alonso et coll. « Association of the Mediterranean dietary pattern with the incidence of depression: The Seguimiento Universidad de Navarra/University of Navarra follow-up (SUN) cohort », *Arch Gen Psychiatry,* 2009 Oct; 66(10): 1090-98.

Les régimes de désintoxication
« Detox Diets », *Mayo Clinic Women's Health Source,* 2009 July; 13(7): 8. Accessible au : http://healthsource.mayoclinic.com/content/pdf.cfm?p=305/200907.PDF&d=OO8. Consulté le 13 juin 2011.

Le diabète

Canadian Diabetes Association. *Managing Your Blood Glucose.* Accessible au http://www.diabetes.ca/diabetes-and-you/living/management/manage-glucose/. Consulté le 6 juillet 2011.

Vigneri, P., F. Frasca, L. Sciacca et coll. « Diabetes and cancer », *Endocr Relat Cancer,* 2009 Dec; 16(4): 1103-23.

La diarrhée

Brown, A.C. et A. Valiere. « Probiotics and medical nutrition therapy », *Nutr Clin Care,* 2004 Apr-Jun; 7(2): 56-68.

Delia, P., G. Sansotta, V. Donato et coll. « Use of probiotics for prevention of radiation-induced diarrhea », *World J Gastroenterol,* 2007 Feb; 13(6): 912-15.

Douglas, L.C. et M.E. Sanders. « Probiotics and prebiotics in dietetics practice », *J Am Diet Assoc,* 2008 Mar; 108(3): 510-21.

Giralt, J., J.P. Regadera, R. Verges et coll. « Effects of probiotic *Lactobacillus casei DN-114 001* in prevention of radiation-induced diarrhea: Results from multicenter, randomized, placebo-controlled nutritional trial », *Int J Radiat Oncol Biol Phys,* 2008 Jul; 71(4): 1213-19.

Joneja, J. « Nutritional aspects of common food sensitivities: Celiac disease and lactose intolerance », *The Whitehall-Robins Report,* 2008 Sep; 17(3).

McNeil Nutritionals. *Lactose content list.* Accessible au http://www.lactaid.com/dairydigestion/dairy-digestion-test. Consulté le 30 juin 2011.

Visich, K.L. et T.P. Yeo. « The prophylactic use of probiotics in the prevention of radiation therapy-induced diarrhea », *Clin J Oncol Nurs,* 2010 Aug; 14(4): 467-73.

La sécheresse de la bouche

American Dietetic Association. « Position of the American Dietetic Association: Ethical and legal issues in nutrition, hydration and feeding », *J Am Diet Assoc,* 2008 May; 108: 873-82.

GlaxoSmithKline. *Are You a Healthcare Professional Who Can Help with Symptoms of Dry Mouth?* Accessible au http://www.biotene.com/Healthcare-professional/Symptoms.aspx. Consulté le 4 juillet 2011.

National Institute of Dental and Craniofacial Research. *Oncology Pocket Guide to Oral Health.* Accessible au http://www.nidcr.nih.gov/OralHealth/Topics/CancerTreatment/OncologyReferenceGuide.htm. Publié le 25 mars 2011. Consulté le 4 juillet 2011.

Oral Science. *X-PUR 100% Xylitol Gum/Mints.* Accessible au http://www.oralscience.ca/en/products/gums_mints.html. Consulté le 4 juillet 2011.

Pearce, N. *Proper Dental Care for Cancer Patients.* Accessible au http://blog.wellspring.ca/wp/2011/06/20/proper-dental-care-for-cancer-patients/. Publié le 20 juin 2011. Consulté le 28 juin 2011.

Walsh, L. « Clinical assessment and management of the oral environment in the oncology patient », *Aust Dent J,* 2010; 55(suppl 1): S66-S77.

Les aversions alimentaires

Hong, J.H., P. Omur-Ozbek, B.T. Stanek et coll. « Taste and odor abnormalities in cancer patients », *J Support Oncol,* 2009 Mar-Apr; 7(2): 58-65.

Les maladies du cœur

Canadian Heart and Stroke Foundation: www.heartandstroke.com.

Mayo Clinic Staff. *Mediterranean Diet: Choose This Heart-Healthy Diet Option.* Accessible au http://www.mayoclinic.com/health/mediterranean-diet/CL00011. Publié le 19 juin 2010. Consulté le 13 juin 2011.

Pauwels, E.K. « The protective effect of the Mediterranean diet: Focus on cancer and cardiovascular risk », *Med Princ Pract,* 2011; 20(2): 103-11.

Les douleurs à la bouche

Kuhn, K.S., M. Muscaritoli, P. Wischmeyer et P. Stehle. « Glutamine as indispensable nutrient in oncology: Experimental and clinical evidence », *Eur J Nutr,* 2010 Jun; 49(4): 197-210.

Mosel, D.D., R.L. Bauer, D.P. Lynch et S.T. Hwang. « Oral complications in the treatment of cancer patients », *Oral Dis,* 2011 Sep; 17(6): 550-59.

National Institute of Dental and Craniofacial Research. *Oncology Pocket Guide to Oral Health.* Accessible au http://www.

nidcr.nih.gov/OralHealth/Topics/Cancer Treatment/OncologyReferenceGuide. htm. Publié le 25 mars 2011. Consulté le 4 juillet 2011.

Pearce, N. *Dental Care During Cancer Treatment.* Accessible au http://blog.wellspring.ca/wp/2011/08/12/dental-care-during-cancer-treatment/. Publié le 12 août 2011. Consulté le 4 juillet 2011.

La nausée

Dibble, S.L., J. Luce, B.A. Cooper et coll. « Acupressure for chemotherapy-induced nausea and vomiting: A randomized clinical trial », *Oncol Nurs Forum,* 2007 Jul; 34(4): 813-20.

Hickok, J.T., J.A. Roscoe, G.R. Morrow et J.L. Ryan. « A phase II/III randomized, placebo-controlled, double-blind clinical trial of ginger (*Zingiber officinale*) for nausea caused by chemotherapy for cancer: A currently accruing URCC CCOP cancer control study », *Support Cancer Ther,* 2007 Sep 1; 4(4): 247-50.

Mandryk, L. « Ginger and chemo-induced nausea », *Oncology Network Infoletter,* Dietitians of Canada, 2010.

Morrow, G.R., J.A. Roscoe, J.T. Hickok et coll. « Nausea and emesis: Evidence for a biobehavioral perspective », *Support Care Cancer,* 2002 Mar; 10(2): 96-105.

Murray, M. *The Healing Power of Herbs: The Enlightened Person's Guide to the Wonders of Medicinal Plants,* Rocklin (CA), Prima Publishing, 1995.

Roscoe, J.A., P. Bushunow, G.R. Morrow et coll. « Patient expectation is a strong predictor of severe nausea after chemotherapy: A University of Rochester Community Clinical Oncology Program study of patients with breast carcinoma », *Cancer,* 2004 Dec 1; 101(11): 2701-8.

Zick, S.M., M.T. Ruffin, J. Lee et coll. « Phase II trial of encapsulated ginger as a treatment for chemotherapy-induced nausea and vomiting », *Support Care Cancer,* 2009 May; 17(5): 563-72.

Les altérations du goût

Hong, J.H., P. Omur-Ozbek, B.T. Stanek et coll. « Taste and odor abnormalities in cancer patients », *J Support Oncol,* 2009 Mar-Apr; 7(2): 58-65.

Strasser, F., R. Demmer, C. Böhme et coll. « Prevention of docetaxel- or paclitaxel-associated taste alterations in cancer patients with oral glutamine: A randomized, placebo-controlled, double-blind study », *Oncologist,* 2008 Mar; 13(3): 337-46.

Les vomissements

National Institute of Dental and Craniofacial Research. *Oncology Pocket Guide to Oral Health.* Accessible au http://www. nidcr.nih.gov/OralHealth/Topics/Cancer Treatment/OncologyReferenceGuide. htm. Publié le 25 mars 2011. Consulté le 4 juillet 2011.

Le gain de poids et l'obésité

McTiernan, A. « Obesity and cancer: the risks, science, and potential management strategies », *Oncology (Williston Park),* 2005 Jun; 19(7): 871-81; discussion 881-82, 885-86.

La guérison des plaies

Guo, S. et L.A. Dipietro. « Factors affecting wound healing », *J Dent Res,* 2010 Mar; 89(3): 219-29.

CHAPITRE 3
LES TRAITEMENTS COMPLÉMENTAIRES
CONTRE LE CANCER

Barrett, S. *Gastrointestinal Quackery: Colonics, Laxatives, and More.* Accessible au http://www.quackwatch.org/01QuackeryRelatedTopics/gastro.html. Publié le 4 août 2010. Consulté le 17 août 2011.

Courneya, K.S. et C.M. Friedenreich. « Physical activity and cancer: An introduction », *Recent Results Cancer Res,* 2011; 186: 1-10.

Faul, L.A., H.S. Jim, S. Minton et coll. « Relationship of exercise to quality of life in cancer patients beginning chemotherapy », *J Pain Symptom Manage,* 2011 May; 41(5): 859-69.

Gansler, T., C. Kaw, C. Crammer et T. Smith. « A population-based study of prevalence of complementary methods use by cancer survivors: A report from the American Cancer Society's studies of cancer survivors», *Cancer,* 2008 Sep 1; 113(5): 1048-57.

Hay, L. *You Can Heal Your Life.* Carlsbad (CA), Hay House, 2004.

Ontario Breast Cancer Information Exchange Project. *A Guide to Unconventional Cancer Therapies,* 1994.

Chapitre 4
Votre boîte à outils

L'inflammation

Béliveau, R. et D. Gingras. *Les aliments contre le cancer. La prévention du cancer par l'alimentation,* Montréal, Trécarré, 2005.

Brasky, T.M., J.W. Lampe, J.D. Potter et coll. «Specialty supplements and breast cancer risk in the VITamins And Lifestyle (VITAL) Cohort», *Cancer Epidemiol Biomarkers Prev,* 2010 Jul; 19(7): 1696-708.

Calder, P.C. «n-3 polyunsaturated fatty acids, inflammation, and inflammatory diseases», *Am J Clin Nutr,* 2006 Jun; 83(6 Suppl): 1505S-19S.

Cavicchia, P.P., S.E. Steck, T.G. Hurley et coll. «A new dietary inflammatory index predicts interval changes in serum high-sensitivity C-reactive protein», *J Nutr,* 2009 Dec; 139(12): 2365-72.

Daley, C.A., A. Abbott, P.S. Doyle et coll. «A review of fatty acid profiles and anti-oxidant content in grass-fed and grain-fed beef», *Nutr J,* 2010 Mar 10; 9: 10.

Field, C. Conférence donnée par le Dr Catherine J. Field, Ph.D., R.D., le 26 avril 2010.

Gleissman, H., J.I. Johnsen et P. Kogner. «Omega-3 fatty acids in cancer, the protectors of good and the killers of evil?», *Exp Cell Res,* 2010 May 1; 316(8): 1365-73.

O'Sullivan, A., K. O'Sullivan, K. Galvin et coll. «Grass silage versus maize silage effects on retail packaged beef quality», *J Anim Sci,* 2002 Jun; 80(6): 1556-63.

Pierce, B.L., R. Ballard-Barbash, L. Bernstein et coll. «Elevated biomarkers of inflammation are associated with reduced survival among breast cancer patients», *J Clin Oncol,* 2009 Jul 20; 27(21): 3437-44.

Prins, R.C., B.L. Rademacher, S. Mongoue-Tchokote et coll. «C-reactive protein as an adverse prognostic marker for men with castration-resistant prostate cancer (CRPC): Confirmatory results», *Urol Oncol,* 2012 Jan; 30(1): 33-37.

Les fibres

Dong, J.Y., K. He, P. Wang et L.Q. Qin. «Dietary fiber intake and risk of breast cancer: A meta-analysis of prospective cohort studies», *Am J Clin Nutr,* 2011 Sep; 94(3): 900-905.

Finlayson, Judith. *The Complete Whole Grains Cookbook: 150 Recipes for Healthy Living,* Toronto, Robert Rose Inc., 2008.

Schatzkin, A., T. Mouw, Y. Park et coll. «Dietary fiber and whole-grain consumption in relation to colorectal cancer in the NIH-AARP Diet and Health Study», *Am J Clin Nutr,* 2007 May; 85(5): 1353-60.

Villaseñor, A., A. Ambs, R. Ballard-Barbash et coll. «Dietary fiber is associated with circulating concentrations of C-reactive protein in breast cancer survivors: the HEAL study», *Breast Cancer Res Treat,* 2011 Sep; 129(2): 485-94.

Whole Grain Working Group. *UK Whole Grain Guidance.* Accessible au http://www.igd.com/index.asp?id=1&fid=1&sid=4&tid=54&cid=169. Publié le 21 novembre 2007. Consulté en juillet 2011.

L'indice glycémique

Barclay, A.W., P. Petocz, J. McMillan-Price et coll. «Glycemic index, glycemic load, and chronic disease risk – a meta-analysis of observational studies», *Am J Clin Nutr,* 2008 Mar; 87(3): 627-37.

Les phytonutriments

Aune, D., R. Lau, D.S. Chan et coll. «Non-linear reduction in risk for colorectal cancer by fruit and vegetable intake based on meta-analysis of prospective studies», *Gastroenterology,* 2011 Jul; 141(1): 106-18.

Aravindaram, K. et N.S. Yang. «Anti-inflammatory plant natural products for cancer therapy», *Planta Med,* 2010 Aug; 76(11): 1103-17.

Gupta, S.C., J.H. Kim, S. Prasad et B.B. Aggarwal. «Regulation of survival, proliferation, invasion, angiogenesis, and metastasis of tumor cells through modulation of inflammatory pathways by nutraceuticals», *Cancer Metastasis Rev,* 2010 Sep; 29(3): 405-34.

Kuhn, K.S., M. Muscaritoli, P. Wischmeyer et P. Stehle. «Glutamine as indispensable nutrient in oncology: Experimental and clinical evidence», *Eur J Nutr,* 2010 Jun; 49(4): 197-210.

Wayne, S.J., K. Baumgartner, R.N. Baumgartner et coll. «Diet quality is directly associated with quality of life in breast cancer survivors», *Breast Cancer Res Treat,* 2006 Apr; 96(3): 227-32.

Le soya et le cancer du sein

Caan, B.J., L. Natarajan, B. Parker et coll. «Soy food consumption and breast cancer prognosis», *Cancer Epidemiol Biomarkers Prev,* 2011 May; 20(5): 854-58.

Guha, N., M.L. Kwan, C.P. Quesenberry Jr et coll. «Soy isoflavones and risk of cancer recurrence in a cohort of breast cancer survivors: The Life After Cancer Epidemiology study», *Breast Cancer Res Treat,* 2009 Nov; 118(2): 395-405.

Kang, X., Q. Zhang, S. Wang et coll. «Effect of soy isoflavones on breast cancer recurrence and death for patients receiving adjuvant endocrine therapy», *CMAJ,* 2010 Nov 23; 182(17): 1857-62.

Shu, X.O., Y. Zheng, H. Cai et coll. «Soy food intake and breast cancer survival», *JAMA,* 2009 Dec 9; 302(22): 2437-43.

Les antioxydants

The Alpha-Tocopherol Beta Carotene Cancer Prevention Study Group. «The effect of vitamin E and beta carotene on the incidence of lung cancer and other cancers in male smokers», *N Engl J Med,* 1994 Apr 14; 330(15): 1029-35.

Doyle, C., L.H. Kushi, T. Byers et coll. «Nutrition and physical activity during and after cancer treatment: An American Cancer Society guide for informed choices», *CA Cancer J Clin,* 2006 Nov-Dec; 56(6): 323-53.

Goodman, M., R.M. Bostick, O. Kucuk et D.P. Jones. «Clinical trials of antioxidants as cancer prevention agents: Past, present, and future», *Free Radic Biol Med,* 2011 Sep 1; 51(5): 1068-84.

Mocellin, S. «Vitamin D and cancer: Deciphering the truth», *Biochim Biophys Acta,* 2011 Dec; 1816(2): 172-78.

Les probiotiques et les prébiotiques

Bosscher, D., A. Breynaert, L. Pieters et N. Hermans. «Food-based strategies to modulate the composition of the intestinal microbiota and their associated health effects», *J Physiol Pharmacol,* 2009 Dec; 60 Suppl 6: 5-11.

Brown, A.C. et A. Valiere. «Probiotics and medical nutrition therapy», *Nutr Clin Care,* 2004 Apr-Jun; 7(2): 56-68.

Choudry, H.A., M. Pan, A.M. Karinch et W.W. Souba. «Branched-chain amino acid-enriched nutritional support in surgical and cancer patients», *J Nutr,* 2006 Jan; 136(1 Suppl): 314S-18S.

Douglas, L.C. et M.E. Sanders. «Probiotics and prebiotics in dietetics practice», *J Am Diet Assoc,* 2008 Mar; 108(3): 510-21.

Paccagnella, A., I. Morassutti et G. Rosti. «Nutritional intervention for improving treatment tolerance in cancer patients», *Curr Opin Oncol,* 2011 Jul; 23(4): 322-30.

Index

Suivez les Éditions du Trécarré sur le Web:
www.edtrecarre.com

Cet ouvrage a été composé en Lucida Bright 9/13
et achevé d'imprimer en janvier 2015
sur les presses de l'imprimerie Marquis, Québec, Canada